珞 珈 问 道 文 丛

媒介思辨录

Thoughts on Media: A Collection

罗以澄 著

社会科学文献出版社
SOCIAL SCIENCES ACADEMIC PRESS (CHINA)

珞珈问道文丛编委会

总策划 石义彬　单　波

主　编 单　波

编　委（按姓氏笔画为序）：

　　　　石义彬　吴爱军　罗以澄　单　波　强月新

总　序

呈现在读者诸君面前的这套丛书，是一群常年耕耘于珞珈山的同仁奉献的心得之作。这些性情各异、风格有别、思想多元的君子从未想过建构什么学派，而是一任自己的思想与现实问题共舞，就像珞珈山上空自由飞翔的小鸟。他们看上去各有各的玩物之心，玩山玩水玩媒介，可在内心深处都隐藏着"志于道"的情怀，试图在珞珈山寻求安身立命之所。于是，这些心得之作便有了一个内在的主题：珞珈问道。

珞珈山并非什么名山，亦非挺拔、奇绝的高山，所依之东湖也没有什么响亮的名头，留在古代诗人吟唱中的，也就剩下"只说西湖在帝都，武昌新又说东湖"的普通诗句。在一般人眼里，东湖美则美矣，只是相较于西湖"文胜质"的冶艳，便只能称其为"质胜文"的粗犷了。居于此地的人大概看上了一种山水相依的静美，陶醉于"山得水而活，得木而华，得烟云而秀媚"的物外桃园之境。此山原名罗家山，又称落驾山，听上去有些落俗，隐含一点小家子气，外加一点迷恋权贵的味道。让人称奇的是，在首批来此任教的28名教授中，深通佛心的闻一多先生不仅看山似一尊佛像，还把这落俗之名听成了"珞珈"的谐音，遂将此山改名为珞珈山。珞珈之名源自梵文"Potalaka"，译为"普陀洛迦、补怛罗迦、布怛落伽"，乃佛教"观自在菩萨往来其间"的道场。当时的师生特别认同新山名，仿佛通过它赋予的想象，看到了入世与出世、此岸与彼岸之间的通道。从此，珞珈山收敛起粗俗之气，融自然美与人文美于一体，而变得文质彬彬了。

以学术为业的人们在这里与三教九流比邻而居，谈笑有鸿儒，往来亦有白丁，接地气之风不期而养成。身居陋室，心游八仞，"无丝竹之乱耳，无案牍之劳形"，专注于理性的世界，如切如磋，如琢如磨，遂成问道之传统。薪火相传之际，文、法、理、工、农、医的学科架构铺展开来，蔚为大观，"问道"渐成珞珈人的存在之道：面向万事万物的真道或本源，探寻它的虚静无为而又复杂多变的特征，同时追寻形而上的终极价值，成就自强、弘毅、求是、拓新的人生。问道者身处波光粼粼、小山相连的山水校园，偏偏喜吟"荡荡东湖，巍巍珞珈"，看上去有些夸张，实际上潜意识里内涵一种精神自由舒展的自我期许。珞珈山水校园表现的就是这种精神的舒展：校园建筑是中西合璧的，映衬着融汇中西的学术志趣；校内绿荫如盖（植物达到151科738种），春桃秋桂，夏榴冬梅，更兼有百鸟吟歌（鸟类亦有28科118种之多），标示着多元并包的学术风格。

此山此水，仁智合一，乐山乐水者皆可寻得归宿。登高望远，明理致知，可谓山水相依藏真情，鸟语花香皆禅意。

谢天谢地，我们有缘聚集在这块修身养性的宝地，让一切烦恼与困苦消解于珞珈问道的过程之中，让我们的新闻传播研究涵泳于多学科的思想海洋。

1983年，正值中国新闻改革如火如荼之时，新闻传播人才的短缺、老化与非专业化、非国际化等问题凸显，武汉大学应时之需，毅然开拓新闻传播教育领域。学校把我们从文学、哲学、史学、经济学、外国文学等多领域调配过来，加上少量从外面引进的新闻传播学者，组成了一支新闻传播教育的"杂牌军"。最初，我们这支队伍的杂色与不入流是如此明显，以致并不被人看好，我们也一度陷入迷茫。好在我们可以冷静下来，寻找突破口，发现重新起步的中国新闻传播学的发展并不充分，不仅理性能力不足、超越性与创造性匮乏、视野狭窄、诠释力很弱，而且还感染上"抽象与僵化"的痼疾。所谓抽象只不过是对狭小经验范围内的事情做貌似科学的定义，所谓僵化则是把学术话语简化为意识形态话语。审时度势，我们意识到，只有突破这种局面，新闻传播学科才可以自立，研究者才有出路。幸运的是，学科交叉的优势发挥了作用：我们可以通过马克思主义意识形态学说批判新闻传播领域的异化现象，重新思考新闻传播的基本原理；可以运用"历史向世界历史转变"的整体史观重新建构新闻传播史；可以透过现代化理论重新诠释新闻专业主义和新闻实践；可以导入结构主义理论、接受美学、社会心理学、批评性话语分析理论，拓展新闻思维的空间，可以借助比较文化学、比较政治学、比较哲学、比较经济学等视野，开创中西新闻比较研究。随着学术的积累，大文化视野中的新闻传播研究便成了同业诸君所认同的一个特点。直到今天，我们都保持着在开放的视野中开展新闻传播研究的习惯，以抵抗思想的衰败与老化。

当然，只停留于书斋的抵抗是无力的，还必须把目光投射到现实，以问题意识突破新闻传播研究的樊篱。我们的问题大致可以概括为三类：第一类是"新闻为何存在，新闻如何存在"，它综合了行为主义和人文主义的问题，以此对抗教条化的研究；第二类是"传播为什么不自由，传播如何自由"，它充分吸纳马克思主义和西方马克思主义的问题，以此解构功利主义研究的单向性；第三类是"传媒产业与文化产业如何表现创造性"，它以创造思维为导向，面向创意的世界，消解概念化、模式化的研究。问题总是具体化为现实的难题、疑问与话题，它使我们更深地介入到中国传媒的发展过程，让媒介发展的理性贯通于中国社会文化发展和全球化发展的现实，追求新闻传播学科的理论创新与方法创新。我们顺着这些问题不停地问，不停地想，积累成三大特色领域：新闻传媒发展与新闻传播理论创新、媒介化社会与跨文化传播以及广告与媒介经营管理。收录在这套文丛里的大致可以呈现我们在探索中留下的这些痕迹。

珞珈问道三十年，所留下的终究是一个梦，既有庄周梦蝶的欣喜与洒脱，也有蝶梦庄周的失落与羁绊，到头来得到印证的还是夫子所言："学然后知不足，教然后知困。"因此，我们为自己留下这些习作，作为下一个三十年自反与自强的依据。

珞珈山上痴蝴蝶，犹梦大道翩翩飞。我们是一群钟情于珞珈山的君子，尽管春天让我们伤感过，夏天让我们难受过，秋天让我们失望过，冬天让我们迷茫过，可我们还是选择了这块诗性、理性、佛性的栖居之地。这是说也说不清楚的情感和缘分，读者诸君只有在每位作者的书稿中慢慢体会了。

是为序。

单　波

甲午春于珞珈山

目　录

第三部分　媒介市场运营与发展战略

第四部分　国际传播与媒介话语权

第五部分　媒介素养教育与学科建设

序
释放与引领：一个传媒思想家的新 10 年

在今天这样的媒界化时代，我们不仅需要有出色的新闻和传播学者，更需要有能够根据改革开放 35 年乃至更长时段的传媒发展，而对中国新闻传播与传媒业的未来进路进行探索、提出战略构想和非凡见解的传媒思想家。在新闻传播的学术历史长河里，那些站在学术思想高峰的学者，总是能够持续地释放着思想的温度、锐度与力度，不断地引领中国新闻传媒业、学术与教育的发展。罗以澄先生就是这样一位值得你去理解、交流与对话的传媒思想家。

如果说 1984 年到 2002 年之间，罗先生的学术研究的主脉大体上在于"追寻现代新闻传媒的发展之道"（单波教授语）的话，那么，2003 年到 2013 年的 10 年间，罗先生的传媒学术思想日渐圆融，将"追寻现代新闻传媒的发展之道"拓展到了一个新的境界。他提出的一系列富有前瞻性见解的中国传媒发展的战略思路，在业界和学界都形成了很大的影响。

纵观罗先生最近 10 年间的学术研究，大体上展开在两个主要的领域：一是中国传媒发展战略进路的探究；二是中国新闻传播教育的改革与发展。

在对中国传媒发展战略进路的探究上，他的学术思考集中在如下四个方面。

一是探索中国传媒的市场化转型。2001 年底，中国加入 WTO 这个世界经济"联合国"，标志着中国在市场经济的轨道上的发展走向不可逆转。中国传媒的市场化转型趋势，随之也日渐明晰。罗先生敏锐地抓住这一趋势，以此为分析中国传媒战略走向的重要观测点和切入点。面对传媒细分市场的选择、市场主体的建设及其市场策略、市场规则的构建与完善、市场空间的拓展、内容市场和资本市场的形成、市场化趋势的反思、传媒的"跨区域"和"跨媒体"发展，以及报业、广播、电视、网络等不同介质的媒体组织的市场策略选择等媒介市场化的关键问题，罗先生均提出了重要的创新观点。他对新闻改革与传媒市场化转型的路径，有透彻的洞察："中国新闻改革是在中国现有国家制度安排下进行的改革；传媒业的市场化转型则是政治逻辑、经济逻辑、技术逻辑博弈的结果。因此，中国新闻改革不能实施颠覆性改革，只能是渐进式改革，从体制'边缘'突破，渐渐深入'核心'▇▇▇▇▇▇▇。他强调市场这只"无形之手"在媒介产业资源配置中的▇▇▇▇▇▇是新闻改革最重要、最根本的推动力。从整个产业来说，传媒▇▇▇转型无可厚非，且要积极推进。尤其是在传媒产业经营上，一定要恪守市场经济的规则，讲究市场规律，切忌被'有形之手'操控，力戒媒介市场的'虚化''空心化'。"他对中国传媒市场化发展可能带给传媒的影响始终保持着清醒的"理性意识"和反思："要清醒地认识，市场经济活动本身的固有弱点会给社会道德观念和精神文化生活带来消极影响，也会给新闻传播带来致命的侵蚀。比如，市场经济活动追求的经营上的趋利性所产生的拜金主义；市场经济活动讲究的需求上的消费性所产生的享乐主义；市场经济活动中张扬的市场主体性所产生的个人主义；等等。为此，新闻产品宜提有'商品属性'，而不宜提'商业化'。"罗先生的研究表明，中国传媒的市场化转型当然是"必须"的，但同时又要警惕过度市场化给新闻传媒业可能带来的侵蚀，防止社会公器的"异化"与沉沦。

二是探究传媒的本体发展。指导传媒适应生态环境的变化，推进传媒本体的良性优化发展，始终是罗先生思考的主脉。无论是他持之以恒坚守多年的对新闻传播实务的探究，还是对在市场经济大潮中传媒偶发的镜像歪置的警示，抑或是对传媒责任的强调、对中国传媒科学发展进路的思考，这些都属于罗先生的这一研究主题应有之义。他是国内较早提出"社会主义新闻专业主义"理念的学者，他认为："我们不能照搬西方新闻行业的行为规范，但通过对新闻专业主义的本土化改造，其合理的内核可以成为社会主义新闻专业主义的组成部分。从 20 世纪 80 年代以来，中国的新闻改革也一直在构建社会主义的新闻专业主义原则，如反对'假、大、空'的主观报道，强调按照客观、真实、及时的新闻传播规律报道新闻事实；倡导'三贴近'，提高传媒的服务性；反对'有偿新闻'，提倡新闻传媒业的职业伦理；以及呼唤舆论监督，推行制播分离、采编分离、新闻与广告分离等新闻实践。"他据此提出了"新闻传播活动中的公共利益原则"，这就是："新闻传播活动中涉及公共利益的决定只能由公众做出；新闻传播活动中涉及公共利益的决定的执行过程必须接受公众的监督。"他分析改革开放以来中国传媒与政府关系的变化，提出了"政府与传媒的双向互动关系"论断："在有限政府、法治政府、开放透明政府、服务型政府的框架内，传媒也不可能是政府的简单的'传声筒'和'喉舌'了。传媒与政府的关系正在从过去的传统的政府管理和控制传媒的关系转型为政府与传媒之间的工作关系、共生关系和监督关系。"他还提出了"传媒科学发展的路径：功能、结构与布局的科学性优化""从新闻执政到公共服务的中国政府发言人的角色重构""构建和谐社会与新闻媒体的责任担当"等战略性观点与思路，这些，在业界和学界得到了充分的响应。

三是思考如何提升中国传媒的国际化水准及其在国际新闻传播新秩序中的话语权，促进中国传媒的国际化转型。罗先生对中国传媒的国际化的思考，最近10年与过去的侧重，稍有不同。如果说，此前重在思考中国传媒在内国际化的"请进来"方面的传播业务运行规则和专业制度构建的导入的话，2003年以来，则更多地关注外国际化层面的"走出去"，即探索中国传媒在争夺国际传播话语权、传播中国国家形象方面的对策。例如，针对2008年西藏拉萨"3·14"事件爆发后一段时间内中国主流媒体的"失语"，他提出"更新对外新闻传播理念，推动国际新闻传播良性秩序的建构；对外新闻传播的政策要在坚持国家利益第一的前提下，遵循新闻传播的专业规律，适度授权，并支持对外传播媒介根据国外传媒市场规律运作；整合力量，建构多层次、全方位的对外新闻传播立体平台"等强化"中国声音"的系统对策。他还强调："在后危机时代，在全球化的传播现实与语境中，我国新闻媒体应抓住历史性的机遇，对内针对后危机时代的传播语境做好信息服务与风险的预警，对外抓住机遇坚持'中国立场，国际表达'，进一步争取国际话语权。"这些重要思想观点先后被国家领导和相关部门采纳为决策依据。

四是探讨传媒的数字化转型。最近10年，中国传媒在媒介融合的背景下数字化转型的进程陡然加速，如火如荼。对于报纸、广播、电视等传统媒介数字化转型的思考，罗先生倾注了大量的精力。他更多的是从传媒新技术的影响日趋扩大的层面，洞察传统媒介在数字化转型过程中的问题，适时提出对策。

例如，他提出，要"树立数字传媒观，科学规划、协调促进传媒业与电信业的战略联盟式整合""大力推进数字化内容的开发创新，探索传媒形态创新，创建数字信息技术平台，培养全媒体复合型传播人才""完善政策法规，规范竞争市场，建设和谐的传媒环境"等对策和建议，"直击"中国传媒数字化转型过程中的核心问题。

罗先生从市场转型、本体发展、国际话语、数字技术四个维度上探索中国传媒的战略走向，实际上提出了一个重要的传媒发展战略思路，形成了一个洞察和分析中国传媒的学术框架。当代中国社会正处在现代化、市场化、民主化、全球化四重社会变迁浓缩叠加在同一时空的史无前例、波澜壮阔、惊心动魄的巨大转型之中。全程参与、推进社会转型的中国新闻传媒也与社会转型同构对应、互动互构，大体上是在民本化、产业化、数字化、国际化四个向度上生长、延展，并构建着自身的发展模式。罗先生的研究成果，揭示了在社会转型的宏大历史场域中，中国传媒转型与发展的内在机制；揭示了中国传媒与社会政治、文化、经济、技术等环境因素互动互构、协同发展的规律。这当然是我国人文社会科学领域的"顶天立地"的重大研究成果。所谓"顶天"，在于准确地洞察了传媒发展的"中国案例"的基质，揭示了当代中国传媒战略走向之"道"；所谓"立地"，不只是"接地气"，更重要的是为传媒组织的协同发展与集聚资源指出了方向。

从新闻传播学术发展趋势上看，由于中国社会转型的典型性、新闻改革的复杂性，及其与备受瞩目的"中国模式"或"中国案例"的高度关联性，海外一些中国问题研究机构已经开始将其研究对象与目标转向中国社会转型与新闻传媒转型问题。从这个角度说，罗先生最近10年的思考，尤其是对中国传媒的本体发展和市场产业化、数字化、国际化转型这样四个战略向度的研究与对"中国案例"的洞察，事实上是将中国新闻理论、中国传媒发展现实与世界学术前沿链接的重要一环，是代表中国新闻传播学术新发展形态的关键部分之一，是当代新闻传播学术创新的重大创获之一。

在对中国新闻传播教育的改革与发展的探索上，罗先生有针对性地提出并实施了培养"有思想、有责任担当的传媒人"的理念。他对中国新闻传播教育及其学科发展中的问题十分警醒："过强的功利性目的，导致大学精神的缺失；对现代迷信的推崇，导致学科自觉的迷失。"继而，他一针见血地指出："制度安排失当，这是当前我国高校新闻学与传播学学科建设亟待解决的一大障碍。"因此，他非常重视学生的思想、理性和人文品质的培育。他强调："新闻传播教育要合乎人类实践理性而存在，即不仅要符合新闻传媒业发展的理性，而且要合乎社会文化发展的理性，维护新闻传播教育本应具有的人文品质。这一抽象的道理，蕴含着我们的具体实践，即承续现代大学精神，以培养通识博学、具有高度社会责任感和创造精神、全面发展的复合型人才为目标。"作为一个新闻传播教育家，他对新闻传播教育的本科、硕士、博士等各个层次的人才培养都进行了相对系统的思考。对本科生教育，他强调高水平教师队伍、高质量教材、高水平实验室的建设。针对新闻传播学科的博士生教育目前存在的问题，他认为，从全国范围来看，主要是"对博士生教育的目标定位不够明确"；"博士生教育模式尚不够清晰和稳定"；"一定程度的浮躁之风对博士生教育造成冲击"；"博士生教育缺乏学术创新性和创造性"。他认为，要解决这些问题，需要"科学界定新闻传播学博士生教育的内涵"；"控制规模，严进严出，打造新闻传播学博士生教育的品牌效应"；"重视博士生导师及指导团队的综合素质要求和能力考核，确保博士生教育师资队伍的素质及其指导教育真正发挥应有的作用"；"实行差异化竞争与合作，实现博士生教育的多元化"；"确保博士生教育的经费投入，开拓多元化经费筹措渠道"。这是切中时弊，对症下药，惠及未来的。这些思想观点，实际上也是他有关中国传媒发展的思想在传媒教育领域的自然延伸和具体化。

罗先生是中国改革开放和新闻改革与传媒发展的 35 年的亲历者、见证者和探索者。如果细细体验，你可以发现，市场化、数字化、本体发展、国际话语权、传媒责任、专业主义、理性、思想、人文品格、中国传媒等概念构成了罗先生在近 10 年中理论表述的关键词，并以此不断回应、解决来自传媒转型发展前沿的各类问题，让你感受到鲜活思想观点的温度、锐度与力度。尤其是早年的较长时间的新闻采编从业经历，加之 20 世纪 80 年代以来长期缜密而又一以贯之的系统研究思考，让罗先生的学术话语始终保持着深刻思想与鲜活表达相统一、理性思辨与敏锐率真相融合、严谨逻辑与历史真实相一致的风格，从而形成了一个生机勃勃、开放而又统一的新闻传播思想体系。对话、理解、体验这个体系，一个传媒思想家的学术良心、爱国情怀和理论创造的神圣使命感，表现得那样赤诚而又丰满。在孜孜不倦的学术追求与理论创造过程中，崇尚理性与建设性，不断地追求理想、追求真理、完善人格、拓展境界，这或许正是值得我辈后学持续发扬光大的为人、为学的精神。

21 世纪的第二个 10 年里，罗先生持续思考着中国传媒改革与发展的漫漫征程，并且为中国新闻传播教育学科建设继续奔走。他不断地耕耘着、思想着、创造着。更新 10 年，那将是罗先生的新思想、新成果持续释放与引领，值得大家继续关注、体验的新阶段。

这是我有幸先学《媒介思辨录》所有论文之后的感受，权以为序。

吕尚彬

2013 年 10 月于珞珈山

第一部分　媒介与社会

和谐社会框架下的中国新闻传媒发展

构建和谐社会，是今天中国社会发展和转型关节点上的一次重大战略选择，也是 21 世纪前期中国社会发展的核心战略目标。这一战略目标的实施，自然是一项宏大的系统工程，不仅包括了具体的制度安排、机制转换、思维变更，更重要的是要对社会资源进行优化配置、开发和整合。众所周知，新闻传媒是作为整合社会资源、协调社会发展的基础性工具而存在的；尤其在现今中国，新闻传媒及其影响已经充塞了社会的每一个方位，并构筑了新的"社会生活地图"，传媒生态与社会系统的共生、贯通关系更是日益紧密和深化。因此，寻求新闻传媒的和谐发展理应是构建和谐社会进程中一项不可忽视的重要任务。

一 构建和谐社会与新闻传媒的关系

当下，对于和谐社会的探讨、研究已经成为一个热点，对和谐社会的内涵和外延界定也有很多说法。综合起来，大致有以下几个方面的解读路向：从中国传统文化中的和谐智慧与和谐诉求进行解读，对现实的社会转型中存在的不和谐问题进行破解；从社会均衡理论、协和社会理论、社会系统论等多种社会理论基点进行梳理，用现代化的理论视角进行建构等。这些解读的重心，都指向当前中国的现实热点和全民的共同价值取向，以及中国经济发展到人均 GDP 过 1000 美元的关节点上，如何避免"拉美化陷阱"，从而以科学的发展观来统筹全局，稳健地把中国特色的社会主义道路推向更加光明的前景的现实抉择上。这些解读见仁见智，为构建和谐社会战略提供了有效的理论支持。

从一般意义上看，和谐社会可以划分为积极和消极两个层面：从消极的方面来说，和谐社会是一种即时追求，社会的稳定、社会运转的正常和安全是其最大的需要；从积极方面看，和谐社会是一个长期战略，是连通物质文明、精神文明和政治文明的动态的涵盖系统，是"社会资源兼容共生、社会结构合理匀称、社会规范先进有序、社会运筹灵活得当的社会"①。在这个层面上，和谐社会的构建就是追求社会发展的活力、激发文明进步的动力、开掘社会的创造力和社会协调力的过程。

目前，和谐社会的构建背景是社会主义的初级阶段，我们必须既有长远的战略目标，更必须从这个最大的实际出发，构建积极意义上的和谐社会，即人与社会、人与自然、人的自身心灵和谐的社会。"和谐社会不是一种社会形态，而是一种社会状态和价值追求，……现实地说，和谐社会的特征是有共识、可包容、可调节、可救济。即有共同价值观和发展目标，有足够力量和氛围包容差异，有多种手段与能力化解、控制矛盾，以及借用法律术语的可救济所指的，对重大问题有强有力的最后解决手段，……从某种角度说，构建和谐社会的对应问题是我们普遍关注的后发国家容易出现的动荡和失序。"②

和谐社会的本质是以发展为主线，以全社会共享发展成果为旨归的动态的社会整合体系。在社会利益共同体中，和谐社会的建构必须以人为本，以人的权利和利益的表达、交流、协调、整合、均衡为主调，实现最大多数人的最大幸福和需求的实现与满足；同时应从注重对人的尊重和注重对人的素质的提高这两个维度展开，从而使社会各阶层在同一个社会平台上进行的利益博弈活动富有弹性和整合性，实现个体—群体—社会的融通和协调，"形成全体人民各尽其能、各得其所而又和谐相处的社会"③，在这之中，促进公平和正义，激发社会活力是其基本要求。

和谐社会这个核心课题已经提出，现在是开始破题的时候。和谐社会的核心要求是对社会运行机制的调整、优化和重新构建，其动用的社会资源是广大的，所有相关的制度性和技术性工具都是构建和谐社会的要素。新闻传媒是建构和谐社会的重要社会资源，同时又是整合社会资源的重要工具之一。正因此，新闻传媒在构建和谐社会的网络中，处于一种枢纽地位。从一定的意义上

---

① 邓伟志：《"和谐社会"浅说》，《上海大学学报（社会科学版）》2005 年第 2 期。
② 《构建和谐社会与舆论影响力》，《中国记者》2005 年第 1 期。
③ 《中共中央关于加强党的执政能力建设的决定》，《人民日报》2004 年 9 月 26 日。

讲，在媒介时空和现实时空相叠加、相融合的媒介时代，新闻传媒的大众化、社会化、理性化和协调化本身就是构建和谐社会的内容。和谐社会需要和谐发展的新闻传媒，也必须构建和谐传媒。新闻传媒要在和谐社会的构建中，找准自身的定位，回应和谐社会的诉求，在自身发展和实现和谐社会对新闻传媒的期待中找到最佳契合点。"工欲善其事，必先利其器"，在媒介社会化、市场化、全球化的社会环境中，新闻传媒的健康、有序、科学、和谐发展，是构建和谐社会的基础工程之一。和谐传媒着重于整合传媒内部资源，进而有效地整合社会资源，构建新闻传媒与社会的良性的可持续的共生、互洽关系，为构建和谐社会提供源源不断的资源性供给，实现和谐传媒与和谐社会的共荣共赢。

二 中国新闻传媒发展的轨迹回顾

与现代社会共生的新闻传媒，在社会中具有极大的作用。"大众传播是社会的耳目。它为社会提供做出决断的途径；它为社会提供认识自身的具体声音。它是传达社会价值的主要源泉"。[①] 可以毫不夸张地说，新闻传媒是社会的"神经"和"血管"，是现代社会通畅运转的必要条件。这已经被诸多的论著和实践所反复证实和阐说。西方社会把传媒视为社会的"第四权力"；马克思主义者把它视为人民争取和实现自身权利的重要工具，把它当作人民的武器、阵地、旗帜，当作无产阶级事业机器上的"齿轮和螺丝钉"[②]；在革命战争时期，中国共产党人则把以新闻传媒为主体的"笔杆子"当作和"枪杆子"并列的两条战线之一。

虽然西方传播学界早期关于新闻传媒的魔力崇拜——"魔弹论"已被证明是不够科学的；但现代的研究证明，在一定时空中（封闭的地域或特定时段），传媒自然是有一定的魔力的；就是在开放和流动的现代社会系统中，媒介对人和社会的影响力仍然是强大的。鉴于传媒对社会的强大影响力，人们赋

---

① 〔美〕沃纳·赛佛林、小詹姆斯·坦卡德：《传播理论：起源、方法与应用》，郭镇之等译，华夏出版社，2000，第4页。

② 《列宁全集》第12卷，人民出版社，1987，第93页。

予其多种技术性意义和价值，工具性价值和运作机制就是其中之一。中国改革开放以前，过度地把新闻传媒工具化，特别是单声道的政治工具化，虽然取得了强传播和干预社会的效果，但也把传媒的负面作用发挥到了极致，使社会和新闻传媒同时变得僵硬、停滞、扭曲、畸形，这些历史教训值得汲取，同时也给我们以警示。新闻传媒在社会系统中，是一个既有正面作用也有负面作用的强资源支持系统，是既可以使社会肌体强健，又可以使社会肌体发生病变的细胞。在构建和谐社会的历史进程中，决不可忽略新闻传媒的作用。

经过 20 多年的改革和发展，中国的社会发生了巨大的变迁，我们不仅告别了"斗争哲学"，形成以发展为核心的时代思维；而且走出了数千年来在战争（冲突）体系下确立的社会制度路径，① 进入了社会认同和社会内部"和平共处"的制度抉择时代。最清晰的转型起点，是中国共产党的十一届三中全会所做出的战略大转移的决策。我国新闻传媒的转型也肇始于这一时期。正是在这个时期，邓小平提出："要使我们党的报刊成为全国安定团结的思想上的中心。报刊、广播、电视都要把促进安定团结，……作为自己的一项经常性的、基本的任务。"② 他对新闻宣传工作在安定团结中的作用给予了高度的评价和期望，他赞同陈云的看法，"宣传工作搞得好不好，对经济形势和政治形势能否稳定发展，关系很大"③。应该说，我国新闻传媒服务于社会和谐的取向，在那个时候就开始起步了。

在此后的持续经济转轨、发展和社会转型、整合的过程中，新闻传媒承载、顺应了其内在的要求，并被这一日益完善的制度框架所同化。在回归理性和新闻本位的过程中，中国的新闻传媒经历了不断脱壳重生的蜕变。在为改革与经济建设服务的大旗下，新闻传媒找到了为社会服务的切入点，也开始从无所不能的社会动员、社会组织、社会控制、社会宣传、社会灌输、社会斗争的高地走下来，找到自己平实的立足和发展领地，在社会参与、社会沟通、社会整合、社会守望、社会疏导、社会监督的轨道上行进，这些背景构成了中国新闻传媒与社会同向发展的基本底色。

---

① 〔英〕麦高温：《中国人生活的明与暗》，朱涛等译，时事出版社，1998，第 33 页。
② 《邓小平文选》（第二卷），人民出版社，1994，第 255 页。
③ 《邓小平文选》（第二卷），人民出版社，1994，第 363 页。

三 中国新闻传媒在构建和谐社会中的定位与作用

进入 21 世纪 90 年代后，中国经济改革的目标正式确立为建立社会主义市场经济体制，经济改革和发展开始加速，并取得了令世界瞩目的成就。这期间，新闻传媒在服务市场经济的信息和舆论领域独领风骚，在建设民主政治、精神文明和社会协调等方面也功不可没。在这过程中，新闻传媒自身也开始接受市场的冲击和洗礼，在市场中为自己预设了位置，并不断加深地卷入市场竞争，中国的新闻业取得了历史上从未有过的繁荣和进步。当然在这同时，我们还应注意到，随着全球化程度加深和中国全方位、深层次、宽领域的对外开放的扩大和深化，特别是中国加入 WTO 后，中国新闻传媒的商业和市场属性不断地放大增强，市场的拼抢和竞争日趋激烈，传媒的社会效益和经济效益之间的矛盾趋于突出，传媒在社会责任与市场竞争的拉力及赢利冲动之间的牵扯日趋复杂。就是在这种情况下，新闻传媒对社会的作用是否消退的问题被提了出来。

另外，以互联网为主轴的电子空间（Cyberspace）也在此时铺天盖地而来，媒介新技术的快速传播和笼罩，几乎把原有的媒介空间彻底地叠加、清理和颠覆了一遍。"我们正快速进入一个用户积极主动和多媒体传播的新的媒介环境……（由此）媒介缺乏的状况转为媒介过剩的状况，从传播内容灌输给大众的泛播转变为针对群体和个人的需求而设计的窄播，单向的传播媒介转变为互动的传播媒介。"[1] 新闻传媒能否继续发挥社会作用的现实问题也实实在在地摆在了世人面前。

当前中国构建社会主义和谐社会的战略，正是在这一媒介环境激烈变动的背景下展开的。也就是说，中国的新闻传媒在社会结构、社会制度安排、社会运行机制的创新和重构的过程中，不仅要有积极回应、支持和服务，实现媒介和社会之间良性的互洽性，而且要在这一进程中完成自身的体制改造、机制转

---

[1] 〔美〕沃纳·赛佛林、小詹姆斯·坦卡德：《传播理论：起源、方法与应用》，郭镇之等译，华夏出版社，2000，第 3~4 页。

换等多方面的创新，健全自身的自洽性机能。那么，在这种情境下，新闻媒介对社会的作用是不是消退和消减了呢？回答是不但没有，而且更重要、更深广了。

构建和谐社会是一个持续、渐进的过程。"我们所构建的和谐社会是社会主义初级阶段的和谐社会，……我们只能在追求效率与维护公平之间、在发展经济与保护资源和环境之间做出合情、合理、合法的选择，因而只能是相对和谐。"① 选择和谐社会战略的最现实的理由是对社会利益进行协调和整合，从而避免社会的断裂和失序。和谐社会战略是对高速发展的经济以及日益凸现的社会不和谐的政策追问：经济发展的目的是什么？经济如何更好、更科学地发展？经济发展如何与社会协调同步？从而确立既着眼长远，又立足当前的科学、务实的战略定位。"中国构建和谐社会的总体目标应该是：扩大社会中间层，减少低收入和贫困群体，理顺收入分配秩序，严厉打击腐败和非法致富，……把扩大就业作为发展的重要目标，努力改善社会关系和劳动关系，正确处理各种社会矛盾，为建立一个更加幸福、公正、和谐、节约和充满活力的全面的小康社会而奋斗。"② 如果进行更进一步的解读，和谐社会应该是以妥善协调社会各方面的利益为核心，以人的心理调适和精神素质的提高为支撑的一体两翼的体系，其要求的底线是，与自然和谐的经济健康发展和社会的稳定、安全和顺畅运行。

与此对应的是，新闻传媒作为社会结构的重要组成部分，已经深深地嵌入社会之中。"所谓社会结构，是指主要社会制度共同构成的一种恰当系统的方式，以及这些主要社会制度分配基本权利和义务，并划分社会合作所产生的各种利益的方式。"③ 在社会的繁衍过程中，新闻传媒是社会结构有机连接和能量交换的一个平台。其存在理由和终极目的是为社会服务，社会责任则是它的终极责任。

新闻传媒在构建和谐社会中具有极大的重要性和影响力。这首先表现在对

---

① 南振中：《为促进和谐与稳定营造良好舆论环境》，《中国记者》2005 年第 4 期。

② 中国社会科学院"社会形势分析与预测"课题组：《构建和谐社会：科学发展观指导下的中国——2004～2005 年中国社会形势分析与预测》，《管理世界》2005 年第 1 期。

③ John Rawls, *Political Liberalism*, New York：Columbia University Press, 1996.

大众公共领域的建构上。新闻传媒既是公共领域的重要组成部分，又是公共领域的一种内在机制；它既是报道公共事务和公共政策的信息平台，又是人们对公共事务批评和评价的舆论平台。构建和谐社会，需要面对且妥善处理好各种社会矛盾和问题，其中最迫切的是协调各阶层的利益关系。而协调各阶层的利益，很重要的是必须有通畅的各阶层利益表达的渠道；否则，听任一些阶层，特别是弱势群体集体失语，社会交流和社会协调的渠道就没有了源头。当前我国社会基层和弱势群体利益和需求表达的主要途径有两个：人民信访渠道和新闻传媒渠道，前者主要针对的是一些相对比较微观和具体的问题，而能够作为公众议题、保障民众表达权，并在宏观意义上构成政府与民众无阻碍交流的最便捷通道的，则是新闻媒介。

同时，一个健全、运转灵活通畅的社会，通常是新闻信息自由流通、社会透明度高、信息不对称现象较少、有利于社会经济的发展和社会成员认同程度提高的社会。民众的知情权的有效保障，是社会有效交流和协调的基本前提，在这方面最具有这种功能的社会资源，又首推新闻传媒。以新媒介技术为主导的新的媒介空间，不但没有削弱新闻传媒这种最基本的功能，而且加强了对它们的需求。在海量信息的包围之中，人们更需要对信息的解读、导航，从而获取对自身最有用的信息。"人们需要的不只是信息，尽管在这'事实的年代'，信息往往支配了他们的注意力，并远远超过了他们的吸收能力……他们需要的和他们感受到需要的，是一种心智品质，这种品质可帮助他们利用信息增进理性，从而使他们能看清世事，以及或许就发生在他们之间的事情的清晰的全貌。"①

其次，和谐的新闻舆论场的建立，是构建和谐社会的主要支持系统。和谐社会应该是一个博弈均衡的社会，衡量社会和谐最重要的因素就是公平和公正，而公平和公正，主要体现在利益的协调和平衡上。在一般的利益意义上，构建和谐社会是需要付出和谐成本的，物质基础的雄厚程度及支付"和谐成本"的能力，决定着构建和谐社会的广度、深度、力度和进度，影响着初级阶段社会和谐的程度。

---

① 〔美〕C. 赖特·米尔斯：《社会学的想象力》，陈强等译，生活·读书·新知三联书店，2001，第 3 页。

　　毋庸置疑，今天，发展中的中国构建和谐社会的物质资源支持和硬实力是有限的，构建和谐社会理应更多地倚赖社会参与、社会调适、心理调适和社会资源的整合与协调。新闻舆论场在这方面是大有作为且可以有效地发挥作用的。当前，新闻传媒要担当几个方面的任务：（1）引导社会动用必要物质资源来调节各阶层的利益，特别是要呼吁和帮助社会加强对弱势群体和边缘群体的关注和保护，新闻传媒是构建和谐社会的舆论推进器。（2）构建和谐社会是对社会思维和社会观念的一次全新的转变，这需要有一种良好的构建和谐社会的舆论环境，从而提高全民的精神素质，用良好的社会心理结构来优化社会结构，推动全社会形成构建和谐社会的思想合力。（3）构建和谐社会必须对社会各阶层的心理进行疏导和调适。"现代化带来了社会多元化，此时，和平共处就成了一个社会的根本性问题。换句话说，如何才能学会文明地对待由于利益和社会认同的多元化而产生的冲突，这是关系到社会生存的问题。"[1] 必须在利益表达和社会稳定之间取得平衡，使社会成员参与构建制度化的利益表达机制的空间。"和谐社会绝不是没有矛盾和冲突的社会；而是一个有能力化解矛盾和冲突，实现利益大体均衡的社会。"[2] 新闻传媒要充当的是疏导和化解社会矛盾的"减压阀"。(4)构建和谐社会需要公共理性和公共信心的舆论支持。新闻传媒对社会现实的真实、理性反映，有助于建立社会共识以及个体、群体与社会的理性认同，实现对社会的有效调控。

　　最后，新闻传媒社会预警机制和社会监督机制的完善，是构建和谐社会的必要条件。和谐社会的对立面，就是社会上存在着不和谐现象。新闻媒介作为社会的守望者，是以助推社会结构健康和社会运行的顺畅为己任的。下列三个要素对于社会是极为重要的：（1）新闻传媒的预警机制。经济和社会转型期的社会关系往往充满张力，有着多种不可控因素。现代化孕育着稳定，而现代化的过程中往往也潜伏着诸多不安定、不和谐因素。"作为传递信息的工具，媒体就是人类所利用的重要的社会雷达，……通过媒体监测自然、社会环境中的不和谐因素，建立积极有效的社会预警机制，能够有效地促进社会对问题的

① 〔德〕迪特·森格哈斯：《文明内部的冲突与世界秩序》（译者序），张文武译，新华出版社，2004，第9页。
② 孙立平：《利益时代的冲突与和谐》，《南方周末》2004年12月30日。

及时解决和处理，有利于社会的协调稳定。"① 社会的稳定是和谐社会的底线，新闻传媒的触角深入社会的各个方位，对各种影响社会发展的问题保持高度的敏感，承担应有的责任。对社会可能出现的重大问题和冲突能够快速、准确地做出反应，有条不紊地组织、协调和开展好危机传播活动，从而充分地发挥其预警机制的作用。（2）舆情搜集和反馈机制。新闻传媒是和社会舆论最接近的一个领域，可以不间断地保持与民间信息渠道的交流，对社会的热点、焦点和难点问题，给予关注，并把这些信息及时反馈，提供社会决策参考。（3）新闻舆论监督机制。舆论监督是新闻传媒干预社会的最直接方式，也是新闻传媒社会影响力的主要立足点之一。在和谐社会的构建中，新闻传媒绝不是和稀泥的角色，它们必须直面社会，对社会中不和谐和影响和谐的问题进行建设性监督，通过新闻舆论的约束力，对社会问题、社会不公正现象进行监督和制约，促进问题的解决和社会的进步。

四　当前中国新闻传媒运用上存在的问题与对策

构建和谐社会，需要和谐运用新闻传媒。从政策层面分析，构建和谐社会的能力和新闻传媒的运用能力，都是中国共产党要加强的执政能力。正如硬币的两面，新闻传媒对社会和谐的作用是很大的；但是如果运用不当，其负面作用同样会给社会带来冲击和震荡。

检视当前我国新闻传媒的报道同社会之间的关系，可以使我们获得更清醒的认识。应该说，与和谐社会的要求相比较，新闻传媒的运用，尤其是在一些传媒的报道上还存在着比较严重的不和谐现象和问题。

首先是片面报道。传播学家施拉姆认为，每个人在自己的大脑中都有一张社会地图，人们用这张地图来寻找发展的方向。为了保证地图的正确性，人们用社会雷达来监测环境，不断地修改社会地图，媒体就是人类所利用的重要的雷达。但是我国有些新闻媒体没有担当好社会的守望者角色，它们不是为人们提供可供利用的正确的社会地图，而是提供一些胡乱涂鸦的漫画。炒作和失语

---

① 赵路平等:《和谐社会中的媒体角色建构》,《传媒观察》2005 年第 4 期。

是最典型的表现。在纷繁复杂、变化万千的现代社会，传媒的失语有时会带来灾难性的后果。我国古语有云："防民之口，甚于防川"。在高度发达的资讯时代，一些重要、涉及民生的社会信息如果不能从正式传媒渠道表达，就会变成流言和谣言，"卷入社会离轨放大过程中的谣言，更具有权威性，因此也会带来更严重的后果"①。谣言会破坏社会的和谐，甚至会影响社会的稳定，2003 年在 SARS 开始肆虐时，我国新闻传媒集体的被动就充分证明了这一点。又如，一段时间内，在一些新闻传媒中，弱势群体和边缘群体没有位置和声音，他们生活中的最紧要问题，在传媒上实质处于一种缺席和失语的状况，较多的只是一种戏说成分，甚至个别传媒对乡下人和外乡人"妖魔化"，导致弱势群体的形象扭曲，诱发了一些不和谐、不安定因素。

而新闻传媒的炒作也会伤害社会的和谐。一段时间，一些新闻媒体热衷于炒作社会上大款的生活方式和一掷千金的高消费方式，把社会中存在的少数生活现象当作普遍性的东西宣扬；对社会中存在的一些不安定和不协调现象，过分放大，反复传播，在人们的"心理模板"上刻画出一个非常不安全的社会形象。近段时间，很多传媒为弱势群体鼓与呼，尽心去做民生新闻，但有些新闻传媒又有一边倒的炒作倾向，比如，一提到民工工资，就说是"血汗钱"，一涉及民工工资拖欠问题，就疾呼"还民工血汗钱"。把劳资纠纷和必须在法制的轨道下解决的问题，变成一种悲情呼吁，仿佛这个社会到处充满压榨。这自然容易引起民工恶性对待纷争，激化矛盾，也容易使社会公众的社会认识产生偏差，还会影响我国的国际形象。这些都是对新闻报道的简单化、片面化理解和运用所产生的问题，这种报道方式，不但不能为构建和谐社会做出贡献，而且会带来很多负面效应。

其次是不平衡报道。现今一些新闻传媒在报道方向和内容取舍上，偏重于城市，而忽略了农村；偏重于政治、经济的"要闻"，而忽略了社会大众日常生活的"要闻"；偏重于"眼球的吸引"，而忽略了心灵的"纯化"。还有的传媒热衷于揭丑，对社会上一些异常的、负面的现象竭力放大，甚至到了无所不用其极的地步；而又有些传媒则热衷于"正面宣传"，处处唱赞歌，似乎社

---

① 〔英〕巴特勒：《媒介社会学》，赵伯英译，社会科学文献出版社，1989，第 35 页。

会一片升平。凡此种种，都会对民众产生误导，从而消解了他们对社会本质的正确判断力。

再次是"金元"报道。一些新闻传媒"嫌贫爱富"，唯大款、富豪为"上帝"，对他们的价值观念、利益需求、思想感情和生活方式不惜版面、时段，尽力予以表达；"而反映普通百姓特别是弱势群体的生活、愿望、感情、要求和呼声的东西却少了"①。即使有一些涉及下层民众的报道，也多是悲天悯人、居高临下的姿态，显现的也只是民众被扭曲或悲情的形象。更为令人担忧的是，一些传媒几乎成为少数强势群体的代言人和应声虫，成为商媒勾结和共谋的领域。此外，一些行政权力利用传媒寻租的问题也没有绝迹。传媒如此作为，都是以伤害社会和谐为代价的。

最后是娱乐至上。传媒娱乐功能的发挥是无可非议的，但是如果走向娱乐至上就不正常了。一些新闻传媒常走边锋，用大量的"星、腥、性"的内容招徕受众，并以之为自己的独家品牌，这不但污化了社会空气，麻醉了人的身心，遮蔽了新闻传播的"社会能见度"，还会给社会带来不安定因素。还有一种传媒娱乐至上的偏向，就是把普通老百姓的社会生活作为戏说对象，以之演绎报道的"精彩"，而不顾民众社会的真实感受、喜怒哀乐。

虽然我们应该摒弃那种新闻报道"一言兴邦、一言丧邦"的僵化思维，但必须充分认识到，新闻报道的不和谐确实对构建和谐社会有极大的制约作用。如何保持新闻报道的相对和谐呢？

首先，应该在构建公共领域的条件下，坚持新闻报道的理性、人文性和建设性。从一定角度说，反常性的东西对新闻报道自然更具有吸引力，但是新闻报道首先要肩负的是社会责任，信息流通的目的是促进社会的进步和发展，是以民众同政府的沟通交流、以社会认同、以对人的终极关注和关怀、以社会各阶层各得其所为出发点和归宿点的。要做到这一点，新闻报道必须坚持"贴近群众、贴近生活、贴近实际"，更必须坚持以建设性的态度介入社会。新闻报道揭露问题是为了解决问题，是为了消减社会的信息不对称，而不能为社会制造"精神恐慌"。新闻报道中的理性是至关重要的，绝不能凭感性冲动，此

---

① 赵志立：《新闻传媒在构建和谐社会中的历史使命》，《新闻与写作》2005 年第 4 期。

一时，彼一时，随风倒，形成报道的浮躁和浅薄，一会儿是集体失语，一会儿是众声喧哗，追求那种不负责任的煽情效果。比如，我们对保护弱势群体的呼吁，应该立足于现实，立足于协助政府和社会解决问题，同时也有责任提醒社会，以理性合法的方式来妥善处理利益矛盾，理顺群众的情绪。否则不但无助于解决问题，还可能会激化矛盾。

和谐社会是一种价值系统，任何社会的和谐都是相对和谐，而且都要经历一个过程。"政治革命可以在一夜之间爆发，技术革命也可能只要几年时间，但是社会革命却要几十年的时间。"① 社会公平也是相对的公平，而且侧重于起点公平和机会公平，如果把结果公平作为报道方向，就会伤害社会和谐的本意。还有，社会中的有些问题能够及时解决的，一定要全力解决好；而有些问题是发展中的问题，要靠进一步发展来解决。对这些一时难以解决的问题，新闻报道要做出理性的判断，理性地报道和解释，在呼吁社会关注的同时，理顺社会的情绪，不能盲目地一边倒。

其次，在着眼解决具体问题的同时，要有全局眼光，辩证地、全面地看待和报道问题。传媒在构建和谐社会的新闻传播服务中，报道应为民众提供理性的社会"认知模板"，从而协助构筑和谐社会的"规范模板"。这就需要辩证地看待社会和社会问题，把握好新闻报道的"度"。比如对社会上一些丑恶现象的揭露，既要让这些社会不能容忍的、破坏社会健康和谐的东西曝光，又要有一定的把握度和报道弹性，应该给社会以公共信心。又如，提供娱乐服务是媒体的本质功能之一，但不能走极端，不能过分，不能误导受众，不能用垃圾信息和文化伤害社会的肌体，应该给人们以高尚的思想和情操陶冶。

要促进新闻传媒报道的和谐，最核心的问题是更新新闻报道的思维观念，不能在已经发生巨大变化的社会面前，还保持僵化、淡漠化的老套套、老面孔，要努力增强新闻报道的针对性、吸引力、渗透力和感染力，既给社会提供对称性的信息流通，又给信息以辩证理性的解读、分析和导航，从而为构建和谐社会提供强大的舆论支持和精神动力支持。

---

① 〔英〕保罗·哈里森：《第三世界：苦难·曲折·希望》，钟菲译，新华出版社，1984，第242页。

五　当前中国新闻传媒业发展上存在的问题与对策

新闻传媒业是否发达，是否健康，是社会发展的重要标志之一。构建和谐社会必须有和谐的传媒发展。当前我国不仅处在一个经济和社会发展的临界点，而且我们的新闻传媒也处在一个发展的拐点。媒介新技术的不断提升和已经卷入的高度市场化和全球化竞争，使新闻传媒在经济生存和社会责任之间存在着许多掣肘和矛盾。构建和谐社会与我国新闻传媒健康、有序、和谐的构建应该是同步的过程。

在社会主义初级阶段条件下的中国新闻传媒，也有着明显的初级阶段特点。这主要表现在传媒的结构和布局的不平衡，突出表现在地区的不平衡，特别是农村地区和城市地区之间、发达地区和欠发达地区之间、沿海和内地之间、强势群体和弱势群体之间媒介占有量和占有率的极大差距。社会中，一方面有很多人接受的信息过剩；而另一方面，还有许多信息匮乏的人群。"正如物质财富上存在富裕与贫困的差异一样，在信息占有上的情形如出一辙，因经济窘迫而疲于奔命的人往往也是信息匮乏的人。"① 传播信息沟的存在，使中国实际上存在两种媒介文化时间和空间，时间差和地域差的悬隔，使弱势群体和欠发达地区在媒体中缺少自己的声音，缺少利益表达的渠道，这样自然会导致利益的分化、社会文化的断裂。

同样，中国的新闻改革和媒介产业化也进入了一个瓶颈期：承担着较强的社会责任的主流媒体（党和政府的机关报等），有日益被边缘化的趋势；一些通俗性的大众性媒体，由于追求市场的卖点而媚俗化、煽情化，淡漠了对民生主要问题的关注；还有一些在市场中很有潜力和活力的专业化、分众化媒体，则把注意力投向高端、有影响力的人群，而出现了对社会民众负责的盲区。这种局面的形成，一方面削弱了社会的公共理性；另一方面也造成了新闻传媒的结构性过剩和结构性短缺并存，传而不通、流而不畅的问题并存，社会各阶层

① 〔美〕沃纳·赛佛林、小詹姆斯·坦卡德：《传播理论：起源、方法与应用》，郭镇之等译，华夏出版社，2000，第272页。

交流和互动的场域相对缺失。

从传媒体制和运行机制上看，我们的新闻传媒也有较多的初级阶段特征。在与市场经济对接的过程中，新闻传媒总体上是迟到者，市场的运作机制在一些传媒里缺席；而传媒的社会责任意识和公益运作机制，也存在缺席的问题。媒介产业化经营和集团化运作，给中国新闻传媒产业做大做强带来了契机，也为传媒体制和机制的改革创新打开了路向；但是，从边缘开始突破的媒介体制和机制改革，在我国新闻业中表现得很不平衡。一方面总体的机制尚未理顺，计划经济的新闻业运作方法开始失灵，而新的更具有适应性的体制尚未形成；另一方面，各个媒体都处在机制转换的探索之中，一些高度市场化和走国际化道路的传媒，与一些欠发达地区仍停留在计划经济体制中的传媒的距离是越来越远了。

最突出的问题是新闻传媒的发展理念冲突和混乱。"新闻消费主义突出新闻的消费性，即讲究实用性，迎合受众需要"①，一些新闻传媒在"新闻消费主义""新闻平民化"的幌子下，热衷追逐、满足受众的感官需求，强调媒介的市场占有招数，而放弃了对人的深刻的关心和关注，淡化了新闻传媒的社会责任。而一些秉持对社会负责的传媒，其单线型灌输、影响的套路，使它们不但难以实现传播意图，使新闻传播"空转"，而且失去了受众和市场。

上述种种，不但妨碍新闻传媒自身的发展，也会对传媒参与构建和谐社会带来极大的制约。在构建和谐社会的系统工程中，对新闻传媒和谐发展的构建也是一个重大命题。

第一，要创造和谐的媒介生态环境。社会对新闻传媒要给予宽容和理解，在构建和谐社会的过程中，应该从多方面强化新闻传媒的发展力。一方面政府和社会要为新闻传媒提供良好的生存、施展的空间，推行行政公开、促进言论自由、加大政策扶持、实施制度创新等，另一方面，要建立健全、系统、科学、有效的传媒监管机制和体制。② 特别是在坚持主流导向的前提下，对新闻舆论监督，要给予保护，给予更多的施展空间。和谐社会绝不是一团和气的社

---

① 罗以澄：《新闻求索录》，复旦大学出版社，2004。
② 赵路平等：《和谐社会中的媒体角色建构》，《传媒观察》2005 年第 4 期。

会，面对社会不和谐现象，新闻传媒的理性和建设性监督，是解决问题、消除不和谐的一个重要途径，是一种简便易行的"阳光操作法"。否则，把新闻传媒仅仅作为引导和影响人民的工具，是对和谐社会的简单片面性理解，只能导致南其辕而北其辙的效果。比如当下一些新闻传媒搞有偿不闻，甚至以舆论监督为名，行要挟和敲诈之实，就是缺乏对舆论监督的正常保护和规范而引发的畸形状态。

第二，把新闻传媒的发展依托在法制轨道上来。从一般意义上说，和谐社会就是完备的法治社会。中央领导层强调，为构建和谐社会，一要实现公平和正义，二要加强道德教育，三要加强法制。[①] 新闻传媒在参与构建和谐社会的进程中，一定要在法律的范围内行事，同时强化自身建设的法律依托；社会对传媒的保护、调控和监管也要以法律为依归。这不但是保证新闻媒介自身权利的要素，也是保证社会健康和谐发展的前提。

第三，创造性地调整新闻传媒的结构和布局。针对我国媒介发展地区不平衡的现状，对欠发达地区和农村地区的新闻传媒，采取适当的扶持和政策倾斜；要大力发展面对和代表广大群众利益的公共传媒；对商业化和市场化程度比较高的媒体，加强社会责任的规范和要求；对各种传媒都要坚持以人为本，以推进社会和谐作为其发展的内在约束要素。把坚持媒介为社会公共利益、社会公共理性和社会公共信心的服务导向，作为传媒结构调整的重点。要适应社会多元化、社会阶层分化和受众日益窄化的趋势，适应市场化走向，实现新闻传媒对社会的全面覆盖，尤其是对大众知情权和表达权的实现提供有效的满足条件，保证政府、社区、群体、个人的有效交流、理解和沟通，推进全社会的共识和认同的形成。

第四，推进新闻传媒发展理念、体制和机制的创新。构建和谐社会，不仅是社会发展的管理理念和机制的一次深刻转变，也是新闻传媒发展观念和体制的一次深刻转换。新中国成立以来，我国新闻传媒的发展方向大致经历了两次转型过程：第一次是从为政治服务为中心转型到为经济建设服务为中心，这次

---

① 《外媒："和谐社会"成中国新的关键词》，http：//news. xinhuanet. com/world/2005 – 03/04/content_ 2647203. htm。

转型开辟了中国新闻媒介发展黄金时期，为我国新闻传媒的健康发展开辟了广阔的前景；第二次转型则是从为经济建设服务进化到为社会系统的和谐健康服务的轨道上来，这是一种更深刻、更全面的转型过程。我们不能把传媒为构建和谐社会服务仅仅作为一种应时的任务，而要将其作为传媒发展的长期战略。认识到这是传媒履行其最根本的终极目标——社会责任的根本要求，这是新闻传媒发展和提升的一个良好的机遇期。

在这种情况下，我们有必要清理和反思两种影响和谐传媒构建的思维方式和思想观念。一种是单向主义的传媒控制，认为只要把传媒"管住""管紧"，通过单声道的议程设置和舆论造势，就可以取得足够强大的舆论影响力。这是让新闻传媒重新回到过去"左"的路径的"旧套路"，它不但会让传媒难以在今天的社会里立身，而且还会浪费甚至扼杀可以为构建和谐社会做出贡献的、丰富的社会资源。另一种是以商业表征来涵盖新闻传媒所有功能的市场主义，认为在媒介市场竞争激烈的情况下，注重传媒的"眼球经济"、注重传媒的"利润增长"理应高于一切。这种"屈从"市场的论调与做法，会让新闻传媒走向歧路。社会责任是新闻传媒的脊梁，没有这个脊梁，新闻传媒就在很大程度上失去了存在的理由。我们要大力在市场竞争中做强媒介产业，同时，更要以担负好传媒的社会责任来做强媒介产业。这是传媒健康、和谐发展的根本路向。

（2005 年 8 月初稿，2005 年 10 月定稿）

中国大陆报纸种群演进的逻辑分析

——纪念中国新闻改革 30 年

如果把 1978 年新闻界的"拨乱反正"作为新时期中国大陆新闻改革起点的话，报纸媒介转型则是这一改革进程中发生的最为波澜壮阔的媒介发展大事件。报纸媒介通过设置社会议程、建构媒介环境、塑造社会现实而参与、推进当代中国社会的一切重大变革的同时，又在与其赖以存在的社会生态环境的持续互动过程中建构着自身，在社会与媒介的双重转型的历史场域中，不断地更新自己的社会角色，不断地生成新的报纸种群。从过去"两报一刊"所代表的党报一统天下的格局，到今天的晚报、都市报、市场主流报、公共报纸与党报等多元报纸种群结构图景的呈现，我国报纸媒介发生了悄然无声但却惊心动魄的种群裂变和主导报纸种群演进。体认、揭示这一种群裂变与主导报纸种群演进的内在逻辑，不只是反思和推进新闻改革所必需，也为构建和谐社会新型媒介系统的未来所期待。

一　报纸种群及其特性

报纸种群是指在特定时空范围占据一定报业场域且运营模式大体相同的报纸集合群。报纸种群概念是对生态学生物种群概念的引申使用，用来揭示具有相同角色特质和场域定位的一类报纸的集群习性和竞合特征。

从进化论的观点看，生物种群是一个演化单位。"生态学上把特定时间占据一定空间的同种生物的集合群称为生物种群（Biotic Population）。"[1] 生物种群有自己的空间特性、数量特性及遗传特性。问题是能否从自然生态学的生物

---

① 曹凑贵主编《生态学概论》，高等教育出版社，2006，第 106 页。

种群概念引导出媒介社会学和媒介生态学的报纸种群的概念。答案是肯定的。理由有三：第一，当代生态学的发展已经完成了从自然生态学向社会生态学，乃至媒介生态学的延伸与转变。美国著名生态学家奥杜姆 1975 年出版《生态学》一书的第二版时，特地为该书加注了"联结自然科学与社会科学的纽带"这样一个鲜明而又富于启迪意义的副标题；而法国学者 P. 邱文奥和 M. 坦格则认为："生态学与其说是一个科学部门，不如说是一种观点，因为它涉及生命与环境，包括与人类社会和人类活动有关的所有问题的规律性"①。生态学的人文转向或社会转向，使人们可以把生态学观念作为一种方法论或者分析社会现象的理论框架。第二，在媒介生态学研究领域，虽然还没有形成一定的研究范式，但已经形成了众多的研究取向。其实，在生态学还没有完成人文转向之前，早在 20 世纪五六十年代，多伦多学派的哈罗德·伊尼斯、马歇尔·麦克卢汉等人已经从"媒介作为环境"的路向进行被后人称之为媒介生态学的研究。今天，包括以多伦多学派、纽约学派为代表的文化人类学取向，以大卫·阿什德等学者为代表的符号互动论取向，以及以中国台湾一批学者为代表的方法论取向等，已经把媒介生态学建构成媒介研究的"显学"领域之一。当然，这一领域也形成了把自然生态学的观念、范式转化为传播学概念、范式的存在论或实体论研究取向。例如，日本东京大学水越伸教授即是实体论的代表人物之一，他在同构对应的意义上，使用生态学的术语和概念分析媒介领域。② 第三，媒介生态系统与自然生态系统异质同构。尽管它们属于人的世界的不同方面，一个是使人的自然属性得以展开、自然需要得以满足的领域，另一个是使人的社会传播属性得以展开、传播需要得以满足的领域；但是从系统功能观念的角度来看，作为生态系统，它们都离不开一定生态系统中有机体的自主性活动，离不开有机体与环境的信息、能量、物质等资源的交换，一些基本的生态活动和演进规律都可能在不同的生态系统中发挥相同的作用。

　　不管是从隐喻还是实体意义上，如果报纸种群的概念能够成立的话，那么报纸种群也有自己的种群特性。报纸的种群特性，大体上表现在角色定位特

---

① 丁鸿富：《社会生态学》，浙江教育出版社，1987，第 232 页。
② 〔日〕水越伸：「メディア？ビオトープ：メディアの生態系をデザインする」，纪伊国屋书店，2005。

性、空间关系特性、新闻操作特性三个方面。所谓角色定位特性是指同一报纸种群的个体角色定位大体相同或相近，由此生发出读者市场、新闻来源市场、资本市场、广告市场的同质与差异；所谓空间关系特性是指报纸种群具有一定的空间分布区域和分布方式；所谓新闻操作特性是指从事实发现、事实选择到报道传播等新闻生产整个过程的特性。在一定意义上，角色定位特性是报纸种群的遗传特性与种间相似特性，它决定报纸种群的进化、发展与适应能力。正是根据报纸种群的上述特性，本研究采用类型比较分析法，对中国大陆1949年至今的报纸进行种群归类（例如党报种群以《人民日报》为标本，晚报种群以《新民晚报》为标本，都市报种群以《华西都市报》为标本，主流报种群以《新京报》及《南方周末》为标本等），以此确定种群特性，然后扩大认知范围，完成种群认定和归类。由此认定，党报种群、晚报种群、都市报种群、市场主流报种群等，是今天的媒介生态环境中，处于不同生态位的报纸种群。改革开放30年以来，中国大陆主导型报纸的替代过程，实际上是报纸的种群之间竞争演替过程。对中国大陆报纸种群演进的逻辑分析，就是试图解析时间序列上主导型报纸种群演进替代的变动关系，从而揭示不同报纸种群如何适应社会环境的转型与变化而成为特定时期主导型报纸种群的过程及其内在联系。

二　中国大陆报纸种群演进的逻辑

报纸种群的生成与变化是报纸媒介对社会转型和社会环境因子全面适应，并与之相互作用的结果。如果说，1949年以来的中国大陆社会大体上可以划分为转型前总体性社会时期（1949～1978年）和转型时期分化阶段（1978～1992年）、断裂阶段（1992～2001年）、博弈阶段（2001年以来）、整合阶段（2005年以来）等几个具有明显差异的发展阶段的话，[①] 那么，不同发展阶段的环境因子对报纸媒介的制约和影响，将集中凝聚、投射在各个阶段对报纸媒介社会角色的规定中。与此同时，报纸的角色转型与种群演进之间是互为表里

---

① 根据当代中国发展社会学家如李培林、孙立平、李强、李春玲等人的观点而提出。

的关系，报纸角色转型的逻辑制约着种群演进逻辑。因此，体认报纸角色的变化及其转型，将是观察报纸种群演进逻辑的重要基础。

在渐进式改革的背景下，我国报纸已经完成了角色转型，从"以国为本"的社会动员与整合工具转变为"以人为本"的社会各阶层代言与信息传播工具。[①] 报纸角色转型的轨迹体现为，从总体性阶段，到分化、断裂、博弈，以及整合等不同的转型逻辑阶段过程。在这样的角色转型逻辑制约下，报纸种群的演进逻辑，大致经历了党报、晚报、都市报、市场主流报等先后作为不同社会时期主导报纸种群的竞争与演替过程。

党报种群主要指由各级党委机关报组成的报纸媒介的集合体。党报的客观角色是政党的喉舌和宣传工具，它是一种组织传播媒介种群。这是党报种群角色特质的底色。在党、政、国三位一体的时代，党报可能泛化为一定社会时期的优势种群或主导媒介种群。例如，在 1949 年至 1978 年的总体性社会时期，党报的客观角色与总体性社会的报纸媒介角色合二为一，党报种群成为当时主要的，甚至可以说是唯一的报纸种群。集政权、所有权、意识形态控制权于权力精英阶层之手的总体性社会，也是一个以人际纵向关系为主的社会，需要报纸充当社会动员与整合工具的特定报纸角色。报纸成为社会纵向传播系统的一部分，成为组织传播的社会动员与整合工具，即党和政府的喉舌。这样的角色定位，使报纸站在似乎无所不能的社会动员、社会组织、社会控制、社会宣传、社会灌输及社会斗争的高地上，构筑了党报种群的特质。而从空间特性上说，随着 20 世纪 50 年代报纸国有化和对私营报纸改造的完成，我国基本上形成了按照行政差序格局配置报纸资源和种群资源的党报体系空间延伸的格局。新闻操作特性上，则用宣传模式生产新闻。新闻生产的宣传模式是指在新闻事实的发现、选择与传播各个环节首先服从宣传的需要然后再服从新闻传播规律的新闻传播模式。与之相适应的新闻报道范式是典型报道。党报种群的繁盛与当时的总体性社会的环境要求相适应，然而它也潜伏着深刻的传播危机。这主要表现在它彻底颠覆了媒介场域的"半自主性"，使之成为"无自主性"的政

---

① 吕尚彬、罗以澄：《渐进式改革背景下的中国报纸角色转型分析》，《中国传媒报告》2007 年第 4 期。

治场域的延伸。因此，党报种群及其总体性报纸角色必定会伴随着总体性社会危机的爆发而陷入传播危机之中。进入社会转型分化阶段以后，新的大众传播主导型报纸种群开始发育，党报种群势必回归政党喉舌和宣传工具的本位，不再可能成为社会的主导型报纸种群。

晚报种群是我国最早开始面向城市读者市场的报纸集合体。按照国际通行的标准，晚报是午后出版发行、供人们在晚上阅读的日报，这是晚报种群特质之一。虽然中国大陆名义上的晚报可以追溯到"文革"前停办的"第一代晚报"，但那个时候，它们其实都是党委机关报，是党报种群的一部分。名副其实的晚报种群大体上包括改革开放以后转型新生的"第一代晚报"，以及当时创办的"第二代晚报"。晚报种群的崛起当然是20世纪80年代中后期报纸媒介发展的大事。它的背后，是社会转型第一阶段的报纸角色分化。所谓报纸角色的分化，是指在1978年至1992年间报纸从组织传播媒介转向大众传播媒介的过程中，报纸角色从一元的国家组织动员工具分化为多元的大众传播媒介角色的样态。改革开放战略启动之后，在改革的"放权"与"分权"双重机制的作用下，中国发生了社会结构的全方位分化，即它同时发生了社会群体的分化、阶层的分化、产业的分化和地域的分化。分化的社会场域期待着形成社会横向沟通媒介，促进着报纸媒介回归大众传播媒介，发挥自身的应然功能。在报纸大众化进程之中，报纸角色开始逐步分化。如果说，"以国为本"的总体性社会报纸主要充当了社会动员整合工具、宣传工具的话，那么，社会转型期分化阶段回归大众传媒身份的报纸角色则分化为宣传角色、信息传播角色、经营者角色、社会公共舆论角色、娱乐角色、广告发布角色等多种角色。与此同时，报纸角色分化与报纸种群分化同步进行。传统的党报种群还在发挥功能，但主要充当宣传角色；而与日益高涨的国民信息需要相适应的晚报种群，则开始探索对信息传播角色、经营者角色、社会公共舆论角色、娱乐角色、广告发布角色等的承担。晚报恰当地表达了当时勃兴的作为大众传播媒介的报纸的多种社会角色。当然，报纸的角色分化所赖以形成的社会场域本身还是一个典型的社会运行"双轨制"环境。当时的社会行动者们，以"分化"作为推进社会转型的策略，在社会生活的各个领域逐步释放自由空间和资源，促使社会呈现出新旧两种体制交织、保守与开放两种观念并存、人治与法治两种社会控制手段并立、计划与市场两种资源配置机制同时发挥作用的社会转型过渡状态。正是在这种"双轨"博弈的社会环境变化过程中，分化过程也促进着报纸媒介的一系列自主性因素的创生，使之开始成为社会场域中的"自组织"。特别是一系列建构在回归新闻传播规律基础之上的传播习惯与制度、传播运行惯例的创生，推进报纸媒介完成了从组织传播媒介向大众传播媒介的转型和回归，并使之开始释放出巨大的建构生活的能量。这是晚报种群能够取代党报种群而崛起的深层动因。

都市报种群作为一种定位市民、彻底走向市场的城市日报集合体，其勃兴与报纸角色的断裂密切相关。所谓报纸角色的断裂，是指社会转型分化时期形成的报纸角色在1992年以后得到了倾斜性重建，与市场经济运行相关和契合的报纸角色功能进一步延伸强化，与传统党报角色契合的部分功能得到了超市场的固化和形式化，以至于报纸媒介不同角色的矛盾与冲突显化。报纸角色的断裂直接导致报纸种群的裂变，导致党报种群的持续衰退与晚报、都市报种群先后成为社会主导性报纸种群这一趋势的呈现。在都市报种群还没有问世以前，晚报种群是最能聚集受众注意力资源的报纸种群。20世纪90年代中后期崛起的都市类报纸使晚报的市场领跑者势头受到了遏制。都市报种群具有一系列不同于晚报种群的优势：定位于市民生活报的都市报，承上则嫁接了机关报、晚报的传统优势，启下则开启了一个更有活力、更有规模的市场前景；在经营模式上，都市类报纸直接导入了成熟的西方商业化报纸的运营模式；在与社会环境互动中，它适应了社会结构的变化，适应了新的中间阶层的崛起和在城乡断裂的背景下城市化进程的加快等趋势。因此，以《华西都市报》《南方都市报》《华商报》《楚天都市报》《广州日报》等一批报纸为代表的都市报种群崛起以后，晚报种群的市场竞争优势几乎全部丧失。当然，都市报的完全市场经济模式，使它作为典型的阶层媒介，对于社会断裂的加剧也起到了加速器和切割器的作用。

市场主流报种群是面向社会高端阶层的一类市场化综合性日报的集合体。迄今为止，这类主流报纸种群正处于生成之中。其中，如《北京青年报》《新京报》《南方周末》《南方日报》《21世纪经济报道》《东方早报》《中国经营报》等表现出了这类报纸不同发展模式的雏形。市场主流报种群兴起的基础是报纸角色的博弈。所谓报纸角色的博弈，是指报纸的公民代言与阶层代言、市场利益与知情权利的博弈状态。报纸角色的博弈，与当时报纸与政府、经济、读者、科技的关系状态密切关联。在报业与政府的关系上，尽管严格的宣传纪律和内容规制政策依旧钳制着报纸的传播活动和采编运行制度，但与此同时，政府正逐步放宽对包括报刊在内的媒介产业的管制。在报业与经济的关系上，报纸的集团化走向进一步得到彰显，报业不仅吸纳着广阔的市场经济资源，而且多数报业集团本身就是一个巨大的营利企业；报业的跨地区、跨媒介经营获得突破，报业竞争从产品竞争上升为品牌竞争。在报纸与读者的关系上，社会分层和社会流动的趋势大力改变着社会资源流动方式和社会传播工具，直接引导着报纸对目标消费群体的选择，进一步导致报业的分层化。在报纸与科技的关系上，方兴未艾、如日中天的数字媒介，深刻地影响着报纸，使之在与数字媒介的博弈过程中逐步走向媒介整合，产生新型数字报纸。报纸角色博弈的结果，是形成社会对市场主流报纸勃兴的期待。特别是由于存在高度的同质化、自身以规模发展作为市场诉求点、脱离社会精英和主流人群信息中心需要等缺陷，都市报种群的发展开始陷入困境，这也为市场主流报纸的崛起提供了受众需要。市场主流报纸是一个报业市场的概念，它是在报业竞争中形成的必须关注社会发展和社会生活主流问题，成为社会主流人群所倚重的资讯来源和思想来源的"高端"报纸；它是传播面广、影响力大、公信度高、社会效益和经济效益都好的报纸，是报业市场中与大众化报纸相对应而存在的一种报纸。市场主流报纸的诞生，意味着报业市场的分化进入了一个新阶段，形成了一种与中国社会精英群体的传媒控制和使用需要相一致的市场化报纸种群，开始了社会高端阶层媒介的建构。到了主流高端报纸种群的建构阶段，报纸角色转型"以社会阶层为本"的特点逐步显露无遗。

当然，无论是党报、晚报，还是都市报、市场主流报，这些先后各领风骚数年或数十年的主导型报纸种群，还都是典型的社会阶层媒介，它们都代表着中国社会特定的社会力量和利益。在一定意义上，今天的报纸媒介角色结构和种群结构是一种社会阶层结构的媒介资源表达。2005 年以来，中国社会转型进入一个特殊时期：博弈与整合状态交织并存。一方面是社会博弈状态持续发展，另一方面是社会分化的结构化、定型化态势彰显与社会问题治理加力，社会整合成为社会转型的重要趋势。社会整合阶段的到来标志着社会转型的博弈阶段开始逐步转向多样统一、民主法治、公平正义、博弈均衡的社会状态。处在具有博弈与整合二重性社会场域中的报纸，同样进行着角色博弈向角色整合的转型。与之相适应，报纸种群的演进开始进入一个全新的阶段，公共报纸种群即将应运而生。

公共报纸种群的基础是报纸角色的整合。所谓报纸角色整合，强调的是调整或协调报纸角色间不同因素的矛盾、冲突，使之成为统一的角色体系的过程。对报纸角色整合的基点是坚持以人为本，以推进社会和谐作为其发展的内在约束要素；整合报纸角色的过程需要解决公共信息平台的倾斜、媒体话语的失衡、新闻媒体镜像的歪置与失真等新闻传播不和谐现象。① 具体地说，报纸角色整合过程理应是一个重构报纸的公共性、改革报道理念、使之成为和谐社会的参与者与守护者的过程。角色整合的实质是报纸在社会主义新闻专业主义制约下，立足于社会主体的信息传播需要，发挥自身的社会功能，高扬媒介社会责任，进而形成社会参与、社会沟通、社会整合、社会守望、社会疏导、社会监督的角色系统。社会主义和谐社会建构的语境，为报纸角色的整合提供了可能性和现实性。② 无论是社会的碎片化需要一个整合沟通的工具、社会和谐需要充分保障国民知情权实现的媒介，还是协调各阶层的利益关系需要建构大众公共领域、构筑并坚守社会主义的新闻专业主义原则的公共性和公共类报纸，都要求对报纸角色进行整合。公共报纸种群正是表达报纸整合角色要求的新型报纸种群。公共报纸种群以自己的独特性质与特点，区别于阶层媒介和阶层报纸种群。首先，公共报纸是以受众为本，能够充分满足公民知情权的报纸。虽然保障公民的知情权是所有大众传播媒介的职责，但在实践中，已经形成的阶层媒介可能会在阶层代言与阶层知情权满足方面有所侧重，而忽视其他非目标读者群体，特别是社会弱势群体的知情权；其利益的冲突与矛盾，也会

---

① 罗以澄、陈文高：《构建和谐社会与新闻传播责任担当》，《武汉大学学报（人文科学版）》2007 年第 3 期。

② 吕尚彬、罗以澄：《渐进式改革背景下的中国报纸角色转型分析》，《中国传媒报告》2007 年第 4 期。

导致信息屏蔽机制的形成。^① 因此，在报纸种群多元化的今天，公共报纸种群在公民知情权满足方面，具有不可替代的重大作用。其次，公共报纸是一个跨越各个社会阶层的社会公共信息交流沟通平台。"在一个民主化的媒介体系内部，需要有一个发展成熟的专门领域，供各个不同的社会群体就他们的社会身份与认同、群体利益、政治化策略和社会道德观念等事务展开讨论。""讨论的形式应当能够促进和加深相互理解，共同寻找解决问题的方案。此外，这一总体性的媒介领域还应促进民主程序的开展。通过这些程序，人们能够界定共同的目标，对矛盾和冲突进行规制。"^② 虽然我国与西方的政治体制不同，但媒介在社会整合与和谐社会构建过程中，作为社会生活的守望者、社会发展的监视器，发挥"民主法治""社会公平""社会正义""社会信用"的助推器的功能是一样的。因此，搭建公共话语平台，更是公共报纸的天然职责。最后，公共报纸也是一种"高公信力"的报纸。公共报纸作为社会生活与环境的守望者，客观、真实、全面、平衡、深刻地为改变和消除社会成员之间的信息不对称状况而恪尽职守；它帮助公民打破社会信息屏蔽，了解社会生活真实的全貌。这是这一类报纸种群有望获得较高的公信力与影响力的根源。

因此，中国大陆报纸种群演进的基本逻辑，是党报种群、晚报种群、都市报种群、市场主流报种群，以至于公共报纸种群先后成为社会的主导报纸种群。这些种群之间的竞争与演替的过程，构成了中国报纸发展的一条主线。

三 中国大陆报纸种群演进逻辑的启示

第一，报纸种群演进，使不同种群之间的种间关系呈现出多元共生的格局。如果说报纸种群演进逻辑本身是线性的话，那么这一逻辑过程的展开，实际上，使报纸种群的种间关系呈现出多元共生的格局。从这个意义上说，报纸

---

① 新闻信息屏蔽包括对于负面新闻事实能掘就掘的信息控制逻辑、负面新闻是"极个别现象"的信息解释逻辑、负面新闻不危害社会稳定行为主体就不反映的反应逻辑等现象都是信息屏蔽的重要表现。

② 〔英〕詹姆斯·卡伦著《媒体与权力》，史安斌、董关鹏译，清华大学出版社，2006，第305页。

种群演进是一部越来越多的历史。无论是社会转型前总体性时期的党报种群，还是社会转型时期分化阶段的晚报种群、断裂阶段的都市报种群、博弈阶段的市场主流报种群，它们在今天的报纸场域中仍然存在并发挥其功能，尽管其中的大多数种群已经不再是报纸场域的主导性种群。应该说，报纸种群的多元化、多样化，便是当前整合阶段我国报纸种群构成的特色。公共报、市场主流报、晚报、都市报、党报等报纸种群分别扮演着不同角色，执行着不同功能，代表着社会场域中的不同阶层，构成我国多元报纸种群结构。

第二，在一定意义上，我国报纸种群的多元格局，可以视为当前社会结构的阶层分化与结构化趋势在报纸媒介的投射。当然，上述的这几个报纸种群，并不是按照同一个分类标准划分的，但它却是我国报纸媒介转型历史的共时性呈现，是报纸历史种群的平面呈现。就报纸媒介种群而言，很难使用统一的标准对它进行能够涵盖和解释诸多差异的分类。作为表达报纸社会角色定位的一类报纸的集合体，报纸种群概念大于通常使用的报纸种类概念。种类可以是依据报纸面向的读者特点所做的归类，例如，因为读者对象的不同，可以把报纸划分为军报、青年报、妇女报、少数民族报或者教育报、农民报、石油报等种类。但从种群的角度，它们都是一个种群，是党报种群的亚种群。从种群的角度，揭示不同种群报纸的特性与角色特点，就可能揭示出社会各相关阶层对于报纸资源的占有分布态势。在上述报纸种群中，除了公共报是正在建构的种群之外，其余的都是既有种群。改革开放以来，从生产主体的多元化到利益主体的多元化、社会阶层的多元化，反映到信息和传播层面上，就是对象征主体多元化的呼唤。新的社会阶层要上升为社会的主导势力以及建立文化领导权，是一个新的社会博弈过程。"这场建立和争夺文化统治权的'静悄悄的革命'并不是围绕国家机器的行政权力的掌控，而是日常生活、媒体、消费、意义的创造和传递。"[①] 这里的既有报纸种群，也都是相关社会阶层文化领导权的表决器。

第三，报纸种群的演进逻辑与中国社会转型节奏同构对应。报纸种群演进的逻辑，从报纸发展的整体来看，展示的是报纸媒介角色与社会系统同步转型

---

① 何家栋：《还有哪些梦未醒？》，《博览群书》2002 年第 12 期。

的逻辑。从转型前的总体性时期，到转型过程中的各个历史阶段，报纸与社会系统同步转型，先后呈现出总体性、分化、断裂、博弈、整合五种阶段性角色状态。总体性报纸角色呈现的是当时报纸作为组织传播媒介的角色状态；分化报纸角色揭示的是社会转型初期，报纸从组织传播工具向大众传播媒介转化的角色状态；断裂报纸角色揭示的是市场经济体制建构时期，报纸向广告与市场倾斜的角色状态；博弈报纸角色概括的是报纸的公民代言与阶层代言、市场利益与知情权利的博弈的角色状态；整合报纸角色表达的是社会分层结构化趋势彰显、社会整合和问题治理加力的社会环境中，报纸多元化发展以及种群、形态、功能整合所表现的角色状态。五种报纸角色状态的形成及演进，呈现了报纸转型的节奏，成为报纸种群演进的基础。它与整体社会转型的节奏之间形成异质同构的对应关系。正是这种同构对应关系的存在，使报纸的种群演进逻辑同时可以被理解为是一种社会场域演进逻辑的媒介内化。

第四，社会现代化的诉求、读者的变化、经济的发展、技术的进步是促进报纸种群演进的直接动力。报纸种群演进受到社会政治、经济、文化、技术等许多因素的制约与推动。社会现代化的诉求、读者的变化、经济的发展、技术的进步是它的直接推动力。

首先是社会现代化的诉求引导报纸的传播话语转型。不管我们怎样描述当代中国的社会转型，它在最本质意义上，指涉的是社会从传统社会走向现代社会的现代化过程的一个重要阶段。现代化诉求不仅为报纸种群提供了社会场域背景，也提供了话语内容。例如，1949 年至 1978 年间，报纸的党报种群，便与那时的现代化进程难以分离："当时，东方集团和西方集团共同感觉到，中国作为一个社会主义社会将会按照经过检验的苏联模式而实现现代化"[①]。对苏联现代化模式的模仿、反思、扬弃，构成总体性报纸话语的主旋律。1978 年以后的报纸话语转型，明显受到几个重要的现代化进程转折点的引导。例如，1978 年战胜"两个凡是"、1992 年破除姓"社"姓"资"、1997 年冲破姓"公"姓"私"、2001 年加入 WTO 等重大事件都成为报纸话语转型的主要

---

① 〔美〕吉尔伯特·罗兹曼主编《中国的现代化》，国家社会科学基金"比较现代化"课题组译，江苏人民出版社，1998，第 2 页。

标志。

其次是读者生存状态、信息需要的拓展与变化直接推进报纸种群的变化。总体性时期的报纸是一种以传播者为中心的组织传播媒介，读者对报纸的影响力当然是有限的，但在报纸回归大众传播媒介以后，读者的需要、接触与选择则开始决定报纸内容的取舍、决定报纸的风格定位、决定报纸变革的方向和进程。不仅如此，读者在现代化进程中的生存状态与报纸媒介角色、种群之间也表现出某种对应关系。例如，分化性报纸角色的基础之一是作为社会主体的人的阶层分化；断裂性报纸角色的基础之一是剧烈的社会分化导致社会阶层之间的断裂和社会结构的断裂；博弈性报纸角色的基础之一是社会主体作为利益主体的竞争与合作；整合性报纸角色的基础之一是社会主体的生存状态和生活方式的碎片化趋势逐步削弱社会的结构化。读者生存状态的种种变化，正是在社会现代化进程的场域中形成的社会主体的特性之一。"必须认识到，现代化是一个创举与毁灭并举的过程，它以人的错位和痛苦的高昂代价换来新的机会和新的前景。"[1]

再次是经济的发展为报纸种群提供广告市场、资本市场、信息消费市场资源。这是毋庸置疑的，也无须更多论证。

最后是技术的进步推动报纸形态的变化与更新。从总体性时期的铅排和机械印刷，到社会转型分化阶段的电脑激光照排系统的使用，再到断裂阶段报纸的网络翻版或 PDF 版，以至于博弈阶段的网络变版、多媒体版，进而发展到整合阶段新旧媒介高度整合的新型数字报纸媒介，技术力量是最近 30 年中报纸种群演进的最大推动力之一。

（2008 年 4 月初稿，2008 年 6 月定稿；占尚彬参与本文撰写）

---

[1] 〔美〕C. E. 布莱克著《现代化的动力》，段小光译，四川人民出版社，1988，第 37 页。

构建和谐社会与新闻传媒责任担当

在现代社会，新闻传媒作为社会信息系统中重要的制衡工具，既是"社会这个建筑物得以粘合在地的混凝土"①，又是社会变革、发展的推进器。在构建和谐社会的实践中，如何担当和谐社会舆论的引领者，履行社会公平正义的守护者和充满活力的思想交流市场的职责，是新闻传媒无法回避的课题。本文从新闻传媒的天赋使命切入，通过分析当前新闻传播中影响社会和谐的现象与原因，探讨构建和谐社会征程中新闻传媒责任担当的方法与途径。

一　和谐社会思想追求与新闻传媒天赋使命的契合

和谐社会思想是人类先哲们探讨构建理想社会的长期求索的结晶。西方先哲们在构建理想社会的道路上，曾先后形成过两个基本的思想指向：一是基于"正义、理性、法律、权力"等理念，通过强调刚性的社会契约来构建理想社会的指向；二是以休谟为代表的使理性服从情感召唤的指向。前者导致西方现代社会技术至上主义盛行，人文精神沦丧，结果是"一个'理性'不断膨胀的时代从此展开。在这样的时期，人们的真实需求被压缩成条例与法规，冰冷的机器压迫在每一个人身上"②。后者则导致非理性主义泛滥，反对理性的管束，要让本能和情感超越理智而冲动。和谐社会的理论正是基于对上述两个思想指向所造成的西方现代社会危机的深刻反思，因此，也可以说其指向是建立在和谐哲学基础上的构建理想社会的第三条道路。

和谐哲学，"是将人类的独特性表现为建立友谊和进行联姻的能力，表现

---

① N. 维纳著《人有人的用处——控制论和社会》，陈步译，商务印书馆，1978，第17页。
② 石义彬：《单向度、超真实、内爆：批判视野中的当代西方传播思想研究》，武汉大学出版社，2003，第9页。

为在坚持原则的理性和富于生机的情感之间获得兼顾和平衡的能力"①；是既强调"正义、理性、法律、权力"的刚性理念，又肯定"同情、宽容、博爱、诚实、团结"等柔性观念的一种兼容的公共哲学。在公共领域，人群关系之间既有理性的知识性因素，也有情感的非知识性因素。和谐哲学的提出，为人类社会的发展，描绘出了新的蓝图。

作为公共哲学，和谐哲学把公共话语放在首要地位，主张公共话语应该用民主、对话、妥协、折中的途径展开。正如哈贝马斯所说，"只有关于妥协的谈判是根据确保所有利益相关者以平等参加谈判的机会的程序进行的，只要这种谈判允许有平等的机会彼此施加影响，并同时为所有有关的利益创造大致平等的实施机会，就有根据做出这样的假定：所达成的协议是公平的。"② 和谐哲学承认事物的多样性、差异性，不强求统一，奉行"和而不同"的多元价值观，提倡互惠多赢，共谋发展与合作；提倡不同社会阶层、团体的对话协商，以达到社会资源的有效配置和利用，公民、社会、政府相互支持和配合，全体社会成员公平分享社会进步成果的共赢结局。因此，用和谐哲学代替过去的斗争哲学既是对现代社会危机的反思的结果，又是对中国传统和谐思想的承传；是全面建设现代国家的现实需要，也体现了我们党执政理念的新飞跃。

现代新闻传媒是西方自由市场经济培育出来的理性工具，其天赋的血脉中流淌着自由、平等、博爱的血液，履行着社会公共领域的职责。哈罗德·拉斯韦尔在《传播的社会结构与功能》（1948）一文中首先为现代新闻传媒界定了其使命，他认为传播的三种功能是：①监视社会环境，②协调社会关系，③传衍社会遗产。也就是说，传播媒介应该是环境的瞭望者、社会利益的制衡者和知识的传播者。后来，查尔斯·赖特在《大众传播：功能的探讨》（1959）一书中，又补充了传媒提供娱乐的功能。如果说这些研究更多的是从单向度的传者本位来界定传媒的功能的话，那么哈贝马斯就从传受互动的角度，给传播活动赋予了理想的色彩，他认为传播的终极目的不在于效果，而在于人的解放，把人从大众传播、文化工业中由于工具理性极度膨胀造成的种种束缚中解脱出

① 张国清：《和谐社会研究——从政治学到政治科学》，人民出版社，2006，第12页。
② 〔德〕哈贝马斯著《在事实与规范之间》，董世骏译，三联书店，2003，第204页。

来。为此，他提出了"公共领域""交往理性""理想言说情境"等富有思想力的学术命题，为全面概括传媒的社会使命提供了深远的思想支撑。

剖析和谐哲学的价值指向和现代新闻传媒的天赋使命，我们可以清楚地看到，建设和谐社会与新闻传媒大体相似的价值追求。这首先表现在，和谐社会的民主法治与公平正义思想和新闻传媒的社会公共职责相契合。和谐社会的前提是发展社会主义民主，实现民主的制度化、规范化和程序化，以完善的法律体系保障公民的民主权利。而新闻传媒作为社会的雷达，能够及时地监视社会环境的变化，能够形成社会舆论，监督政府行为，保障公共领域的纯净和公权的有效运用。因此，也可以说新闻传媒是民主法治社会的安全网和防护罩。其次，和谐社会倡导的诚实友爱、充满活力的社会风尚与新闻传媒追求新鲜及时、全面客观报道事实、惩恶扬善的职责相契合。最后，和谐社会倡导安定有序、人与自然和谐相处的思想与新闻传媒协调社会关系、传衍社会文化的职责相契合。安定有序是实现和谐社会的前提，社会的安定除了靠政府的管制和法律的规范等刚性手段外，更主要依赖于社会各阶层、各社群的有效沟通。新闻传媒作为社会公众论坛、意见的自由市场，能够疏导社会情绪、引领社会舆论，传播先进文化，维护主流社会价值观念，从而为建设和谐社会提供强大的舆论支持。

二　当前新闻传媒不和谐现象透视

（一）公共信息平台的倾斜与媒体话语权的失衡

改革开放近30年来，在我国社会财富取得巨大增长的同时，由于社会的转型也伴生着诸多新的社会矛盾，其中由于社会分层而产生的"弱势群体"问题最为突出。现在社会上关注得较多的是对弱势群体的经济救助、法律援助和医疗保障等，而对弱势群体的话语权和信息权的保障却极少关注。社会公众间话语与信息的"阻隔"，势必造成社会矛盾，影响和谐社会的建设。

作为社会公共领域的新闻传媒，是党和人民的耳目与喉舌，理应也是社会弱势群体的利益表达的扩音器。借助传媒表达自己的呼声与诉求，引起社会特别是政府的注意，从而获得有利于改善自身生活的制度安排与资源配置，进而获得生活的自信和参与社会的能力，这是弱势群体应有的权利。然而，遗憾的是，在传媒产业化过程中，一些媒体越来越成为市场驱使的经济动物，逐渐远离公共领域的本位。市场的诱惑，已经使一些传媒为追求利益的最大化，或主动或被动地淡化甚至放弃自己的社会责任，将信息资源的分配权拱手交由市场来支配。在这期间，弱势群体很显然在社会地位、消费能力等方面处于劣势，自然被排斥在一些服务意识淡薄的媒体"视野"之外，这样就导致了公共信息平台向社会的强势者倾斜。随着传媒上强势群体不断放大自己的利益主张和政治诉求，处于弱势群体的声音自然越来越小，最后成了沉默的螺旋一族。传媒话语权的失衡必然加剧社会阶层的信息鸿沟（Information Divide），而信息鸿沟的扩大反过来又会进一步恶化经济上的贫富差距，造成新一轮的社会不公，结果更加剧了社会各阶层的疏离与摩擦，和谐社会也就失去了建构的基石。

（二）新闻媒体镜像的歪置与失真

媒介世界是通过对现实世界的符号复制而营造的一个不同于现实的"拟态环境"（李普曼语）。新闻学者刘建明教授把这种透过新闻传媒了解世界的方式称之为"新闻镜像"。他说："新闻提供的信息，使人们体验到逼真的生活，每天看到世界变化的景象，正如从镜中观看世界，得到镜像那样清晰、具体。"[1] 在现代社会，公众由于直接接触的现实世界有限，因而其意见或舆论的形成很大程度上取决于"拟态环境"的真实性或曰"镜像"的真实性。

现代传媒既能够作为人体的延伸，也可以屏蔽真相，弱化大众思维，制造虚假镜像。拉扎斯菲尔德在《大众传播的社会作用》（1948）一文中提到媒介的负功能时告诫我们说："大众媒介是一种既可以为善服务、也可以为恶服务的强大工具；总的来说，如果不加适当的控制，它为恶服务的可能性更大。"[2]

① 刘建明：《当代新闻学原理》，清华大学出版社，2003，第131页。
② 转引张国良：《新闻媒介与社会》，上海人民出版社，2001，第72页。

在市场经济冲击下的新闻传媒，随着部分传媒公共责任意识的消解和新闻专业精神的淡化，新闻镜像的妖术化、失真化趋向愈演愈烈，已影响公众对现实社会的真实判断，误导公众的价值观，从而影响社会和谐。

"新闻镜像"的歪置与失真，首先表现为泛政治化、单一的正面宣传，制造传媒镜像烟雾，影响了国家形象和公众对自身处境的认知。翻开我们的报纸，到处可见歌颂新成就、新景象的"颂扬性"报道，其结果便造成一个虚假的繁荣镜像。由于接触的是被拔高了的"繁荣镜像"，公众自然难以掌握真实的生活处境，而且还被"大好形势"所激发，需求心理越来越高，对社会的物质和精神的期待值也越来越高，然而现实的处境又让公众的心理期待得不到满足，结果造成巨大的心理落差，从而产生不稳定的因素。不仅如此，传媒镜像烟雾也导致了国家形象在国际传播中被误读、误解，且授人以柄。前些年，西方一些发达国家要求我国以发达国家身份加入 WTO，与我们传媒的宣传也不无关系。

其次是传播的商业化、庸俗化，新闻公共性失守，影响了新闻"拟态环境"的价值。在市场竞争的压力下，不少传媒简单地把受众定位为"消费者"，选择新闻着眼于满足受众的消费欲望，甚至为吸引"眼球"不惜向暴力和色情归顺，导致新闻镜像走向低俗化、煽情化。在新闻报道内容上，一些传媒倾向于报道成功人士的奢侈人生、奋斗历程和趣闻轶事，热衷于为富商明星的新婚离婚、奇闻丑闻等私人领域奉献公共版面。特别是 20 世纪 90 年代以来新兴的一些市民类报纸，把名人轶事、犯罪新闻、暴力事件、花边新闻等具有较强娱乐性的内容作为报道重点，而使严肃新闻的报道比例越来越少。"在全球化、商业化的大潮里，新闻自由正在演变成少数大企业集团对全球主流媒体新闻流通的控制，作为民主保障的媒介手段正在演变成少数商业机构为追求商业利润而损害全球民主化的手段……新闻报道本身也已经成了广告和娱乐的囚犯。"[①] 在新闻报道手法上，则热衷于运用耸人听闻、哗众取宠的手法报道新闻事件，一味强化事件的悬念或煽情刺激，达到即时的轰动效应。如 2004 年马加爵凶杀案就使一些传媒兴奋异常，为数不少的市民类报纸甚至出整版、专

---

① 李希光：《转型中的新闻学》，南方日报出版社，2005，第 30 页。

版加以炒作。这不能不说是一次传媒的集体非理性的狂躁。与此同时，一些严肃的政治新闻也往往被一些传媒的庸俗化报道所替代，如 2002 年有关张二江受贿案的报道，一些媒体不去深入探究干部贪污受贿的原因及其危害，而对张二江与 107 个女人发生性关系一事大肆渲染，甚至有记者想起梁山好汉的 108 将，硬把张二江的妻子也算进去，写成《市委书记与 108 个女人》《一个男人与 108 个女人》。传媒的这种商业化、庸俗化行为严重损害了新闻媒体的公共领域功能的担当。

最后是职业道德"滑坡"，虚假新闻泛滥，销蚀新闻的公信力。客观真实是新闻报道的生命力所在，也是新闻工作者的职业道德底线。然而在现实中，一些传媒却置新闻操守于不顾，热衷于造假、传假，极大地败坏了传媒的声誉。2005 年 6 月，全国新闻战线"三项学习教育活动"领导小组办公室联合召开了"坚决制止虚假新闻报道座谈会"，强调虚假新闻的存在是新闻界的耻辱，指出当前虚假报道的特点：①文化娱乐报道、体育报道和经济报道是虚假新闻的多发区，社会纪实、口述实录、情景再现等造假现象相对严重；②虚假新闻的制造者日趋社会化，媒体从业人员公然造假现象有所增加；③媒体主观制造的虚假舆论热点不时出现，媒体记者和商家结成利益同盟，相互勾结造假的事例屡屡出现；④虚假新闻的隐蔽性和欺骗性更强，虚假新闻造成的后果愈加严重。这些新闻丑相严重影响了媒介的公信力，也误置了公众对社会的心理地图，影响新闻镜像的真实性。

（三）新闻媒体人文关怀的缺失

新闻的人文关怀，主要指通过新闻报道对人的生存状态的关注，是对人的尊严与符合人性的各种需求的肯定。它不仅着眼于生命关怀，而且着眼于人性、精神、情感和道德的关怀，把人的生存、人的权益、人的发展当作新闻报道的价值取向。新闻是以报道人的社会实践活动为主要内容的事业，新闻的传者、受者都是人，尊重人、关注人是新闻传播的本应之义。但伴随着市场化的社会转型，一些新闻传媒在市场逐利中，将媒介的人文精神不断稀释甚至阉割了，导致新闻人关怀的缺失。

当前新闻传媒的人文关怀缺失，主要表现在对社会弱势群体报道的"不公"上。一方面是报道量少，导致社会弱势群体的社会镜像和意见诉求得不到新闻传媒公平的对待。兰州大学新闻与传播学院万艳霞以《兰州晚报》（2005年4～6月）为样本，采用内容分析法分析其有关"三农"问题的报道题材。① 结果表明，农民在大众媒体上信息空间狭窄。从稿件数量来看，所抽取样本中有关农民工的报道只有11篇，而其内容大多是一些为吸引受众眼球的耸人听闻的突发性社会新闻，如《女服务员被迫跳楼》《惨，钢管插进农民工头》之类的新闻。另一方面是报道视角居高临下，对弱势群体的灾难和疾苦冷漠、麻木。如广州《信息时报》（2003年11月3日）报道《男子对着高压线撒尿遭电击毙命惨不忍睹》："昨天上午9时15分，一外省男子站在广州市广园西路通通酒店旁边的天桥上对着桥下京广路边的高压线撒尿，由于尿液导电，该男子当场毙命。幸好铁路职工对事故处理及时，没有对京广铁路奔驰的列车造成较大的影响。"接着写道，"记者在现场看到，死者全身被高压线烧得黑乎乎的，像烧焦的烤鸭"。然后用小标题"'潇洒'撒尿当场毙命"调侃死者。全文除了谴责死者的"自食恶果"，看不到记者对遇难者生命的任何惋惜和同情，这表现出记者典型的贵族式道德审判心态。再一方面是报道语言歧视，缺乏人文精神。如近些年来，"打工仔"一词在媒体上大量运用就是典型。《上海青年报》曾以《打工仔吃的是什么?》为题，报道对外来打工人员的饭食问题的调查，揭露了并不罕见的外来打工人员吃劣质饭食的事实，报道的出发点是唤起人们对外来工饮食卫生的关注，但标题却表现了记者对外来工的轻蔑情感，影响了报道的效果。类似的语言还很多，如农民工（进城务工的农民）、肉贩子（个体肉商）、擦鞋佬（摆摊擦鞋的谋生者）、卖淫女、发廊妹，等等。这些语言的流行和泛滥，显示了新闻传媒对弱势群体的集体无意识的蔑视，是强势媒体对弱势群体的语言侵害。

当前新闻传媒的人文关怀缺失，还表现在新闻侵权，损害当事人的权益上。改革开放以来，涉及新闻侵权的纠纷呈现出越来越多的趋势，其中对新闻相关者的名誉权和隐私权的伤害行为最为普遍。据耶鲁大学管理学院金融经济学教授陈

---

① 万艳霞:《都市报离农民工有多远——〈兰州晚报〉农民工报道分析》,《青年记者》2006年第4期。

志武对近来发生在我国的 170 件媒体侵权官司所做的统计表明，媒体的败诉率高达 80%。而在美国的媒体侵权官司当中，媒体败诉的概率仅为 8%。我国传媒在诉讼中败诉率如此之高，其原因固然是多方面的，但新闻侵权则是其一大症结所在。此外，传媒自律不足，媒介审判时有发生，也导致了人文关怀的缺失。舆论监督是传媒的职责，但如果在进行舆论监督或履行新闻自由权时，不顾新闻规则，对社会事件进行"舆论预设"，就会导致媒介审判，影响社会正义。如在 2001 年张君团伙杀人抢劫案审理期间，有些报纸在未判决前对张君口诛笔伐，出现"用张君人头祭奠亡灵""张君该千刀万剐"等暴力语言。又如，2002 年的张二江事件中，一些报纸的报道标题是《"冷面"被告狡辩开脱罪责》《"五毒书记"拒不认罪》《张二江的歪理邪说》；2003 年的马加爵事件报道中，马加爵则被冠以"杀人狂魔"的称号，等等。这种未审先判的"媒介预设"，体现了新闻的语言暴力和语言霸权倾向，必然会影响社会公正。

三 重构新闻公共性，改革报道理念，做和谐社会的建设者和守护者

构建和谐社会是当前全国人民的共同愿望，新闻传媒要做好构建和谐社会的宣传队和推进器，必须进行新闻体制和报道理念的改革与创新，树立和谐传媒的形象。

（一）重构新闻传媒公共性，以新闻专业精神建构真实社会镜像，确保信息公平

首先是科学设定公共新闻机构与商业新闻机构的身份及其功能，保证公共新闻机构的纯净性，重构新闻传媒的公共性。新闻传播是在特定的社会制度设计下进行的一种制度化的传播。从制度设计上来说，一个完善的、高效的制度应该体现传媒经营者的责任和义务相一致的原则。如美国的 VOA 是代表美国政府对外宣传的工具，所以它不承担市场盈利的义务，由美国政府全额拨款；《纽约时报》《华盛顿邮报》《华尔街日报》等，是私营报纸，政府不直接干预新闻传播与经营管理活动，而由国家制定的法律、法规具体规范其行为。西

方发达国家的一些成功经验值得我们借鉴。明确公共新闻机构与商业新闻机构的不同定位，保留必要的新闻机构承担社会"公共领域"的功能（此处所说的"公共领域"含义不完全等同于哈贝马斯所说的"公共领域"，而是具有现实性的、真正以公众事务为关注中心、以公众利益为追求宗旨的意见交流园地），由公共财政支撑其经济来源，发挥其社会把关人的作用，这应该是当前我国新闻传媒体制改革的一大要点。从我国的具体国情出发，以党报党刊为代表的主流新闻传媒理应优先承担公共新闻机构的职责，因为这些传媒本来就是党和人民的耳目与喉舌。进入 21 世纪以来，中央进一步强调了立党为公、执政为民的理念，加速了我国政治生态的良性转化；主流新闻传媒也随之具有了传播信息、反映舆情、引导舆论、凝聚公众意识、表达公众利益，甚至有限度地评判政府政策、制约政治权力的功能，初步具有了"公共领域"的价值。但应该看到，主流传媒的这一公共性职能的担当还有待进一步强化、深化。

其次是以公共新闻机构为平台，铸就社会主义新闻专业精神，保障公众知情权和表达权。在美国政党报纸解体之后，新闻业界提出了新闻的专业主义理论，并以此制定了西方新闻行业的基本原则，它强调：①新闻工作必须服务于公众利益，而不仅仅限于为政治或经济利益集团服务；②新闻从业者是社会的观察者、事实的报道者，而不是某一利益集团的宣传员；③他们是信息流通的"把关人"，采纳的基准是以中产阶级为主体的主流社会的价值观念，而不是政治、经济利益冲突的参与者或鼓动者；④他们以实证科学的理性标准评判事实的真伪，服从于事实这一最高权威，而不是臣服于任何政治权力或经济势力；⑤他们受制于建立在上述原则之上的专业规范，接受专业社区的自律，而不接受在此之外的任何权力或权威的控制。当然，我们不能照搬西方新闻行业的行为规范，但通过对新闻专业主义的本土化改造，其合理的内核可以成为社会主义新闻专业精神的组成部分。事实上，我国近 30 年来的新闻改革也一直在构建社会主义新闻专业精神，如反对"假、大、空"，强调以事实说话；倡导"三贴近"，提高传媒的服务性；反对"有偿新闻"，提倡新闻业的职业伦理；呼唤舆论监督，推行新闻采编与传媒经营分开管理等新闻实践，等等。只有用这种全面公正、客观真实、平衡理性的专业精神去从事新闻报道工作，才能真实再现社会镜像，满足公众的知情权，彰显社会公平和正义的声音，保障社会各阶层的信息对称和确保公众有自由意见的公共论坛，达到反映民意、沟通舆情、和谐社会的作用。

（二）革新传播理念、调整报道视角，关注社会弱势群体，舒缓社会矛盾

构建和谐社会既是立党为公、执政为民的执政理念体现，也是转型期社会矛盾日益多样化和尖锐化形势下的施政策略。为适应构建和谐社会的需要，新闻传媒理应转变新闻传播理念，做和谐社会思想的传播者和社会公平正义的维护者。

首先，面对新媒介技术的挑战，新闻传媒应与时俱进，更新观念，以把握社会信息主导权。随着媒介技术的创新，以互联网为代表，以介入融合模式、无作者权威为特征的双向互动的大众媒介第二时代已经来临。在第一媒介时代中，无论是何种传播介质，发言权都在掌握话语权的社会精英或权力阶层手上；而在第二媒介时代里，任何人都可以发表意见，双向互动，话语霸权被瓦解了，网络上意见领袖的声音不再是单一的政府的声音、也不再是大众媒体的声音，更多的是代表了普通百姓自己的"草根"声音。随着互联网的普及，每个人都能够成为双主体的信息传播者和接受者，每个人都有可能成为传播媒介的重要组成部分。作为传统意义上主流话语载体的新闻传媒不再具有在第一媒介时代的绝对话语强势地位。新闻传媒只有将传播观念由传者本位向受者本位迁移，尊重公众的意志、以受众的利益为出发点，切实践行"三贴近"的新闻改革思想，才能在话语分权、传播分众化时代，把握传播的主导权，才能履行构建和谐社会的传播者和推动者的使命。

其次，面对社会转型和社会分层的加剧，强势群体与弱势群体的社会矛盾日益尖锐，新闻传媒有必须担当社会公平正义的守护神的道义。麦奎尔说："传播既然是基本的权力，那么权力的拥有与实践就必须建立在平等与多元的基础上，特别是既有结构的弱者，其权力更应该受到尊重，让人民得以参与媒介的动作。"[1] 新闻传媒改革必须强调社会成员参与新闻传播活动的权利和机

---

[1] 转引自段京肃：《社会的阶层分化与媒介的控制权和使用权》，《厦门大学学报（哲学社会科学版）》2004 年第 1 期。

会的平等。这种平等可以通过以下途径来实现:一是用完善的制度保障公共媒体向所有社会成员平等开放,使社会成员拥有平等而真实的知情权,拥有平等的利益诉求和意见表达的机会和权利。二是公共传媒资源向弱势群体倾斜,更多地为弱势群体鼓与呼,成为弱势群体"身体的延伸",丰富弱势群体的精神世界和交往空间。如通过议程设置、典型报道等方式,提升弱势群体的社会话语权,将弱势群体的利益诉求传递给主流社会,为弱势群体拓展更多的机会和变通途径。与此同时,应大力培植民生新闻的版图,扩大民生新闻的覆盖面。民生新闻是在"以人为本""以受众为本"的新闻理念下,选择普通民众作为报道对象,选择与普通民众关系密切的事情作为报道题材,且用普通民众喜欢和接受的方式进行报道的一种报道模式。它体现了传媒的民生视野、民生态度和民生情怀。如中央电视台的《焦点访谈》《新闻调查》等,它们以心系国脉与民瘼的情怀,以让无力者有力,让悲观者前行为己任,成为民生社会的保护神。民生新闻已在一定程度上成为消解社会不公,缓和社会矛盾的润滑剂和减压阀。

(三)强化舆论监督和社会危机预警机制,为建设和谐社会提供强大的舆论支持

首先要进一步搞好新闻舆论监督,监控腐败滋生,保障公权公用和民众的合法权益。根据全球知名的反腐败机构、总部设在柏林的"透明国际"(Transparency International)公布的2006年度世界清廉指数排行榜,中国清廉指数虽然较去年前进了8位,排在世界163个国家和地区中的第70位,但仍属于腐败比较严重的国家。[①] 社会腐败问题已成为当前影响我国社会和谐的主要因素之一。为此,作为社会雷达的新闻传媒,除了准确全面客观地报道公共事务和公共事件,以使公众能正确判断社会的生态环境并由此采取合适的行动外,还要监督社会公权的正确运用和公共资源的合理分配,以保证社会的公平正义不被践踏。

---

① 《全球清廉指数排行公布 中国大陆升至第70位》,http//news. sina. com. cn/c/2006 – 11 – 07/124411448990. shtml,转载自《法制晚报》。

历史证明，不受外力监督的权力必然导致腐败，舆论监督是现代社会权力制衡和反腐败斗争的重要手段。为保证构建和谐社会中的公权公用，必须强化新闻舆论的监督力度和广度。为此，当务之急乃切实做好以下两项工作：①加快新闻立法，使舆论监督有法可依，将新闻传媒的权利、义务、责任，舆论监督的范围、对象、基本原则等通过法律的形式固定下来，将新闻舆论监督纳入法制轨道。②进一步扩大新闻传媒依法监督的自主权，在坚持正确舆论导向和维护稳定大局的前提下，要保证新闻传媒对重大腐败案件有采访、报道、评论的权利，任何部门和个人不得干涉和阻挠。

其次是建构高效的危机传播机制，保障信息公平和社会安全。复杂多变的政治环境、社会环境和日益恶化的自然环境，使人类社会进入了危机高发期。目前我国新闻传媒在应对突发性社会危机上还缺乏足够的智慧和经验，如2003年春广东发生"非典"初期，就是由于危机处理不当，媒体集体失语，造成了严重的政治和社会后果。"媒体已经把人们对这场公共卫生突发事件的恐惧推向了前所未有的高度，现代媒体技术对病毒危险的扭曲、放大，致使恐惧本身成了另一种公害。诺贝尔医学奖获得者 David Baltimore 在《华尔街日报》上撰文指出，'我们在经历一场令人恐怖的与非典有关的公共健康危机'，这是一场由媒体传播开来的恐怖。"[①] 可见，建构高效危机传播机制的重要性和迫切性。

新闻传媒危机传播的长效机制的建构，主要应该从以下几方面进行：①高效的传播预警机制。设立危机传播中心，专门负责对社会和自然界中存在的高危社群或现象进行信息监测，加强与有关部门的协调和联系，力争在第一时间向公众发出危机预报。②健全危机信息披露机制。选准有公信力和控制力的新闻发言人，准备尽可能详细的相关资料，及时召开新闻发布会，公开、透明、准确地向公众传播有关事件信息，确保公众对危机的知情权。③确立危机应急处理机制。传媒在危机发生后，应注重对危机后的社会各界信息的传播与沟通，特别是对政府和专家的救助措施与建议的传播，同时做好心理辅导和舒解工作，以促进社会的稳定与和谐。

---

① 李希光：《恐惧来自何方——关于非典报道的媒体批判》，《新民周刊》2003 年第 21 期。

普利策说:"倘若一个国家是一条航行在大海上的船,新闻记者就是船头的瞭望者,他要在一望无际的海面上观察一切,审视海上的不测风云和浅滩暗礁,及时发出警报。"我们的新闻传媒只有与时俱进、更新观念,把构建和谐社会作为实践新闻专业精神的战场,用雷达般的敏锐瞭望社会行进的航程,让公权得到公用,让弱者得到关怀,用舆论的武器推动社会的公平公正,唯此才能真正成为构建和谐社会的推进器。

(2006 年 11 月初稿,2007 年 3 月定稿;陈文高参与本文撰写)

转型期中国新闻道德问题的
制度环境分析

20 世纪 80 年代以来，经过几轮的改革冲击波，中国新闻传媒业在实施由计划经济向市场经济体制变迁的总体环境中，不断开掘新闻的本质和发展的正确路向，成为当下中国社会变革的重要力量。但是，毋庸讳言，与此伴生的则是新闻职业道德的"滑坡"和困惑。新闻道德是新闻传媒业立足和生存的立身之本。新闻传媒业所附着的道德价值和道德属性，是其他许多行业所不能比拟的。道德是一种非强制性的社会规范，从观念和价值层次进行引导和劝谕是道德建设必不可少的重要途径；然而，在新闻道德的生成和维持机制中，新闻传播运行的制度环境和体制条件更是不容忽视的。

一 转型的困境：新闻道德失序的主要问题

社会伦理的基本问题是道德和利益的关系问题。[①] 利益的制度安排是调节和规范道德的深层背景。任何道德都是制度环境中的道德。道德的基本主题是恒定的，但是道德制约和规范则必定受制于制度环境的影响。

改革开放以来，中国新闻传媒开始了从高度的政治化环境中解脱、逐步走向市场化的渐进性过程。随着社会政治生活不断的理性化和制度化，中国新闻传媒业走出了政治附属品的地位，不再只是一种简单的政治宣传工具，而是负载着宣传职能的新闻事业；同时，随着社会主义市场经济的发展和完善，中国新闻传媒业的产业属性逐步确立，新闻传媒市场化运作力度逐步加大；此外，随着经济全球化程度的加深和中国融入经济全球化步伐的加快，特别是加入

---

① 罗国杰：《伦理学》，人民出版社，1989，第 11 页。

WTO 后，中国的新闻传媒业面临市场化程度极高和市场运作能力极强的西方强势媒体"抢滩"的压力，新闻传媒的企业化和市场化经营运作已成为必然的选择。

从政治的附属物到有限负载政治宣传职能的以新闻为本位的事业，从基本不必过问自身的经济生存能力、以国家包下来的计划经济体制生存环境，到必须在市场中获得自身生存发展的经济资源的市场经济体制生存环境，中国的新闻传媒业不仅经历着全面、深刻的观念变革，权力和利益的重新调整和安排，而且要经受巨大的制度变迁和体制重构，新闻道德就是在这种转换的节点上陷入困境。传媒良性制度环境的缺失和新体制建构的滞后、无序和低效，不仅成为制约中国新闻传媒发展的瓶颈，也成为新闻道德资源贫困的重要因素。

一方面是植根于高度政治化时代的新闻管理政策和规章的大部分存在，新闻传播的事业性定位以及有关法规制度建设的滞后，造成了大多数新闻传媒以事业身份之名，行计划经济时代遗留下来的媒介权力之实。尽管伴随着政治环境的日益改善，高度政治化时代约束这种权力的严苛的政治规约日趋松动，但新闻传媒拥有政治上赋予的媒介权力至今使用有效。这自然成为一些新闻传媒追求自身经济利益的寻租工具。

另一方面是走向市场的新闻传媒必然全力追求自身经济利益的最大化。市场化的结果必定导致传媒资源的资本化，而资本的本性是追求最大程度的增值。新闻传媒业是一个特殊产业，如果没有必要的、有效的制度约束和保障，作为以追求社会公众利益为根本目的的新闻媒体及其从业者，难免会在资本增值的诱惑中迷失媒介的本质。尤其是在市场经济体制不完善的条件下，资本利用传媒寻租的问题自然就会发生。

严重的是，媒介的权力寻租同资本利用媒介寻租形成合谋，媒介资本权力化和媒介权力资本化，就会衍生新闻传媒腐败问题，产生阻碍新闻传媒改革的制度惰性，这突出表现在一些新闻传媒依赖旧制度和旧体制来寻求在市场中难以得到的东西，对改革措施和政策采取选择性接受，使之"为我所用""各取所需"，从而导致过去的道德问题在新的制度境况下被进一步扭曲放大，新的道德问题在旧的制度和体制下得到庇护。

目前中国新闻传媒业的道德问题表现为多种形式，但归结起来是两个方面：一是利用党和政府以及社会所赋予的媒介权力寻租，二是在市场经济进入新闻传媒的政策法规盲点区域，资本利用媒介寻租。应该说，新闻传媒所碰到的道德问题，与当今社会的道德问题具有同源性，是当今中国社会转型中的问题。

二 新闻道德的制度背景：契约性 授权和用权的社会责任

新闻传媒业的道德判断、规范、选择和评价是建立在新闻传播的本性要求上的。作为社会公益性工具，新闻传播理想的道德价值依据是社会公众的根本利益，也就是说，新闻道德的具体内涵很多，但其最终的效忠对象是社会公众利益。

新闻媒介权力来自社会和公众授权，而公众在具体意义上是"乌合之众"，他们需要整合和组织整个群体的契约性工具，来构建理性化的社会利益和社会目标。以追求人类最大幸福为目标、包含着丰富道德含义的人类的制度化工具契约，便是以此为肇端的。对此，首当其冲的是政府和社会管理者。随着人类主体意识的觉醒和民主、自由、公平和正义价值观念的张扬，社会管理者"受命于天"的王权被"受命于人"的民权所取代，民众让渡自己的一部分权利给契约性的政府，而政府作为人民的代表，作为公众利益的维护者和协调者，自然应接受公众的授权来整合和管理社会，保证社会公众的利益。

但是，现实生活中，民众对政府可能对权力的垄断和滥用并不总是放心；新闻传媒也由此在契约性的制度预设中被授予了独立的权力，即独立的与政府相对的新闻自由权力，作为捍卫公众主体自由、监督政府的一种公共性工具。这样，抽象的公众通过新闻传媒这个公共领域，变成在政治、社会和经济生活中的实在民众，其知情权、表达权、监督权，特别是人权权利在传媒和其他的社会契约性的工具建构中得到具体体现。新闻自由要摆脱政治的压力，必须求诸新闻传媒的经济自立。传媒必须预支经济权力进入经济领域，把经济利益作为自己的体制性追求。这样，新闻的经济权力被合法地确立下来。

从政治授权到经济权利的确定，新闻传媒从追求自身的本质开始，经历了一系列持久不息的制度化建构过程，其建构指向是新闻传媒的任何权力都是对社会利益的追求、整合和协调，最后达到新闻道德完善。然而，在这些制度的建构过程中，以及在建构的制度自身当中，新闻传媒面对和置身其中的政治、经济、社会利益彼此纠结、矛盾和冲突，又会产生能否到达终极道德目标的困惑和压力。

新闻传媒的最终目标是为社会公众服务，服务的最基本手段是实事求是地传播事实，这是新闻传媒的最基本道德原则。在中国，新闻道德的基本原则表现为以下两点：一是社会主义新闻工作全心全意为人民服务的原则，二是社会主义新闻工作坚持实事求是工作作风的原则。[1] 在市场经济条件下，这些原则受到了考验。新闻传媒在执行其社会功能的名义下获得其经济功能，在市场和竞争中有了外在和内在承诺。其外在承诺是明显的，即对社会公众的承诺，对社会的承诺是新闻职业价值；其内在承诺则是潜在的，即新闻传媒要对自己的利益主要是经济利益负责，也就是对消费者的承诺。对社会利益的承诺是至高无上的，但社会利益的主体模糊，只有靠良心和良知的指引才可以把握其走向，而且对社会利益的责任是单向的，他们不会给予现实的报偿；对消费者的承诺则不然，受众和广告商的利益和需要是具体的，对新闻传媒的承诺的履行，他们会给予现实的报偿。新闻传媒的权力是社会公众所赋予的，但其具体的使用过程中，则会偏向于消费者。因为传媒的利益与忠实于消费者的利益紧密相关，传媒的权力就会与消费者利益有了更强的制度化关联。职业价值观铭刻于权力之中……一般来说，他们按自身的利益行事。[2] 新闻传媒为自己的经济利益会把权力运用在取悦和迎合消费者上。以受众为主体是新闻传媒找到自身存在的巨大进步，媒介权力只有找准这个立足点，才会履行其社会功能，才会找到为社会公众的利益服务的平台。然而受众和社会利益之间有着差异，受众的理性并不等于社会的理性，而且受众并不都是具有理性的，尤其是广告商，更是注重传媒对其经济增值的帮助能力。从特定意义上说，新闻也是一种

---

[1] 中华全国新闻工作者协会编《新闻职业道德》，新华出版社，1996，第49页。
[2] 〔美〕克利福德·G. 克里斯蒂安等：《媒体伦理学——案例与道德论据》，蔡文美等译，华夏出版社，2000，第10页。

商品，但更是具有强烈意识形态色彩的精神产品。[①] 在这种情况下，对新闻传播的正确导向规范和社会利益的指向的协调整合和调控就十分必要，这种整合需要良好的法制环境和系统的制度化环境。否则，传媒无节制地追求自身利益会导致对媒介权力的滥用，导致新闻道德的失范和对社会利益的伤害。

三　制度断裂：转型期新闻道德问题制度环境分析

同中国社会其他领域的改革一样，新闻改革实践总是走在制度和体制变迁的前面。20世纪80年代，从总体上看，中国的新闻改革显得比较零碎和拖沓：在放松了高度政治化的强制和约束后，传媒的商品属性开始走进人们的视野；在商品经济的大潮和政治调控的理性中，不少传媒着实"潇洒走了一回"。当然，其间也引发了一些传媒政治上"走火"和道德上失范的问题。后来，经过一系列的强制的整顿和规范，新闻传媒业的道德及其他方面的问题在一定程度上得到控制。进入20世纪90年代，中国提出建立社会主义市场经济体制，新闻传媒业也大致相应地走上了全面改革的道路，特别是20世纪90年代中后期至今，新闻改革已经全方位、深层次展开，市场机制日益加强，对传统新闻观念和运作机制带来前所未有的消解和冲击，中国的新闻传媒业的运作走向与世界接轨的趋势越来越明显。然而，与此同时，新闻道德问题似乎更加严重了。这十多年曾有几次对新闻道德危机的警醒和治理，特别是在21世纪初以来，出台了一系列在一定程度上能够治本的措施，如报刊治散治滥、部门和行业报刊与部门的行政权力分离与脱钩、影视制播分离等，取得了一定的成效，但新闻道德的症结问题始终存在而且有扩大之势。

有人说，中国的新闻道德治理问题就像政府机构改革，始终处于"严重—治理—严重—再治理—再严重"的怪圈里，没有一个彻底的治本的方法。因此在一定的时候，新闻传播的市场化和商业化就成为新闻道德滑坡的罪魁祸首。于是，中国的新闻道德问题的治理方式，始终在政治规制与商业法则的冲突中左右摇摆。

---

① 中华全国新闻工作者协会编《新闻职业道德》，新华出版社，1996，第177页。

在中国，新闻传媒的媒介权力是党和政府代表人民的利益赋予的，这种政治性权力有着社会公认的合法性和合理性。因此，中国新闻传媒的媒介权力的供给有两重性：一是社会公众的契约意义上的赋予，二是党和政府的制度性赋予。在市场中维持媒介权力的现实性和顺畅的运转的主要因素则是受众和广告商所注入的经济力量。新闻传媒的媒介权力输出及其责任的施行有两个方面的走向：一是对社会公众和代表公众的政府负责，二是对给予其经济生存能力的传媒消费者负责。传媒自身利益的维持扩张和坚持社会利益的道德自律就在这两种力量和承诺之间展开冲突和矛盾。改革开放以来，中国新闻传媒业的新闻道德问题就在这一背景中展开。

在前改革时期，问题比较单一。新闻传媒的政治责任、社会责任和自身经济责任之间的冲突并不明显。新闻传媒沿袭着革命战争年代的功能，作为政治的附属物，其权力和职能的行使，是社会政治权力的延伸，在党的一元化领导的条件下，传媒没有自身利益，因为党没有任何自身利益。传媒也没有经济功能，其生存条件主要是政府包下来的统收统支和计划预算分配；由此，传媒自然没有自身的经济责任。政治责任和社会责任等同划一，加之，没有经济责任，新闻道德问题的表现形式自然十分简单、雷同。这样，在政治比较理性和清明的条件下，新闻可能少犯错误，新闻的道德问题也会有较好的保障；而当政治失控或演变成政治和社会灾难时，新闻就会跟着疯狂和强化这种灾难。但在这种集体无意识的新闻道德崩溃中，传媒的道德责任已经完全被政治责任所消解，其道德责任就是政治责任。为之负责任的是犯了错误的党和政府，而新闻道德问题也就完全被政治化了。

这种环境下的新闻制度建构，是在把新闻传媒业作为政治宣传机关的条件下定位的，一方面忽略了法制性的轨道，另一方面是对政治性规约的因袭性图解。当时，针对新闻传媒业出现的一些特殊问题，主要是从政治宣传的角度制定临时性的政策和规定，特别是根据领导人的指令就可以制定一些政策进行管理，这在当时新闻传媒业基本没有商业属性与市场功能，而社会功能和政治功能高度混一的条件下是管用的。新闻传媒的权力仅限于政治性的要求，而不能进到经济利益和商业性领域，加上已经制度化和周期性的高压政治运动的反复清理和清算，具体的新闻道德问题就框限在比较单纯的范围内。在革命化和政治化的框架之内，新闻传媒业的体制结构都是以完全担负政治宣传任务的要求去建立的，新闻从业者被赋予先知先觉的为人民服务的教育者的位置，在角色的预设中占据了道德高地，强化了一定的道德自律意识；加之新闻机构的内部和外部利益分配平均化，新闻道德在经济上则有了基本的底线支撑。这样，被放置在无限放大的政治利益要求中、定义在范围十分狭窄的社会责任和处于萎缩状态经济利益的制度环境中的新闻道德问题，自然呈现出宏观层面的极端化和单一化，只需在政治纪律和政治教化中解决。

20世纪70年代末，人民日报等数家首都新闻单位提出试行"事业单位，企业化管理"的经营方针，中国新闻传媒业以市场为导向的改革开始启动。但直到1992年以前，中国的经济体制改革是在计划经济体制的前提下进行的，带有较强意识形态特征的新闻传媒业，不可能走得更远。然而，此时由于新闻媒介的商品性在实践和理论上被确认，新闻业自身再不是纯粹的没有经济职能的公共事业型机构，[①] 新闻的运作和经营不仅有政治启动机制，而且有了自身经济利益驱动机制：广告和发行工作受到了重视，广告商和受众的利益出现，成为新闻传媒业的社会利益追求和自身经济利益交汇点上的一个重要杠杆。这样，传媒的权力开始延伸到经济领域，其自身经济利益与社会利益的矛盾出现。同时，由于传媒权力对经济利益的窥视，引发了媒介的权力寻租现象。

这个时期，新闻传媒业的生存环境和生态发生巨大变化：一方面，新闻界开始从"党报本位"理论回归到"以新闻为本位"的理念，新闻的信息功能得到了强化。[②] 另一方面，新闻传媒业的自身结构也发生了深刻的变化，党报一统天下的局面结束，出现了部门办报、行业办报的浪潮；在技术进步和空白的市场以及相对丰厚的市场回报的刺激下，广播电视也空前繁荣，形成了报纸、广播、电视为主的三大媒体鼎足之势；[③] 在重建了新闻传媒业多样化、多层次结构后，新闻市场逐步形成，报纸、广播、电视之间的竞争达到空前的程度。[④] 由于新闻传媒业的生存规则的迅速转变，也由于高度集中的计划经济体

① 唐绪军：《报业经营和报业管理》（第二版），新华出版社，2003，第106页。
② 单波：《20世纪中国新闻学和传播学——应用新闻学卷》，复旦大学出版社，2001，第206页。
③ 丁淦林主编《中国新闻事业史》，武汉大学出版社，2000，第388页。
④ 单波：《20世纪中国新闻学和传播学——应用新闻学卷》，复旦大学出版社，2001，第206页。

制和政治管理体制的松动，这一转变期新闻传媒业的制度环境出现许多"真空"区，新闻道德问题突现出来，部门、行业蜂拥而上办报办刊，把报刊作为部门内部创收的手段；不少媒体利用报道的权力搞有偿交易，卖版面、卖报道等有偿新闻现象屡禁不止；传媒从业人员利用采访权和发稿权去"捞、要、讨"钱物等。对此，前改革时代以政治宣传为制度安排依据的一系列政策就显得力不从心了。在当时的多种因素的约束下，适应这种转变的系统的制度设计和安排相当匮乏，且存在诸多弊端，虽然在体制和内部制度改革上也下了一些功夫，但多是反应性、零碎性的制度安排。如人事用工体制，从 20 世纪 80 年代中期就开始的双轨制编辑记者用工制度延续至今，致使在相当多的新闻单位仍存在着多种身份的从业人员，包括正式编制、单位聘用制、部门聘用制，以及临时雇佣等。这种双轨制在短期不失为一种调动积极性、使旧体制松动的好办法。但长期下来，则成为怂恿旧体制权力固化、出让媒介权力寻租、导致道德失序的劣质制度。

1992 年，中国正式明确经济体制改革的方向是建立社会主义市场经济体制，虽然由于新闻传媒业是一个特殊行业，最初市场体制建构并没有为它们设定位置，但市场规律在新闻传播领域却取得了广泛的应用，也带来了新闻传媒业深刻的市场裂变。随着媒介资本的广泛运营，传媒资源在市场中的优化配置，传媒市场开始形成并不断扩展，促使传媒在激烈的竞争中抢占市场份额，市场利益成了传媒生存至上的追求。这时，传媒的政治责任内化附着成为社会责任的一部分，传媒的利益导向发生了变化，经济利益和社会利益在市场和事业的外在体现中发生冲突，新闻的道德问题就集中在资本运作和竞争的层面上。

随着经济改革力度的加深，开放的领域的全面扩大，中国经济融入全球化的程度加深，国内和国外的资本开始瞄准了中国传媒市场这块"暴利产业"宝地，都在跃跃欲试地准备进军这一领域。当然，在党和政府的政策性保护的屏障下，民营资本和外资资本对新闻传媒的市场准入程度非常有限，但其渗透力还是在有限放开的娱乐传播等领域展现出来，显示了强劲的市场竞争能力和市场效益，这给已经在市场化进程中获得利益，且取得了一定经验的新闻传媒带来了危机感、压力和刺激。就是在这一背景下，把新闻传媒做大做强的理念为新闻传媒改革的理论和实践注入了活力，也与进入 WTO 后掌握中国的新闻传媒业主动权的政府需求找到了共同点，资本的运营和媒介资本的整合成为传媒改革的主旋律；中国新闻传媒业的竞争和发展也开始由"春秋时代"逐渐进入"战国时代"。从都市报、晚报的火热兴办启动的小报时代到传媒的产业化、集团化经营，中国新闻传媒业开始了历史性的跨越。

市场经济的发展包含着道德的进步和解放。市场经济把法权（包括财产权、契约权等）当作基本规定，不仅有利于调动人们的积极性和创造性，而且从根本上也是一种合乎人性的、合乎人格自由和道德进步的一种制度，有利于道德的建设和发展。因此可以说市场经济的发展为人的自我价值实现和自由发展提供了无限广阔的空间，其道德意义在于：在粉碎旧的道德的过程中人性变得更真实、更完整、更自由了。[1] 然而，我们恰恰是在没有新的行之有效的普遍的伦理制约、文化约束和制度规范下进入市场经济的，市场经济有效运行所需要的最基本的公平竞争法则在我国尚未确立，整个社会既缺乏社会理想价值的信念伦理，又没有基于个人的责任伦理。责任伦理的丧失和制度的真空状态，导致了人们追求利益最大化的行为不能被纳入合理化的轨道，从而产生大量无序现象，使社会问题更加突出。[2] 中国新闻传媒业是在没有制度体系准备的情况下进入市场，在法制化制度环境准备不足的条件下进入市场化运营的，同20世纪90年代以前各种权力资源纷纷跻身新闻传媒"淘金"一样，90年代后的资本资源越来越强力地卷入传媒市场"淘金"。没有制约的权力会带来道德的崩坏；没有良性规则协调的资本倾注和流动，社会道德也会变得十分脆弱。资本的最大特性是追求增值，资本在进入市场后同人们的追求自身利益最大化的需求一拍即合，达成了资本在市场中追求最大增值的潜在合约，它们会利用一切可能的手段和方法，占据最有利的领域，获取最有利的支撑，使资源达到最优化的配置。这种配置一方面是经济和人的发展的动力和活力之源，是社会和人类进步的利益驱动机制；另一方面，在没有规范的制度约束之下，它们会冲决一切道德藩篱，对社会利益不屑一顾。

在市场竞争的"丛林生态"里，投资的失败就是生存的绝境，传媒的资

---

[1] 中华全国新闻工作者协会编《新闻职业道德》，新华出版社，1996，第213页。
[2] 王传竞等：《转型期社会学若干问题研究》，国家行政学院出版社，1998，第183页。

本化意味着传媒在很大程度上服从资本的"权力"本性，而资本是需要利用传媒的社会权力来为自身服务的，资本利用传媒寻租就成为传媒资本化以后的主要道德问题。传媒资本的主要来源是传媒消费者支出的积聚。传媒的消费者与传媒之间的"博弈"似乎是平等的市场交换关系，但在它们之间的供求互动关系中，在传媒商品的供给与资本源的供给之间，后者占据着主导地位。按"顾客是上帝"的商业法则，消费者具有至尊的地位，致使新闻传媒从道德教化者的高地上跌落下来，成为仰鼻息于消费者的受惠者，空洞的道德崇高被市场和消费者的现实性至尊所取代。尽管有其他多种因素的制约和受众的理性牵制，资本的权力总是会或隐或显地体现出来，广告商关心的是自己的经济利益，受众关心的是自己的兴趣和利益，这样，新闻传媒听命于广告商和迎合受众的问题就产生了，追求卖点、媚俗化、恶性竞争等现象便出现了。资本集中到传媒手中或外界的资本注入传媒中，执行资本的权力是为了获取自身经济利益的手段，这些利益可能是正当的，但谁也不能保证没有非正当的利益。非正当的手段获取非正当的利益，在市场结构和机制不完善，社会法制环境不健全的情况下，新闻道德就受到了伤害。中国的新闻资本化运作的制度环境是在前改革时期的制度和体制大多还有效，改革前期一些临时性制度还在运行，面对市场化和资本化运作的制度和体制建设还刚刚破题的空隙里进行的。传媒环境已经发生了完全的变化，而我们的基本制度和体制却停留在几十年前和十几年前的原地，贫乏的道德制度环境，不可能保证良好的新闻道德。

虽然近20多年来，从中国国家层面看，政府一直对新闻道德建设给予了高度的重视，并不断努力解决这个问题，特别是20世纪90年代初以来，先后颁布和修订颁布《中国新闻工作者职业道德准则》，反复多次进行以新闻道德为主要内容的教育和整改，但新闻道德问题总是反复困扰着改革中的中国新闻传媒业，其间的问题不出在改革，也不出在市场化和资本化，而主要出在改革的不到位、良好的新闻道德的制度环境建构的滞后和缺陷上。

四　制度创新：建构转型期新闻道德制度良性环境

如果把对道德的研究等同于规劝人们去做有道德的行为，那就很可能使道德学家和哲学家两者的问题都得不到解决。[1] 早在 20 世纪 80 年代初，邓小平就指出："……制度好可以使坏人无法任意横行，制度不好可以使好人无法充分做好事，甚至会走向反面。"[2] 转型时期新闻道德的建设需要良性的制度环境的呵护和帮助。在社会制度走向开放、吸纳、创新的过程中，新闻制度也应在新的历史坐标中寻求发展与重构。[3] 中国新闻道德的制度环境构建的主要着力点应该是在制约进入新闻传播中权力和规范新闻传播的市场这两个层面。新闻的法制化建设和体制创新是其根本支撑。

　　新闻和新闻市场的法制化建设是至关重要的问题。传播伦理学常常遵循着这样的模式，最后退到以法律作为唯一可靠的指导。[4] 新闻传媒业必须在宪法和法律的范围内活动，这是毫无疑义的，但是问题是新闻传媒市场作为一个具体而特殊的领域，必须有自身的法律范本，来保障、支持和规范其为社会和公众利益服务。新闻道德的自律是一种内在的规范力量，但必须在现实的场景中释放和展现出来，失去了外在规范依托，自律是不保险的。法律的实施过程也就是道德的传播过程。当法律规定权利与义务并以强制性力量相威胁以维护其规定时，法律就变成了一种强有力的传播媒介。每一个执法行动都表达了它对社会的价值观的态度以及它对这些价值观的承诺。因此，新闻法规不但是保证新闻道德原则实施的重要力量，也是进行新闻道德教育的重要手段。[5] 但是目前中国的情况是，新闻传播的基本法——《新闻法》被千呼万唤了 20 年，至今仍然难产。一部好的《新闻法》应该对新闻传播的自由、社会作用、责任和义务有着明确的界定保障和规范。新闻传媒应该持有什么样的社会责任感，往往取决于对传媒的适当作用和功能的理性把握，《新闻法》应该具有这个方面的作用。经过了 20 年的实践探索和理论研究，《新闻法》该是出台的时候了。

　　新闻传媒产业的体制创新是当务之急。当前，新闻传媒体制创新的主要制

① 〔德〕莫里茨·石里克：《伦理学问题》，孙美堂译，华夏出版社，2001，第 1 页。

② 《邓小平文选》第 2 卷，人民出版社，1994，第 333 页。

③ 郎劲松：《中国新闻政策体系研究》，新华出版社，2003，第 148 页。

④ 〔美〕克利福德·G. 克里思蒂安等：《媒体伦理学》，蔡文美等译，华夏出版社，2000，第 2 页。

⑤ 黄瑚等主编《新闻法规与职业道德教程》，复旦大学出版社，2003，第 238 页。

约是新闻传媒的主体身份定位的问题。新闻改革之初提出的"事业单位，企业化管理"的思路曾经为中国新闻传媒业的渐进改革开辟了道路，但现在成了新闻体制改革的瓶颈。传媒市场和传媒集团的诞生，意味着"事业性质"的名存实亡。新闻传媒集团应该归属为现代企业，没有明确的法人地位和明晰的产权界定，势必导致传媒的责、权、利划分不明；谁都有份，谁都没责任的问题突现，不但是对传媒产业化和集团化的市场竞争和发展的制约，而且会导致传媒从业者的心理失衡，诱发道德失衡。其结果，一方面是一些新闻传媒可以利用事业身份，在法制和市场制度体系不健全的条件下，扭曲利用这种"身份"进行权力寻租，另一方面是一些市场化程度高、市场效益好的新闻传媒，在经济利益切分中无法把握界线，产生道德的困惑和问题。在党和政府把握舆论引导权，利用法律和制度保障新闻传媒为公众服务、为社会主义服务的条件下，以一种特殊的产业调控和规范手段，给予新闻传媒以独立法人地位，按照现代企业制度的要求去发展新闻传媒产业，不会有什么危险。

另一个制约是条块分割的宏观管理和调控体制的整合问题。当下中国的新闻管理体系基本是沿袭计划经济体制条件下的部门分工和地域管理的条条块块的路向。这不但制约了传媒产业的良性充分竞争，也导致了一些传媒在地区保护和行业保护中的权力依附性，"宠坏的孩子"总是有道德缺陷的；而一些部门特别是广播电视部门，既负责政策制定，行业管理，又直接从事经营，置身在传媒竞争的运动场上自己当裁判，政策规章利己化倾向难以避免。在体制的转换期，这类问题的解决还有待时日，但现在开始着手规划和设计宏观管理和调控的体制和结构良性整合，是深化新闻体制改革的努力方向。

还值得注意的是新闻传媒内部微观管理机制的优化问题。传媒的机关化和官僚化倾向仍是当下不少主流传媒的体制特点，官本位、政企不分、等级森严等问题严重，在市场运作中，僵化地享受政治资源给予的好处。而有控制市场资源的权力，却没有市场运作的动力机制，这不仅无力在充分竞争的市场中制胜，而且是传媒道德失序的根源之一。

新闻道德监管及其有效运行机制的健全是不可或缺的要件。道德的自律需要深厚的人文素质资源，需要强有力的社会力量的有效制约和压力。中国是一个具有深远的"德治"传统的国家，但纵观中国的历史，这些"德治"大都是以刚性的管制和刚性的制度压力为后援。现在，中国坚持依法治国和以德治国相结合，刚性的制度就是法律。完善的法治社会，法律给道德建设提供良性的制度前提，不可能干预和管制一般性的道德问题，这就需要强化和完善新闻道德监管的柔性制度体系和施行机制。

要健全对新闻道德的社会监督制约机制，让阴暗的东西置于阳光之下，使其没有藏身的余地。扩大和强化新闻道德的社会监督，关键在于给予公众监督新闻传播媒体道德的平台；要完善和赋予行业监督制度的有效性，新闻评议会对传媒道德的评议是行业道德监管的重要杠杆，当前的关键问题是要健全这种机构的设置和权能，赋予其足够的公正性和权威性；在此同时，要大力培育和发展对新闻传媒信誉进行评估的中介机构，从多方面对传媒的社会信誉和道德状况进行评估和公开发布，便于社会监督；要在加强新闻传媒内部的道德规范约束的同时，建立和健全传媒间的良性监督机制，只要不是恶意的诽谤和中伤，在民主、公平、公正的规则之下，新闻传媒间应该互相加强道德的监督。

当前，新闻道德的问题是市场经济体制不发达、不配套、不到位、不彻底所造成的。① 新闻道德体制环境的建设和新闻道德教育是新闻道德建设的两只手，缺一不可。新闻道德的提升，关键在于良好的人文精神和社会道德氛围，而建构良性的新闻道德制度环境，正是建设这种社会人文精神和道德氛围的基础环节。

(2004 年 2 月初稿，2004 年 6 月定稿；詹绪武参与本文撰写)

---

① 参见中华全国新闻工作者协会编《新闻职业道德》，新华出版社，1996，第 219 页。

我国新闻舆论监督与法制建设的互动关系

近年来，随着我国民主法制建设进程的不断推进，新闻舆论监督在法制建设中所发挥的作用越来越显著，但与此同时也出现了干扰司法独立的"媒体审判"现象，与法制建设形成了冲突。如何辩证地看待两者之间的关系，妥善处理两者之间的冲突，构建合理和谐的运作规则，是实现新闻舆论监督与法制建设良性互动的关键所在。

一 新闻舆论监督对我国法制建设产生的作用

新闻舆论监督，是指包括记者在内的社会公众通过新闻媒介对公共权力的行使及各种权力关系发表意见和看法，从而对其进行民主监督的一种方式，是新闻媒介"社会守望"功能的主要体现。新闻舆论监督权直接来源于宪法赋予的权利。我国《宪法》第 27 条规定："一切国家机关和国家工作人员必须……倾听人民的意见和建议，接受人民的监督"；第 41 条规定："中华人民共和国公民对于任何国家机关和国家工作人员，有提出批评和建议的权利"。江泽民在党的十五大报告中指出："加强对宪法和法律实施的监督，维护国家法制统一。加强对党和国家方针政策贯彻的监督，保证政令畅通。加强对各级干部特别是领导干部的监督，防止滥用权力，严惩执法犯法、贪赃枉法。"[1]这更是为新时期我国新闻媒介开展舆论监督指明了方向，利于推进我国法制建设的进程。

---

[1] 江泽民：《高举邓小平理论伟大旗帜，把建设有中国特色社会主义事业全面推向二十一世纪——在中国共产党第十五次全国代表大会上的报告》，《人民日报》1997 年 9 月 13 日。

（一）新闻舆论监督促进法律法规的修订与完善

新闻传播具有及时性、受众面广等特点，一些严重违背伦理道德而尚未有法律规范的问题经新闻媒介报道，能引发来自社会公众的强大舆论压力，促使立法机关做出回应，从而制定出相关的法律法规来解决问题。

最典型的个案当属 2003 年的"孙志刚事件"。2003 年 3 月 17 日，27 岁的大学毕业生孙志刚在广州街头被当地公安机关误认为身份不明的乞讨人员而送到收容站收容，3 月 20 日被殴打致死。4 月 25 日，《南方都市报》以"被收容者孙志刚之死"为题，首次披露了孙惨死的经过，该报道当天被各大网站转载，立即引起了社会的强烈反响。2003 年 6 月 18 日，温家宝主持召开国务院常务会议，审议并原则通过了《城市生活无着的流浪乞讨人员救助管理办法（草案）》，同时废止了1982 年 5 月国务院发布的《城市流浪乞讨人员收容遣送办法》。可以说，促成一部实行了 21 年的国家法规的废止，媒体在其中发挥的舆论监督作用功不可没。

（二）新闻舆论监督促进司法权的正当行使

一个国家要保证公共权力的正当、有效行使，必须设置强有力的监督机制。社会公共权力行使的不当和失误，一旦通过新闻媒体的报道形成舆论压力，往往比较容易得到纠正。换言之，公众通过新闻舆论监督了解国家的司法权的行使、运作情况，对运作过程中的不合理、不合法的内容及时做出反应，可以对司法人员行使司法权形成一种制约，从而实现司法公正。2003 年 8 月15 日，辽宁省高级人民法院宣布"刘涌案"二审结果，由一审的死刑改判为死缓，理由是"不能从根本上排除公安机关在侦查过程中存在刑讯逼供的情况"。一时舆论大哗，网络媒体和一些主流传统媒体纷纷发表评论，对此表示质疑，认为改判很难经得起法律的推敲。媒体质疑"刘涌案"改判，反映了一定的民意，某种程度上起到了社会调节阀的功能。这是新闻舆论监督促进司法权正当行使的一个典型例证。

（三）新闻舆论监督抑制司法腐败

司法腐败是司法公正的天敌。对此江泽民曾一针见血地指出："官吏的腐败、司法的腐败，是最大的腐败"。① 毋庸讳言，现阶段司法腐败现象的确大量存在，司法队伍里的少数工作人员素质低下，对一些案件实行"幕后策划""暗箱操作"，部分司法人员甚至与不法商人和黑社会沆瀣一气，疯狂敛取不义之财，致使一些简单的案件久拖不办。本应是社会稳定的"安全阀"的司法系统，却积聚了社会的大量不满情绪。②

新闻舆论作为社会监督中最活跃的一支力量，通过记者的追踪采访和调查，可以为司法监督机构提供大量的违法线索，对隐藏于幕后的"权钱交易""权权交易"予以曝光，使司法活动中的腐败现象和司法不公现象引起国家监督机构的重视，并得到迅速及时的处理。新闻舆论监督对我国法制建设的推进作用，表明传媒监督与司法体制改革的目标及取向的契合。有人把它表述为："其一，传媒监督有助于增加司法过程的公开性和透明度，在一定程度上可以起到防止和矫正司法偏差的作用；其二，传媒监督为社会公众评说司法行为，并间接参与司法过程提供了条件，从而降低了司法专横和司法武断的可能性；其三，社会各方面对司法现状的批评蕴含了对司法体制内部监督资源不足的抱怨，特别是由于客观上的封闭性和实践上的低效能，司法体制内部的监督未能取得广泛的信任，因而司法体系外部监督资源便成为司法体制改革中制度创新的重要关注点。而传媒监督被普遍认为是司法体系外部监督的常规的、基本的形式。"③

二 新闻舆论监督与法制建设的冲突：媒体审判

尽管新闻舆论监督为"阳光"执法带来了一定的助推力，但新闻传播和司法审判毕竟是两种不同性质的活动，分别有着自己的判断标准和游戏规则。正如法学专家何家弘所言，新闻舆论监督偏爱"接受美学"的理论，喜欢按照社会关注的热点并利用民众蕴含的激情去创造轰动效应；而司法审判遵循

① 《十四大以来重要文献选编》（下），人民出版社，1999，第 2270 页。
② 王永治、张修智：《司法改革不容滞后》，《半月谈》1999 年第 2 期。
③ 王好立、何海波摘编《"司法与传媒"学术研讨会讨论摘要》，《中国社会科学》1999 年第 5期。

"距离美学"的原则，宁愿与公众保持一定距离并经过独立冷静的理性思考来体现法律的精神。因此，传媒崇尚自由，讲究新闻的时效性和传播的广泛性；司法追求公正，注重过程的规范性和结果的正确性。[①] 对新闻舆论监督与司法公正的关系，河北省高级人民法院宣传处处长韩元恒曾说："舆论监督是一柄双刃剑，一方面它可以起到宣传社会主义法制、监督司法运作、防止腐败的作用；另一方面，如果对这种自由不加任何限制，它就有可能成为破坏司法独立、损害司法公正的工具。"[②]

舆论效果的产生一般分两步。首先，新闻媒体通过报道让公众了解事件的前因后果；其次，公众依据所收到的信息产生对这类事件的独立看法和意见。在这两个阶段中，媒体不仅扮演着"信使"的角色，也扮演着受众"导引者"的角色。在媒体的"导引"下所构成的受众情绪就构成社会舆论。它既会影响执法者对法律事实的看法，也会影响他们对法律制裁是否适度的评价，以及影响他们对产生相应的社会后果的判断，这就是新闻舆论监督所形成的社会威慑力，它有助于防止司法权力的滥用，保障和促进司法公正；但是，如果运用不当，便会产生相反的结果。比如一些报道掺入了过多的个人情感或主观意愿，对案件提前进行定性，以致公众先入为主而形成刻板印象，这种超越司法程序的行为，不仅会给司法机关的公正审判带来压力，在某种程度上干扰司法机关独立行使职权，同时也严重侵犯了当事人公平获得审判的权利。新闻媒介这种与我国法制建设中倡导的司法独立相背离的非法制行为，被称为"媒体审判"。

媒体审判实际上是一种严重的越位现象，它最大的危害便是干扰了司法独立审判，损害了法律的尊严。这样的事例在我国新闻舆论监督中并不鲜见。2001年3月，湖南的蒋艳萍涉嫌特大经济犯罪案，不少媒体在开庭之前就对蒋案进行了一番"审判"，湖南某报甚至在法院尚未对蒋艳萍做出有罪判决之前，就下结论说蒋艳萍是贪污1000余万元的"女贪官"。类似的情况还出现在"张二江案""张金柱案""马加爵案"的报道中。

---

① 何家弘：《监督，但不介入——谈大众传媒对司法公正的影响》，《中国青年报》1999年7月22日。
② 刘来福、韩元恒、刘文虎：《司法公正与舆论监督》，《探索与求是》2001年第8期。

在法制日益健全的今天，"媒体审判"是违反法律的行为，与我国法律实行的无罪推定原则是相悖的。我国《刑事诉讼法》第 12 条明确规定："未经人民法院依法判决，对任何人都不得确定有罪。"在民事案件结案之前，抢先做出倾向于一方的报道，则违反了《民事诉讼法》确认的诉讼当事人平等的原则。

反对和防止"媒体审判"，维护司法独立和公正，国际新闻界和法律界是有共识的。1948 年，联合国《国际新闻自由公约草案·第三公约》把"妨碍法庭审判之公正进行"的新闻列为禁载。1994 年世界刑法学会第十五届代表大会《关于刑事诉讼中人权问题的决议》第 15 条规定："公众传媒对法庭审判的报道，必须避免产生预先定罪或者形成情感性审判的效果。"因此，严格地说，"媒体审判"并不是媒体舆论监督的一部分，而是媒体舆论监督权的滥用。①

三 实现新闻舆论监督与法制建设的良性互动

党的十六大报告提出："推进司法体制改革。……从制度上保证审判机关和检察机关依法独立公正地行使审判权和检察权。"② 该报告还提出："认真推行政务公开制度。加强组织监督和民主监督，发挥舆论监督的作用。"③ 由此可见，维护司法公正和坚持新闻舆论监督对于推动我国法制建设同样具有重要的作用，新闻舆论监督与法制建设之间理应良性互动。

（一）依法进行新闻舆论监督

首先，要合理规范新闻舆论监督的原则。

目前，我国法律除了规定涉及个人隐私、国家机密及商业秘密的案件以及

---

① 吴献举：《"媒体审判"是"媒体舆论监督权"的滥用》，《新闻记者》2002 年第 9 期。
② 江泽民：《全面建设小康社会，开创中国特色社会主义事业新局面——在中国共产党第十六次全国代表大会上的报告》，《人民日报》2002 年 11 月 9 日。
③ 江泽民：《全面建设小康社会，开创中国特色社会主义事业新局面——在中国共产党第十六次全国代表大会上的报告》，《人民日报》2002 年 11 月 9 日。

对未成年人犯罪案件，媒体不得报道庭审过程和案情外（报道判决结果不在此限），对新闻报道应遵守什么样的规则以免妨碍司法独立没有具体规定。如何界定新闻舆论监督司法的合理界限，已成为法律界和新闻界共同关注的一大焦点，也是司法实践的一大难点。

从保证法院依法独立行使审判权，维护司法公正的角度出发，有研究者提出新闻舆论对司法活动的监督应遵循以下原则：第一，对法庭审判过程的报道必须是客观的、全面的。在开展司法监督活动中，报道一定要实事求是，客观公正地反映司法活动的本来面目，不能凭主观的臆想进行推理、判断或随意夸大，不能使用各种煽情和带有明显倾向性的语言，更不能对诉讼参与人进行人身攻击性的评论，包括侮辱和诽谤。第二，不得对未决的案件做倾向性的报道。司法活动是一种法律职业化和专业化的活动，有其特定的工作规律；司法工作人员是依据法律，根据确认的证据进行理性、冷静的法律推理，严密论证，做出判决。第三，慎重对待诉讼过程，尤其是刑事案件。在诉讼过程中，新闻媒体在对案件的审理情况进行报道时一定要谨慎从事，保持中立立场；在对通过行使知情权而获得的诉讼文书只做如实报道，而不发表带有倾向性的评论和意见，以免误导公众，对司法人员产生压力。①

总的来说，新闻舆论监督司法活动应当把握大局，符合现行的政策和法律规定，应有利于维护司法权威，有利于维护社会稳定。原最高人民法院院长肖扬在谈司法公正时说："构筑起对法律的忠诚和信仰是依法治国的需要。舆论宣传和监督，多做能增强这种忠诚与信仰的宣传，绝对不可以摧毁这种忠诚与信仰。对于司法工作的报道，要特别注意维护司法的权威，维护法律的权威，追求客观、准确、公正。"② 《人民法院报》副总编倪寿明也指出："媒体报道要体现出对法律的责任意识，应当符合现代司法理念。法律新闻报道不同于一般的新闻报道，应秉承法律精神，用严肃的态度对事实进行取舍。"③

---

① 田莺：《论新闻自由与司法公正》，《行政与法（吉林省行政学院学报）》2004 年第 4 期。
② 转引自曹文杰、刘凌轩：《新闻自由与司法独立——从促进司法公正的视角谈媒体监督机制的构建》，《黑龙江省政法管理干部学院学报》2004 年第 1 期。
③ 阴卫芝：《"当代中国传媒与法律高峰论坛"在京举行》，《政法论坛》2004 年第 4 期。

其次，从事司法新闻舆论监督的记者应有必要的法律素养。

为了营造社会与民众支持舆论监督的机制，新闻记者在开展对司法的舆论监督过程中要具备必要的法律修养，即掌握法律基本知识，了解相关的法规文件，增强法律意识，克服法盲现象。新闻记者缺乏必要的法律信念，法律知识贫乏、法律意识不强，就势必会导致传媒无法恰当地过滤公众所宣泄的与法制要求不一致的情绪，以致影响甚至干扰司法公正。因此，从事司法新闻舆论监督的记者必须学法、懂法、守法，以国家的宪法和法律为准绳，客观公正地开展新闻舆论监督。

（二）司法部门要恪守司法独立和司法公正

法律是国家意志的体现，法院则是根据法律审理案件的审判机关，是现代法治国家最公正、最权威的机关。法律的尊严不可侵犯，法院的权威不容挑衅。因此司法机关一方面要注意新闻舆论的提示和帮助，以加强新闻舆论职能和司法审判职能的内在衔接；另一方面更要恪守司法独立和司法公正，以事实为依据，以法律为准绳来进行司法审判，这是依法治国方略的具体要求，也是实现新闻舆论监督与法制建设良性互动的最佳选择。

据《法学大词典》解释，"司法独立"是指司法权由司法机关独立行使，不受其他任何机关或者个人干涉。它通常指下列3个内容：①司法机关的组织自成体系，与行政机关、立法机关的组织系统完全分离；②法官独立行使审判权，不受任何干涉，即使是直辖的上级机关也不得过问，这是司法独立的核心；③法官的地位、职权均由特定的法律条款保障。① 司法独立要求法官保持冷静思维与独立判断，确保法院审判权的公正性，防止法官的审判过程和结果受到来自其他政府权力或外界力量的干涉和影响。根据《世界司法独立宣言》和《国际律师协会关于司法独立最低限度标准的规则》所确定的"司法独立最低标准"，完整的司法独立概念应该包括4个不可分割的基本方向，即实质独立、身份独立、集体独立和内部独立。英国学者斯蒂芬认为："一个独立的司法审判机关应当是一个根据法律实现正义而不受政府政策和倾向性影响的司

---

① 曾庆敏主编《法学大辞典》，上海辞书出版社，1998，第375页。

法机关。"①

"司法公正",又称司法正义,是指司法权运作过程中各种因素达到的理想状态,它包括与司法权的运作有关的各种因素从主体到客体,从内容到形式,从实体到程序,从静态到动态,均达到合理而有序的状态。司法独立与司法公正密不可分,司法独立是司法公正实现的一个重要前提条件。②

为此,首先要加快司法改革的步伐,保证司法公正的实现。

"在法制建立的过程中,司法独立应当优先于各种外在监督,以避免对司法机制自身的破坏。在司法公正受到普遍怀疑时,对监督的作用和价值可能会产生过高的期望。事实上,新闻监督并不能从根本上解决司法公正问题。"③ 新闻舆论监督只是民主监督体制中一个不可或缺的组成部分,是一种无形的力量,其本身并不对人的行为具有强制支配性。因此,司法公正的实现必须依靠从司法队伍、司法制度、司法机构和司法行政管理等方面进行司法改革,才能从根本上保证司法公正的真正实现。

其次,要倡导实体公正与程序公正并行,保证司法公正的完整性。

司法公正作为现代司法制度的基本要求包括实体公正和程序公正两个方面。实体公正建构的是扬善除恶的公共秩序,程序公正符合人们事先约定的法律规范。实体公正和程序公正是相辅相成的,只有当程序的设计和事实符合正义的基本要求时,其得出的结果才有可能是正确、真实的;反之,不公正的程序往往难以得出正确的结论。

实体公正和程序公正代表的是实质正义和程序正义。华东师范大学许纪霖教授在《刘涌案改判之争的两种正义》一文中指出:"我们同时需要两种正义,程序正义保障的是个人的权利,实质正义建构的是扬善除恶的公共秩序。既不冤枉一个好人,也不放过一个坏人,是两个正义分别追求的目标所在。""实质正义凭借的是人们的善良意见,但善良意志假如没有法律的规约,同样

---

① 陈瑞华:《刑事审判原理论》,北京大学出版社,1997,第 164 页。
② 王伟亮:《司法独立与新闻舆论监督》,《新闻记者》2002 年第 6 期。
③ 王好立、何海波摘编《"司法与传媒"学术研讨会讨论摘要》,《中国社会科学》1999 年第 5 期。

会好心办坏事，形成多数人的暴政。在一个缺乏法治传统的社会里，实质正义特别容易被专制者操控，成为草菅人命的工具。""司法机关的执法行为，即使代表广大民众的实质正义，也要通过正当的程序体现出来，否则就有可能走向反面，成为（程序）的非正义"。① 如果说新闻舆论监督的道德评判趋向的是实质正义，那么在法制日益健全的今天，我们绝不可以为了公众的民意而放弃程序正义。

新闻舆论监督与司法公正之间的关系应该说是既存在对立性，又存在统一性。两者的统一性表现在都追求社会公正的相同目的上，正如原最高人民法院院长肖扬在与中央新闻单位座谈会上讲话中所指出的："人民法院工作的宗旨是贯彻实施法律，确保社会正义，新闻媒体的价值也是宣传弘扬法律，维护社会正义"，"在建设社会主义法治国家的进程中，人民法院与新闻媒体的任务和目标是一致的"。② 只不过司法是通过依靠公众同意的公正准则——法律来解决纠纷，保障当事人的权利，以追求法律的公正；传媒则通过激发公众内心的价值标准——道德来评判是非，批评侵犯者的侵犯行为，以追求道德上的公正。尽管随着法治观念逐步深入人心，这种道德上的公正和法律上的公正在大多数情况下还是保持一致，但是要真正实现新闻舆论监督与法制建设的良性互动，还须新闻界和司法界共同携起手来，在确定新闻舆论的规范的前提下，恪守司法独立与司法公正的法律原则，使我国法制建设朝着健康有序的方向发展。

（2006 年 1 月初稿，2006 年 3 月定稿；吴玉兰参与本文撰写）

---

① 许纪霖：《刘涌宪改制之争的两种正义》，《新闻周刊》2003 年第 33 期。
② 见《人民日报》2000 年 1 月 28 日，第 3 版。

构筑"以农民为本"的新农村传播体系

——解决农民阶层传播弱势问题的建议[*]

当代中国社会现实中有两大问题十分引人注目：一是日益扩大的贫富差距；二是城乡断裂背景下的倒"T"型社会结构（在该结构中，构成底部一横的是巨大的农村社会阶层，构成中部一竖的是城市社会阶层）——两极分化社会开始形成。这两大问题都与农民阶层的生存状态相关，表现着农民阶层的底层化和弱势化；其投射到传播区域，则表现着农民阶层的传媒资源占有和传播接近权实现上的弱势问题日趋凸显。

构筑"以农民为本"的社会主义新农村传播体系，是我们针对当前中国农民阶层传播中的问题提出的对策与建议的核心观点。其基本出发点是促进农民获得传播资源配置上的"国民待遇"，使他们能够公平地获得社会精神文化方面的"社会公共产品"和利益表达渠道。构筑这一体系有三个基本支撑点：在媒介结构优化上，重点发展电视和网络媒介；在媒介定位与传播资源分布上，以农民阶层作为目标受众，优化传播内容；在媒介利益表达上，构建以农民为传播主体的大众传媒利益表达渠道。在我国现代化进程的大视野中重新构筑新农村传播体系，目标是在重视对农村传播的基础上，形成城乡一体化、统筹协调发展的传播机制。

一 重点发展电视和网络媒介

在我国传统的"四纵（中央、省、地市、县）三横（电视、报纸、广

---

* 本文系教育部人文社科重大攻关课题《新闻传媒发展与构建和谐社会关系研究》（项目编号：D5JZD0026）阶段性成果之一。

播)"媒介宏观结构中,一般的看法是,要在农村重点发展广播。"广播投资少,且更适宜农村分散居住的特点,地方接近性强,这对农村人口占70%左右的我国是十分重要的。"① 但调查表明,② 广播媒介在农村的影响力已经大大低于电视,电视不仅是城市的强势媒介,也是农村的强势媒介。同时,网络在农村的作用越来越大,影响未可限量。尽管农村互联网发展程度与城镇差异巨大,城镇居民互联网普及率达到21.6%,农村互联网普及率却只有5.1%;但是,较之于2006年底、2007年上半年,农村互联网用户规模增长51%,增速超过城镇。③ 优化媒介结构,理应注重传媒资源配置的合理性、有效性,以形成符合农村受众接触习惯和媒介消费方式,并且具有良好发展空间的农村社会媒介结构。因此,目前中国农村重点发展的媒介应该是电视和网络。

发展农村的电视,不能仅仅依靠在"四级办广播、四级办电视、四级混合覆盖"的方针指导下已经形成的地县级电视台,还需要注意两个方面的结构优化:一方面需要对现有电视媒介进行改造;另一方面要鼓励那些代表农民利益的机构和社会组织主办一些以农民的需要和利益为主要诉求的电视媒介。就前者而言,中央、省、地(市)、县级"四纵"电视媒介,要从频道与节目资源配置上,厘定清楚自己的身份,不能把自己混同为一般的城市电视机构或商业电视机构。尽管目前"四纵"电视机构之中,也开办了个别对农频道,但较之于占据我国人口总数70%的农民阶层的庞大信息需求来说,这仅仅是"星星之火"。当然,这里也不是说,要把"四纵"电视完全变革成对农电视机构,而是要它们充分担当起新闻媒介机构的社会责任,在受众市场调查的基础上,拿出充分的资源,为农民受众服务,成为社会主义新农村与和谐社会建设的参与者与守望者。20世纪90年代以后,我国的大众传媒走过了一个"去农村化""抛弃农村受众"的弯路,今天"城乡两极化社会"格局、城乡知识沟的出现,从传播的角度说,也是包括电视在内的大众传媒与社会场域互动的

① 林晖、李良荣:《关于中国新闻媒介总体格局的探讨》,《新闻大学》2000年第1期。
② 2007年2~5月,《新闻传媒发展与构建和谐社会关系研究》课题组,抽取江苏省青州市武进区、广东省东莞市属镇、湖北省枣阳市、湖南省浏阳市、四川省资阳市雁江区、陕西省白水县等位于中国东、中、西部的6个县级行政区,进行了农民的媒介认知与接触调查。
③ 中国互联网络信息中心:《第20次中国互联网发展状况调查统计报告》,http://www.cnnic.net.cn/hlwfzyi/hlwxzbg/hlwtjbg/201206/t20120612-26Tll.htm。

结果。而在建构和谐社会的场域中，"在消除知识沟方面，电视有其独到的作用。电视即使不能完全消除知识沟，至少也能抑制知识沟的扩大"①。发展农村电视，修复社会断裂和抑制知识沟的进一步扩大，首先需要"四纵"电视媒介形成对农电视的"燎原之势"。就后者而言，我国农民阶层的利益集团正处于建构和组建过程之中，把农民组织起来，有助于将个体农民的真实呼声和利益诉求进行提炼和整合，通过组织化的集体行动来表达集体意志，在法律的框架下争取和维护自身的合法权益。这样，化无数个微弱、含糊的声音为清晰有力、掷地有声的合法要求，从根本上改变农民群体在与其他利益集团的博弈中"单兵作战、势单力孤"的弱势地位。农民阶层利益集团对内可安抚过激的农民，保留其利益诉求中的合法合理部分，并成为他们的代言人；对外能够以组织的身份在法律框架内主张权利，利用本集团的人力、物力、财力资源以更平等之地位与其他矛盾主体进行磋商、调解或谈判。② 农民阶层利益集团形成以后，应该允许它们成为媒介，尤其是电视媒介的管理主体。

发展农村网络，至少有三个方面的工作要做：

第一，引导既有的全国性门户网站、有影响力的新闻网站等，开办"三农"频道。

第二，实施"网络村村通"工程。利用工业反哺农业的资金投入，加大农民文化素质，尤其是媒介素养教育的力度，加大农村社会信息基础设施的建设投入，全面促进"网络村村通"工程的实施，推进网络媒介在农村的普及率的提高。

第三，引导农业产业化经营的组织通过网络沟通信息。目前，我国的组织形式大体上有如下四种："公司＋农户""社区合作社＋农户""农民专业合作社＋农户""专业批发商＋农户"。以上这些组织形式经过多年来的发展已日趋成熟和完善，在农业产业化经营过程中发挥了应有的作用，客观上也或多或少地成为"三农"利益的代言人。发展面向农村的网络媒介，也要引导它们成为网络的传播主体。

---

① 〔美〕沃纳·塞佛林、小詹姆斯·坦卡德：《传播理论》，郭镇之等译，华夏出版社，2000，第281页。
② 闫威、夏振坤：《利益集团视角下的中国"三农"问题》，《中国农村观察》2003年第5期。

二 以农民社会阶层作为目标受众，优化传播内容

"当代传媒在针对农村进行传播时存在诸多误区。传播者在传播诉求上并没有真正站在农民的角度，传播动机与农民需求之间存在较大差异。农民受众在当前传播进程中被有意无意地遗忘了，越来越居于边缘地位。"[①]正因为农民阶层在一定意义上被淡化为非传播主体，导致"相对于城市而言，较之于改革之初对'三农'的积极报道，目前媒介对农村的报道力度不是增强了而是减弱了，媒介镜像中的'三农'与现实中的'三农'差距不是减小了而是增大了"[②]。与此同时，立足于城市传播的媒介，延伸到农村之后，"传播的主要内容是娱乐性内容，而其承载的农村发展信息则很不充分，且形式较为单一，由此造成城市与农村之间的'知沟'在不断扩大，传统文化受到大众文化的挤压而趋向消失，大众传媒为农村受众不断制造出各种'虚假影像'，阻碍了农村受众对现实世界的正确认知"[③]。因此，构筑"以农民为本"的新农村传播体系，在媒介定位与传播资源分布上，要根据农民阶层的信息需要和媒介期待，选择安排传播内容。

调查表明，农民更渴望得到能够直接促进他们生存境况和生活方式改善的信息。在他们看来，新闻媒介应该加强的是"国内外重大事件的报道"，"对农民、进城务工的农民、城镇失业人员的关心"，以及"农业科学技术知识传播""农民喜爱的电影和电视剧""法律政策宣传"。至于与媒介生存状态密切关联的"刊播广告""制定《新闻法》""不同观点的发表""传统文化的扩散""经济运行信息的传播"等问题，暂时还没有进入他们的媒介期待视野。他们最重视的信息是"农产品市场方面的信息""方便孩子学习的信息""天气预报""农业技术的信息""反映农村人呼声的信息""对各级领导干部的监督的报道"；他们还比较重视文化娱乐方面的信息、农民进城务工的信息、

① 张宁、方晓红：《加强农村传播服务农村发展》，《新闻记者》2002年第12期。
② 方晓红、庄曦：《媒介对三农作用指标体系的研究路径及功能》，《南京师大学报（社会科学版）》2007年第2期。
③ 张宁、方晓红：《加强农村传播服务农村发展》，《新闻记者》2002年第12期。

城市生活信息。对于那些面向"三农"的媒介而言，以农民为目标受众就要根据农民对媒介的期待进行频道、频率、版面布局和栏目、节目的安排，要以农民的需要决定报道内容的取舍，决定媒介的风格定位，决定媒介的变革方向和风格进程。同时还要经常进行受众调查，捕捉农民受众关心的热点、焦点和难点问题并进行报道，构筑媒介公信力。

三　构建以农民为传播主体的大众传媒利益表达渠道

农民阶层利益表达能力的低下、利益表达渠道的单一，是一个不争的社会事实。构建以农民为传播主体的大众传播利益表达渠道，帮助农民实现自身的合理利益要求，是今天中国大众传媒参与和谐社会构建的重要社会责任之一。

利益表达，是指一定的社会主体向外界表明自己的利益要求，并试图通过一定的途径和手段来实现利益要求的行为。利益表达行为的构成，至少涉及 4 个要件：利益表达主体、利益表达客体、利益表达内容、利益表达形式。所谓利益表达主体就是具有利益要求的社会主体，社会各阶层在利益博弈过程中，都可能成为利益表达的主体。所谓利益表达的客体，是指主体的利益要求所指向的对象，例如一定的社会政治、经济、文化权益等。所谓利益表达的内容，是指利益表达的具体要求，即针对一定的客体所提出的利益诉求。所谓利益表达的形式，是指主体参与利益博弈、提出利益要求的途径与方式。构建这样的利益表达渠道，需要媒介关照到利益表达主体、客体、内容、形式等方面。

首先，需要致力于利益表达主体素质的提升。"现代化进程以失败的农民革命为起点，在 20 世纪，它却经由成功的农民革命而进入高潮。那种认为农民只是历史客体，是一种社会生存形态、历史变化的被动承受者，而与历史变革的动力无缘的观点，已经站不住脚了。"[1] 虽然在中国现代化的历史进程中，农村社会组织发生了深层次的变化，农民阶层也产生了新的阶层分化，农民的

---

[1] 〔美〕巴林顿·摩尔：《民主和专制的社会起源》，拓夫、张东东等译，华夏出版社，1987，第 368 页。

职业角色也从过去的单一、同质走向多样化、异质化，由过去极为脆弱的小农转变为富于进取的时代主体。但是，仅有这些变化还不够，还与社会主义新农村建设所要求的农民应该是政治主体、经济主体、文化主体、生活主体和传播主体的主体特质有较大的距离。"在不发达国家，农民构成了人口最基本的部分，因此农民是变迁机构的首要目标。只有影响了广大的农民，发展规划才能实现。一个国家要实现现代化，它的多数人必须改变生活方式。"① 从政治主体的角度说，他们还需要从传统的臣民的政治人格转向现代公民的政治人格；从经济主体的角度说，他们还要从农村土地承包经营者转向现代集约化农业的参与者；从文化主体的角度说，他们需要从无或者低科学文化素质的群体转向较高科学文化素质的拥有者；从生活主体的角度说，他们需要从比较落后的生活方式的实践者转向健康文明的生活者；从传播主体的角度说，他们需要从被动的边缘接受者成为积极主动的媒介参与者和传播接近权的实现者。五大主体的建构需要传播媒介，不仅仅是"上情下达"的宣传者，更要成为开阔视野、传播科学、提升素质的新农村主体的塑造者。新闻媒介应该全面推进农民阶层的主体意识认知和转型，成为推动中国农村社会变革的一种动力因素。

其次，要重视农民利益表达客体的传播。农民利益表达的客体，主要是农民的利益要求所指向的对象，包括社会政治、经济、文化、生活、传播等方面的权益。为农民说话的媒介，就要关注中国农村政治、经济、文化、生活、传播资源的配置及其变化情况。例如，新农村的建设，实质是一个制度变迁和创新的过程。其中，既包括一系列正式制度的改造与创新，也包括非正式制度的扬弃与重建。而在正式制度重构方面，村民自治正在成为乡村治理的基本模式。所谓村民自治，是指村民通过实施民主选举、民主决策、民主管理、民主监督的权力来增进本社区公共福利的政治制度。从农民利益表达客体传播的角度说，大众传播媒介就需要告诉受众，如何实施民主选举、民主决策、民主管理、民主监督。对于落实村民自治中存在的问题，比如，有些地方乡镇政府和村委会的制度定位及其角色关系尚待厘清、村级党政机构关系的失衡制约基层

---

① 〔美〕埃弗里特·M. 罗戈斯等：《乡村社会变迁》，王晓毅等译，浙江人民出版社，1988，第320页。

自治组织整体作用的发挥、乡村宗族势力对村委会的权力行使有着不可轻视的消极作用等，大众传播媒介要给予足够的重视。大众传媒应注重从农民民主权利实现的层面进行传播，增强农民的政治主体意识，提升他们民主参与、政治参与的技能和素养，帮助农村社会构建公共话语空间。

再次，要重视农民利益表达内容的传播。农民利益表达的内容主要是农民政治、经济、文化、生活、传播等方面的要求。这里尤其要注意对于农民利益集团的利益诉求的表达。形成一定的类似"农协"或"新农会"的农民利益代言组织，可能是中国农民在今天重新组织起来的重要趋势。只有农民拥有了自己的组织，才能不断增强对于社会政治、经济、文化的参与程度和影响力、博弈力，才能够从根本上改变农民的弱势地位，才能强化农民的利益表达能力。大众传媒应该关注这些新型社会化组织的代言诉求。同时，对农村社会发生的一些侵权事件、农业安全生产事件、决策失误等，要尽可能打破信息屏蔽，进行客观、真实、及时的报道。这都是重视农民利益表达内容的重要方面。

最后，要重视对农民利益表达途径及其实现程度的监督。在今天，除了大众传媒以外，我国农民可能使用的利益表达渠道包括政党利益制度、信访制度、人民代表大会制度、政治协商制度、社会团体利益制度、社会协商对话制度、行政领导接待制度等。由于种种原因，这些利益表达渠道不同程度地存在通道拥挤、负荷力不强、权益保障不够、可操作性弱等问题。例如，在人民代表大会制度的立法程序上，就存在对于农民的歧视。根据《中华人民共和国全国人民代表大会和地方各级人民代表大会选举法》的规定，自治州、县、自治县的人民代表大会代表的名额，由本级人民代表大会常务委员会按照农村每一代表所代表的人口数四倍于镇每一代表所代表的人口数的原则分配。也就是说，四个农民拥有的代表数等于一个市民拥有的代表数。[1] 从大众传媒渠道自身说，即使是在实践包括农民利益在内的"三个代表"思想的党报媒介上，也存在"党政是'三农'新闻的主要消息来源和意见表达者，普通农民成为消息来源的概率非常小"等问题。尤其是阶层媒介对于农民与党政的关系的

---

① 闫威、夏振坤：《利益集团视角下的中国"三农"问题》，《中国农村观察》2003 年第 5 期。

传播，常常出现的情形是，"党政被描述成农民利益的绝对代表者、救世主、领导人、智慧者形象，普通农民则被描述为跟从者和受益者，二者关系呈现明显的'使动者—受动者'或'主动—被动'之二元形态"①。这些现象都需要被大众传媒纳入监督范围，使问题进入可解决的视野。

只有从利益表达的主体、客体、内容与形式四个方面，建构大众传媒利益表达渠道，农民阶层才可能成为真正意义上的社会主体和传播主体，大众传媒也才可能在农民与社会不同利益主体之间构建平等的信息交流与反馈平台，成为农民利益表达的无障碍通道。"发展中国家现代化进程大都带来的一个严重政治后果是，它造成了乡村和城市、农民与市民之间的经济、文化尤其是政治意识、政治观点和政治参与的差距。这种现象成为发展中国家现代化进程中难以梳理的'二律背反现象'。它是许多发展中国家政治不安定的爆发源，成为国家政治体制变革和社会结构性变迁的主要障碍。"② 建构新农村传播体系的目的，绝不是加剧或者扩大两极化社会业已形成的利益表达和传媒资源占有的非均衡性，而是形成与我国的现代化事业发展与和谐社会建构适配的城乡一体化、统筹发展的传播机制。

（2008 年 3 月初稿，2008 年 5 月定稿；胡彩桥参与本文撰写）

---

① 夏倩芳、张明新：《社会冲突性议题之党政形象建构分析》，《新闻学研究》2007 年第 91 期。
② 刘晓凯、刘彤：《现代化进程中的农民问题与中国社会政治稳定》，《政治学研究》2004 年第 4 期。

金融危机与中国传媒业的责任

美国次贷危机引发的世界金融危机，从 2008 年开始席卷全球多个国家和地区，形成了一场自 20 世纪 30 年代以来规模最大、影响最深、震荡最广、破坏最重的国际金融"海啸"。目前，这场风暴的高峰已过，但远未彻底平息。这次国际金融危机给中国传媒业带来哪些挑战和机遇？经历着这次国际金融危机的中国传媒业又该如何担起责任、继续前进？作为中国新闻传媒人理应要有清醒的认识，并做出积极回应。

一　不要低估这次金融危机给中国传媒业带来的影响

（一）媒介生存环境有可能发生剧烈变化

1. 社会经济发展速度日趋减缓

全球金融危机至今尚不见底，对中国社会经济发展的影响也才开始显露。2008 年我国 GDP 虽然增长了 9%，但是和 2007 年的 11.4% 相比回落了两成多；而且值得注意的是，2008 年各个季度的 GDP 增长呈现出一个前高后低、不断加速放慢的趋势——第一季度 10.6%，第二季度 10.1%，第三季度 9%，第四季度 6.8%。与此同时，2008 年我国财政收入增长了 19.5%，同 2007 年的 32.4% 相比，也回落了近一半。

此外，拉动中国经济发展的"三驾马车"——出口、投资、消费，去年的增长速度都普遍减缓。今年（2009 年）年初举行的第十一届全国人民代表大会第二次会议上，温家宝总理在《政府工作报告》中提出，"今年国民经济和社会发展的主要预期目标是：国内生产总值增长 8% 左右，……"[1] 但世界

---

[1]　温家宝：《政府工作报告》，《人民日报》2009 年 3 月 14 日。

银行预测达到这一目标的难度很大，他们的估计在 6.5% 左右。今年 1~4 月经济增长的实际情况，大体上保持在 6% 左右，5 月份有所上升。要确保全年8%，尚需付出极大的努力。

2. 诱发社会矛盾、社会危机的因素加大

经济危机演变为社会危机的最直接的因素，是企业倒闭、裁员所导致的失业问题。因为失业意味着相当一部分人失去稳定的收入来源，结果就是贫困、生活无着、社会矛盾等现象的发生。

当然，社会矛盾、社会危机的诱发不仅与这次金融危机相关，也与我国社会发展的进程相关。经过 30 年的改革开放，目前，我国已经完成了新的经济体制主体构建，进入了新体制的磨合期。这个时期也是社会问题，尤其是"突发性群体事件"的高发期。

1993 年至 2003 年，中国社会的群体性事件从每年 1 万起，增加到 6 万起；2005 年达到 7 万起，2007 年增长到 8 万起，2008 年则超过了 10 万起。突发性群体事件一直是困扰当今社会的重要问题之一，也是构筑和谐社会的重大障碍之一。

3. 人们对社会生活发展前景的期待会恶化

伴随经济危机，相当一部分人的实际收入会减少，生活水平也会相对下降，这自然会影响人们对社会和个人发展前途的信心，心理压力加大，焦虑、恐慌、不满的情绪也会随之增强，以致温家宝总理在多个场合一再强调："在经济困难面前，信心比黄金和货币更重要"。

（二）媒介的经营和主业都将受到直接的冲击

1. 媒介产品的消费能力下降，注意力资源有可能流失

据中国报协印刷工作委员会《2008 年全国报纸印刷量调查报告》显示，2008 年度，全国报纸印刷总印量为 1594 亿张，较 2007 年度减少了 2.45%，是自 1993 年以来首次出现负增长。其中，北京地区 12 家报纸印刷厂的年印量减少了 9.7%，上海 6 家报纸印刷厂的年印量减少了 5.41%，广东 7 家报纸印刷厂的年印量减少了 2.25%，湖北 6 家报纸印刷厂的年印量减少了 7.96%，黑龙江 5 家报纸印刷厂的年印量减少了 7.18%，吉林 4 家印刷厂的年印量减少了 15.8%。

另外，据不完全统计，从 2008 年第四季度开始，我国报业市场的订阅数、零售数在整体上呈现出下降趋势；今年第一季度以来，这一趋势继续保持，且速度在加快。与此同时，一些电视媒体的收视率、点击率也出现了下降现象。

2. 广告经营额将进入缩水期，市场前景不容乐观

国际知名媒体集团实力传播年初发表的最新预测报告显示，2009 年全球广告支出将呈现负增长，总量将比 2008 年减少 0.2%。去年中国广告市场由于受北京奥运会的良好预期拉动，呈现活跃态势。

据国家工商局 2009 年 3 月发布的消息，2008 年全国广告经营额为1899.56 亿元，比 2007 年增长 9.1%，其中，报纸广告经营额为 342.67 亿元，比 2007 年增长 6.36%。

但仔细分析 2008 年度的报业广告经营额，可以发现其前两个季度增长喜人，平均增幅都超过 11%，但后两个季度则同比与环比都是负增长，同比甚至下降了 15%～20%。面对经济持续下滑的风险，今年广告市场的前景更不容乐观。尤其是报业，随着其主要广告支柱——房地产、汽车业务的广告投放量减少，将受到更为严重的冲击。有学者预言，2009 年中国报业广告经营必将"掉头向下"。

3. 股市低迷，传媒板块股价大幅跳水，传媒融资将陷入困境

受国内国际股市大盘震荡、下跌的影响，传媒上市公司在股票市场普遍遭到重创。在纳斯达克上市的 20 多家中国媒体（主要是新媒体）的公司市值在2008 年下半年缩水一半以上。2008 年 5 月份后，国内传媒股票也开始明显下挫，到 10 月中旬后，各大传媒公司的股票陆续跌至谷底。由于证券市场的不景气，光线、分时、易趣、迅雷等文化传媒公司推迟了上市计划。据统计，2008 年原计划上市的 18 家文化传媒公司，只有 1 家成功上市。

二　不要忽视（放弃）这次金融危机给中国传媒业带来的机遇

（一）国际传媒业传统格局有望打破

金融危机让西方传媒业遭到沉重打击，新闻传媒业"西强我弱"的传统格局有望被打破，从而进入一个"重新洗牌"的新时期。

1. 2008 年以来，西方传媒业传出的是一片坏消息

美国先后有 4 家报业集团提出了破产保护申请。有百年历史的《基督教箴言报》由于发行量连续下降，到 2008 年 9 月，降到了历史最低点，单期发行量只有 5.5 万份，不得不于 2009 年 4 月终止了印刷版。

《洛杉矶新闻报》《西雅图邮讯报》《图森公民报》等报刊也由于类似原因宣布停刊或准备停刊。与此同时，美国两大知名报纸《芝加哥论坛报》和《洛杉矶时报》也由于经营收入锐减，不得不在大幅裁员的基础上宣布合并；而《纽约时报》《安娜堡新闻报》《佛林特日报》《萨吉诺新闻报》《底特律新闻报》《底特律自由报》等报纸都因损失惨重，或将日报改为周三刊，或大大缩减版面和发行量，或大幅度地减薪、减员。

英国传出新闻探索集团旗下的 11 家报纸将定于今年圣诞节前夕关闭，全体员工的工资将冻结，并试行无薪休假；同时，卫报传媒集团也宣布旗下地方报纸将裁员 245 人，高管和留用员工将大幅减薪。

法国、日本、德国、俄罗斯等传媒业传出的也是关门、减员、减薪的坏消息。

2. 中国国家形象和国际话语权有了改善和提升

中国的经济实力和应对金融危机的得力举措，大大改善、提升了中国的国家形象和国际话语权。

经过改革开放 30 年的高速发展，我国的经济实力已大大提升。2007 年我国 GDP 总量超过德国达到 24.8 万亿人民币（3.30 万亿美元），位居世界第三。2008 年 GDP 总量约为 29.2 万亿元人民币（4.32 万亿美元）。2009 年 GDP 总量有望达到 33.32 万亿元人民币（5.17 万亿美元），将超过日本，位居世界第二。

众所周知，我们所处的时代是"实力为王"的时代，是"经济实力至上"的时代。相较西方发达国家，我们尽管也受到了这次金融危机的冲击，但影响尚不最为严重。目前我国的经济只是增幅减缓，但仍处于一个较平稳的增长之中，经济的基本面尚属健康，国家宏观调控能力强大，投入四万亿拉动内需以应对这场危机的决心和措施也比较得力；2008 年众志成城抗震救灾，以及北京奥运会的成功举办，这一切都有助于改善并提升中国的国家形象。

在 2009 年 4 月份的 G20 年会上，中国成了全世界关注的焦点，中国在世界上的话语权大大增强，这便是明证。国家实力的增强，国家形象的提升，自然也就给传媒业形象塑造与提升创造了极好的机遇。

2009 年以来，西方媒体正面引用中国媒体的信息和资料的数量已开始呈现上升态势。

（二）我国媒体迎来史无前例的好环境

近年，中央及有关管理部门在新闻传播的理念与政策上做出了重大调整，为媒体"强身健体"、科学发展创造了一个史无前例的好环境。

从 2008 年年初开始，在县级以上政府和中央、省级各管理部门全面推行新闻发言人制度，并规定新闻发言人不得欺骗传媒，也不得用"无可奉告"搪塞记者。

2008 年 5 月 1 日，《政府信息公开条例》正式实施，明确规定及时发布信息是"常态"；否则属于"特殊"，要由上级批准。

2008 年北京奥运会期间宣布允许海外和境外记者在中国"自由采访"；奥运结束后，这一规定没有取消。

2008 年 6 月 20 日，胡锦涛同志在考察《人民日报》时在讲话中强调"坚持以人为本，是做好新闻宣传工作的根本要求，要坚持把实现好、维护好、发展好最广大人民的根本利益作为新闻宣传工作的出发点和落脚点"；"要尊重人民主体地位，发挥人民首创精神，保证人民的知情权、参与权、表达权、监督权"；"要按照新闻传播规律办事"，"不断提高舆论引导的权威性、公信力、影响力"；"要完善新闻发布制度，健全突发公共事件新闻报道机制，第一时间发布权威信息，提高时效性，增加透明度"。[1]

2008 年下半年，中宣部领导同志在多个场合传达中宣部的有关意见：一个是"中宣部已经达成共识——'透明度决定公信力'"。一个是"如何提高

---

[1]　胡锦涛：《在人民日报社考察工作时的讲话》，《人民日报》2008 年 6 月 26 日。

党报、党台的影响力、渗透力、覆盖力？中宣部已经意识到了这个问题，这也是党的执政能力的一部分。现在的主流媒体的舆论场、网络舆论场、社会舆论场之间是有差别的，说明我们的工作不到位。"（主流的判断，离不开影响力。）再一个是"中宣部已经完成了公共事件新闻应急办法的有关草案，并提交中央批准。对于涉及突发事件的报道问题，有如下规定——突发事件发生地的政府，如果隐瞒，要承担法律责任；媒体没有及时报道，也要承担法律责任"。

2009 年 4 月 6 日，新闻出版总署发布《关于进一步推进新闻出版体制改革的指导意见》，具体阐明了进一步推进新闻出版改革的主要任务：

一是推进公益性新闻出版单位体制改革，构建新闻出版公共服务体系；

二是推动经营性新闻出版单位转制，重塑市场主体；

三是推进联合重组，加快培育出骨干传媒企业和战略投资者，在三到五年内培育出六七家资产过百亿、销售过百亿的"双百亿"的国内一流、国际知名的大型出版传媒企业；

四是大力推进新闻出版产业升级和结构调整，加快实现以传统传媒为主向传统传媒与新兴媒体融合发展的转变；

五是鼓励和支持非公有资本以多种形式进入政策许可的领域，支持发展新兴新闻出版生产力；

六是加快推进现代出版物市场体系建设，打破按部门、按行政区划和行政级次分配新闻出版资源和产品的传统体制，打破条块分割、地区封锁、城市分离的市场格局；

七是扩大对外交流，积极实施"走出去"战略，充分利用国际国内两种资源、两个市场，努力推动新闻出版产品通过各种渠道进入国外主流市场、国际文化圈和港澳台地区；

八是加大行政体制改革力度，转变政府职能，继续推进政企分开，政事分开，政府与市场中介组织分开，使政府真正履行好政策调节、市场监管、社会管理、公共服务的职能。

此外，2009 年以来，至少有三十多个地方政府和国家有关管理部门，公开宣布欢迎接受媒体监管，有的还公布了接受媒体监督的具体细则。

三　不要忘记在这次金融危机背景下中国传媒业的责任担当

（一）要正确地塑造、维护中国的国家形象和传媒形象

国家形象是国家软实力的体现。传媒形象也是国家形象的重要组成部分。正确塑造、维护中国的国家形象和传媒形象，新闻传播要力求做到以下几点：

1. 客观、公正，实事求是地报道真实的中国故事

这一点关系着传媒的公信力，它既是传媒安身立命的根基所在，也是传媒塑造国家形象的最重要的元素。

2. 注重新闻话语的专业追求与表达，摒弃"宣传调""宣传腔"

一是要注意一些不符合国际新闻传播潮流的"宣传式"的报道做法，一定要改正。

二是要注意跨文化传播的障碍与误读，避免"授人以柄"。

三是要讲究报道艺术，善于运用事实来"宣传"观点、立场。

3. 要有全球视野和战略眼光，敢于并善于发出"中国声音"

一是要注意报道中国（包括地方）的新闻，一定要有全球的视野，既要站在全球的角度看待中国（包括地方）发生的事，还要善于透过中国（包括地方）发生的事审视其全球的价值与意义。

二是要注意面对国际上发生的事，要勇于与西方主流媒体同台竞争，不仅要敢开"第一腔"，迅速及时地做出反应，而且要"以我为主"做出深度解读，积极争夺国际传播话语权。

（二）要以人为本，增加社会生活的透明度，为化解社会矛盾、构建和谐社会尽职

1. 一定要解放思想，勇于在"第一时间"及时发布所谓的"敏感信息"，以掌握舆论的主导权

首先，要懂得新闻媒体在社会生活场域中的元功能，就是消除信息不对

称，消除社会信息遮蔽，公开传播社会信息，保持社会信息流动的畅通。否则，新闻媒体也就失去了存在价值。

其次，要切忌"自立菩萨自拜佛""自设紧箍咒"，要相信党和政府的执政能力正在不断提升；及时公开信息也是政府转型之必需，是给政府"帮忙"而不是"添乱"。

最后，要认真汲取近些年社会舆论的主导权被网络媒体所控制，而主流媒体被"边缘化"的经验教训。

2. 要重视新闻报道的解释力，竭尽全力降低社会生活的不确定性

新闻媒体应该成为社会的预警器，在遇到困难的时候要发现亮点，在一片叫好当中要发现问题。新闻记者不能人云亦云，也不能人乐亦乐、人忧亦忧，而应既有激情又有理性，要形成一种独特的思维方式。尤其是在金融危机蔓延时期更应如此。

新闻传播的核心竞争力就在于其高超的解释力。

一方面要注意使用独家视点、独家思想资源，对新的问题、新的现象进行深度挖掘、梳理，帮助受众洞察、判断事实演进的趋势，起到社会生活导航器的作用。

比如，前段时间，关于中国2万亿外汇储备的问题，国人十分担心，美国过量发行货币是否会使我们持有的这部分外汇储备"缩水"。当时一些所谓经济学家，闻风而动，为这2万亿外汇储备的走向开出了很多药方，甚至有人提出要将其分配给每个国民。其实，这2万亿外汇储备，首先是外汇储备，并不是可以由政府直接支配的资金流，更不是可以直接分配给个人的资产；第二，它只是以"美元"为货币结算单位，并不是说购买的全部为美国政府国债；第三，对其安全问题，我国政府其实已有主见。周小川行长提出的构建"超主权国际货币结算单位"的观点，就是基于我国的外汇储备安全而提出的。如果我们的媒体能够从这些层面，从经济专业的层面，来展开报道，就可能具有很强的科学的新闻报道解释力，就可能为读者提振信心，消除不确定性。

另一方面要注意运用多种手段，展开立体式传播的战略，以增强解释力。

比如，2008年9月，美国众议院否决了美国政府7000亿美元的救市计划，引起纽约股市道琼斯指数历史性地狂跌近800点，标准普尔和纳斯达克的跌幅也分别创下了多年来最大单日跌幅。这在世界也在中国股市上引起了一些恐慌。就在这次股市"崩盘"的当晚（9月29日北京时间凌晨2点），凤凰卫视打破常规，对这一事件进行了直播报道，并邀请各方人士对此进行开放性的深入探讨。应该说，这样做在消除公众困惑、疑虑，稳定民心上起了很好的效果。

3. 要深化关注民生，着力提升公众的公民意识

新闻传媒关注民生并不仅仅是一个"民生新闻"的报道问题。前一段时间不少媒体流行做"民生新闻"以此营造媒体的"平民情结，争取平民受众的青睐"。其实，这类新闻类型，在台湾还有一个提法，叫"民生消费新闻"，它关注的主要是民众衣食住行的相关消费信息、消费活动的报道。这当然很重要，也是必需的，但仅仅关注这些还不够，还要注意到民生问题的核心层面。

民生问题至少包括三个方面：

第一，民生问题是民本问题，也就是我们国家传统文化中所讲的"民为邦本"的"本"和科学发展观的"以人为本"的"本"的问题。

第二，"民生"是个内容广泛的概念，具有丰富的内涵。公民对社会政治、经济、文化等方面权利与自由的要求，对贫富悬殊的消除、腐败问题的解决的期待，对有一个好的市场经济体制、社会公平正义的保障、人身财产安全的保障、司法服务更加快捷高效等方面的要求与期待，都属于"民生"的范畴。

第三，民生问题其实是一个民心问题，即公众是否拥护政府、对于政府的工作是否满意，这里还涉及一个舆论监督的问题。

具体地说，当前关注民生，要求媒体做到：

（1）要增强服务意识，帮助公众从容应对金融危机。作为社会守望者的媒体，不光要及时传递信息，更要秉承民本思想，设身处地为民做好"贴身服务"，成为公众可以信赖和倾诉的平台。

（2）要站在"民"的角度，开展理性报道。一方面要理性地看待社会问题、社会矛盾。另一方面，要正确处理好新闻专业主义与公共伦理道德之间的关系。

（3）要着力培养公众的公民意识，引导公众正确维护权利。

要注意培育公众的维权意识，进行维权启蒙。比如，可以通过设置报道议程，帮助公众认识到自己作为公民，依据宪法和法律享有的法律权利和义务；帮助公众认识到自己作为劳动合同关系主体，享有的劳动的权利、获得劳动报酬的权利等。还可以通过设置公众维权专栏或节目，介绍社会中介组织、法律救济机构的维权途径与方式；或者通过报道非法侵害公民权利的案件处罚、公民权利得到有效保障的事件等，来启蒙公民维权意识。这样，公众在他们的权益遭受损害的时候，感觉到自己走投无路的时候，就不会简单地采取一些情绪化的过激行为，例如，跳楼、跳高塔、跳桥等，而是会使用协商、司法等合法途径，解决问题。

同时，也要注意，要引导、帮助公众理性维权。媒体要借助新闻报道和知识传授，积极引导、帮助公众这一权利主体学会与用工单位谈判、协商，学会运用法律诉讼手段，维护自己的合法权益。

此外，还要注意报道一些社会维权中介机构的活动，甚至可以结合社会公共话语空间的构建，引导公众依法自行设立能够代表自己利益的社会维权中介组织，专司维权活动。

（三）要求新求变，"危"中寻"机"，努力开创中国传媒业可持续发展的科学之道

第一，勇于创新，强化品牌意识。既要以公信力、影响力为抓手，重视品牌的塑造、维护，又要重视品牌效应的持久发挥，力求用品牌引领发展，用品牌推动发展。

第二，转变经营理念，调整经营策略。既要注意积极延伸产业链，实施多元化经营，以完善和丰富盈利模式；又要注意按现代企业制度的要求，着力抓好科学的经营管理体制与机制建设，从而从根基上提升竞争力和抗风险能力。

第三，转变经济增长方式。既要注重降低自身的运营成本，又要注重以提高效益为主的集约化增长取代以追求量和速度为主的粗放型增长模式。

第四，做好人力资源的优化配置，既要合理使用人才，充分发挥人才的最大潜能，又要注重人才的素质、能力、技能的全面提升。

第五，加快推进"媒体融合"和"数字媒体"的发展战略，促进传统媒体的整体变革和产业升级。

（2009 年 5 月初稿，2009 年 5 月定稿）

第二部分　媒介角色与传播运作

中国传媒在公共空间建构中的角色考察

一般认为，传媒是公共利益（Public Interest）的承载者、推动者和维护者，应"允许并鼓励、提升公众的参与和表达，塑造产业和政府以外的自治空间"，以此"孕育公共生活、鼓励公共空间、提升公民文化"。① 改革开放以来，国家、市场、社会等多重力量都以不同的方式和强度影响着传媒。传媒既得益于这些力量的推动，同时又受这些力量的掣肘，在鼓励、建构公共空间中扮演着特殊的角色。本文将传媒置于这一多重力量相互交织、激荡的场域，根据"模式化的并具有特征的社会行为"②，对其在建构公共空间中的实践角色给予考察。

一 市场逻辑下的表达平台开辟者

新中国成立后，传媒在相当长时间内完全是被动的、单一的政治工具，自身的主体地位被漠视、被削弱，其应然的角色与功能也被扭曲了。改革开放后，市场机制的引入为传媒角色转变提供了一个关键性的支点：伴随传媒市场化改革的推进，市场开始成为国家之外又一个影响传媒角色和功能的基本逻辑和重要力量。

首先，引进商业化运作模式、被纳入市场竞争体系的传媒，日益根据受众的不同需求创造出多样化的传媒产品。这就在传统国家/宣传话语体制下，为公众开辟了可能的表达渠道，形成了多元的媒介话语空间。20世纪80年代，"市场导向""满足读者需要"等理念促使一批新型传媒形态应运而生，成为

---

① 夏倩芳：《公共利益界定与广播电视规制——以美国为例》，《新闻与传播研究》2005年第1期。

② 〔美〕比德尔：《角色理论的最近发展情况》，曾霖生译，《现代外国哲学社会科学文摘》1988年第11期。

传统党媒的"补充"。20世纪90年代，传媒的产业属性进一步得以释放：《华西都市报》创立了全面而系统的市场化报纸理念，广播、电视的节目形态获得飞速发展，新闻资讯、娱乐、教育、情感、舆论监督等栏目纷纷出现……20世纪90年代末以后，伴随着市场经济的不断深入，中国社会阶层分化带来的多样化需求，促使传媒进一步走上了细分市场、分众传播之路。如此，有着不同受众诉求的传媒为不同群体的生活方式、价值观念等提供了一个呈现与表达的平台，为造就与传统一元化的媒介宣传话语相区别的话语空间提供了可能。

其次，市场为传媒关注、呈现公众的利益诉求，建构公众的话语空间，服务公共利益等提供了动力。市场化生存的传媒很容易选择统合最大数人需求的战略，以此获得尽可能多的注意力。报刊如《华西都市报》以"全心全意为市民服务"的理念开启了以普通市民为读者的"都市报时代"。电视也以1993年《生活空间》"讲述老百姓自己的故事"、留下"由小人物写成的历史"为发轫，使普通百姓及其平凡生活第一次成为电视的叙述主题；2002年创办的《南京零距离》则开启了"以民生的视野、民生的情怀、民生的态度关注普通民众生存状态、生活环境和生命质量"[①]的电视民生新闻时代。这些大众化传媒产品的意义不仅在于创造了巨大的市场收益，还在于如苏德森对美国"便士报"的评价，"体认并增强日常生活的重要性"，"首创对待世间事务的民主态度"[②]。一方面，普通市民的需求和利益诉求成了传媒关注的对象。"要急市民之所急，想市民之所想……按照市民的需要来决定写什么不写什么，编什么不编什么，登什么不登什么"，"变'党报的补充''茶余饭后'等传统办报观念，为满足市民对政治、经济、文化、社会等各方面信息的需要"[③]。可见，以普通市民为受众定位的大众化传媒，在市场力量的驱使下更倾向于为公众提供表达机会，也更有可能持公众立场报道公共事务。另一方面，普通大众成为传媒的报道主体，他们的日常生活状态、生活方式被生成传媒内容，成为传媒呈现市民社会的一个切入点，市民的生活态度、人生观、价值观等也间接地被

---

① 姚劲松、刘畅：《民生新闻慈善化现象解读》，《东南传播》2010年第2期。
② 〔美〕迈克尔·舒德森：《发掘新闻：美国报业的社会史》，陈昌凤、常江译，北京大学出版社，2009，第16~22页。
③ 席文举：《报纸策划艺术》，中国社会科学出版社，2000，第47页。

表达出来。这也打破了传统政治化、宣传化的媒介话语模式，开辟了介入日常生活领域的媒介话语空间。

再次，传媒的市场化改革建构了多元的社会主体身份，塑造了多元的话语主体。有学者指出，市场理性和资本逻辑在中国传媒领域不断深入的过程，构建了社会话语权和传播资源在不同群体中的特定分配模式，并为社会转型过程中特定的阶级、民族、社会性别和其他社会主体身份的形成提供了基本的传播框架。[①] 市场机制带来的多样化传媒往往有着不同的市场定位和受众面向，传媒往往因此而成为其目标群体的"话语代言人"，最终使传播资源、话语权等得以重新分配，不同群体就相应具备了成为社会话语主体的物质基础。进而论之，某一群体的生活方式、价值观念、利益诉求等日复一日地在媒体上得以呈现和表达，又将反作用于这一群体，即进一步建构该群体的身份意识、巩固身份认同、强化群体归属感等，从而推进该群体社会主体身份的形成。学者孙玮认为，以都市报为代表的大众化报刊，通过特有的方式和步骤构建起了市民的自我意识，[②] 营造了市民的群体归属感，在市民心中建构起"私人""个人私域"等概念，培育了公众的参与意识及权利意识……[③] 应该说，大众化传媒通过日积月累的报道，在市民主体身份的塑造中起着举足轻重的作用。毋庸置疑，拥有着权利意识、话语表达欲望、积极参与精神的多元话语主体，正是社会话语得以表达、公共空间得以建构的前提。所以，传媒的市场化改革塑造了多元的话语主体，实乃在建构公共空间的起点上孵化着希望。

上述结果尽管可能是传媒在市场拉力之下的无心插柳之举，却促使着传媒在体现党和国家意志之外，开始响应社会的利益诉求，并通过话语实践策略使社会话语得以表达、公共空间得以建构。然而，毋庸置疑的是，市场力量只能催生出一个可能性的社会话语表达平台，或者说在中国的语境下，市场力量只能在一定阶段或一定限度内催使传媒成为社会话语的表达者和公共空间的建构者，超过这一阶段或这一限度则可能反而消解传媒作为表达者和建构者的角

---

① 潘忠党、陈力丹、赵月枝等：《反思与展望：中国传媒改革开放三十周年笔谈》，《传播与社会学刊》2008 年第 6 期。
② 孙玮：《都市报与市民自我意识的构建》，《新闻大学》2003 年第 1 期。
③ 孙玮：《论都市报的公共性——以上海的都市报为例》，《新闻大学》2001 年第 4 期。

色。具体说来，市场动力可驱使传媒为公众提供表达平台、建构话语主体等，但亦可将追求最大化利益的传媒推向过度追求新奇性、接近性和娱乐化的泥潭，导致传媒在报道题材上过度陷于私人领域，在报道方式上过于强化、凸显事件的戏剧悬念或煽情、刺激等娱乐元素。……琐碎的、私域的、娱乐的事件过多地占据传媒资源和注意力资源，势必阻碍着受众对公共的、社会的、全局性问题的认知和了解，而娱乐化中暗含的消费主义、享乐主义特性还易使人们满足于虚幻的快乐状态，降低社会表达和参与的热情。不少学者对此也表示担忧，"曾经代表着都市报文化的关键词'市民'，在都市报极端追求商业利益的过程中，越来越多地沾染了所谓'小市民'的庸俗气息"，"将社会表达局限在了个体、日常生活的较低的层次和较狭隘的领域，使得国家—社会关系通向民主社会建设方向的更大变革停滞不前。"① 此外，市场逻辑消解新闻专业主义理念，因商业利益促使传媒妥协，最终销蚀传媒在建构公共空间中的效力，这将在下文论述中予以分析。

二　碎片化理念下的离散建构者

新闻专业主义理念的实质是一种与政治控制和市场控制相区别、以公众服务和公共利益为目的、以专业知识为基础的"社会控制模式"②。尽管新闻专业主义理念具有一种浓厚的理想主义色彩和强烈的道德主义倾向，但其核心所指的公众立场、公共利益等，无疑是传媒及其从业人员在国家、市场、社会等多重控制力相互交织的场域中自觉选择建构公共空间、服务公共利益的另一核心动力。可以说，在促使传媒关注社会话语表达、建构公共空间方面，如果市场力量是"无心插柳"之举，那么新闻专业主义理念则属"有心栽花"之实。

传播学者潘忠党、陈韬文教授经量化研究得出，受新闻改革和传媒全球化的影响，"专业新闻范式"已在中国呈现，"党的新闻事业"和"专业主义新

---

① 孙玮：《媒介话语空间的重构：中国大陆大众化报纸媒介话语的三十年演变》，《传播与社会学刊》2008 年第 6 期。
② 陆晔、潘忠党：《成名的想象：中国社会转型过程中新闻从业者的专业主义话语建构》，《新闻学研究》2002 年总第 71 期。

闻"这两大新闻范式在中国新闻从业者当中并存。① 也就是说，新闻专业主义理念已在一定程度上得到我国不少新闻从业人员在观念层面上的认可和接纳。在实践层面，陆晔、潘忠党教授在田野考察的基础上得出，专业主义实践正在逐渐形成共享的理念。一方面，新闻专业主义话语实践与党的新闻事业、启蒙文人和市场导向的新闻等话语体系并存；而另一方面，由于受制于各种体制因素，新闻专业主义在实践中被改造、被扭曲，只能是碎片和局域的呈现。② 可见，不管我国传媒界是否存在真正意义上的新闻专业主义，有一点可以肯定：新闻专业主义理念在一定程度上得到了一批新闻从业者的认同，甚至成为他们有意识的目标追求。事实上，正是传媒及其从业人员对新闻专业主义碎片化的、局部的或选择性的认同与实践，才使其成为建构社会话语表达空间、服务公众利益的重要力量。如在"反对圆明园铺设防渗膜"事件的报道中，传统党报《人民日报》在消息来源的选择上改变了一贯偏向于引用各级政府官员作为消息源的操作模式，将部分学者作为报道的主要消息源，主要采用"信任政府"和"环境正义"报道框架③；市场化倾向的《新京报》主要采用民间消息源，采用维护历史文明的"民族主义"和"程序正义"的报道框架，还开拓评论版刊登各种立场的专家言论和市民来信，成为民意表达的一个重要平台，鲜明体现了民间/反对立场；专业主义倾向的《南方周末》则主要采用反对圆明园工程的专家和 NGO 人士作为消息源，同时环保总局官员也是其重要消息源，较明确地形成了"损害公众利益"和"程序正义"的报道框架，明显支持民间力量，对于政府角色有比较深入的反思，报道也更多指向制度和程序的层面。④ 可见，尽管各媒体由于性质、取向的不同，对新闻专业主义的

---

① 潘忠党、陈韬文：《从媒体范例评价看中国大陆新闻改革中的范式转变》，《新闻学研究》2004年总第 78 期。

② 陆晔、潘忠党：《成名的想象：中国社会转型过程中新闻从业者的专业主义话语建构》，《新闻学研究》2002 年总第 71 期。

③ 作者在文中参考 Jung（1999）研究美国媒体对有毒废弃物运动所做的框架命名分类，把媒体报道"环境破坏"的框架分为 12 类，包括"信任政府"框架、"不信任政府"框架、"负责任的企业"框架、"不负责任企业"框架、"理性组织行动"框架、"冲突"框架、"健康风险"框架、"环境灾难"框架、"处理成本"框架、"环境正义"框架、"漠视环境权"框架及其他。

④ 曾繁旭：《社会的喉舌：中国城市报纸如何再现公共议题》，《新闻与传播研究》2009 年第 3 期。

实践方式和程度存在差异，但同样不能否认的是，新闻专业主义理念能内在地驱使着不同性质的传媒在一些关键性议题中形成一种合力，开辟公共空间、表达社会话语，将公众关心议题聚合为公共议题，通过"舆论共鸣"促使公众意见转化为一种沟通权力，以对来自社会的民间力量予以援助，最终促使政府采取特定行为或制定相关政策予以回应，或促使公众与国家在具体的决策、政策乃至制度层面进行互动，从而实现对公共利益的维护。

　　分析至此，对新闻专业主义理念在传媒构建公共空间中功用的强调，实际上也就道出了传媒构筑公共空间的羁绊乃至症结所在。前面已提到，新闻专业主义的话语实践只是初步成为中国新闻话语实践体系的一部分，远未成为主流话语，更不用说成为主导性的统领力量了。在中国的媒介话语生态里，至少存在着政治家办报、企业家办报、文人办报、专业主义办报等具有不同传统的实践理念。这些不同面向的理念导致传媒及其从业人员有着不同的实践取向与新闻行为。有学者认为，新闻传媒失去了一个恒定的操作标准，秉承着"喉舌"理念的党媒主要是宣传，呈现繁荣昌盛；秉承着市场理念的通俗传媒主要是休闲，表现吃喝玩乐；秉承一定专业理念的精英传媒[1]则是暴露问题，提示艰难曲折。[2] 还有学者认为，西方记者的职业主义、中国传统知识分子的入世精神、中共新闻观念，都在商业化新闻的环境下互相影响塑造了新一代记者的价值理念；中国记者已经分化为"新闻官僚""职业新闻人"和"新闻民工"三个群体："新闻官僚"为其自身在国家政治序列里的排位做新闻，"职业新闻人"为新闻做新闻，"新闻民工"则为收入做新闻。[3] 可见，分化的、碎片化的新闻理念使传媒失去了共同的操作原则，成为传媒常规地、持续地建构共同话语空间的离散力量。分化的新闻理念导致传媒在公共事件的报道中要么态度暧昧有意规避，要么态度各异甚至截然相反。在前面提到的圆明园议题中，

---

[1]　原文中未使用新闻专业主义理念，而是将与传统党媒表现不同的《南方周末》《新闻调查》《新京报》《瞭望东方周刊》等归为精英媒体。这里，笔者以具有"一定专业理念"来概括这批媒体。

[2]　孙玮：《新闻传媒怎样生产民意——新闻传媒与公共舆论的现实关系解读》，《探索与争鸣》2006年第9期。

[3]　林芬、赵鼎新：《霸权文化缺失下的中国新闻和社会运动》，《传播与社会学刊》2008年总第6期。

尽管新闻专业主义理念使不同性质的传媒采取了较为积极的态度，形成了共鸣效应，但亦有分歧。如国家环保总局的机关报《中国环境报》，在报道中引用最多的消息源是国家环保总局的官员，在环保总局没有明确表态的情景下，对议题的参与显得缓慢和犹豫，主要采用"信任政府""漠视环境权"的报道框架。其立场和态度仍鲜明体现了直接服务于部门利益的机关报特征。① 无疑，在公共事件报道中，分散的理念离散着共振的、此起彼伏的话语力量的产生，这种离散无疑分化、弱化了传媒对社会话语的充分表达，致使传媒建构公共空间的效力大打折扣。

更现实的问题，还不在于新闻专业主义理念没有成为主导性的话语力量，而在于专业主义理念尚未确立就面临着政治控制、市场诱惑等因素的侵蚀和消解。尽管中国传媒及其从业人员对专业主义有认同与追求，但在实践中受制于各种体制性因素，只能采取"游击""打擦边球"等策略进行非常规实践，最终使新闻专业主义实践只能是碎片和局域的呈现。② 也就是说，新闻专业主义仅是作为一种零散的、模糊的甚至不确定的理念贯穿于部分中国传媒及其从业人员之中，其实践也大多局限于新闻业务领域，强调操作技能和表现手段的专业水平、专业标准等，而作为其本质的"社会控制模式"却难以真正付诸实践。学者李岩对两位成名新闻从业者的专业实践进行分析后指出，中国大陆的新闻专业主义只是一种摆脱行政干预的策略；商业化使新闻专业变异，市场动力常常使从业者不顾政治压力"铤而走险"，但也常常使他们为"钱"而放弃主义。一言以蔽之，新闻专业主义在中国大陆只能"变异地""断章取义地"进行。③ 尽管这一论断多少有些悲观，但却道出了新闻专业主义在中国的实践窘境：除体制性因素外，新闻专业主义理念还存在被市场力量侵蚀的危险。商业利益是市场化生存传媒的支配性力量，将可能驱使着传媒内容不断走向大众化、通俗化、娱乐化甚至庸俗化，销蚀着新闻专业主义话语所需的理性与批判

---

① 曾繁旭：《社会的喉舌：中国城市报纸如何再现公共议题》，《新闻与传播研究》2009 年第 3 期。

② 陆晔、潘忠党：《成名的想象：中国社会转型过程中新闻从业者的专业主义话语建构》，《新闻学研究》2002 年总第 71 期。

③ 李岩：《新闻专业主义在中国大陆的实践与变异》，《当代传播》2011 年第 1 期。

精神，解构着新闻专业主义话语所需的批判力量和话语生态环境。

总之，中国在目前乃至相当长时间内还难以建立起一套明确的新闻专业主义话语实践体系，更难以使其成为主导性的话语力量。尽管这种碎片化的、局部性的专业主义实践，能在一些关键性的议题中聚合起不同性质的媒体，产生"共鸣"合力，但这终究只是带有偶然性的、非常规性的实践，而共同的、明确的新闻专业主义理念的缺乏，使传媒难以持续支撑起常规性的社会话语表达者和公共空间构建者的角色。

三　强国家影响下的非常规实践者

要准确考察传媒在构建公共空间中承担的角色，还得将视线投向党和国家与传媒的关系上。自 1949 年以来，中国共产党的几代领导人都把新闻传媒作为治国理政的一大重要工具，一贯强调新闻传媒要坚持党性原则，"党管媒体"也被确立为新闻事业的根本原则。基于此，尽管市场化改革使大部分传媒基本实现了自给自足，也推动着传媒在一定范围内响应社会的表达诉求，但经济独立并未使中国传媒成为一股独立的社会力量。"市场化只是一个中性的资源分配机制，它既可以用来反对威权统治，又可以被政府采用为一种控制机制。即使在市场经济条件下，威权国家的新闻传媒是否能走向一个民主表达而非政治宣传的机器，不仅取决于新闻生产的信息数量或记者的生产动机，而且取决于国家对新闻记者活动的控制能力。"[1] 事实上，在传媒市场化改革中，党和国家在为传媒释放一定自主空间的同时，也在不断改善、提升着控制的手段和方式，通过建立主导框架、议题设限、经济软控制等途径影响着传媒及其从业人员的新闻实践活动，从而保持着对传媒的强大控制力，使得"媒体的公共空间都是在这一制度框架中力所能及的'即兴表演'"，是"忽紧忽松见机行事的'宽紧带'状态（黄旦语）"[2]。

"坚持党性原则"一直是"党的新闻事业"范式之下具有统领地位的新闻

---

① 周翼虎：《抗争与入笼：中国新闻业的市场化悖论》，《新闻学研究》2009 年总第 100 期。
② 潘忠党、陈力丹、赵月枝等：《反思与展望：中国传媒改革开放三十周年笔谈》，《传播与社会学刊》2008 年总第 6 期。

理念。所以，传媒尤其是体制内传媒的新闻专业主义实践，往往要从国家/宣传的话语体系中找到正当性和合法性，如提出新闻改革的要求，保障人民知情权、参与权、表达权、监督权，讲究新闻宣传艺术，"三贴近""三深入""走转改"等。以舆论监督为例，我国传媒的舆论监督以《焦点访谈》为发力点，开始向正规化、规模化发展。纵向比较而言，传媒在舆论监督中的独立意识、自觉意识和为公众利益代言的意识日渐清晰，其话语也开始向以客观、平衡等为特征的新闻专业主义话语发展。[①] 需明确的是，舆论监督之所以得以快速发展，还在于其被纳入党的监督体系，成为党的五大监督方式之一，这就从制度上为传媒开展舆论监督提供了合法性。所以，尽管舆论监督呈现出专业主义话语的特征，但在体制层面仍然是作为党和国家的治理工具而存在的。与此同时，以《人民日报》为代表的党媒，则继续作为范例彰显传统范式，并通过权力结构上的优势，筛选并合法化着各种不直接挑战传统范式核心的新闻改革实践。如建立"党的新闻事业"的主导框架，鼓励新闻从业者在这个框架内"成名"，并通过各种官办的专业奖励、"进阶"提拔等方式阐释这个话语框架，通过对不慎"触雷"者予以调职、撤职等惩戒方式来强化这个话语框架。其结果就使新闻专业主义理念在现有制度框架内带有"依附""从属"等特征。[②] 如此，新闻专业主义者要么最终驯服于现有话语框架，要么只能在现有框架内进行碎片化的、打擦边球式的、局部的非常规实践，只能是社会话语的非常规表达者、公共空间的非常规建构者。

党和国家对传媒的强势影响力还表现在对报道议题和报道空间的调控上。有学者将目前中国的新闻分为黑区、灰区和白区三个领域：黑区新闻是禁忌和高度敏感新闻，新闻行为遵循政治逻辑，与官方立场不能保持一致的报道会受到制裁；白区新闻则是非政治化新闻以及不涉及重大利益冲突的新闻，演艺明星的花边新闻、生活时尚、文学艺术等均在此列，主要以市场机制为主导逻辑；灰区新闻是介于二者之间的区域，其中包括对地方官员腐败的揭露，对自

---

① 雷蔚真、陆亨：《改革开放三十年中国舆论监督的话语变迁：以中国新闻奖获奖作品为线索》，《传播与社会学刊》2008 年总第 6 期。

② 陆晔、潘忠党：《成名的想象：中国社会转型过程中新闻从业者的专业主义话语建构》，《新闻学研究》2002 年总第 71 期。

然和人为灾害的报道，对某些政府行为和非关键性政策的批评，以及对种种社会问题的报道与分析，其边界有高度的不确定性和模糊性。[①] 自 20 世纪 90 年代以来，伴随着经济转型和消费社会的发展，党和国家对白区新闻基本全面放开，对灰区新闻的抵制也逐渐放松。正是这样的放开和放松，为传媒在一定程度上响应社会话语表达、建构公共空间提供了可能，与市民日常生活相关的消费维权、人身权利、环境保护、自然天灾等议题才得到了传媒的关注和表达。新闻从业者还得以利用"灰区"的模糊性，采用各种策略将敏感性的话题如公共卫生、贪污腐败、人为灾难等推向灰色地带，从而获得报道的施展空间，使得社会话语得以表达，甚至触及对政府行为、制度政策等层面的追问与反思，乃至最终促成政策安排的调整。传媒对"孙志刚案""反厦门 PX 项目""反对圆明园铺设防渗膜"等议题的报道便是明证。然而，问题也正出在这里，即传媒进行"社会表达"的议题空间是受限的，议题的范围和报道的效果往往是不确定的：一方面，"黑区"仍属"雷区"，该领域议题不可触及。另一方面，"灰区"领域一些富有挑战性的议题亦属"雷区"，传媒能否成功报道有赖于是否采取恰当的报道策略（如寻求中央政府的支持，在大"目标"上与中央保持一致；为非政治性受害者代言，采用"受害""苦难"的叙事策略等），而报道的空间及效果往往最终取决于党和政府部门的支持。有学者对"反厦门 PX 项目""反怒江修坝事件""新闻揭黑"三个社会运动的分析认为，传媒的介入能为社会运动的成功做出不可忽视的贡献，但媒体的报道空间乃至于整个运动的成功与否，在很大程度上得益于政府中某些部门的支持，而这些支持的基础则来自当前中国新型国家和社会关系下政府各部门之间在利益和立场上的不同。[②] 总之，受限的议题范围、模糊的报道空间、不确定的结果，使得传媒的"社会表达"成功与否带有很大的偶然性和随机性，并非一种常规的话语实践。

党和国家对传媒的强势影响力还体现在对传媒的"经济软控制"上。学

---

① 林芬、赵鼎新：《霸权文化缺失下的中国新闻和社会运动》，《传播与社会学刊》2008 年总第 6 期。
② 林芬、赵鼎新：《霸权文化缺失下的中国新闻和社会运动》，《传播与社会学刊》2008 年总第 6 期。

者周翼虎认为，1999 年后，国家通过垄断经营和分散竞争相结合的市场化改革，逐渐将传媒推进一场自顾不暇的媒介生存战争，从而实现对传媒的经济软控制。传媒在惨烈的丛林竞争时代，在政治上最大限度保持对政府的恭顺以规避竞争风险，甚至还成为从业的第一要务。这种生存逻辑促使整个新闻业朝功利主义的方向发展。[①] 这一经济软控制给传媒带来的可能性影响或者说后果有二：一是大多传媒及其从业者为了规避风险，往往在报道时倾向于追求政治风险最小化，在报道议题、报道立场上采取保守态度，选择所谓的"政治正确优先"原则（SARS 事件、"三鹿奶粉"等诸多公共事件的延迟报道便是鲜明体现），甚至某些时刻为保全自身利益放弃对公共利益的关注及对社会民意的关怀，而选择与行政权力体系妥协甚至合谋。二是部分传媒及其从业者选择在安全的、基本不具备政治风险的领域如前面提到的"白区"精耕细作，通过为受众提供娱乐、休闲、消费、咨询等服务在市场中求得生存。很显然，这样的结果便是传媒远离了对重大社会问题的深刻关怀，弱化了对社会表达的关注，终使传媒只能成为公共空间的非常规构建者。

（2012 年 1 月初稿，2012 年 2 月定稿；姚劲松参与本文撰写）

---

① 周翼虎：《抗争与入笼：中国新闻业的市场化悖论》，《新闻学研究》2009 年总第 100 期。

从新闻执政到公共服务：我国政府新闻发言人的角色重构

在现代新闻传播体系中，政府新闻发言人作为一种"制度人"的设计，"通过各种形式为政府代言，发布政府信息，沟通新闻媒体和广大公众"①，扮演着不可或缺的角色。目前，我国正处在社会和传媒的双重转型之中，政府与传媒、公众之间关系的调适还远远没有到位。从我国政府新闻发言人制度的具体实践来看，还不时发生新闻发言人角色缺位、错位和越位等角色迷失的现象。其原因自然是多方面的，其间，全能型政府治理模式下形成的传统新闻执政思维的羁绊，则是其关键症结所在。因此，必须结合我国正在积极推进的政务、党务信息公开，大力建设"服务型政府""服务型政党"的现实国情，尽快实现我国政府新闻发言人从新闻执政到公共服务的角色重构。

一 政府新闻发言人角色的内涵

角色是对群体或社会中具有某一特定身份的人的行为期待，是"为社会界定的身份及行为模式，其中有具体的规则、规范和期待存在，能规范和定向个体在社会情境中的互动、举止及实践"②。社会学家 G. H. 米德认为，社会角色在本质上体现为一种社会关系，是人们对特定身份的人的行为期望，它构成社会群体或组织的基础，角色学习可以塑造自觉人格，保证社会共同体的功能运行。③ 人类学家 R. 林顿也指出，在社会结构中每一个角色都有它一定的

---

① 曹劲松、庄传伟：《政府新闻发布》，江苏人民出版社，2009，第35页。
② 〔英〕欧苏利文等：《传播及文化研究主要概念》，杨祖珺译，远流出版事业公司，1997，第346页。
③ 〔美〕乔治·H. 米德：《心灵、自我与社会》，赵月瑟译，上海译文出版社，1992。

功能和相关的行为规范及模式。[①] 因此，作为政府新闻发言人，理应知晓、扮演、践行与自己身份相适应、相规范的角色，并且在角色学习中领会自己发言人身份被期待的或是必需的行为。具体地说，政府新闻发言人应该扮演的社会角色主要有以下三种：

（一）政务信息发布者

政府是社会的管理者，其政务信息关涉到社会的方方面面，也影响着公众的切身利益。现代社会，政府政务信息公开是公众知情权得以满足的先决条件和必然要求。公众借助政府政务信息公开，实现政治参与和监督政府，是现代社会良性运行不可或缺的一大社会管理机制。因此，政府新闻发言人作为政府政务信息社会共享的重要途径，积极主动地向社会广大公众及时发布、公开政府政务信息，以满足公众的知情权，理应是其角色的立身之本。

（二）政府诉求代言者

在推进政府信息公开的过程中，借助举办新闻发布会、记者招待会等举措，主动设置议程，向社会、传媒、公众，及时、明确地传递政府的声音和意见，以此来实现政府组织的政治诉求，这是政府新闻发言人角色的又一彰显。作为社会管理者的政府，其管理政策的制定和管理措施的推行，必定蕴含着政府的政治诉求。在现代民主社会里，政府的政治诉求只有得到社会公众的理解和认可，其制定的管理政策和推行的管理措施才能得到真正的贯彻落实，否则势必引起社会的"反弹"和不满，让政府的政策和措施成为"一纸空文"。因此，政府新闻发言人的这一政府诉求代言者的角色是不可或缺的。尤其是当下媒介化的社会，众声喧哗，各种群体的利益诉求名目繁多且彼此间的冲突日趋加剧，政府新闻发言人切实履行好政府诉求代言者的角色职责，自然更显重要。

（三）政府危机公关者

担当好政府危机公关者的职责，是政府新闻发言人角色的再一彰显。它要

---

① 谭昆智：《传媒的宣导抚慰功能研究》，中山大学出版社，2010，第 93 页。

求政府新闻发言人面对社会危机出现、爆发,政府形象和声誉有可能受损的情况,应该立即通过新闻发布会、记者招待会或新闻吹风会等进行积极斡旋,居间调停,以有效的政府危机公关活动,力争把政府面临的危机转化为一种契机。政府新闻发言人的政府危机公关活动的成效,在于其代表政府在公共危机过程中,能与传媒、记者和社会公众保持良好的沟通、对话、互动和协商,既能坦诚面对危机,实事求是地公开危机真相,又能真诚回应传媒和公众的不同关切,疏导公众情绪,化解社会矛盾,从而维护和树立政府的良好形象。政府危机公关者这一角色,规定着政府新闻发言人不仅是政府传播"制度化"的"组织界限沟通者",更是政府形象的"象征符码",是塑造、传播和维护政府形象的活的载体和移动橱窗。

二 我国政府新闻发言人角色担当中的迷失现象

伴随着社会改革开放的不断深入,我国政府新闻发言人制度经过了短短几年的建设,已取得了长足的进步。这不仅体现在政府新闻发言人的队伍不断壮大、组织机构不断健全上,也体现在新闻发布的频率日趋增多、新闻发布的时效性也更强了。但毋庸置疑的是,当下我国政府新闻发言人制度建设还存在着诸多问题,政府新闻发言人角色担当中的迷失现象便是其突出表现之一。

(一)角色担当的缺位

如前所述,及时发布信息、主动设置议程是政府新闻发言人扮演好其社会角色的立足点。然而,遗憾的是,面对政府政务信息公开的要求,当下不少地方政府和部门的新闻发言人却存在着较为严重的缺席、失语等角色担当缺位的现象。尤其是当网络舆论、社会舆论高度关注一些重大事件或热门话题,需要政府及时站出来发布信息、表达关切时,一些地方政府和部门的新闻发言人却"沉默寡言",要么"不出声""不发布";要么即便"出声""发布",也往往是从官方意图、领导利益等立场有选择地"出声""发布"。

比如,2012年12月14日上午,河南光山县发生23名小学生在校园被砍伤的特大恶性事件。当天近中午,光山县委官方的光山网披露了这一消息,并称次日上午 9 点半将召开新闻发布会。然而，14 日晚时，该县官方又公开告知 15 日的新闻发布会取消，接着严密封锁消息，禁止记者采访，声称"讨论这有啥意义"。然而，两天之后，光山县当地的传媒上掀起了一片"救人英雄"的宣传声，而对这起恶性事件发生的原因、小学生受伤害的具体情况、犯罪嫌疑人的作案动机、事件责任人的处理等广大公众高度关注的信息却不公开、不提及和不发布。直到 17 日中午，在社会持续关注和强大舆论压力下，当地政府新闻发言人才被迫就这一事件的进展首次做出回应。再如，在前些年南京发生的"汤山投毒案"事件处置过程中，也不见政府新闻发言人踪影，"有关方面也是采取了信息严格控制手段，来自官方渠道的信息相当有限。通过媒体所能看到的仅是事件发生与终结、犯罪嫌疑人被抓获、审判及执行死刑的'三段式'简要情况，报道的规模与信息量显然同导致 40 多人死亡的事件本身份量与显著性很不相称"①。

从上述事件中可以看到，先是封锁消息，然后隐瞒遮蔽，最后被迫回应，这种政府新闻发言人缺席失语的角色担当缺位现象，已成了一些地方政府应对负面舆论、突发事件的一贯行为和标准模式。其结果，势必会造成政府与社会广大公众之间的沟通阻隔和信任缺失。

（二）角色担当的错位

政府诉求代言者的角色，意味着政府新闻发言人只能是政府信息公开的工具、政府诉求的代言人，而不是政府利益的代表者，更不是政府的"化身"。然而，当下一些政府新闻发言人却混淆了这两者的关系，误以为自己就是政府的化身、政府利益的当然代表者，动辄以政府自居，对传媒与社会实施"政治把控"。比如，2011 年的"7·23"甬温线动车追尾事故发生 26 小时之后，铁道部举行了新闻发布会。发布会上，铁道部首任新闻发言人王勇平不正面回应传媒记者的种种质疑和追问，而使用"我只能说，这是一个奇迹""至于你信不信，反正我是信了"和"你想我说什么，我又能说什么？"等一连串被网民戏称为"高铁体"的雷人言论来应对，从而引发了海内外舆论的一片

---

① 丁柏铨：《论危机事件中的信息发布与舆论控制》，《科学新闻·学术专刊》2004 年第 4 期。

哗然，给铁道部乃至中国国家形象造成了不良的影响。政府新闻发言人角色担当的错位，势必导致政府新闻发言人一味维护政府"利益"，而漠视公众诉求和公众权益，从而难以发挥其应具有的沟通政府与传媒、公众的桥梁纽带功能。

（三）角色担当的越位

政府危机公关者的角色，规定着政府和传媒、公众之间的关系理应是平等的、对等的沟通者、对话者的关系，而不是上下级、管理者与被管理者的关系。遗憾的是，当下一些地方政府及其职能部门的领导干部与新闻发言人面对传媒、记者和公众，却往往喜欢居高临下地发号施令，以官方态度"传达命令""下指示"，或者未经授权就随意地代表政府表态，自觉或不自觉地干扰、压制记者采访。比如，2009 年 6 月 17 日，中央人民广播电台"中国之声"记者就郑州市经济适用房土地建别墅的事件采访该市规划局副局长逯军，逯军居然怒斥："你们广播电台管这闲事干什么？"当记者进一步要求其对信访处理意见进行解释时，逯军又质问记者："你是准备替党说话，还是准备替老百姓说话？"再如，2010 年 6 月 21 日，江西抚河发生决口，身为江西防总办副主任兼新闻发言人的平其俊，在接受央视记者采访时，只字不提决口情况和抢险进展，却照本宣科，自说自话地大谈"领导如何重视"。网友称其为"最牛官腔"。类似种种政府新闻发言人角色担当的越位现象，势必导致政府新闻发言人丧失危机公关、化解风险和塑造共识的最佳时机，不利于政府形象及其声誉得到及时、全面和有效地守护和修复。

三 我国政府新闻发言人角色担当迷失的原因

造成我国政府新闻发言人角色担当迷失的原因自然是多方面的，其间既存在着政府新闻发言人个人素质、业务技能等亟待提高的问题，也存在着制度安排、机制建设和社会环境等亟待进一步健全和完善的问题；而政府新闻发言人制度建设上的观念未能与时俱进，全能型政府治理模式下所形成的传统新闻执政思维的束缚和制约则是其关键的症结所在。这具体体现在以下三个方面：

（一）政府新闻发言人工作设定上的"政府自利性至上"的倾向

在我国政府新闻发言人制度建设中，大凡涉及政府新闻发言人的各项工作，诸如新闻发布会的召开，对传媒、记者和社会公众的诉求回应等，均是由政府根据自身的需要设定的，很少顾及广大公众的需求和内心感受。这种基于"政府自利性至上"的、全能型政府治理模式下的政府新闻发言人制度建设，关注的是政府利益的得与失，强调的是政府权威的树立。因此，其信息的发布和诉求行为必然以"执政"为宗旨，以至失去其应有的边界。其结果，势必会让基于公共利益的新闻发言人的公共服务角色受到忽视和挤兑，让政府新闻发言人由"公仆"异化为"主人"；也势必会让建设"服务型政府"中应有的人民本位、社会本位、公众本位的制度约束，变成一句空话。

（二）政府新闻发言人机构设置上的"强行政管理"倾向

目前，我国政府新闻发言人的机构设置，通常都是归党委宣传部门或政府有关行政部门直接管理。这种全能型政府治理模式下的"科层式"的"强行政管理"体制，使得当下不少地方和部门的政府新闻发言人大都处于一种授权而发、待命而发的"有职无权"状态。众所周知，当今社会已经进入网络化社会、信息化社会，政府新闻发言人工作早已不是传统意义上的政府宣传工作，也不是一般意义上的政府行政事务。政府新闻发言人如果没有被赋予一定的地位和权力保障，就无法对其所在地方和部门的新闻发布做出一个整体规划和通盘考虑，也无法进行各部门之间协调"口径"的工作，更别说像国外政府新闻发言人一样互通信息、整体应对和发挥团队的力量和作用了。

（三）政府新闻发言人队伍构成上的"强政治化"倾向

当下我国政府新闻发言人大体上有三种来源：一是主管领导，如有的地方要求新闻发言人必须是政府或部门的"二把手"；二是秘书长和办公厅主任的"总管式"人物；三是宣传部门的负责人。其中第二类人选成为各级政府和部门新闻发言人最主要的来源。"各部委的新闻发言人大多是办公厅或法规司的负责人","各省的发言人中,有70%以上由政府办公厅负责人担任,还有些人的职务是政府秘书长、政策研究室主任等"。①

这些基本依靠行政命令"拉郎配"而成为政府新闻发言人的官员和领导大多政治素质强而"职业素质"不足,且缺乏传媒工作的背景和经历。因此,他们在处理政府与传媒、公众的关系,在"应对传媒"和"善待传媒"上往往显得力不从心;尤其当突发事件或负面新闻发生时,由于缺乏传媒历练而带来的新闻发布工作的被动就更加明显。与此同时,政府新闻发言人政治身份的强化与其职业身份的淡化,也势必导致严格意义上的职业角色认同的缺失,加之新闻发言人队伍配备的职业化程度比较低,自然难以实现政府新闻发言人制度建设的初衷。

四 从新闻执政到公共服务:重构我国政府新闻发言人的角色

角色也有被重新定义的时候。当下正席卷全球、风起云涌的新一轮社会改革浪潮,其主要价值导向是实现由过去"以公共权力为核心"的消极行政,转向"以公共服务为核心"的积极行政。② 2004年2月21日,温家宝同志在中央党校省部级主要领导干部"树立和落实科学发展观"专题研究班结业式上正式提出"建设服务型政府"。③ 在党的十八大开幕式报告中,胡锦涛同志又提出了建设"服务型政党"的新理念。④ 建设"服务型政府""服务型政党"是基于改革开放以来社会现实变革,党和政府亟待实现的一个新转变,体现了新的历史条件和时代背景下,党、政府对自身执政功能的重新定位和与时俱进。当前,国人的民主和权利意识空前觉醒,党和政府只有真正强化"服务"宗旨,才能不断适应信息社会潮流和现实国情变化。对于一个开放社

---

① 吴晨光:《2003:中国新闻发言人浮出水面》,《南方周末》,2003年11月13日。
② 谢庆奎、佟福玲:《服务型政府与和谐社会》,北京大学出版社,2006,第22页。
③ 《温家宝强调:牢固树立和认真落实科学发展观》,《人民日报》2004年2月22日。
④ 《中国共产党第十八次全国代表大会在京开幕,胡锦涛代表第十七届中央委员会向大会作报告》,《人民日报》2012年11月9日。

会中的执政党和责任政府来说，"为人民服务"不再是一句政治口号，需要体现在可感的执政行为中，而在执政操作层面，"服务精神"的政策又集中指向要尊重广大公众的诉求和利益。

毋庸置疑，我国政府新闻发言人作为一种制度建设理应具有其社会管理、公共服务的社会功能。新时期的政府新闻发言人应该以建设"服务型政府""服务型政党"为契机，进一步提高公共服务绩效，通过优质服务来更好地实现执政。因此，政府新闻发言人制度应该是对公共政策、公共服务、政府决策等所有与公众利益直接相关的问题，以及公众感兴趣的其他社会性问题，提供一种接受传媒和公众公开咨询、质询和问责的制度安排；应该形成一整套系统的评估体系指标，在制度及其执行的各个环节，对政府新闻发言人有针对性地实施监管和问责，不断提升其公共服务绩效和执行力度。当务之急是尽快实现政府新闻发言人从传统的新闻执政到公共服务的角色转型和跨越。具体来说，可以从以下三个方面入手：

（一）强化彰显政府新闻发言人的公共服务角色职能

对我国政府新闻发言人来说，建设服务型政府、服务型政党，最根本的宗旨就是要强化其自身的服务角色职能，真正当好传媒和公众的"服务员"。服务型政府建设要求政府"在继续搞好经济调节、加强市场监管的同时，更加注重履行社会管理和公共服务职能"[1]。政府新闻发言人通过新闻发布会等途径向传媒记者和广大公众提供信息服务，是政府行使服务职能，增益人民群众福祉的体现，理应得到强化和优先发展。

当前，信息化程度的高低、信息能否正常流动已成为衡量一个国家现代化水平和文化软实力的主要标志之一，政府新闻发言人恪守以公共服务为核心的服务角色，及时提供优质高效的信息服务，助推我国经济和社会发展，也可以更好地落实政府信息公开制度，真正与社会共享信息资源。通过新闻发言人提供的公共服务，我国法律法规的制定、政策的执行以及监督情况，都会及时地传递到公众身边，政府信息从内部掌握转变为公布于众，社会信息从不对称走

---

[1] 《十六大以来重要文献选编》（上），中央文献出版社，2005，第844页。

向均衡发展。因此，必须克服上述全能型政府治理模式下所形成的政府新闻发言人工作设定上的"政府自利性至上"的倾向，从在新的历史条件下党、政府对其执政功能、执政方式重新定位和转变的长远目标出发，清晰厘定政府新闻发言人行为的边界。与此同时，改变政府新闻发言人机构设置上"科层式"管理的倾向，完善并强化职、责、权划分相对清晰且运转合理有序的新闻发言人机构建设；改变政府新闻发言人队伍构成上的"强政治化"倾向，努力建设一支政治强、业务精、职业化的政府新闻发言人队伍，以有效地保障社会公共信息产品的供给。

（二）提振政府新闻发言人公共服务角色的社会认同感

由于还存在机构设置上"强行政管理"、队伍构成上"强政治化"等职业化、专门化程度不高的特点，我国一些地方和部门的政府新闻发言人习惯于保持"角色距离"，仅仅保证不会犯错的意识形态，生搬硬套标准表述，简单重复政治正确的理论逻辑，使自己远离角色的要求，热衷于做表面文章。即便有个别发言人偶尔调整自己的发布风格、价值观念和自我形象，但在角色行为的表现中几乎丧失自我，产生"个人与角色的混同"，结果同样会迷失发言人的角色担当。当前，社会利益、诉求多元化和微博发布火爆等严峻形势，要求政府新闻发言人必须直面自身职业声誉有所滑坡的现实，通过角色重构来提振社会、公众对政府新闻发言人公共服务角色、身份的认同感。具体来说，应该按照建设"服务型政府"的要求，自觉接受社会、公众的约束、监督与评价，既要把发言人工作视作党和政府的政治工作来看待，始终贯穿政治原则，认识到自己兼具政府公仆和新闻发言人两种身份、角色的特色与优势，又要有意识地克服官僚作风，规避讲什么、不讲什么以及如何讲都是从政治出发，用"政治至上"取代"信息之上"的负面效应，通过传递发言人提供公共服务的"正能量"，让政府政务信息发布、政府诉求代言和政府危机公关的正面效应和优势得到最大释放。

此外，当前尤其要提倡政府新闻发言人提供公共服务、维护公民权利的角色担当。在公民权利的实现问题上，经济权利是基础，政治权利是保证，文化权利是目标。如何最大限度地捍卫和实现公民的文化权利，是政府及其管理者必须承担的基本的公共责任。公共服务不同于私人服务、社会服务，它体现的是公民权利与国家责任之间的公共关系。政府新闻发言人所从事的新闻发布和信息传播除了是一种政府公关、政府传播之外，无疑也应该是一种公共服务，必须尤其重视其自身"群体身份""社会化"和"权威"这三种角色对转型期中国社会信息能否正常流动的影响，自觉认识到这"三种类型的角色结合在一起可以覆盖各种社会角色的各个方面"①。

（三）不断优化调适政府新闻发言人的"服务者"形象

个人的角色随着社会场转化而转化，我国当下社会转型的实质是以建立和完善中国特色社会主义制度为核心目标，从高度集中的计划经济体制转向以充分发挥市场配置资源优势的社会主义市场经济体制。这一独特现实的国情基础，对政府新闻发言人来说，既是重大机遇，又是巨大挑战。新时期，我国政府新闻发言人不能仅局限于全能型政府治理模式下形成的传统新闻执政思维，还应该确保政府新闻发布贯彻为人民服务宗旨的正确方向，彻底克服懒执行、隐性不作为等消极服务现象；让社会舆论中"活跃知识分子"的批判性话语体系，各种利益诉求的民间话语体系，传递政党主张、国家意志的治理者话语体系这三种不同话语体系在交流、交融甚至交锋中实现协商民主；② 把党、政府职能转型与社会转型、媒介转型自觉结合，认清网络社会和信息社会形势，顺应舆情民意，找准自身定位，解决角色迷失现象，把捍卫党和政府的利益置于维护人民根本利益的宏大视野下，有效通达民情民意，满足公众知情权利，助推政府舆论场、媒体舆论场和民意舆论场三个舆论场的互动融合。

为此，必须尽快建立一个科学、全面的评价体系，关注政府新闻发言人的服务绩效及其问责机制等"顶层设计"环节和问题，纠正我国政府新闻发言人角色担当的缺位、错位和越位等现象，规避政府政务信息发布滞后、政府诉

---

① 〔美〕约书亚·梅罗维茨著《消失的地域：电子媒介对社会行为的影响》，肖志军译，清华大学出版社，2002。

② 卢新宁：《重构现代政治话语体系》，http：//news. xinhuanet. com/zgjx/2012 - 10/26/c _ 131929820. htm。

求代言不当和政府危机公关不力等角色迷失，从源头上不断优化和调适政府新闻发言人的"服务者"形象。同时，还应该根据一般的总体社会和总体社会的理想或公认的价值、文化等参照系统来不断调适政府新闻发言人的角色期待和角色行为，把社会的价值或理想同基础人格联系起来。比如，全美政府传播者协会章程就要求政府新闻发言人做到，所进行的工作必须与公众利益相符，并且必须充分认识到我们每一个人都是公众信任的公仆。可见，正视舆情民意，及时发布信息，还事实真相于媒体和公众，应该是我国政府新闻发言人在新时期建设"服务型政府""服务型政党"的过程中，进行新闻发布等政府传播活动的价值真谛所在，是努力塑造"服务者"形象，改进政府提供公共服务的方式，也是真正进一步落实和完善政府信息公开制度的必然选择。

（2013年2月初稿，2013年4月定稿；赵平喜参与本文撰写）

新闻记者的角色冲突与道德失范

—兼论记者的职业责任与社会责任

近年来，新闻改革与媒介发展为新闻记者的职业活动提供了相当灵活的发展空间，也成就了许多既有专业素养又兼具人文精神的职业记者。同时我们也看到，随着媒介权力的扩张和记者活动范围的扩大，记者的职业行为与复杂的社会现实之间越来越多地发生冲突与矛盾，较为突出的就是记者职业角色与社会角色、职业责任与社会责任的冲突与矛盾。记者的职业角色使其拥有了某些因为这种职业而附有的特殊的权力，记者的社会角色又要求其在社会大系统中承担作为社会人的义务与责任。这就有可能在记者的新闻实践中出现顾此失彼的情况，使记者处于备受争议的风口浪尖，从而引申出记者的角色冲突与道德失范问题。

一 记者的角色冲突与道德失范

在人类社会活动过程中，当一个人同时扮演两种或多种角色，或在执行专业任务时，往往会面临个人利益、组织利益、社会利益与专业责任间的冲突，产生利益冲突问题，陷入角色忠诚度的困境，也就是"角色冲突"。从职业化的角度来看，记者的基本职责是发现新闻，捕捉信息，客观公正地报道事实真相，向公众传播有用的信息。改革开放后，新闻媒体虽然仍然隶属于政府，仍然是政治权力的工具，但不再仅仅是政治控制的工具，而开始具有了提供信息、普及知识、传达思想、凝聚公众意识、表达公众利益，甚至有限度地评判政府政策、制约政治权力的功能。同时，中国传媒行使监督、制约功能也具有自身的特点：既是政治治理结构的一部分，又承担了国家与社会"中间领域"的角色，开始在一定程度上、一定范围内反映社会的要求，表达和整合社会的呼声。① 由此看来，新时期新闻媒介从业人员在社会中担当着多种角色，其中最重要的是——作为"耳目""喉舌"的意识形态角色、作为市场竞争主体的角色和作为"社会公共信息传播者"的角色。当这三种不同"角色"对媒体从业人员的行为有相异的期待时，就构成了大众传媒最常见的角色冲突。无论是利益冲突还是角色冲突，都是个人或组织的专业角色和其他角色间冲突的细化。造成传媒组织及个人角色这种冲突的根本原因，是多种角色所追求和维护的利益之间的冲突——个人/商业利益和公众/社会利益。这已成为现代社会新闻从业人员必须面对的角色冲突与道德失范问题。记者在新闻采集与报道过程中的社会良知与人文关怀方面的缺失已成为"四大公害"之外的另一重要问题，危及传媒的社会公信力和新闻记者的整体形象。

《新闻记者》2004年11期刊登上海《新闻晚报》国内部记者李宁源的文章《一名新记者的困惑》，文章描述了一群媒体记者在山东采访在阿富汗遇袭事件中遇难的中国工人的家属时，为了完成采访任务而向一个88岁高龄的老人残酷地"挖新闻"的场面。② 文章提出了当新闻采访中记者的职业道德与社会公德发生冲突时，记者应当如何选择的问题。近年来，一些记者在采访中出现的类似问题还有很多，以致在新闻界和社会公众中引起了一些争论：记者是应当以职业活动为中心，不顾一切地抢新闻，还是应当以社会良知为行为的先导，维护新闻采访客体的人格尊严与个体利益？当天灾人祸发生时，记者是应该迅速报警，或者作为社会成员参与救援，尽力避免灾难的蔓延，还是端起相机等着灾难发生，以便完成自己的职业任务，甚至不顾及周围人的感觉和被采访者是否受到伤害，把镜头对准血腥和恐怖，追求报道的感官刺激？2004年12月6日晚，央视新闻频道滚动播出一条新闻，北京一位小女孩"苗苗"，被精神不正常的母亲禁锢在房子里长达4年。新闻中记者采访了"苗苗"的邻居，邻居说孩子可怜，如果不是被母亲禁锢在家里，该是读高中了。记者还采访了小女孩的母亲、街道有关人员、研究犯罪的专家等相关人员。这样的新闻的确很煽情。然而，不少观众评论说：我们在悲愤之余，万分仇恨这种"新

① 廖圣清、张国良、李晓静等：《论中国传媒与社会民主化进程》，《现代传播》2005年第1期。
② 李宁源：《一名新记者的困惑》，《新闻记者》2004年第11期。

闻操作手段"！一位豆蔻年华的少女，被禁锢在黑暗的房间里，终日不见阳光，这个时候你知道了，不去报告职能部门组织救援，竟然是这样"从容不迫"地"做"新闻！2005 年 5 月 10 日，新华网以"马路'陷阱'太坑人"为题，报道一名骑车人冒雨经过福建厦门市厦禾路与凤屿路交叉路段时，因自行车前轮突然陷入一水坑，身体失去平衡摔倒的情景，并为此配发了现场拍摄的照片。这则报道也引发了网上争议：新闻记者应不应该这样等着时机拍照。赞成者认为：记者的天职就是忠实地记录事实，这种做法无可厚非。反对者认为：记者这种只顾自己需要不顾他人痛苦的做法，是记者人格不健全的表现。

上述事件都可以看作是记者职业角色与社会角色发生冲突的典型例证。这些事例反映出同一个问题：记者在职业活动中所表现出的对于新闻人物、新闻事件的态度与处理方式，不被社会公众所认可、所接受。长此以往，其结果势必导致媒介伦理与公信力的渐渐丧失。

二　建构记者职业责任与社会责任的和谐统一

不可否认，现今的新闻媒介的确为社会公众提供了丰富多彩的信息大餐。但同时我们也应看到，竞争日益激烈的媒介，一方面在营造着开放自由的媒介环境，另一方面也在制造着新的冲突与矛盾。造成这种局面的原因是多方面的：首先，媒介市场化的环境导致的商业化、娱乐化、煽情主义、功利主义等市场运作理念引导媒介无节制地追求自身利益的最大化，从而导致媒介权力的滥用，最终受到伤害的是道德规范与公众利益。其次，媒介从业人员职业监管体系中的制度缺陷，如媒介管理体制的缺陷，职业道德规范的缺陷等。中国新闻媒介的成长过程正处于市场经济体制改革的大环境中，市场经济的发展为人的自我价值实现和自由发展提供了无限广阔的空间。中国新闻传媒业是在没有制度体系准备的情况下进入市场，在法制化制度环境准备不足的条件下进入市场化运营的，没有制约的权力势必会带来道德的崩溃。[①] 第三，是媒介经营管理体制改革过程中出现的负面效应使然。由于媒介竞争与新闻生产的需要，记

[①]　罗以澄、詹绪武：《转型期新闻道德问题的制度环境分析》，《现代传播》2005 年第 1 期。

者队伍不断扩大，人员素质良莠不齐，他们进入媒介行业的动机和所追求的终极目标并不单一，这使得这一曾经无上光荣的职业光芒渐暗。同时，记者的生存状况也使得一些记者面对职业责任与现实生活的权衡时无法摆正自己的位置，加之社会对记者队伍的关心、教育不到位，造成部分记者在职业理念、操守、责任以及社会良知、社会责任等诸多方面出现了偏差和缺失。如何在改革中消融因改革而起的问题，使社会公众能够充分享受到改革所带来的益处，无疑是我们迫切需要探寻的问题。

（一）客观辩证地认识与处理记者职业责任与社会责任的关系

究竟应当如何处理记者职业责任与社会责任的关系？首先，我们应该看到，二者大部分时候是不存在冲突与矛盾的。任何职业行为都不能超越社会公共道德，记者首先应该是一个有理智的、有社会责任感的公民。从这个角度来说，记者的职业角色是等同于社会角色的，因为记者是社会环境的监测者，是公共信息的传播者，记者的职责就是为公众报道每天发生的大大小小的新闻事件，是为社会公众服务的。其次，当二者出现矛盾与冲突时，应当怎么办？从伦理道德观念层面来看，上面提到的关于记者的职业责任与社会责任的矛盾，可以从康德、穆勒等西方哲学家的道德观和中国古代的伦理道德观中得到启发。康德强调道德的绝对性与普遍性，他认为：作为"绝对命令"，道德上应该之事，无法逃避，不可模棱两可，否则就是不道德。而中国传统伦理观也强调"仁者爱人"，提倡见义勇为、舍身救人。可见中外伦理道德观念中都包含有"诚实待人，仁爱助人"的人文主义思想。当新闻记者的职业行为与社会责任相冲突的时候，人们指责记者违背社会公德，依据的就是这样的观点。然而，穆勒的现代功利主义原则认为：追求幸福是人类的唯一目的，为此必须防止痛苦，这样便使人类尽可能地趋利避害。在我们面对多种选择时，就应该考虑每种选择可能带来的好与不好的结果，权衡利弊的多少，去做出利益最大或损失最小的最佳选择，否则便是不道德的。而中国古代也有这样的古训："两害相权取其轻"，这是中国人常用的功利原则。以功利原则为基础的中外伦理观念可以指导人们在利与害复杂纠缠之时如何做出选择。

从操作层面来看，我们也可以从两个方面来分析：一种情况是，记者的采访对被采访对象或当事人并不构成生命威胁或并未造成重大心灵与肉体上的伤害，或者面对新闻事实非报道不可，非曝光不可，没有其他途径或者其他途径行不通，此时记者应当以职业责任为重，完成其采访任务。另一种情况是，记者采访时可能会对被采访对象构成生命权或隐私权的侵害或者被采访对象的生命权与隐私权正在受到威胁，此时记者应当以社会责任为重，先保护被采访对象的生命权和隐私权，再寻找机会采访，即使采访机会失去了，也没有什么遗憾。2004 年末印度洋海啸期间，上海《申江服务导报》记者在采访中就表现出了社会责任高于职业责任的人文主义情怀。"在浦东机场采访时，一对只在游泳衣外裹了条毯子的老外夫妇格外引人注目。经历了记者的第一轮'围攻'后，他们推着手推车上的两个年幼的孩子，孤零零地站到了机场商场边。他们几乎所有的行李都被冲走了，身上一分钱也没有。他们的身边聚集了很多记者，闪光灯下，他们闭上了眼睛。距离这一家子不到 10 米处，静静停着一部轮椅，一位在海啸中左脚受伤的女孩低垂着头坐在轮椅上，尽管她已被惊惶、疲惫折磨得几近虚脱，然而在众多话筒、照相机、摄像机的包围中，这位虚弱的女孩不得不面对无数的问题……我非常钦佩同行的敬业精神，为得到真实及时的新闻而恪尽职守。但是此刻，我选择做另一件事。我和一起来的同事走上前去，将我们的衣服脱下，给他们披上，然后去商场给他们买了食品和水。我们没有做采访。"[①] 相比之下，前面提到的山东采访事件中，记者为了挖掘新闻而不惜伤害风烛残年的老人的行为是完全可以避免的，因为让老人知道失去亲人的消息，并且很"配合"地痛哭一场，在对这一事件的总体报道中并非必不可少，只是为了追求某种意义上的感官刺激或者迎合上级领导的官本位思想而已。一切其实很容易做出判断，只是那些记者对自身角色认同出现了偏差，对新闻价值的认同也出现了偏差。湖南卫视曾经跟踪报道过一个山村的全体村民为让一位老人安度晚年而始终没有将她的儿子已客死他乡的消息告诉老人，村民的善良以及记者的人文关怀与山东采访事件中记者的行为形成鲜明的对比。

---

① 徐灿、李燕：《我们放弃了近在咫尺的采访》，《新闻记者》2005 年第 2 期。

（二）新闻界需要重提"正本清源"的问题

改革开放之初新闻界的"正本清源"纠正了过去新闻理论与实践中许多错误的观念与行为，为新闻业的改革与发展理清了思路。但是，随着近年来我国社会的转型与传媒业的改革、发展，新闻媒介正在陷入另一种错误的观念与行为，即过分的商业化与低俗化，甚至对"新闻"这一概念的理解也出现了偏差。从上面所列举的诸多事例中我们可以看到，新闻媒介的竞争已经到了将新闻生产过程完全程式化的程度，这种程式化的生产过程就像大工业生产中的流水线一样，员工的职业行为完全是机械而麻木的，记者对外界的主观感知也是机械而麻木的。在某些从业人员心目中，新闻已经成了迎合某些读者猎奇、寻求刺激，或者迎合上级领导、宣传官本位思想的工具，而不再是反映社情民意，关注民生的工具。这是媒介的伦理天平正在偏向政治（某些官本位思想严重的人的政治）利益、经济利益，而无视社会公众利益的表现。

记者的角色也需要"正本清源"，记者是社会精神文明的传承者与传播载体，当社会公众对记者的职业行为与社会行为提出要求时，既包含了其作为职业角色的行为规范，也包含了其作为社会角色的行为规范，这样才能避免社会成员在社会行为中的不完整性。近些年，全世界每年因公殉职的记者不少，战争与灾难中的记者往往是在冒着生命危险做报道。天灾人祸中伤亡记者的鲜血告诉我们，记者这个职业要比其他职业有着更多的肉体牺牲和更高的精神追求，因为这个职业不只是关系到从业人员本身获利的多少，还关系到整个社会的文明、良知与和谐发展。

（三）内化记者的职业理念与公德意识

社会学家认为，社会控制过程有两种：内部的和外部的，前者包括那些使人们自发地遵从社会规范的内部过程，后者包括通过使用各种正式和非正式的社会制裁使人们遵从社会规范的外部压力。而违规行为的内在化控制，就在于当人们把一个群体或社会的规范接受为他们的身份的一部分时，"内在化"便出现了，一旦一个社会规范被成功地内在化了的时候，一个人即使在没有别人在场的时候，也会遵守它。早在20世纪40年代，美国哈钦斯委员会在《一个自由而负责的新闻界》中就提出："现在，一个新闻记者最需要的不是关于本行业的计谋和机器使用方面的训练。如果他要成为一个胜任的公共事务评判员,那么他需要接受最广博和最丰富的教育。"① 媒介的成熟度是社会文化心理成熟的重要标志,如果听任某些媒体和记者的道德感及责任心日渐衰退而不加教育,后果将十分严重。从新闻业的特殊性来说,这种教育必须是将新闻职业理念与社会责任意识转化为一种内在的心理素养。由此而言,新闻自由委员会所说的"最广博和最丰富的教育"应该是指新闻记者作为一种职业所应当具备的职业道德修养和能够胜任为公共服务任务的必备素质。内化记者的职业理念最重要的就是倡导新闻业的专业化(亦说职业化)和专业主义。有学者指出:一种行业的专业化程度较低,其职业行为才需要更多的外部控制而非来自内部的压力。而专业化程度较高的行业,它的职业角色通过职业理念和精神的内化而形成,从而使每个个体能够在从业的过程中自觉担当社会道义和服务公众的责任。遵循新闻专业主义理念,关键是要健全有效的传媒内部自律机制,内化记者的职业角色。这是新闻媒介在社会控制体系中实现自律与他律的必要途径,也是一种职业在社会公众控制的协助之下达到自我控制的有效途径。

(四)构建监督媒介的社会控制体系

社会控制是指社会控制主体依据社会规范对社会成员的行为进行管制与指导、对各种社会关系进行调节与协调的过程。构建监督媒介的社会控制体系就是整合社会各方面的力量,完善对媒体的全面监督。这些社会力量包括政府、受众、新闻评议会、新闻阅评人、媒介行业自身、学界等,但政府担当的是社会资源的所有者和管理者的全能角色。我国长期以来,国家与社会不分,市场经济不发达,未能孕育出相对独立于国家的市民社会。② 就目前我国新闻媒介的社会控制体系而言,政府对媒体的监督与控制不可谓不严厉,但多见于意识形态领域,而社会及媒介自身的监督与控制往往是缺位的。就目前的情况来

---

① 〔美〕新闻自由委员会:《一个自由而负责的新闻界》,展江等译,中国人民大学出版社,2004,第48~49页。

② 车英、欧阳云玲:《我国舆论的民族特性初探》,《武汉大学学报(哲学社会科学版)》2005年第5期。

看，我们缺少的不是媒介道德的制度安排，而是对制度的行之有效的执行机制。我们也不缺少媒介批评群体，国内新闻传播学的研究学者已有不少，我们拥有一大批专业的媒介批评人士，而缺少的是这些批评对新闻媒介的约束力与影响力。在这一点上，中国新闻媒介的制度机制与媒介的现实场域是脱离的，学界的媒介批评与业界的职业行为也是脱离的。而传媒职业道德和工作规范的三种控制模式：受众控制、第三方控制、同行控制中的受众控制，基本上也是缺位的，除了商业化的媒体为了追求经济利益而一味迎合受众之外，受众在媒介及媒介从业人员的职业活动中的约束力也是相当有限的。这一方面与国民的媒介素养水平不高有关，另一方面也与传统的媒介权力承袭所造成的媒介权力泛化有关。因此，媒介社会控制体系的建构是非常必要的，在调动政府、公众、新闻界自身的积极性的同时，还应当发挥行业协会——中华全国新闻工作者协会的作用，使之不再仅仅只是在政府部门领导之下的团体组织，而是一个能独立行使其监管权力，对媒介的职业活动施加全面影响的行业协会。还有必要提升中国记协在新闻界的权威性，赋予中国记协更大的自主权，并在加强制度、规范的实施与监管之外，成立一个由学界、政界和新闻界知名人士组成的独立的媒介批评与投诉委员会，负责监督媒介及其从业人员的职业活动，接待和处理公民对媒体的投诉，并逐步建立有效机制，使其裁决结果在国内各新闻媒体具有强大的舆论压力和准法律效力。

（2005 年 9 月初稿，2005 年 11 月定稿；侯迎忠参与本文撰写）

论新闻传播中的公共利益原则

"公共利益"（Public Interest）是现代西方新闻传播活动中的一项重要原则。对新闻媒体而言，它既可以成为新闻媒体进行揭露性报道时的旗帜性口号，也可以成为新闻媒体被卷入肖像权和名誉权等新闻官司时的抗辩事由；对政府而言，它则是政府对新闻传播业进行管理规制的正当性之源。因揭露北美的 McWance 公司在生产中无视工人安全、同时给美加接壤地区的环境造成巨大污染的丑闻而获 2004 年度普利策奖公共服务奖的伯格曼（Lowell Bergman）认为："公共利益是一个社会和国家的整体利益，新闻最大的价值莫过于其所揭露的问题可以换来所有人的安康和幸福，媒体的责任就在于将那些危害公众利益的事件暴露出来。"[1] 在美国联邦通信委员会（FCC）及其前身联邦无线电委员会（FRC）对美国广播频道资源近 80 年的规制历史中，公共利益作为规制的理由也反复出现。

公共利益原则也在开始逐渐影响当代中国的新闻传播活动。2002 年，范志毅在诉《东方体育日报》损害其名誉案中的一审判决中败诉，担任该案审判长的吴裕华法官事后表示："当公众人物的名誉权与舆论监督权发生冲突时，都要服从公共利益，公共利益最大。"这是公共利益原则影响当代中国新闻传播活动的一个典型案例，提醒我们关注公共利益原则在新闻传播活动中的应用。"公共利益"原则到底是什么？它是可以量化的具体操作规范吗？或是像公平、正义等观念一样，只是一个人们理想中可望而不可即的神话而已？

一 公共利益的神话

"公共利益"概念的关联性极广，与其相关的探讨几乎在各个人文社会科

---

① 陈煜儒：《向社会普及和提高公共意识——英伦巡礼之五》，《财经》2005 年第 14 期。

学学科中都有出现，并常与对私人利益的限制联系起来。与新闻业中的公共利益探讨不同，法学家们关心的是公共利益实现过程中的正当性与合法性问题，经济学家则关心公共利益原则是否有利于提高资源配置效率，而社会学家所考虑的，却是公共利益选择与社会秩序实现的关系问题。虽然讨论进行得如火如荼，但对公共利益到底是指什么却始终无法给出一个明确的定义。这一方面是由于公共利益的内容难以确定，受不断变迁的权利主体和社会情境的影响，其对利益的认定永远处于变动之中。另一方面则是由于公共利益的受益对象的范围实在过于宽泛，高度抽象的"Public Interest"一词远远不能对应具体的千变万化的人类利益需求。在丹尼尔·贝尔（Daniel Bell）和埃尔文·克里斯托尔（Irving Kristol）1965 年为《公共利益》杂志撰写的那篇著名的发刊词中，就曾提到过这样的一种观点："不存在'公共利益'这样的东西；只有私利——个人的、团体的、阶级的私利——他们都试图获得最大范围的公共影响和公共权力，都会用自己的方式去看待'公共利益'。"①

既然公共利益是如此抽象而捉摸不定，为什么人们还要将这一观念嵌入我们的生活呢？西方学术话语中公共利益探讨的源头，可以被追溯到古希腊城邦时代亚里士多德（Aristotle）的公共利益观。亚里士多德将公共利益诉求视为国家整体对"最高的善"的诉求的具体体现，并将是否坚持公共利益作为臧否政体的一个标准，"凡照顾到公共利益的各种政体就都是正当或正宗的政体；而那些只照顾统治者们的利益的政体就都是错误的政体或正宗政体的变态（偏离）。"② 我们在亚里士多德的文字中读出了对整体公共利益的无限推崇，然而，个人利益在哪里呢？我们找不到答案。西方近代自由观念的兴起，逐渐消解了亚里士多德以降的整体国家观。人们不再将国家视为追求"至高的善"的整体，国家成了卢梭等近代启蒙思想家眼中的"个人为享受公共利益而让渡出一部分个人利益而形成的集合体"，国家形成的主要目的成了保护个人。我们认为，公共利益观念从出现开始，就是社会人对其生存状况进行理智考察的结果，无论是亚里士多德等人对偏重整体的抽象公共利益的建构，还是卢梭

---

① Daniel Bell & Irving Kristol, "What Is PI," *Public Interest*, 1965, No. 1. http：//www. thepublicinterest. com/notable/article html .
② 亚里士多德：《政治学》，吴青彭译，商务印书馆，1965，第48页。

等人对公共利益与个人利益关系的重构，都是人类对社会状态下自我与他我关系协调的思考。社会人之间的关系之所以不同于自然界生物之间的关系，就是人们在优胜劣汰的利益竞争之余，还会进行相互协商和对话，找出共同的公共利益以图共存。

公共利益就是这样一个横亘人类社会数千年历史的神话。它既是抽象的，也是具体的。它可被抽象成激动人心的口号，引领人们朝着彼岸的和谐社会前行；也与此岸上芸芸众生具体的切身利益相关，成为每一个人随时都有可能面对的利益天平上的另一端。它既是公共的，也是私人的。一方面，它为社会里的全体或部分成员所共享，成为人们公认的具有重大价值的利益；另一方面，它也不能脱离社会个体成员的私人利益而孤立存在，否则就会沦为社会中一部分人借以侵害另一部分人利益的"尚方宝剑"。

二　新闻传播活动中公共利益原则的运作现实

从以上对公共利益观念源流的简单追溯可以看出，"何谓公共利益"这一问题似乎永无定论，不同社会个体或团体都会对其做出不同解答。如果追问只到此为止，我们将会陷入无尽的概念丛林而难以自拔。也许我们更应该做的，不是在先哲前贤的只言片语中找寻"何谓公共利益"的微言大义，而是穿透概念本身，一头扎进概念背后鲜活的社会生活里，去触摸或还原人们使用这一概念的现实或历史场景。像这样，我们要追问的，就不仅仅是"何谓公共利益"的问题，而是"谁？在什么场景之下使用了这一概念？他的目的是什么？产生了什么后果？"等一连串问题。放在新闻传播活动的特殊背景下进行考察，也就变成了新闻媒体、政府如何使用公共利益原则的问题。

在大众传播学的规范理论（Normative Theories）的视野里，新闻媒体被视为承担了广泛的社会利益的社会机构，其基本职能就是满足社会公众的各种需要；同时，其内容呈现也必须符合有形或无形的社会规范，其结构组成和社会活动必须受到一定程度的限制。一般而言，公众利益对新闻媒体活动的要求主要有内外两方面：对媒介内部活动，要求媒介在媒体所有权的多元化、信息来源和观点的多样化的背景下注重所传达的信息和文化的品质；对媒介外部活动，要求媒介拥有限度内的自由，同时支持民主、尊重个人、尊重司法等其他社会体系。① 中外许多新闻行业道德规范也将公众利益作为重要的诉求，向我们呈现出新闻人眼中的"公共利益"。如英国全国新闻协会（National Union of Journalism）在其2001年年会上达成的129号协议中对公共利益这样解读，"公共利益包括：追踪或揭露犯罪或严重失职；保护公众健康和安全；使公众免于受到某些个人或组织言行的误导；揭露滥用公款或公共机构的其他贪污行为；解释当权者潜在的利益冲突；揭露小集团的贪欲；揭露位居高位之人的伪善"，"表达自由本身就包含了公共利益"，"在涉及儿童的个案中，记者必须展示出非一般的公共利益，以优先于通常意义上非常重要的儿童利益"。类似的行业道德规范还有很多，在公共利益大旗的感召下，新闻人应该做什么？不应该做什么？这些规范都为新闻业者的职业行为提供了指南，于是就有了"水门事件"里的伍德沃德和伯恩斯坦、南丹矿难事件中的人民网记者、"孙志刚事件"中的程益中、禽流感危机中的《财经》……

但是，新闻媒体实际上并不天然代表着公共利益，它还有自身利益。同时，代表公共利益并非新闻媒体的法定义务，而只是社会赋予它的道德属性或政治性要求。新闻媒介的自身利益既包括媒介作为一个整体在与社会其他系统的冲突时展现出的利益（如新闻报道与司法独立之间的矛盾），也包括不同新闻媒体间发生利益冲突时表现出的不同利益（如抢发独家新闻），新闻媒体从业人员也可能违反职业操守为个人牟利（如收受贿赂或编造假新闻）。新闻媒体的自身利益在很多情况下与公共利益并不一致，有时候甚至背道而驰，有学者曾对享受着《美国宪法第一修正案》保护的美国新闻媒体提出了批评："今天的媒体主要服务的是私人利益，但还以'公共利益'的名义享受着宪法的保护。"② 我们在高扬新闻人弘扬公共利益的终极追求的同时，也必须对现实有清醒的认识，新闻媒体眼中符合公共利益的报道，有时阅听人并不认同；某些新闻媒体从业人员也可能以公共利益的名义为自己谋私利。以轰动一时的克林顿性丑闻事件为例，美国新闻媒体对此进行了铺天盖地的报道，但某次民意调查显示，绝大多

① Dennis McQuail, *McQuail's Mass Communication Theories* (New York：SAGE Publications, 2000), p.144.
② Daniel Schorr, "Journalism and the Public Interest," in Neiman Report/ Summer 2005, p.13.

数的受访者对媒体的报道并不认同："对于报道的深度和广度，绝大多数读者反映报道过火了。其中，85%的人认为，电视报道得太过分了，66%的人认为，报纸报道太过分了。只有10%的人对报道非常感兴趣，23%的略感兴趣，67%的根本就不感兴趣。"① 当代中国甚至出现了新闻记者打着公共利益的幌子敲诈采访对象的怪事，在近期曝光的"《鄂东晚报》事件"中，该报居然开展了"以打击（中小学）乱收费促报纸创收"的荒诞行动。

现代民主政府以公共利益为由对社会活动进行协调有其天然的合理性，这是由宪法和法律所赋予的，新闻传播活动自然也在被协调之列。国家有权以公共利益为由影响公民的个人权益，这一点已被写入2004年新修订的《中华人民共和国宪法》。《宪法》第十三条规定："国家为了公共利益的需要，可以依照法律规定对公民的私有财产实行征收或者征用并给予补偿。"这是中国历史上第一次将源自西方的"公共利益"概念写入宪法。现代新闻史上政府以公共利益为名规制新闻传播活动最著名的案例，就是美国联邦通信委员会（FCC）及其前身联邦无线电委员会（FRC）从20世纪20年代至今对美国广播频道近80年的规制。1925年，时任美国商务部长的胡佛在美国第四届广播年会上首次表述了广播规制中的公共利益之所在："天空是一种公共传媒，它的使用必须是为了公共福祉的需要。只有在公共福祉存在的情况下，电台频道的使用才具有正当理由。"② 当时美国政府的广播管制似乎无可厚非，因为广播频道是稀缺资源，开办一个频道可能会对另一频道形成干扰，必须对频道资源进行合理分配。随后，FCC逐渐将节目内容确立为判定广播节目是否符合公共利益的标准。在其20世纪60年代颁布的《1960年节目政策声明》中，FCC列出了广播节目为实现公共利益所必具的十四项要素，如给予地方居民以表达自我的机会、促进地方财政收入的增长和使用、服务弱势群体等。到了20世纪70年代末期之后，FCC对广播的管理则开始重归市场调解的"去规制化"（Deregulation）进

---

① 陈中原：《信誉咋不断下降——来自美国报纸编辑协会的报告》，《国际新闻界》1999年第4期。

② Erwin G. Krasnow & Jack N. Goodman, The "Public Interest" Standard: The Search for the Holy Grail, 50 Fed. Comm. L. J. 605 (1998). 转引自宋华琳：《美国广播管制中的公共利益标准》，《行政法学研究》2005年第1期。

程，认为"只有在市场确实无法保护公共利益时，才有必要进行规制"①。

从 FCC 以公共利益为名对美国广播频道的规制历程中我们可以看出，无论公共利益原则有多么抽象和不确定，政府在使用其作为规制新闻传播活动的理由时都必须与千差万别的具体场景相结合，这就使得政府在使用这一原则时具有极大的自由裁量权，如 FCC 对广播频道资源的分配。这既是可取的，也具有潜在的危险性。自由裁量使政府的管理行为富有弹性而不僵化，而且事实上公共利益所适用的各种情形政府也不可能一一列举。但是，充分的缺乏监督的自由裁量也是危险的。实施自由裁量的最终还是政府官员，如果他们与公众对公众利益的认识不一致，就有可能试图"用权力培育真理"，甚至以公共利益的名义做出一些明显违背公共利益的决定。这样的例子，我们在 2002 年的 SARS 风波初期已经看到了不少。

三 对新闻传播活动中公共利益原则的思考

回到原点，我们认为，无论是新闻媒体还是政府，实际上都无权对新闻传播活动中涉及的公共利益进行定义；即使有权定义，其权力也源于社会公众的授权。公共利益（Public Interest）的真正形成，有赖于现代意义上的真正"公众"（Public）的形成，"公共利益，可以被认为是当人们耳聪目明、深思熟虑并无私慷慨地行动时所作的选择"②。没有真正意义上的"公众"，任何对"公共利益"的解读都有沦为"私利的遮羞布"的危险。

何谓真正意义上的公众呢？早在 1939 年，布鲁默就对大众（Mass）和公众（Public）进行了区分，认为公众是"围绕公共生活中的某个议题或目标（Cause）而形成的，其主要目的，是倡导某种利益或观念或促成政治变革"③。《大英百科全书》中对群众（Crowd）与公众（Public）的区分，也能使我们对

①　宋华琳：《美国广播管制中的公共利益标准》，《行政法学研究》2005 年第 1 期。

②　Wulter Lippmann, *The Public Philosophy*, (Boston：Little Brown, 1955), p. 42.

③　Blumer, H. (1939) "The Mass, the Public and Public Opinion," in A. M. Lee, ed., *New Outlines of the Principles of Sociology.* (New York：Barnes and Noble). 转引自 Dennis McQuail, *McQuail's Mass Communication Theories* (New York：SAGE Publications, 2000), p. 41。

公众特征的认识更加明晰，"群众与公众的最大区别，就是公众能意识到关于某一问题的观念差异的存在，并准备在承认和容忍差异的基础上进行互动"，"公众互动结果，即产生了舆论，而非激进的群众才会有的集体行动或癫狂"。① 其一，公众的形成有明显的目的性。公众围绕社会中的某一议题而形成，他们能意识到社会生活中的最关键问题之所在，并对其加以讨论。其二，公众是理性的。他们承认关于某一议题彼此间差异，并相互尊重和容忍，求同存异。其三，公众之间存在积极的互动。他们相互交换意见，其结果即产生了公共舆论。

新闻传播活动中的涉及公共利益的决定只能由公众做出。只有通过有理性的公众积极而有效的讨论，新闻报道与国家安全、与司法公正、与个人隐私、与儿童权益等诸多利益冲突之间，何种利益最符合公共利益，才能得出最具正当性的结论。2005 年 5 月间，在《新京报》《南方周末》等中国主流媒体上掀起了一阵"讨论是否在圆明园湖底铺设防渗膜"的热潮，支持或反对的声音不绝于耳。虽然最后的结论至今尚未得出，但是我们却从事件中看到了中国真正的公共社会成长的希望。我们认为，对于当代中国而言，就新闻传播活动中涉及的公共利益的合法性问题而言，程序正义的意义远大于实质正义。公众对公共利益的讨论必须得到合法而有效的公共论坛的支持，同时，公众在讨论涉及公共利益的议题时的知情权、参与权、听证权等基本权力也须得到保障。在这个意义上说，新闻传播活动既是公共利益讨论的内容，也是公共利益讨论的形式保障。

新闻传播活动中涉及公共利益的决定的执行过程必须接受公众的监督。政府和新闻媒体虽不是公共利益的所有者和定义者，但却在经过公众授权之后，可以成为公众利益的执行者。当新闻媒体以公众利益为由影响公众的隐私权，或政府以公共利益为由限制公众的知情权时，要对其形成严格的监督机制。若新闻媒体或政府所谓的公共利益理由不成立，则应严格追究且能够追究其责任，这不仅包括道德意义上的责任，还可诉诸法律责任。如 2005 年，矿难接连发生，有若干官员就因此被问责。中国的公众监督机制正在逐渐成形，对此，我们拭目以待。

（2005 年 12 月初稿，2006 年 1 月定稿；刘兢参与本文撰写）

---

① *The New Encyclopedia Britannica*, 2004, Vol. 16, p. 561.

构建和谐社会与新闻传媒
报道的人文智慧

"大道之行，天下为公。"构建和谐社会的理想标杆是"每个人的自由发展是一切人的自由发展的条件"①。和谐社会建设的现实设计，是以公平正义为原则，以人民富裕和幸福为目标，从体制和机制上改造社会结构、社会运行方式，推动人和人、人和社会关系的友好和协调，包括对最大多数公众利益和意愿的尊重和维护，也包括对每一个人的生存权利和尊严的尊重，并以此作为解决社会问题的根本前提。作为现代社会组织黏合剂的新闻传媒，在传播信息和知识的同时，张扬传播的人文智慧，维护理性的社会认知模板和德性的精神交往纽带健全，是时代所赋予的使命和责任。

一 人文性底蕴是新闻传媒报道的生存根基

按管理学大师德鲁克的看法，新闻传媒可以被视为现代文明的培育者。他把古登堡的活字印刷发明及其延续的文艺复兴，作为启动近代欧洲和世界的划时代社会变革的重要因素。由于大众媒介的作用，引发了技术、知识、人类理性和主体价值的扩张，直到当今的知识社会，知识正被应用于知识自身，信息与知识成为重要的生产要素。

信息和知识可以按作用分为两类：促进人的智力、道德和精神成长的认识自我的知识，转变为技术来改造自然、社会和文明的有效能的知识。它们在知识社会中走向融合，是人类变革和发展的主要推动力。技术主义和人文主义的思潮，虽争端不绝，但在现代社会条件下，人们认为两者是互补和相通的，偏

---

① 《马克思恩格斯选集》第 1 卷，人民出版社，1995，第 294 页。

颇一端，都会导致人类生存结构的缺失。正如现代医学认识到的人类的身心不能分离一样，新闻传媒处在这两种知识的联结点上，其价值和效能表现为满足人们精神需求的产业性特征，具有知识的双重性格。新闻传媒不仅是一种信息和知识载体，也是一种知识结构和知识组织方式，是社会交往、观念形成和扩散的重要形式，其社会效益的依归，创造经济效益的重要依据，就是传播的信息和知识对人类有益和有用。从根本上讲，新闻传媒是人类理性发展的保姆，人文性底蕴是其生存的根基。

当下，技术、市场的猛烈冲击，对于新闻传媒结构、组织、体制甚至传统媒体的生存命运，都带来了前所未有的影响和挑战。关注媒体的生存和经营发展，关注文化生产力的扩张，是知识社会发展文化产业的必然要求。但是，新闻传媒在技术主义如日中天，市场主义高唱入云的时候，迷失了其生存的人文智慧，也是一种短视和盲目。

现代经济学在追寻学术原点时，发现亚当·斯密经济理论体系的保障是《道德情操论》。作为高等动物，如果以社会达尔文主义涵盖一切，人类在不断的进化中与动物拉开的距离就会缩短。这是一种退化和消减人类尊严的病变。新闻传媒是人类在知识和技术进化中所建构的为自身服务的工具；人们在使用中满足，在使用中受益，也应该在使用中提升人类的智性、理性和德性。即使从传媒经济学的角度来看，按照"一报还一报"的黄金律，把人"物化"和矮化的媒体，具有"飞去来器"效应，获得的回报也是一种对应物。从新闻传媒的社会生态位来看，它不仅是社会的守望者，而且是以信息传递为主要方式的一种社会交流、理解和协商的载体，是人类知识扩张、理性增值、社会关怀集结的土壤。新闻传媒的理性就在于有益于公众更好地生存、社会更理性地存续，有助于公众在社会民主、法治、公平和正义的条件下，更有价值、有意义地组织生活，以此收获自身的效益的最大化。

当今社会，新闻传媒极度扩张，技术融合也使新闻传播、大众传播和人际传播的界限日趋模糊，相互的内容渗透、融合倾向明显。新闻信息需要全方位满足公众的多元化需求。当下公众娱乐性信息的需求旺盛，成为新闻信息传播的一个重要着力点，但是，新闻传媒的首要功能是对社会问题保持敏锐，保持一种持续的关怀。马克思认为，凡是人与人的相互关系问题都是社会问题。人的问题是社会的根本问题，也是新闻传媒的根本问题。现代社会的发展和进步，首先在于人的发展和进步，而新闻传媒作为一种普适性和大众性的社会教育和启蒙载体，是社会和人的进步的重要动力条件。

在变革急剧的网络化社会，中国新闻传媒的网络化生存建构方兴未艾：社会的透明度提升，多种文化的融汇和激荡，人们的全球化思维不断发展；但是，信息垃圾以及相关的信息炒作，也会减弱社会的能见度，败德的文化、反社会的知识沉渣也成为网络社会中的严峻问题。作为网络时代信息传播主要节点的新闻传媒，如果不能成为信息导航和知识引领载体，而迎合于情绪化、非理性的喧嚣，不仅丧失了传播品位，也与构建和谐社会的需求格格不入。历史经验证明，丧失传播品格的媒体，在经营上也不会走得更远。

中国的新闻传播，要面对我们特殊的国情。我国有着优秀的文化和传统，但是也要看到，从绵延数千年的封建专制社会中脱胎的国家，存在很多文化缺陷和弊端，最突出的是"愚民"文化走向，人的贵贱之分和人为的精神阻隔，而社会理性的缺失是首要问题。和而不同，每个人各尽所能、各得其所而又和谐共处的制度建构，社会的良性秩序和高度的社会活力并行互促的社会运动机制的完善，其立足点之一是尊重和张扬人的主体性，张扬理性精神，建构德性的社会关系网络。在民主和法治的框架之下，以新闻传媒为主体的现代文化运作系统，可以说就是"人民的教科书"。它们在多方面满足公众精神文化需求的同时，应该对社会的理性生长、健全的精神交往和人的价值、尊严的突现具有推动性的意义。

二 构建和谐社会有赖于新闻传媒报道的实践理性

新闻传媒的运作者和接受者，都是生活在日常生活中的人。人都有两面性，一是生物性的人，二是社会性的人。如果完全从人的生物性出发，社会的进步就是虚无的、毫无意义和价值的过程。

在构建和谐社会过程中，理性的报道和运作，提升人的社会性层次是新闻传媒的内在责任。和谐社会是以公平正义为原则进行利益分配、协调的社会，其起点是解决好当前的社会问题，底蕴是理性的社会关系建构。所谓理性，是指相对于感性认知的一种判断和推理活动，从理智上控制行为的能力。在后现代语境中，人们反对与日常生活相对立的科学理性，而建构立足于日常生活、肯定感性世界生活的新理性。[①] 哈贝马斯明确地坚持理性化是未竟的事业，应该运用交往理性来化解一些社会生活走向分裂的非理性因素。

社会交往理性的建构运用，有赖于坚持新闻传媒报道的实践理性。新闻传媒报道的实践理性有两个基本向度：追求经济效益最大化，追求受众注意力的工具理性；协调社会交往、维护人的尊严、提升人的价值、守望和维护社会良性运行的价值理性，两者是互相联结的，后者是前者的根本基础。

在信息商品化、文化产业化、传媒市场化的条件下，新闻传媒追求经济效益，是一种必然选择，也是新闻传媒生存和发展的基本动力。新闻传媒的传播方式有其特点，向公众传递信息是其主要功能，新闻的时新性也不可能有充分的条件去做非常深入的思考，担当起其他学科担负的理性追问职责。而且，从一定程度上看，新闻报道更具有对社会中反常性东西的吸附力。在商业化竞争中，新闻传媒更愿意对这些更能吸引受众好奇心的报道感兴趣，这也是新闻传媒对社会守望功能的一部分。

但是，新闻传媒报道的实践理性的主要依据还是社会责任。信息流通的目的是为了促进社会的进步和发展，是为了人的全面发展。离开了这一基点，新闻传媒就会丧失其生存的价值和意义。[②] 新闻报道的极端情绪化和庸俗化，是对新闻传播实践理性的反动，是新闻传媒社会责任的迷失。一些新闻传媒以"满足受众需求""增强新闻竞争力"为借口，以暴力、色情、恶搞、恶俗作为经营的亮点和秘诀。追求所谓的"趣味性""刺激性""可读性"，并以之作为传媒经济的增长点，是极端的去理性化行为，必须加以防范和整治。

社会理性的根本保障是唯物辩证思维。否则，用唯心主义和形而上学的思维来看待和报道的世界是片面和扭曲的。无效报道、空头政治、恶意造假、失语和炒作等行为，是戕害新闻报道实践理性的毒药。一些报道以"讲政治"

---

① 刘少杰：《社会理性化的感性制约：建构和谐社会的难题》，《吉林大学社会科学学报》2005年第2期。

② 罗以澄：《和谐社会框架下的新闻传媒发展》"亚洲信息与传播媒介中心（AMIC）第14届年会"暨2005"中国传播论坛"会议论文，北京，2005，第7~22页。

为由，不顾客观实际，一味与上面"对口径"。这实质仍然是颠倒了事实与"政治性"的关系，貌似"讲政治"，实际正是违背了政治性原则，① 导致虚假新闻泛滥，新闻报道和传播脱离和远离了人民群众基本需求，用一些公式化、概念化的、僵化的话语，搞舆论引导，形成"半边理，半张脸"的报道模式，这也践踏了社会理性，违背新闻报道的基本规律，只会和参与构建和谐社会的初衷南辕北辙。也有一些新闻传媒报道，以远离社会，游走在社会边缘，去政治化为圭臬，刻意寻找民众和社会中的一些负面因素恣意表现，迷失了新闻报道的真实、全面、客观、公正、平衡的基本原则，似乎是以民众的代言人自居，而对时代的转型实质、社会的总体趋势缺乏同情性的体察和整体的、理性观照，以"救世主"居高临下的态势，建构"伪公众话语"，消解了公众真正的话语内核，在"痛快淋漓"中抽离了理性的价值，消解了对社会的基本责任。

构建和谐社会，新闻传媒报道的实践理性运作需要善于在党和政府与人民群众的关注点上寻找结合点，也需要在其中找到平衡点。否则，新闻传媒的报道，要么是充斥领导活动和大大小小的会议，充斥假大空的政绩介绍，要么满是黑色、灰色的社会新闻，见不到社会的暖色和主流。② 这只会歪曲社会的本来面目，形成政府与公众之间交流和理解的屏障，消减了社会能见度，导致人们社会判断力的混乱和迷茫。在具体报道行为中，也不能仅凭感性冲动，此一时、彼一时，随风倒，形成报道的极端浮躁和浅薄，或者一时是集体失语，一会是众声喧哗，追求一种不负责任的煽情效果。这些报道最容易形成社会信息的"空洞效应"和"峰谷效应"，引发社会的恐慌和矛盾，形成情绪化的舆论氛围。

三 人文关怀是新闻传媒报道实践理论的核心

构建和谐社会需要健全动力机制和平衡机制。动力机制提供和传输社会运动、发展变化的能量和能源；平衡机制维护和保持着社会各部分及各种力量之间

---

① 罗以澄：《新闻采访学新论》，武汉大学出版社，2001，第36~37页。
② 刘文洪、高坡：《党报要做和谐社会的舆论"领航人"》，《传媒观察》2005年第11期。

的协调、稳定和平衡。① 社会和谐和发展机制是属人的也是为人的：首先靠人力资源来推动，调动人的积极性、形成人力资源优化配置的体制机制；其次是社会发展的根本目的是满足人民群众不断增长的物质文化需要。② 当前我们的发展还处在这种不断努力地满足人民群众物质文化需要的进程中，存在着需要和供给之间的矛盾和不平衡，这就需要把人文关怀作为重要的社会平衡机制。

人文关怀，是一种普遍的人类理性和善的有机结合，表现为对人的尊严、价值、命运的维护和关切，对一种全面发展的理想人格的肯定和塑造。③ 对人的权利和人的尊严的尊重和维护，是人类和谐的根本。④ 现代科学证明，人文关怀是社会发展和社会稳定中成本最低，效益最大的基本要素。

作为现代社会建构的中介的新闻传媒，是覆盖面最广的人文精神传播装置，对社会的最直接贡献就是对公众的"大爱"，张扬人的尊严和价值，呵护和坚守社会公平和正义，扩散和传播现代人文精神。

在消极层面上，要反对高人一等地对民众的疾苦和忧患麻木不仁，或将其作为煽情报道原料的恶习，克服对弱势群体和边缘群体妖魔化、游戏化的弊端。以平视的眼光，充满温情和敬意地报道他们的现实生存状况，报道他们生存中的坚韧和善良。对他们的弱点或问题，应该从与人为善的视角进行报道和批评。特别要注意把个别问题同他们整体的生活状况区分开，不要在报道中进一步加剧对他们的边缘化和隔离化。

要反对那种浮在表面、对弱势群体报道的悲情化和情绪化倾向。在为弱势群体鼓与呼的过程中，要依靠事实的力量，应该侧重于找到问题的症结，帮助解决问题，而不是靠发明和编造煽情的言语就可以万事大吉。实际上这也是一种高高在上、不能以平等的身份进入弱势群体内心的一种语言歧视。这些语言歧视，只会强化对弱势群体精神歧视的社会惯习。

要反对对弱势群体的精神矮化，真切而体贴地反映他们的精神困惑和思想矛盾，引导他们理性对待自身问题和社会问题，在报道中对他们给予真切的关

---

① 李忠杰：《辨证把握构建和谐社会的新理念》，《教学与研究》2005 年第 6 期。

② 冀文海：《如何正确理解科学发展观》，《中国经济时报》2004 年 3 月 5 日。

③ 陈言：《叶朗：人文精神的坚守与呼唤》，《人民日报（海外版）》2001 年 1 月 2 日。

④ 夏勇：《我这十年的权力思考》，《读书》2004 年第 12 期。

怀和朋友般的情感，关心他们的命运、他们的内心，而不是用一个施舍者的道德优越和话语优越来包办和遮蔽他们的生活真实。这样才能真正起到抚慰他们心灵，提高他们素质的作用。社会的不稳定归根结底是人心的不稳定，应建立有效的发泄渠道，强化精神减压阀作用，对弱势群体进行精神帮扶，唤起社会对弱势群体的精神状况的关注。

在积极层面上，要尊重和维护人们的正当、合法的利益，兼顾社会各个群体的精神需求和社会诉求，使多元社会中的合理利益诉求得到表达。既要切实代表和维护弱势群体的利益，真切反映他们的愿望和诉求，又要处理好区际、代际以及各个群体之间顺畅的精神交往和文化互补关系，构建和而不同，各得其所的精神交往机制和信息流动机制。新闻传媒传播机制和传播功能的有效性运用，在于形成一种人道主义的、友善的精神生长空间，推动全面建设小康社会和关注民生、扶贫帮困同步进步，既要做好"民生新闻"，又要做好"公共新闻"；而不是压抑社会的正当需求，把社会转型期的一些阶段性问题和前进中的困难，简单地归咎为某一些具体的人群和地域，克服单向性的思维路径，接通社会不同阶层之间理解和互信的桥梁。

要通过信息、意见的全面、透明交流，建构以社会主义核心价值观为指导、以民主和法治为支柱，尊重人们的知情权和表达权的公共空间。良性的公共空间是社会稳定的减震器，也是塑造良好人文环境的推进器，新闻传媒及其报道既要拓宽弱势群体与强势群体对话和谈判的能量凝聚渠道，协助他们形成与强势群体对话的能力，[1] 也要营造和引领人人话语平等的舆论氛围，扩张弱势群体自己言说的权利领地，更要构建各个群体之间通畅交流的话语平台。集中民智，理顺民情，尊重民意，既要构建和谐的舆论场，又要建构开放性的公共舆论空间。协调对人的关怀与对社会发展和进步关切的和谐共进。

四 新闻传媒报道的人文智慧彰显要求

高度发达的现代传媒，在很大的程度上是文化观念公约数的主要杠杆。在

---

① 戴元光等：《大众传媒如何构建和谐社会》，《国际新闻界》2005 年第 6 期。

构建和谐社会的进程中，新闻传媒理性、建设性地介入社会，需要高度的人文智慧。协助建构理性的社会"认知模板"，健全精神交往网络和社会交往体系，需要在发挥社会守望功能基础上，尊重人、关怀人，为人的主体性张扬、为人的主动性和创造性发挥提供信息和知识条件，并以此作为新闻报道运作的核心。[①]

首先要建构人们对真实信息环境的和谐认识框架。新闻传媒的报道不仅建构信息环境，而且也会对建构社会知识结构和认知框架有很大的作用。在一定程度上，新闻报道连续性的有机运动，也会对人们的思维框架带来不可忽视的影响。即使在这个信息爆炸的时代，新闻传媒报道还是人们所依赖的认知现实的镜子。因此，新闻报道不能变形为现实的哈哈镜，应该真实、客观、负责地建构"媒介现实"。媒介……仅仅报道事实是不够的，现在必须报道事实的全部真相，同时，（媒体）负责任的表现意味着，被重复和强调的形象应该是群体的典型的形象。[②] 被报道的社会现实不仅应该是与社会现实相对称的社会现实，更是对应于中国具体国情的现实。中国最大的国情就是社会主义初级阶段，就是不发达阶段。[③] 应该从这个实际出发来进行新闻报道。不能为讨好有钱和有闲阶级，而忘记了弱势群体在挣扎。也不能在报道中扩张"仇富"的舆论氛围，忽略了法治社会和发展中的中国需要一部分人、一部分地区先富起来，让先富带动后富，最终实现共同富裕的大政策。也就是说在报道中应该处理好"是"和"应当"的关系，不能把报道中应当是什么与实际是什么的状况混为一谈。[④] 只有这样，新闻传媒的报道才会给人们提供真实的、能够被理性认知的社会地形图。

其次要大力传播人们和谐生存和交往的智慧。新闻传媒及其报道具有强烈的社会资本属性。在全球性大变革时代，媒体的一种更为重要、更为本质的属性越来越突出地显示出来，成为一切社会关系形成过程中的一种重要的链接和途

[①] 童兵：《新闻科学：观察与思考》，复旦大学出版社，2004，第80页。

[②] 〔美〕新闻自由委员会：《一个自由而负责的新闻界》，展江译，中国人民大学出版社，2004，第12页。

[③] 《邓小平文选》第3卷，人民出版社，1993，第252页。

[④] 〔美〕赫伯特·阿特休尔：《权力的媒介》，黄煜等译，华夏出版社，1989，第133页。

径，即媒体的社会交往成为主要形式。新闻报道要注重报道公众参与变革的社会、营造和谐生活的行动结构，报道公众积极、诚实、友好的社会交往结构，以展现公众的生存智慧、和谐智慧。巴菲特认为，一个生机勃勃的生活，应该是一切个人在一切可能的情况下进行探索。但一切个体在一切可能的方面进行探索，则需要借助于媒体的交往属性，并充分展示交往属性来获得充实性和饱满性。在社会网络中，人们的交往关系达到一种积极的和谐，社会的结构才能持久的动态的稳定和平衡。在现实社会中，人们的生存智慧向着美好与和谐前进，是生活的主流。新闻传媒的报道应该展现生活的主流，应该具体地关注现实生活中现实人生、情感健康和人的生活质量。把真实的人性美、公民之间互相关爱精神的弘扬作为报道的重点。新闻报道传播人们妥善处理和消解社会问题的智慧，呈现人们自我奋斗克服困难和问题的行为与精神，发掘和弘扬社会中普遍存在的真、善、美的事物和人性光辉，是参与构建和谐社会的重要表现。

再次要大力开发主流文化资源，营造和谐媒介文化空间。新闻传媒及其报道是最重要的文化资源之一。在现代社会，文化资源是一种战略资源，也是国民素质和社会文化的标志和象征。人的主体性的觉醒和理性拓展，需要整体性的健康文化空间。和谐社会的建构，既包括现实的利益调整、利益表达机制的健全，也需要人们参与建构和谐社会的能力和素质的提升。作为文化的引擎，新闻传媒的价值指向对社会文化具有渗透和引动效应，要有所作为地参与建构和谐文化。

和谐文化是体现社会主义的核心价值观的文化，新闻传媒的报道，要营造和维护有利于这种核心价值观传播和扩散的公共空间。在文化多元化的条件下，社会各阶层的思想取向和对传媒的接收取向有着很大差异。但是，人们的心理结构以及影响他们文化观念的基本社会结构和共同关注的社会问题领域，有着很多重合的地方。不能因为对社会碎片化、异质化趋向的关注，而忽略了共同性的一面。在一个多元程度很高的社会里，人们需要一种共同文化依归，需要安顿自身的精神家园。这是新闻报道所必须关注的。在市民社会发育迟滞，公众素质极度不平衡的现实国情下，新闻传媒的影响力和公信力，维系于对健全的文化空间的建构和效益上，以及对公众文化素质、和谐素养的提升上。受众共同关心的问题，就是能够集中时代绷得最紧的那根弦，就是传媒建构影响力和公信力的基本空间。

信息碎片和文化泡沫所导致的"文化软骨病""文化虚无症",以及文化共同体的解构、社会离心力的扩张,是不利于社会和谐的文化病因。任何时候都不能否认新闻报道娱乐公众、帮助受众宣泄情绪的功用。但是,决不能把这放在构建和谐社会的主要位置,这只能是为和谐社会服务的庸俗化和形式主义的一方面。任何时候,新闻报道不能偏离对生活的主流的真实反映,但也不能把媒介的守望功能窄化为全知全能性的空洞说教和灌输,粉饰太平地传播信息和知识。人们"用眼睛投票",决定了这种媒体报道没落的命运,也会导致传播效益"空转"和激起"正面报道反面读"的负面效应;任何时候,新闻报道都要追寻时代最敏感的现象和问题,但是,不能无所不用其极地"扒粪"。心理学研究表明,人们以厌世的、悲观的、极度挑剔的眼光看世界,那么世界就会没有一丝亮色。新闻传媒的报道有维护社会积极向上的责任。任何时候都要加强新闻舆论的监督,但是在揭露社会弊端和问题的同时,要结合中国的国情,着眼于推动问题的解决,呼吁社会的关注,消减信息不对称,而不是制造精神恐慌。呼吁保护弱势群体,应该立足于现实,立足于协助社会和政府对他们的关注和帮助,同时也有责任理顺社会情绪,引导人们以合法的方式妥善处理利益矛盾,而不是去激化矛盾。

新闻传媒报道和谐社会的建构,也要注意客观、准确、适度,如果给人以太多的"幸福承诺",而这种承诺又不能兑现,就会诱发幻想和迷信,更会形成心理落差,引发对社会的失望和对抗。对于社会正义和公平,一方面作为一种价值系统,需要大力张扬,另一方面,其现实的改善和建构,则是一个相对的、渐进的过程。在新闻报道中,不能急于求成,跟风造势,把一般价值追求作为具体的现实行为,引发对和谐社会的不正确理解。

(2007 年 8 月初稿,2007 年 9 月定稿;詹绪武参与本文撰写)

中国共产党执政合法性演进中的媒介角色变迁考察

合法性（Legitimacy），是政治学的一个重要概念，大多学者对这一概念形成共识的一点是，"合法性是指一个政治系统得到社会的普遍认同、信仰和忠诚，反映社会对政治系统认可状况和程度的政治关系"①。一个执政党要具备执政合法性，关键在于获得民众对其掌握公共权力的政治认同及提高民众的满意程度；其基础则在于对执政合法性资源的掌握。当然，执政党的执政合法性并非静止的，而是处于一个由历史到现实的动态演进过程中。其间，执政合法性基础又是一个由多种合法性资源要素构成的系统，所以任何一个执政党要持续获得并巩固自己的执政地位，就必须尽可能多地占有合法性资源。

自 1949 年新中国成立以来，中国共产党的几代领导人都把新闻传媒作为治国理政的一大重要工具，一贯强调新闻传媒要坚持党性原则，"党管媒体"也被确立为新闻事业的根本原则。因此，党对自身执政合法性基础的不断审视与认知演进，对自身执政合法性资源的不断扩大和"再生产"，势必也会在中国的媒介角色及功能定位上留下深深烙印。基于此，本文以党对执政合法性的纵向动态演进、对执政合法性基础的不断拓展为背景，以党的领导人对传媒的角色认知为切入点，考察媒介在党的执政合法性演进中的角色变迁轨迹，以求对中国媒介的角色定位有一个更深入的解读。

一 意识形态为主导的合法性资源与单一的政治工具（1949 年 ~ 1978 年）

1949 年，中国共产党领导中国人民依靠"枪杆子里面出政权"②，通过 28

---

① 温顺生、王中华：《合法性、合法性基础与执政合法性基础——对中国共产党执政合法性的三维度考量》，《中南大学学报（社会科学版）》2007 年第 4 期。

② 《毛泽东选集》第 2 卷，人民出版社，1991，第 547 页。

年"你死我活"的武装斗争，建立了新政权，这为共产党执政提供了历史合法性来源。中国共产党执政后，作为革命战争年代指导思想的马列主义、毛泽东思想自然就上升为占统治地位的意识形态，成为毛泽东时代占主导地位的执政合法性资源——"马克思主义意识形态所体现的阶级内涵与价值诉求成为全社会公认的主流社会意识。人民对马克思主义的信仰、对社会主义的信念和对社会主义道路的追求成了共产党执政合法性的主要源泉。"[1] 然而，与此同时，革命战争年代意识形态所具有的斗争主题，阶级性、对抗性等特性也被延续了下来。尤其是社会主义改造全面完成、社会主义政权得以巩固后，中国社会的结构与业态已经发生了根本变化，这时仍然片面强调意识形态的斗争性，期望通过群众性政治运动、"以阶级斗争为纲"等方式来强化民众对意识形态的信仰，而不是通过加快社会主义经济建设来扩大执政合法性资源，寻找新的合法性依据。

将具有革命特征的意识形态作为主导甚至唯一的执政合法性资源来追逐和过度强化，势必映射到对传媒的角色认知与功能定位上。将视点前移，"为革命办报"是毛泽东投身新闻实践的起点，这就决定了他对传媒存在着一个一以贯之的认知，即报纸是"无产阶级革命的有力武器"，是"政治工具"，"应该把报纸拿在自己手里，作为组织一切工作的一个武器，反映政治、军事、经济并且又指导政治、军事、经济的一个武器，组织群众和教育群众的一个武器。"[2] 新中国成立后，尽管毛泽东曾在个别场合提出过报纸、广播等新闻传媒要围绕着生产建设中心服务，但他总体上仍把新闻传媒当作阶级斗争和无产阶级专政的工具；特别是在新中国政权趋于稳定和经济建设开始全面展开后，他更是一再强调新闻传媒的主要任务是从事阶级斗争。1957年，毛泽东在同新闻界代表的谈话中明确指出："在阶级消灭之前，不管通讯社或报纸的新闻，都有阶级性。资产阶级所说的'新闻自由'是骗人的，完全客观的报道是没有的。"[3]

基于毛泽东对传媒角色的认知，新闻传媒在"保卫新政权"的新中国成

① 郑曙村：《中国共产党执政合法性的转型及其路径选择》，《文史哲》2005年第1期。
② 《毛泽东文集》第3卷，人民出版社，1996，第111页。
③ 《毛泽东文集》第7卷，人民出版社，1999，第268页。

立初期，作为"斗争武器"和"政治工具"的角色功能得到了充分发挥，为新政权的稳定、巩固立下了汗马功劳。然而，毋庸讳言的是，20世纪50年代中期开始，我国社会主义改造已基本完成并转入经济建设全面展开的新阶段，传媒对这一单一的"斗争武器""政治工具"角色和功能的坚持，势必让其走向歧路。这一时期，传媒成了思想、文化领域的大批判运动中的批判阵地和平台。1957年，"在整风滑向反右的疾速转弯中，新闻界首当其冲受到冲击。在批判的声浪中，慌乱的媒体逐渐丧失了自己的声音，在对政治气候的调试中完成了一次向'阶级斗争工具'的蜕变……"① 此后，从"反右派""大跃进""反右倾"到"四清""社教"，传媒在每一个政治运动中都冲锋陷阵，扮演着"阶级斗争工具""无产阶级专政工具"的角色，直至"文化大革命"，更是登峰造极，甚至"公然成为少数人妄施政治迫害的工具"②。总之，在这一阶段，传媒的应然角色被严重扭曲、践踏，仅被作为单一的政治工具，只剩下"为政治服务"的功能，而其应具有的经济功能、社会功能被消弭殆尽，传媒的主体地位被削弱到了最低点。

二 意识形态、经济绩效并重的合法性资源与有限多元的宣传工具（1978年~20世纪90年代初期）

把意识形态作为主导甚至唯一的执政合法性资源予以过度强化，其结果势必适得其反：党的威信受到损害、民众对党的认同感越来越差、意识形态赋予党的合法性基础遭到损害并潜藏危机。1978年后，以邓小平为总舵手的改革开放标志着中国社会进入了以经济建设为中心的新纪元。经济的快速发展、民众生活的普遍改善、国家综合实力的不断增强……改革开放以来的经济绩效使党获得了民众的普遍认可与支持，成为其执政合法性基础的又一重要来源。党的执政合法性基础从意识形态主导的合法性资源转移到意识形态和经济绩效双重资源并重的轨道上来。

---

① 胡正荣编《社会透镜——新中国媒介变迁60年》，清华大学出版社，2010，第57页。
② 胡正荣编《社会透镜——新中国媒介变迁60年》，清华大学出版社，2010，第129~130页。

党对执政合法性资源的拓展也在邓小平对传媒角色和功能的认知上得到了体现。邓小平在强调传媒坚持党性原则的基础上，着重强调了传媒的宣传功能，并为新闻宣传赋予了新的使命和原则：其一，新闻宣传要适应全党工作重心的转移，转移到社会主义经济建设中来。邓小平要求各行各业"从八十年代的第一年开始，就必须一天也不耽误，专心致志地、聚精会神地搞四个现代化建设"，"离开了经济建设这个中心，就有丧失物质基础的危险。其他一切任务都要服从这个中心，围绕这个中心，决不能干扰它，冲击它"。① 其二，新闻宣传要贯彻四项基本原则，要无条件地宣传党的主张。"党报党刊一定要无条件地宣传党的主张"②，"我们的宣传工作还存在严重缺点，主要是没有积极主动、理直气壮而又有说服力地宣传四项基本原则，对一些反对四项基本原则的严重错误思想没有进行有力的斗争"③。其三，新闻宣传要促进全国的安定团结。"要使我们党的报刊成为全国安定团结的思想上的中心"，"我们希望报刊上对安定团结的必要性进行更多的思想理论上的解释"，"报刊、广播、电视都要把促进安定团结、提高青年的社会主义觉悟，作为自己的一项经常性的、基本的任务"。④ 其四，新闻宣传要以社会效益为唯一准则和最高准则。"思想文化教育卫生部门，都要以社会效益为一切活动的唯一准则，它们所属的企业也要以社会效益为最高准则。……资产阶级自由化的宣传，也就是走资本主义道路的宣传，一定要坚决反对"。⑤ 此外，邓小平还对传媒的功能提出一些新的认识。如邓小平1984年给《经济参考报》题词"开发信息资源，服务四化建设"。这个题词至少传达出两层含义：一是强调了信息对社会主义经济建设、对四化建设的重要性；二是明确了传媒具有开发、传播信息的功能。再如邓小平亲自主持制定的党的十三大报告写道："要通过各种现代化的新闻和宣传工具，增加对政务和党务活动的报道，发挥舆论监督的作用，支持群众批评工作中的缺点错误……"⑥ 这就明确了传媒具有舆论监督的功能。

---

① 《邓小平文选》第2卷，人民出版社，1994，第241、250页。

② 《邓小平文选》第2卷，人民出版社，1994，第272页。

③ 《邓小平文选》第2卷，人民出版社，1994，第364页。

④ 《邓小平文选》第2卷，人民出版社，1994，第255页。

⑤ 《邓小平文选》第3卷，人民出版社，1993，第145页。

⑥ 《十三大以来重要文献选编》（上），人民出版社，1991，第44页。

　　新闻宣传工作的重心从为阶级斗争服务转移到社会主义经济建设，这为传媒的角色与功能转变提供了关键性的起点，传媒开始承担起改革开放和社会主义经济建设的宣传者、推动者和实践者等角色，实现了从"斗争性"传媒向"建设性"传媒的华丽转身。

　　首先，传媒作为党的"喉舌""工具"的角色仍未褪色，但实现了从单一的政治宣传向政治、经济宣传并重转变。这种转变鲜明地体现在以1979年10月1日《市场报》（定位于"为消费者、生产者、经营者服务"）的创刊为发轫，出现的一批以服务于经济建设为主旨的传媒上，它们在宣传经济政策、启蒙市场观念、传递经济信息、维护消费者权益、揭批腐败官倒等方面发挥了积极作用。"改革开放以来，我国媒介的经济功能最强，对我国经济改革起了很大作用，即使所有制改革、股市弊端、金融危机等敏感领域也还是有一些不同的意见和批评的声音，使决策层能够及时地发现问题与隐患，经济快速发展一直没有遭遇大的影响，保证我国经济改革比较平稳地进行……"①

　　其次，传媒的产业属性日益觉醒，经济功能开始显现，日益成为社会主义经济建设的一部分。1978年，财政部批准人民日报社等8家中央新闻单位要求试行"事业单位，企业化管理"的报告；1979年1月4日，《天津日报》刊登"文化大革命"后第一条商业广告，广告重回媒体，成为传媒产业化发展的起点；1986年，融入听众意识与市场导向理念的珠江经济广播电台开播，带动了广播行业变革；1987年，国家科委将"新闻事业""广播电视事业"纳入"中国信息商品化产业"序列，传媒的产业特性得以初步确立。

　　再次，新的新闻宣传使命与原则的确立、传媒产业属性的萌动、"文化大革命"后传媒对自身角色和职能的反思……这些因素共同促使传媒的多元角色开始觉醒，多种功能被逐步探索和实践：受"信息"概念引入、经济建设对信息需求与日俱增，以及"新闻与宣传之争"促进观念解放等因素的推动，传媒作为信息传播者的角色逐渐觉醒；传媒要满足受众、社会需要等意识也在传媒产业属性的萌动之中悄然萌发，世俗音乐、流行音乐、体育实况转播、戏剧节目、电

---

　　①　胡正荣编《社会透镜——新中国媒介变迁60年》，清华大学出版社，2010，第421页。

影、电视专题、电视晚会、电视剧等具有娱乐功能的节目现身传媒，"服务"理念的导入使传媒开始及时为受众提供新闻、资讯、服务类信息，传媒的服务、娱乐功能初步得以实现；以1980年第5期《中国青年》刊登的《人生的路呵，怎么越走越窄……》引发的关于人生观的讨论为标志，传媒传播知识、教化社会的育人功能得以逐渐回归；80年代，传媒批评了"渤海二号"、大兴安岭森林火灾中的官僚主义，以及双城堡火车站野蛮装卸等事件，揭露和批评了以"官倒"为代表的腐败现象，传媒舆论监督的本职初露锋芒……

总之，这一阶段的传媒以重心转移到社会主义经济建设为起点，实现了从单一的政治工具向多元的宣传工具转变，从单一的政治功能向同时发挥政治功能、经济功能和社会功能转变。

需要强调的是，尽管这一阶段传媒的多元角色逐渐觉醒，多种功能逐渐实现，但从总体上看，传媒仍主要扮演着党和政府的"宣传工具"的角色，成为改革开放和现代化建设事业的宣传者、推动者和实践者。电视节目中的"新闻几乎是会议新闻一统天下，电视专题往往主题先行，电视晚会和电视剧等娱乐性较强的节目类型也成为宣传'主旋律'的另一种方式"[1]。中央人民广播电台编委史敏回忆当时驻地方记者的工作时说，"那时候广播是一个舆论的主要阵地……那时候的采访更多是盯着省里，省委、省政府的工作举措等，基本上都是会议消息、工作新闻，时效性比较差。"[2] 在宣传工具这一主导角色之下，传媒的其他角色只是一种附属角色，其他功能也只能是一种有限的延伸和拓展。如传媒在这阶段的舆论监督中充当着批评的主体而非"观察员"的角色，大多站在批评的立场，揭示被批评对象错误之严重，危害之巨大。也就是说，传媒还不具备独立意识，而是作为党和国家的治理工具而存在，呈现的是党的"耳目喉舌"的工具性特征。[3] 基于此，这一阶段的传媒角色应界定为有限多元的宣传工具。

---

① 张卓：《在变革中前行——从电视节目形态看我国传媒角色的变迁》，《新闻与传播评论》2001年1月。

② 胡正荣编《社会透镜——新中国媒介变迁60年》，清华大学出版社，2010，第474页。

③ 雷蔚真、陆亨：《改革开放三十年中国舆论监督的话语变迁：以中国新闻奖获奖作品为线索》，《传播与社会学刊》2008年总第6期。

三 不断拓展中的合法性资源与多元的传播工具
（20世纪90年代初期至今）

在看到经济绩效不断增强党的执政合法性基础的同时，也应看到：一方面，任何执政党要持续获得并巩固自己的执政地位，就必须占有尽可能多的合法性资源。另一方面，当前的中国，在仅仅依靠意识形态、经济绩效来获取执政合法性时也遇到了问题：一是受诸多因素限制，经济不可能始终保持高速发展；二是随着市场经济的发展，中国公民的民主意识、平等意识、参与意识、法制意识有了很大提高，公民对党和政府扩大民主、依法执政有了更高要求，政治参与的期望也大增；三是经济发展中出现严峻的社会问题，主要呈现为腐败问题和公平问题；[①] 四是伴随民众自我意识的增强，意识形态日益多元化、世俗化，传统的意识形态赋予执政合法性的能力日趋削弱。基于此，党在意识形态、经济绩效之外，还需不断扩大和"再生产"执政合法性资源。

进入江泽民和胡锦涛等领导人主政的新时期后，党对执政合法性的认识上升到了一个全新的高度：执政权力的获得是人民赋予的；执政目的必须是为人民谋利益，保障人民的权利，做到"权为民所用，情为民所系，利为民所谋"[②]。习近平在中央党校2010年秋季开学典礼上所做的重要讲话对这一认识做了明晰而透彻的阐释："我们社会主义国家的一切权力，都是我们党领导全国各族人民经过新民主主义革命和社会主义革命取得和实现的，都是属于人民的"，"我们党作为执政党是代表工人阶级和全体人民在全国执掌政权，共产党员和领导干部手中的权力都是人民赋予的"，"我们所有党员和领导干部手中的权力，只能用来为人民谋利益，而绝不允许搞任何形式的以权谋私"[③]。

权力由人民赋予，只能用来为人民谋利益，彰显着党对执政合法性来源有了更加深刻的认识，也指明了进一步扩大和"再生产"合法性资源的方向。这也映射在江泽民、胡锦涛等党的领导人对传媒角色和功能的认知上，即在继

① 郑曙村：《中国共产党执政合法性的转型及其路径选择》，《文史哲》2005年第1期。
② 《十六大以来重要文献选编》（上），中央文献出版社，2005，第711页。
③ 习近平：《领导干部要树立正确的世界观权力观事业观》，《学习时报》2010年9月6日。

续强调新闻宣传功能及应坚持党性原则的同时，还对人民群众在新闻传播中的主体地位予以强调，对传媒的功能做出了新的诠释：一是从反映人民意愿出发，对传媒"喉舌"观做了新解读。毛泽东、邓小平时代，主要强调传媒是党的喉舌，党代表人民，党的意志是人民意志的集中体现；坚决反对把党和人民、党性和人民性分割开来，对立起来。既强调传媒是党的喉舌，同时也强调传媒是人民的喉舌，则是江泽民、胡锦涛等领导人对传媒的共识。1989年11月，江泽民在《关于党的新闻工作的几个问题》的讲话中明确指出，"我们国家的报纸、广播、电视等是党、政府和人民的喉舌。"[1] 2001年1月，在全国宣传部长会议上，江泽民又一次强调指出："新闻媒体是党和人民的喉舌，应准确、鲜明、生动地宣传中央的精神，应及时、如实、充分地反映人民群众的意愿。"2008年6月，胡锦涛在视察人民日报社时也反复强调要"把体现党的主张和反映人民心声统一起来，把坚持正确导向和通达社情民意统一起来"[2]。二是从维护人民利益、保障人民权利出发，对新闻宣传理念赋予新的含义。胡锦涛在视察人民日报社时指出："坚持以人为本，是做好新闻宣传工作的根本要求。要坚持把实现好、维护好、发展好最广大人民的根本利益作为新闻宣传工作的出发点和落脚点，坚持贴近实际、贴近生活、贴近群众"，"尊重人民主体地位，发挥人民首创精神，保证人民的知情权、参与权、表达权、监督权。"[3] 三是从维护人民意志、利益出发提出了传媒舆论导向的准则与功能。江泽民在《关于党的新闻工作的几个问题》的讲话中指出："不按照党和人民的意志、利益进行舆论导向，会带来多么严重的危害和巨大的损失。"[4] 1996年9月，江泽民在视察人民日报社时又指出："舆论导向正确，是党和人民之福；舆论导向错误，是党和人民之祸。"[5] 胡锦涛在视察人民日报社时也指出："舆论引导正确，利党利国利民；舆论引导错误，误党误国误民。"[6] 四是从保障公民权利的角度对传媒的舆论监督功能作了新的诠释。江泽民在《关于党

---

① 《十三大以来重要文献选编》（中），人民出版社，1991，第766页。
② 胡锦涛：《在人民日报社考察工作时的讲话》，人民出版社，2008，第5页。
③ 胡锦涛：《在人民日报社考察工作时的讲话》，人民出版社，2008，第5页。
④ 《十三大以来重要文献选编》（中），人民出版社，1991，第767页。
⑤ 《江泽民文选》第1卷，人民出版社，2006，第564页。
⑥ 胡锦涛：《在人民日报社考察工作时的讲话》，人民出版社，2008，第4页。

的新闻工作的几个问题》的讲话中指出："我们的宪法规定，言论、出版自由是中华人民共和国公民的基本权利。广大人民群众享有依法运用新闻工具充分发表意见、表达自己意志的权利和自由，享有对国家和社会事务实行舆论监督的权利和自由。"① 在这里，江泽民把舆论监督提到公民的政治民主权利的高度来认识。1992 年，他在党的十四大报告中还提出，"重视传播媒介的舆论监督，逐步完善监督机制，使各级国家机关及其工作人员置于有效的监督之下。"② 胡锦涛在视察人民日报社时指出，新闻工作要更好地"搞好舆论监督"，"保证人民的知情权、参与权、表达权、监督权"；③ 2009 年 10 月，他在世界媒体峰会开幕式的致辞中也指出，中国政府鼓励和支持中国媒体"搞好舆论监督和保障人民知情权、参与权、表达权、监督权"。

除此之外，胡锦涛和习近平等现任党的领导人在传媒角色和功能的认知上，还提出要尊重新闻传播规律，要"提高同媒体打交道的能力"等，从而使传媒的主体地位逐步明确。胡锦涛 2002 年 1 月在全国宣传部长会议上便提出"尊重舆论宣传的规律"的要求；2003 年 12 月在全国宣传思想工作会议上又提出要"科学地认识和把握新形势下宣传思想工作的特点和规律"；在视察人民日报社时也再三强调"按照新闻传播规律办事"；在世界媒体峰会开幕式的致辞中，还将新闻传播规律具体化为"要切实承担社会责任，促进新闻信息真实、准确、全面、客观传播"，"遵守新闻从业基本准则"；2010 年 9 月在视察中国人民大学新闻学院时再次提到新闻传播的特点和规律，提到面对传播新技术的挑战等。胡锦涛是历任党的最高领导人中第一位谈到尊重新闻传播规律的，且表述时也更多地使用了新闻、宣传工作的职业话语，这实际上是对传媒主体性的一种认可，也是对传媒角色认知的一种重大转变。2008 年，胡锦涛在全国宣传思想工作会议上指出，"各级领导干部要充分认识新闻舆论的重要作用，善于通过新闻宣传推动实际工作，热情支持新闻媒体采访报道，正确对待舆论监督，提高同媒体打交道的能力。"2009 年 3 月 1 日，习近平在出席中央党校春季学期开学典礼的讲话中提出各级领导干部要努力提高六方面的能

① 《十三大以来重要文献选编》（中），人民出版社，1991，第 774 页。
② 《江泽民文选》第 1 卷，人民出版社，2006，第 236 页。
③ 胡锦涛：《在人民日报社考察工作时的讲话》，人民出版社，2008，第 4、5 页。

力，其中第六个能力便是"提高同媒体打交道的能力，尊重新闻舆论的传播规律，正确引导社会舆论，要与媒体保持密切联系，自觉接受舆论监督"。"提高同媒体打交道的能力"的提出，意味着中央第一次把传媒提升到各级领导干部的工作对象的位置，进一步明确了传媒的主体性。值得注意的是，习近平讲话的初稿为"提高同媒体打交道的能力。善于正确运用媒体，科学管理媒体，有效引导社会舆论"。从初稿的"善于正确运用""科学管理"到定稿的"尊重新闻舆论的传播规律""保持密切联系""自觉接受舆论监督"，从初稿的"有效引导"到定稿的"正确引导"，这之中对传媒主体性的明确和强调，可见一斑。

基于江泽民、胡锦涛等党的领导人对传媒角色与功能认知的不断丰富与完善，公众及传媒在新闻传播中的主体地位得到不同程度的认可与强调，加之1992年社会主义市场经济确立后"市场因素"的导入及20世纪90年代中后期技术力量的驱动，传媒作为"信息传播者"的基础角色得以确立，实现了从宣传本位向新闻本位的本质回归。以此角色为基点，传媒拥有的多元角色得以彰显，多元功能得以开发：作为信息传播者，其传递的信息不仅出于满足党和政府宣传的需要，还出于满足公众知情权、参与权、表达权和监督权的需要，出于满足作为消费者的"受众"的需要；作为舆论监督者，以《焦点访谈》为发力点，传媒的舆论监督开始向正规化、规模化发展。尽管舆论监督在体制层面仍然作为党和国家的治理工具而存在，但传媒在舆论监督中的独立意识、自觉意识和为公众利益代言的意识日渐清晰，其话语也开始向以客观、平衡等为特征的新闻专业主义话语发展；[①] 作为教育者与知识传播者，传媒通过信息与知识的传递发挥着潜移默化的育人功能，伴随益智类节目的涌现，寓教于乐日益成为传媒教育的新主张；作为娱乐的提供者，各种综艺类、游戏类、竞技类等以提供娱乐为主旨的节目创意迭出、层出不穷，湖南卫视还打出了"快乐中国"的理念；作为情感的沟通者，以展现普通百姓情感生活为主打的情感类栏目，以交友为目的的相亲类节目也大量涌现；作为经济效益的创

---

① 雷蔚真、陆亨：《改革开放三十年中国舆论监督的话语变迁：以中国新闻奖获奖作品为线索》，《传播与社会学刊》2008 年总第 6 期。

造者，2002 年，中国内地传媒业利税超过烟草业，成为排名第四的支柱产业；作为平民的关注者、服务者与代言者，《华西都市报》以"全心全意为市民服务"的理念开启了以普通市民为读者的都市报时代，《南京零距离》开启了电视民生新闻时代，它们以民生的视野、民生的情怀、民生的态度关注普通民众的生存状态、生活环境和生命质量。总之，传媒的角色与功能正在被不断地发掘和开发……

综上，中国媒介角色在总体上经历了一个从"单一的政治工具"到"有限多元的宣传工具"再到"多元的传播工具"的变迁历程。这一变迁历程，既是党的几代领导人对传媒角色与功能认知变迁的一种再现和具体实践，也是党对自身执政合法性基础不断审视与认知创新过程的体现，还是党对自身执政合法性资源不断扩大和"再生产"的一个缩影。

（2011 年 3 月初稿，2011 年 5 月定稿；姚劲松参与本文撰写）

论新闻媒体对争议性事件的报道框架

——以"华南虎照片"事件为研究对象

一 引言

所谓争议性新闻事件，一般包含这样三个主要要素：①较强的时效性，②事件的认知富有争议性，③较高的社会关注度。这类事件通常都是公众和媒体关注的焦点，社会舆论（Public Opinion）也往往乃至必然存在着相互对立或者多元化的意见、观点。众所周知，新闻报道历来强调报道事实的客观性和公正性，要求尽量客观地去反映和再现新闻事件的全貌，以便受众正确地认知事件，因此当新闻媒体遭遇到争议性新闻事件时，除了要真实地呈现争议性新闻事件的核心事实外，还应十分注意采用合乎科学的信息组合方式或框架来磨合信息，进而整合为全景式抑或侧面式的新闻图像，从而理性地引导公众认知、探寻事实的真相。这是新闻媒体专业主义素养的重要体现，也是检验媒体公信力的一大标志。

"华南虎照片"事件是发生在 2007 年下半年的一个典型的，也可以说是"全民"关注的争议性新闻事件。事情经过是这样的：2007 年 10 月 12 日，陕西省林业厅召开新闻发布会，向媒体展示了镇坪县农民周正龙拍摄到的野生华南虎照片，当时多家媒体报道称"这是四十三年来，陕西省秦巴山区发现华南虎的首次记录"。而后，"网友质疑照片有假"，引发了声势浩大的网络打假。在网络媒体的直接推动下，多家传统媒体加入，先后报道了"三颗脑袋担保照片真实""法律硕士诉讼周正龙""华南虎原型年画出现""网易请华裔神探李昌钰鉴定虎照""国家林业局鉴定虎照"等一系列新闻片段，将事件推向争议和讨论的高潮。

虽然从事件本身来看，至今尚没有权威的定论（这不是本文关注的重点），但从新闻媒体对此次争议性事件的具体报道层面看，已经基本呈现了这一"全民"关注的争议事件，对这一事件的报道框架也基本成型。与此同时，新闻媒体对这起"华南虎照片"争议事件的报道以及框架、议题的设置，也在新闻传播业界和学界产生了广泛的争议。有的记者指出，"这场新闻热点，已被娱乐化和戏剧化"，已经变成了一场"闹剧"。[1] 也有学者和专家对此进行追问和反思，这起争议性新闻事件是大众传媒引领下的全民真相饥渴症"病发"，还是由一个"纸老虎"引发的全民娱乐总动员抑或是大众传媒对争议性事件的另类"媒介审判"？面对争议性新闻事件，大众传播媒体报道框架设置的"元问题"到底是什么？等等。

本文试图通过对几家媒体的报道进行量化分析，运用新闻框架的相关理论，探讨媒体是如何设置新闻框架、再现这场争议，进而引导公众对争议性事件认知的。

二 研究理论背景与问题

（一）新闻框架的相关理论

1974 年，德国社会学家欧文·戈夫曼（Goffman）出版了《框架分析》一书，首次将"框架"概念引入文化社会学。戈夫曼认为，框架是人们将社会真实转换为主观思想的重要凭据，也就是人们或组织对事件的主观解释与思考结构。[2] 戈夫曼的框架理论被广泛地用以分析媒体对新闻事件进行报道时的组织原则和探讨传媒对人们认知特定群体形象的影响因素，习惯上被称为"新闻框架"（News Frame）。

在对新闻框架的形成因素的研究中，伍（Woo）等传播学者认为，框架是新闻工作人员、消息来源、受众、社会情境之间的互动结果。在对新闻框架内容的研究中，另一学者加姆森（William A. Gamson）则认为，一个成熟的框架

① 潘晓凌、周思好：《疯狂的老虎——"照片猛兽"衍生利益链条》，《南方周末》2007 年 10 月 25 日；潘晓凌：《一只"周老虎"N 个"武二郎"》，《南方日报》2007 年 11 月 2 日。
② Erving Goffman, *Forms of Talk* (Oxford: Basil Blackwell, 1981).

分析应包括三个部分：一是关注生产过程；二是考察文本；三是在意义协商中一个带有主动性的受众和文本之间的复杂互动。①

大陆学者黄旦对新闻框架理论作了如此归纳，他认为：其一，框架理论的中心问题是媒介的生产，即媒介怎样反映现实并规范人们对其的理解。其次，媒介反映现实，建构意义并规范人们的认识，最终是通过文本或话语——媒介的产品得以实现；因而，文本建构、诠释或话语生产分析是框架理论的重点。其三，框架理论关注媒介生产，但并不把生产看成是一个封闭的过程，而是把生产及其产品（文本）置于特定语境——诸种关系之中。②

台湾学者臧国仁先生则进一步将框架划分为高层次结构、中层次结构以及低层次结构。框架的高层次结构，是指对某一主题事件的定性，即戈夫曼所称的"这是什么事"（What's it that's going on there）。框架的中层次结构，包括主要事件、先前事件、历史、结果、评估等。框架的低层次结构，是指框架通过语言或符号所呈现的具体表现。③ 本文将运用新闻框架的基本理论，从高层次结构、中层次结构以及低层次结构三个框架层面来具体分析和解构新闻媒体对华南虎照片事件的报道。

（二）研究问题

本文要研究和关注的主要问题是：

（1）面对争议性新闻事件，新闻媒体是如何呈现和再现争议，如何设置报道框架的？

（2）不同类型的媒体在争议性事件报道中的框架设置有何不同？

（3）媒体属性（传统的中央级媒体、地方媒体、市场化媒体以及新媒体）对其在争议性事件报道中的框架设置有无影响？

（4）当事人周正龙的媒介形象在争议中如何被构建？

---

① 臧国仁、钟蔚文、黄懿慧：《新闻媒体与公共关系（消息来源）的互动：新闻框架理论的再省》，《大众传播与市场经济》，炉峰学会出版社，1997，第141～184页。

② 黄旦：《传者图像：新闻专业主义的建构与消解》，复旦大学出版社，2005，第232页。

③ 臧国仁：《新闻媒体与消息来源——媒介框架与真实建构之论述》，三民书局，1999，第34页。

三　研究方法

本文主要采用定量研究的方法，对所选媒体在特定时间段内关于"华南虎照片事件"的报道文本进行分析，试图探悉新闻媒体在这一争议性事件中新闻框架的设置。

（一）样本选择

本研究的样本选择了新华社、《华商报》《广州日报》、新浪网专题四家媒体，选择的依据主要基于以下考虑：新华社是国家通讯社，它的报道一定程度上代表了政府、官方的话语框架；《华商报》是事发当地的都市类报纸；《广州日报》是异地（南方）主流媒体，也是少数几家派记者赴当地采访的异地媒体之一；新浪网专题的新闻报道在公众中有较强的影响力，是网络媒体的代表。

（二）时间段的选择

此次分析收集了以上所选媒体 2007 年 10 月 12 日至 11 月 12 日共一个月的报道作为研究对象。即从陕西省林业厅正式向外界公布周正龙拍到华南虎照片的消息以后一个月，这一个月是争议的集中期和高峰期，也是本文选择时间段的关键考量因素。另外，这一个月又以 10 月 18 日（争议开始）为界分为前后两个时段，对前后两个时段新闻媒体报道的梳理，可以更好地在对比的框架下，再现媒体对这个争议性事件的报道。

四　研究内容

在这个时间段内，笔者经过对上述样本媒体的相对精确的统计，收集到符合条件的报道共 198 篇。其中《华商报》34 篇，《广州日报》17 篇，新华社17 篇，新浪专题 130 篇。

（一）高层次结构框架分析：媒体对事件的定性

根据高层次结构框架理论，对媒体报道主题的分布情况进行统计，可以明确看到媒体报道的侧重点，了解媒体对事件的根本看法。

设置的 4 个主题项包括：华南虎的发现及意义、华南虎生态保护、华南虎照片真假、其他（背景资料、外地华南虎报道等）。（见图 1）：

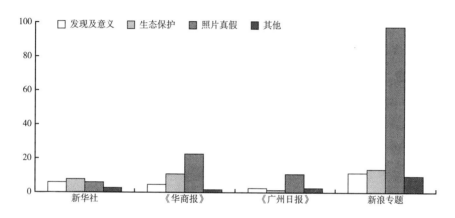

图 1　各媒体中主题项分布

首先，在报道总量上，新浪专题的报道最多，达到 130 篇，这首先与网络媒体几乎无限大的信息容量直接相关，同时还因为网络媒体转载传统媒体的新闻，获得信息更加便捷，而且不受出版周期的限制。报道量居次的是当地媒体《华商报》，共 34 篇。最少的是全国性媒体新华社和外地媒体《广州日报》，都是 17 篇。

在一个月的时间内，各家媒体对华南虎照片事件的报道数量是很可观的。即使是版面有限的传统媒体，也都不吝篇幅，而且报道形式多样，议程设置上体现了对这一争议性事件的高度关注，引导受众把这一事件视为一个重要的新闻话题（见表 1）。

其次，再来看各主题项的分布情况。"华南虎的发现及意义"一项，新浪专题的报道篇目最多（12 篇），但占总报道量的比例却最少，只有 9.23%。占总报道量比例最高的是新华社，达到 23.53%；其次是《广州日报》和《华商报》，分别占到 17.65% 和 14.71%。在四家媒体中，新华社关于生态保护的报道，占总报道量的比例也最高，达到 47.06%；其次是《华商报》，为 11.76%；新浪专题只有 10.77%；《广州日报》最少，仅为 5.88%。

表1 传统媒体的报道数量

	消息（篇）	深度报道（篇）	评论（篇）	配发图片（幅）
《华商报》	18	11	5	30
《广州日报》	10	6	1	17
新华社	11	5	1	21

对"华南虎照片真假"这一主题，四家媒体中新浪专题的报道达到 98 篇，占总报道量的 75.38%。《华商报》23 篇，占总报道量的 67.65%。《广州日报》11 篇，占总报道量的 64.71%。最少的是新华社，只有 3 篇报道，在总报道量中的比例为 17.65%。"其他"一项，主要包括华南虎的一些背景资料、由陕西华南虎而引发的对于其他地方华南虎的报道。在这一选题中各媒体的报道量都不多，当地媒体的报道量更是低于外地媒体和全国性媒体。

表2 各媒体中主题项分布

单位：%

	《华商报》（篇）	《广州日报》（篇）	新华社（篇）	新浪专题（篇）
报道总量	34	17	17	130
华南虎的发现及意义	5(14.71)	3(17.65)	4(23.53)	12(9.23)
华南虎生态保护	4(11.76)	1(5.88)	8(47.06)	14(10.77)
华南虎照片真假	23(67.65)	11(64.71)	3(17.65)	98(75.38)
其他（背景资料、外地华南虎报道等）	2(5.88)	2(11.76)	2(11.76)	6(4.62)

从四家媒体对以上几个主题的报道情况分析可见，《华商报》《广州日报》和新浪专题的报道 60% 以上都集中于"华南虎照片真假"这一主题，其他主题都相对分散。由此可见，在框架的高层次结构上，这三家媒体对这一事件的定性都是"一场关于照片真伪的风波"。新华社的新闻框架则不同，其对"华

南虎生态保护"主题的报道比例最高，达到47.06%。"华南虎照片真假"与
"华南虎的发现及其意义""华南虎生态保护"代表着媒体的两种不同的报道
取向，后两者的取向是一致的，都倾向于宏大叙事，致力于建构事件的宏大社
会意义；而对前者的报道则是一种向下的平民化取向。所以，新华社倾向于把
事件性质定为"一个意义重大的发现和生态事件"。

（二）中层次结构框架分析：报道的结构、议题与信源

1. 媒体报道的结构范式

因为事件本身存在争议，报道必然存在不一致的多种声音，客观、全面地
呈现这些不同的声音是对媒体基本的职业要求，也是新闻报道公正性的体现。
在华南虎照片这一争议性事件中，媒体对各方观点的呈现如下（见表3）：

表3　各媒体报道倾向性分布

单位:%

	《华商报》	《广州日报》	新华社	新浪专题
支持	15(51.72)	5(38.46)	3(33.33)	48(37.80)
质疑	5(17.24)	4(30.77)	2(22.22)	50(39.37)
中立	4(13.79)	2(15.38)	3(33.33)	17(13.39)
超越	5(17.24)	1(7.69)	2(22.22)	12(9.44)

注：本文依据报道中的倾向性以及用词等来判定媒体报道的立场的，具有相对性。其中，"超越"
指的是没有情感偏向的介绍资料。依据具体文本的观点显现情况，剔除无法统计的文本，四家媒体统
计的篇数分别为：《华商报》29篇，《广州日报》12篇，新华社10篇，新浪专题127篇。

可以看到，对于争议各方（支持、质疑、中立、超越），媒体对他们的声
音都给予了报道，但同时又各有侧重。总体而言，对于针锋相对的争论双
方——支持方和质疑方报道较多，所占比例都在50%以上。《华商报》《广州
日报》和新浪专题分别为68.96%，69.23%，77.17%；新华社相对较少，为
55.55%。四家媒体对于中立的意见和超越性的意见报道都相对较少。但新浪
网在对超越性意见的报道上比较突出，而新华社对于中立性意见则给予了较多
关注。

总体而言，媒体报道的结构模式大体是：以"照片究竟是真还是假"为

中心，兵分两路，同时呈现争论双方的意见；并偶尔附之以理性的思考。我们可以把这个模式概括为"一个中心，四个基本点"。一个中心即照片真假，四个基本点即支持、质疑、中立和超越，其中质疑和支持的报道占绝对的主流。

在呈现支持方与反对方的意见时，四家媒体中除《华商报》之外，对针锋相对的双方的报道是比较均衡的，即支持与质疑的声音基本具有同等的发言机会。只有《华商报》相对倾向于"保虎"，可能与它是当地媒体的身份有关。

2. 媒体报道的议题范围

从前文所述可以发现，四家媒体对于事件在高层次结构的框架设置上并不相同。那么它们在中层次结构上的框架设置又分别是怎么样的？我们对华南虎照片被质疑之后，即事件进入争议阶段后（纸质媒体从18日开始，网络媒体从17日起）媒体的报道议题进行了统计，结果如下（见表4）：

表4　各媒体报道议题统计

	《华商报》(篇)	《广州日报》(篇)	新华社(篇)	新浪专题(篇)
真伪争论	15	11	5	65
生态保护	9	0	3	16
背后利益	3	1	1	17
司法参与	0	0	1	4
科学文明	2	0	0	2
信任危机	1	1	1	4
政府监督	0	0	0	4
外地华南虎	0	2	0	7
其他	1	0	0	5

在华南虎照片这一争议性事件中，围绕争议本身的报道，新浪专题65篇，《华商报》15篇，《广州日报》11篇，新华社只有5篇。可见，新华社对争议本身的关注度要低于其他三家媒体。这与四家媒体在高层次结构上的框架设置是相吻合的。即《华商报》《广州日报》和新浪专题认为"这是一

场关于照片真伪的风波"，所以对真伪争论给予了较多关注；新华社认为这是"一个意义重大的发现和生态事件"，所以对真伪争论本身的报道相对较少。

在议题范围上（即媒体在报道这一事件时涉及的议题多少，不包括"其他"议题），《华商报》涉及5个议题，《广州日报》涉及4个，新华社涉及5个；涉及议题最多的是新浪专题，为8个，其议题范围也最广，涵盖了其他几家媒体涉及的所有议题。而且新浪专题还有意识地围绕一些议题组织了不同的意见，形成互相争论的局势（见表5）。

表5　新浪专题的议题设置

连岳:华南虎照片的真伪是核心问题	黄恭情:争论照片真假没有意义
华南虎照片真假要司法解决	司法不应介入"华南虎照片"事件
张劲硕:发现华南虎的相关证据应尽快公布	南都:华南虎照片可存疑舆论追问需认真

多个议题范围实际上代表了新闻传播组织对于新闻事件的多角度观察，是新闻媒体进行新闻策划、组织报道时需要重点考虑的内容。特别是对于这类富于争议性的社会热点新闻，所有媒体都在大力报道，但一般性的报道又会流于肤浅庸俗，寻找新颖的视角，拓展新闻事件的意义，已经成为媒体的共识。在"华南虎照片"事件中，选作样本的四家媒体都没有仅仅局限于事件本身进行报道，而是都有拓展，争议性事件最终真相的多种可能性为媒体拓展议题范围提供了较大空间。

议题的多少与质量，一定程度上反映了媒体在新闻策划上付出的努力。议题越多，报道视角越新颖，越能引起受众的阅读兴趣，也越能引导受众在接受新闻的时候放宽视野，增加思考的深度。

3. 信息源

信息源被视为新闻框架的重要变量。由于网络媒体现阶段仍然不具有新闻采访权，它所转载的新闻都来自传统媒体，所以这些新闻的信息来源并不体现网络媒体报道的框架设置，因此这里只讨论三家传统媒体的信息源问题。

先来看三家传统媒体在10月18日前后信息来源的变化（见表6）：

表6 三家传统媒体的信息来源变化

信源 \ 媒体		《华商报》	《广州日报》	新华社
10月18日前	官方信源	陕西省林业厅、镇坪县自然保护区动管站、镇坪县政府	陕西省林业厅、镇坪县政府、陕西省华南虎调查队	陕西省林业厅、野生华南虎调查队
	民间信源	周正龙、村民	周正龙	动物专家、周正龙、村民
10月18日后	官方信源	省林业厅、镇坪县委县政府、西安市公安局技侦人员、国家林业局、省版权局	省林业厅、镇坪县林业局动管站、国家林业局	陕西省林业厅、国家林业局、国家环保总局
	民间信源	网友、周正龙、周妻、图片社老板、摄影专家、动物专家、亲戚谢坤元、律师、匿名知情人	谢坤元、社会学家、动植物专家、三位村民、郝劲松、美国专家、干语(化名)、"不愿透露姓名的关键人物"	动物专家、法律专家、网友、村民、图片社老板

2007年10月18日前,即事件转化为争议性事件之前,新闻媒体的信息来源主要依赖于官方和事件的直接当事人周正龙。一般来说,官方机构具有较高的权威性,当事人是事件的亲历者,两者也是常规事件中最容易想到、最容易接近的信息源,被视为"常规信源"。总之,事件在产生争议之前,媒体的信息来源是比较单一的。

事件发生争议之后,媒体的信息来源迅速扩展,主要表现为民间信源的增多。这些信源中,除了周正龙本人和极少数网友,其他人既不是虎照拍摄的亲历者,也不具备鉴定照片真伪的能力,他们提供的信息只能是间接的、推断式的,并不具有权威性。在《华商报》与《广州日报》的信息来源中,甚至不乏化名者、匿名者以及"不愿透露姓名的关键人物",而且这三者都多次提供否定性信息。

通过上文比较显示,争议性事件报道中,媒体往往倾向于突破"常规信源",去寻求更多另外的但缺乏权威性的信源(非精英信源),以力求达到否定性信息和肯定性信源数量上的平衡,从而改变原来肯定性信息占优势的状况,使事件争议最大化。

当然,不同的媒体也不完全相同,如新华社在事件转变前后信息来源的变化并不大,也较注意信源的权威性(精英信源)。

（三）低层次结构框架分析：周正龙的媒介形象

在华南虎照片事件未产生争议之前，事件本身的正面意义，以及周正龙的直接贡献赢得了人们的普遍好感。这时，媒体对周正龙的描述如下（见表7，有的词语是媒介直接使用的，有的是笔者根据情境总结。为了有效地进行内容分析，对于报道量较多的新浪专题，我们采取抽样的方法，从10月12日开始，每隔3天随机抽取一篇，共得到11篇样本。表8同。）：

表7　引发争议前各媒体对周正龙的形象塑造

新浪专题	《华商报》	《广州日报》	新华社
兴奋、镇静	兴奋、镇静、胆量、令人钦佩、孤胆英雄、奉献	"孤胆英雄"、智慧、实在、爱财、奉献	激动、倔强、耐心、壮举、勇气、智慧、奉献

可见，事件发生争议前，不仅新华社在周正龙的形象塑造上，致力于展现农民诚实可靠、吃苦耐劳、坚韧、善良、勇敢等良好品质，《广州日报》和《华商报》也大致如此，这两家报纸虽然没有像新华社那样直接运用一些溢美之词，但塑造出来的周正龙形象仍然是非常正面的。

但是到照片引起怀疑后，媒体对周正龙的形象塑造则发生了明显的变化（见表8）。

表8　引发争议后各媒体对周正龙的形象塑造

新浪专题	《华商报》	《广州日报》	新华社
情绪激动、不予理睬、激动、发了疯似的（寻虎）	生气、神情激动、几次发火、拒绝采访	"为重奖"、小心翼翼、执意收钱、怒气冲冲、着急、沉默、一脸茫然、失望、生气	无

在后期对周正龙形象进行塑造的过程中，《广州日报》《华商报》和新浪专题三家媒体极力凸显的一点就是周正龙爱财的品性。其中新浪专题和《华商报》都有数篇指向明显的此类报道（见表9）。

与此同时，笔者以"钱""穷""采访费""稿费"为关键词在这四家媒体的有关文本中进行了查找，然后筛选符合条件的用语量，结果如下（见表10）：

表9　新浪专题和《华商报》凸显周正龙爱财品性的报道

新浪专题	《华商报》
拍摄华南虎者称照片真实拍照为获利 华南虎背后的经济模式 疯狂的老虎:华南虎背后衍生利益链条 华南虎利益之争利益猛于虎	周正龙坦言冒死拍照为重奖 华南虎照片曾申请版权 "拍虎英雄"欲卖华南虎胶片

表10　四个关键词在各媒体报道中的数量分布

	新浪专题	《华商报》	《广州日报》	新华社
"钱"	8	12	9	0
"穷"	2	0	2	0
"采访费"	0	0	1	0
"稿费"	2	0	0	0

报道后期除了新华社没有对周正龙的形象有具体的描述外,其他三家媒体对周正龙的描述完全舍弃了前期的褒扬性词语,开始着力展现周正龙急躁、精明、贪财、谨小慎微的负面形象。虽然这样的描述与前期存在明显的矛盾,但是这种形象正与原来人们头脑中的"刻板印象"契合,媒体乐于用这种模式化的、受众易于接受的方式描述新闻人物;更重要的是周正龙的这种形象,对于照片"造假"在很大程度上是一个有力的佐证。

在这期间《华商报》《广州日报》和新浪专题等三家媒体通过指向明显的单篇报道,或者把一些褒贬倾向明显的细节、词语穿插于行文之间,在这场争议性事件中给受众塑造了一个为利益驱使、把照片当作摇钱树的贪婪形象。至此,虽然这三家媒体并没有宣称照片的真相,但却已经有计划地把受众引导到因为厌恶周正龙而倾向于相信周正龙造假的道路上来了。

五　结论与反思

通过上述的统计和分析,可以得出这样的结论:

第一,在争议性新闻事件的报道中"元问题"的设置至关重要,它决定着媒体的报道框架和范式。研究发现,在华南虎照片这一争议性事件的报道中，多数媒体（《华商报》《广州日报》、新浪网专题）在高层次结构框架上，倾向于把事件定性为"关于照片真伪的风波"，对照片真伪本身这一议题都给予了最大限度的关注，以致对事件进展的每一步、每一个细节都进行了不厌其烦的报道。对于争议本身的呈现，这些媒体基本形成了相对固定的报道范式，即为前文所述的"一个中心，四个基本点"，应该说这些媒体的报道在形式上是公正的，对争议各方都给予了发表意见的机会，其中质疑和支持的报道更是占到了绝对的主流。从整体上看，在"华南虎照片"这一争议性事件报道中，多数媒体倾向于使争议进一步扩大，对争议本身起了推波助澜的作用，这当然在一定程度上有助于事件真相的揭示，但与此同时，对受众的理性引导则显得比较缺乏，致使媒体与受众都迷失在对照片真假的不厌其烦的拷问中。在人性、专业人士和政府的信用都受到怀疑的时候，公众渴望一个能够说服他们的声音，因此，媒体貌似公正的做法，应该说并没有完全尽到自己的责任。

第二，媒体属性是影响媒体对争议性事件的报道框架设置最关键的因素之一。媒体属性的不同，对争议性事件的报道框架也存在差异。在对华南虎照片这一争议性新闻事件的报道框架设置中，《华商报》《广州日报》、新浪专题都表现出非常相似的特点，新华社则经常是与前三者相区别：

首先，在框架的高层次结构上，对事件的定性不同。前三家媒体把事件定性为一场"关于照片真伪的风波"，新华社则倾向于认为这是"一个意义重大的发现和生态事件"。

其次，在信息来源上，《华商报》《广州日报》在争议发生后除了仍然注意权威（精英）信息源，还大量依赖一些不够权威的民间信息源。新华社的信息源前后变化不明显，总体而言信息源较为权威。

最后，前三家媒体前后期塑造的周正龙形象存在较多矛盾，新华社在后期则没有刻意去推翻前期塑造的周正龙有智慧、有勇气、有奉献精神的正面形象。

新华社是国家通讯社，对争议性新闻事件的报道，相对着眼大局，注重对公众的引导，这一点其他中央级媒体如《人民日报》等也是如此。① 《华商报》《广州日报》和新浪网等非中央级媒体，市场化程度相对高一些，其报道

---

① 苏显龙：《"华南虎事件"，让谁蒙羞》，《人民日报》2007年11月21日，第5版。

框架有较大的共同之处，这其中《华商报》既是地方媒体又是事发当地的媒体，在报道上与其他同类媒体又有所差别。因此可以做出判断：媒体属性是媒体对争议性新闻报道框架设置最关键的影响因素之一。

第三，在对争议性新闻事件报道的框架设置方面，网络媒体等新媒体报道议题相对最多元化，也最具娱乐化和极端化倾向。在"华南虎照片"事件中，新浪专题、《华商报》和《广州日报》对周正龙媒介形象的塑造与建构层面主要呈现出这样两个倾向：一是有一定的固定成见（刻板印象），这一点与其他媒体对农民工形象的塑造上有相似之处。二是娱乐化、极端化倾向比较严重，这一点新浪专题表现尤其突出。在网络上，周正龙的老虎变成了芙蓉姐姐、萨达姆、恐龙等，其全身照片，也被PS成了骑在虎背上的搞怪形象等等。新浪专题等网络媒体引发的这场娱乐总动员，一方面是由于网络媒体的传播特性和空间决定的，另一方面更重要的是在争议性新闻事件的报道中，由于"元问题"设置的偏离而造成的媒体对争议呈现的多元化、娱乐化以及极端化。因此，在争议性新闻事件的报道中，报道框架的设定一定要有度，防止将争议娱乐化和极端化，误导公众的注意力和认知。

综观这起"华南虎照片"事件的报道，应该说，众多新闻媒体在探寻华南虎照片的真伪中都发挥了重要的作用，这是毋庸置疑的。但是，在探究新闻媒体作为现代社会的"理性器具"存在时，我们不但需要关注其传播结果，还需要关注其传播过程。四家新闻媒体对这一争议性事件的报道过程，可以给我们带来如下反思与追问：

第一，争议性新闻事件报道中如何做好"元问题"的设置。框架理论告诉我们"框架就是由默认的理论所构成的选择、强调和呈现的原则，以此告诉人们存在什么，发生了什么，其中什么是至关重要的。"① 在"华南虎照片"这一争议性事件中"华南虎之父"黄恭情早在10月25日就提出"争论照片真假没有意义"；之后不少专家学者也指出，"有虎保虎，无虎保生态，生态保护才是重点"。而在对这场争议性事件的报道中，多数媒体的报道纠缠于照

---

① Toeld Gitlin, *The Whole World is Watching*, (Berkeley and Los Angeles, CA: University of California Press, 1980).

片真伪，闹剧多多，报道都远远偏离了主题，流于琐碎和浅薄，消解了事件本来的严肃意义。"注意力是一种零和（zero-sum）现象，注意了一件事，另外的事情就会失去注意。"① 因此，争议性事件报道中如何设置"元问题"，对聚焦公众的注意力，理性引导公众的认知是非常关键的。

第二，在争议的呈现中如何实现和坚守新闻的客观性原则。在一定程度上讲，由于争议的存在，对争议性新闻事件的报道是体现媒体客观性和公信力的最佳场域。新闻媒体在对争议性事件的报道中，坚守新闻的客观性原则，是新闻专业主义的内在要求和必然规定。"客观性不仅仅在于获得事实，而在于通过事实的描述达到'去蔽'，从而使人超越对事物的肤浅认识。"② 同时这也是实现"新闻的主要目标是尽量增强公众对于塑造环境的当前事件和议题的理解，以赋予公众力量"③ 的价值诉求，从而更好地消解在对争议性新闻事件的报道中，"新闻媒体不光在传播新闻，还在造新闻"以及新闻消费者代替新闻工作者成为"把关人"的倾向与嫌疑。

（2007 年 11 月初稿，2007 年 12 月定稿；陈刚参与本文撰写）

---

① 胡泳：《我们时代的知识生产》，《读书》2003 年第 10 期。
② 单波：《重建新闻客观性原理》，《现代传播（北京广播学院学报）》1999 年第 1 期。
③ 〔美〕约翰·H. 麦克马那斯著《市场新闻业——公民自行小心？》，张磊译，新华出版社，2004，第 8 页。

挑战现实理性　构建浪漫真实

——解读新新闻主义的价值观及其叙事结构

时光回到美国的 20 世纪 60 年代，历史走进了一个喧嚣混乱的大时期。1963 年，约翰·肯尼迪总统的遇刺开启了这个风云变幻的时代：嬉皮十足的性解放、情绪激扬的反越战游行、声势浩大的青年学生运动、黑人领袖马丁·路德·金被刺……一切都是动荡与反叛。关于那个年代的回忆常常是"独占了整个疯狂的、下流的、喧嚣的、财神面孔的、浸透毒品的、恐怖的、色欲横流的美国六十年代。"① 但历史并不总是简单明了的。尽管一些学者认为这是美国历史上堕落疏离的十年，是"一段自二十年代以来最放荡、最疯狂的时期"②，然而，谁也不能抹去这个不同凡响的年代给人们的精神家园带来的冲击。

20 世纪 60 年代，素来朝气乐观的美国人陡然走向精神危机，一批反叛者毅然崛起，断然决定与社会控制力量（资产阶级政治与经济体制）和社会共识划清界限，反叛颠覆约束，荒谬代替理性，成为时代精神。这样的时代，各个领域都在颠覆传统，而出现在新闻界的宁馨儿就是新新闻主义。

一　新新闻：挑战理性的"存在"之果

新新闻主义（New Journalism）作为一种思潮出现在 20 世纪 60 年代的美国。它的特点就是"利用感知和采访技巧获取对某一事件的内部观点，而不

---

① 〔美〕莫罗斯·迪克斯坦：《伊甸园之门——六十年代英国文化》，上海外语教育出版社，1985，第 143 页。

② 〔美〕莫罗斯·迪克斯坦：《伊甸园之门——六十年代英国文化》，上海外语教育出版社，1985，第 143 页。

是依靠一般采集信息和提出老一套问题的手法"①，还要求"利用写小说的技巧，把重点放在写作风格和描写方面"。② 事实上，新新闻主义所强调的文学性的描写方法由来已久。美国波因特学会高级研究员彼得·克拉克认为，新闻史表明"创造性描写"手法甚至可以上溯到几个世纪前，而非几代人前。美国麻省大学安姆赫斯特分校的诺曼·西斯姆教授也认为，他可以列出至少一二十位采用"创造性非虚构写作"技巧的 20 世纪的作家，其中包括欧内斯特·海明威和乔治·奥威尔。③ 但新新闻主义显然并不满足于这种技巧上的"偶有出轨"，而是希望建立一种新的、公开的新闻理念，从而挑战传统的客观新闻，以满足时代的需要。如新新闻主义扛鼎者汤姆·沃尔夫（Tom Wolfe）所说："我认为不能再将这个疯狂的素材巨兽或者说我们周围的生活留给新闻记者们了，而是去做新闻记者所做的，或者说去做一个新闻记者应该做的事，这就是，去与这一巨兽斗并征服它。有一件事我可以肯定，如果小说家不准备面对现实，那么 20 世纪后半叶的文学史将记载，新闻记者不仅会占有丰富多彩的美国生活并将其作为他们的领地，而且还会占领文学高地本身。"④

新新闻主义倡导的新新闻，在 20 世纪 60 年代的美国风靡一时，但却在 20 世纪 70 年代突然之间销声匿迹。对此，我们不禁要质疑，这样一种"创造性的描写"为何只在 20 世纪 60 年代的美国形成思潮，为何它敢于公然用"主观性"挑战新闻学的"客观性"原则。

从社会思潮来看，新新闻主义与存在主义思潮在美国的流行不无关系。20世纪 60 年代，美国社会面临巨大精神危机，素来乐观朝气的牛仔们仿佛一夜间失去了可以大有作为的"广阔天地"。20 世纪 50 年代以前，存在主义已经席卷欧洲大陆，但当时的美国资产阶级还没有为自己的出路前途感到担忧。虽然遭遇了 1929～1933 年的经济大危机、1940 年的珍珠港事件，但第二次世界大战又一次加强了美国的霸主地位，所以把焦虑、恐惧、绝望、死亡等悲观颓废情绪当作主题的存在主义自然不合美国资产阶级的胃口。

---

① 〔美〕迈克尔·埃默里、埃德温·埃默里：《美国新闻史》，新华出版社，2001，第437页。
② 〔美〕迈克尔·埃默里、埃德温·埃默里：《美国新闻史》，新华出版社，2001，第495页。
③ 引自王雄：《新闻报道和写作的新纬度》，《江苏社会科学》1998年第5期。
④ 〔美〕罗兰·埃农：《独树一帜的美国作家梅勒》，《博览群书》1986年第10期。

进入 20 世纪 50 年代后，情况大不一样。第二次世界大战后建立的霸主地位逐渐褪去了耀眼的光芒：朝鲜战争的失利，打破了美国军事上不可战胜的神话；冷战中接连失利，让美国逐渐趋于守势；第三世界人民解放运动，束缚了美国向外扩张的野心，使得美国垄断资产阶级的"地理疆界"缩小，再也没有为所欲为的"广阔天地"。同时，美国国内通货膨胀加剧、失业大军增加，黑人和其他有色人种的反种族主义斗争，青年学生反战反传统运动此起彼伏，暴乱、凶杀、抢劫等罪案层出不穷，社会秩序动荡不安。这一切让美国资产阶级日渐坐立不安，在此以前欧洲资产阶级所领略过的那种他人、社会都在与自己作对的"异化"感觉，在失败、危机、绝境甚至死亡面前的恐惧、焦虑等阴郁情绪落到了美国资产阶级的头上。美国也同法国、德国一样出现了最适宜存在主义这种充满着悲观、绝望、腐朽、颓废情调的哲学生长的良好条件。

20 世纪 50 年代后，存在主义在美国流行，一些主要的存在主义者成为时髦的哲学家，大量著作被译成英文在美出版。萨特的《存在与虚无》1956 年在美国出版，曾被认为是胡言乱语的海德格尔的《存在与时间》也在 1962 年被翻译出版。美国本土哲学家巴雷特、怀尔德（John Daniel Wild）等人也分别在 20 世纪五六十年代出版了大量关于存在主义的著作。存在主义的盛行并没有局限于哲学领域，它渗入到文学、艺术、社会学、道德、教育、宗教等意识形态和社会生活，所谓的"荒谬剧""垮掉的一代""嬉皮士"都打上了"存在主义"烙印。

存在主义为新新闻主义提供了价值认同。存在主义者梅劳·庞蒂在《知觉现象学》一书中强调：不应当问我们是否真正知觉了一个世界，而应当相反地说："世界就是我们所知觉的那个东西"①。他们认为世界总是通过知觉而呈现的，而不是通过理性和科学的认识呈现的，后者是以前者为前提的。这一切都为新新闻主义的主观性新闻观奠定了哲学基础。

20 世纪 60 年代的美国，在国家信任遭受前所未有冲击的同时，对于经济生活、社会秩序的失望也使得人们开始排斥实证主义，继而对理性主义产生怀疑。国内外形势混乱所带来的价值共识的崩溃，让客观性在无法统一的价值认

---

① 引自徐崇温主编：《存在主义哲学》，中国社会科学出版社，1987，第 371～372 页。

同面前成了戴着"科学性面具"的虚无的"伪善"，反叛是唯一出路。正是由于存在主义对客观性、理性的批判和颠覆，新新闻主义的主观性原则才得以在新闻界占据一席之地。

社会形势的变化使得四平八稳的传统新闻报道难以满足人们的需要，客观性报道所呈现的无关痛痒的事件罗列，如同零散的碎片既不会让人们了解真相，对现实也没有丝毫刺痛。于是，一些希望打破新闻写作沉闷刻板状况的人放胆一试，期待以不同的报道方式来透析社会，揭示事件的影响和意义。就是在这一背景下，一些新兴的报道方式开始涌现。这些报道注重：气氛的渲染、个人情感的宣泄、对事件的解释、表达政治见识、关注时髦事物和文化变革，还十分注重小说式的人物塑造和描写，有的甚至不惜宣扬淫秽内容。

新新闻在这些新兴报道方式中最为极端，它是主观性新闻的代表。"在这种新闻中，作者作为一个中心人物出现，成为一个对各种事物进行筛选的个人反应器。"① 汤姆·沃尔夫曾在《新新闻学》中自信地言称新新闻学的目标就是在理智和情感两方面席卷读者，"给读者看真实的生活"。当时对新新闻的褒贬遍于20世纪60年代各个报纸杂志的评论版。盛赞者如韦克菲在《大西洋杂志》发表对新新闻的看法："我认为新新闻最重要、最有趣与最有前途的一点，是它的'个人本质'（Personal Nature）——我不是说人身攻击，而是指记者亲身'出场'（Presence）以及它牵扯上这件事的意义。有时，这会令人感到自我中心，而作者坦荡荡的见证，特别是以'我'来代替那双一般人'眼睛'，经常令人不悦，而视之为'主观性'，这刚好与一般的新闻作风相反。"而反对者的谩骂也不绝于耳，德怀特·麦克唐纳（Dwight Macdonald）在"纽约客事件"中就曾提出新新闻是一种"倾斜的新闻学"（Parajournalism），并评价它："好像新闻学——它搜集和散布当前新闻——但它只是挂羊头卖狗肉。一方面扬言新闻事实有根有据，一方面又挂起小说情调的招牌。这两者滚在一起，就是杂种。"②

---

① 〔美〕莫里斯·迪克斯坦：《伊甸园之门——六十年代美国文化》，上海外语教育出版社，1985，第143页。

② 转引自彭家发：《新闻文学点线面——译介美国近年的新派新闻报道》，台湾业强出版社，1988，第26、27页。

客观新闻拥护者们的诘难没有阻挡新新闻在 20 世纪 60 年代的风靡，而崇尚主观性的人们也挽救不了新新闻的命运。20 世纪 70 年代后，新新闻逐渐退出历史舞台。但正如美国著名学者舒德逊（Schudson）所说："新新闻学对于报纸新闻界写作也许没有直接的影响，但却有间接的影响。它助长了报社记者的想象力，例如《滚石》杂志在全国各地普遍受到记者的喜好，最近报纸开始朝特写及杂志写作的线路发展，在写作风格上允许作者发挥想象力，并注意人格风格及内幕消息的报道。这些周刊间接影响了记者及读者的口味，使他们逐渐摆脱传统客观性报道的束缚。"①

二 主观的新新闻：建构另类的"符号真实"

存在主义只是为新新闻主义成为思潮奠定了哲学基础，而新新闻主义所倡导的"创造性的描写"方式却是由来已久，乃至现在仍然被采用。为此，我们不禁要质疑，是否只有在动荡的年代，新新闻才有市场；还是新新闻具备某些因素是人们一以贯之所必需的，又有什么是客观新闻无法替代的。

新新闻从不否认自己是"主观性"新闻，在此原则上，新新闻主义者充满自信。他们坚信客观和真实并非一回事，新闻本质是要真实，而客观不等于真实。这样的论调显然来自存在主义对于客观与真理关系的颠覆。但新新闻主义者与传统新闻者对真实的界定是不同的。

客观性报道出现于美国的 19 世纪，一方面它是对政党报纸的深刻反省，另一方面也与美国通讯社的广泛出现息息相关。为使更多报社定购通讯社的电讯稿，一种超党派、价值中立的报道方式可以获得更大的商业利益。客观取向在此表现为中立、大多数、无政党色彩。但人并非是绝对理性的动物，对于具有主观意识的人而言，客观性如同彼岸的曼陀铃，总是可望而不可即，于是有人提出了自然科学中海森堡的"测不准"原则，表明提倡客观性不是为了达到它，而是"对事实真相最接近的报道"。这种说法将客观性原则变成一种态度，但是，如果知道事实真相，说无限接近有何意义；如果事实真相不可测

① 引自罗文辉：《精确新闻报道》，台湾正中书局，1991，第28页。

准，那怎样断定我们是在接近而不是偏离事实真相。

我们不禁要问，为什么要求新闻客观？我们希望从新闻中获得什么？新闻真是那么新鲜、真实、接近、客观吗？人们真是因为这些而需要新闻吗？难道人们不知道战争从古至今屡见不鲜，不知道桃色丑闻时时会有，不知道各朝各代皆有腐败，不知道总有杀人放火坑蒙拐骗，不知道天灾人祸总是"年年岁岁花相似"、只是"岁岁年年人不同"？所谓的新闻大多数只是以不同主角出现的"旧故事"，真正的"史无前例"可谓是凤毛麟角。既然新闻不新，那是因为接近？难道神户大地震会让不在日本的你感到丝毫震动？难道克林顿的桃色丑闻会影响邻居对你的看法？难道波斯湾的战火会燃烧你家的后院？显然，大多数的新闻远离我们现实的生活。

我们为什么还是需要新闻呢？这正如著名传播学家施拉姆（Schramm）所言："我们阅读新闻是透过新闻叙事确认自己与社会之间具有某种心理或文化的联系，新闻叙事的功能可能就是在满足大众某种心理需要，或是帮助大众完成某种社会心灵仪式。"[①] 简言之，我们从新闻叙事中可以获得对社会生活的参与感。我们希望从新闻中获得的不仅仅是5W，而是新闻叙事协助我们了解这个世界，或者说了解叙事中所隐含的世界本体。一切叙事都是人对自身命运的关怀。当人们对过去进行叙述时，是在将过去的世界通过话语同现在联系起来；人们在讲述他人的故事时，是通过话语把他人同自己联系起来，个人自身的、现实的状况就是通过与他人、与过去的联系呈现出来。透过新闻叙事，阅/听者"目击"并参与了现实社会中每天发生的形形色色的"故事"，由此来修饰或再塑自己的认知和行为模式。

因此，我们需要新闻真实地反映事件。只有获得真实的故事，自我评价才有意义，才可能有效地修正自己的行为。缺乏真实性，我们将会扭曲自己的价值观，从而脱离社会，走向异化。

由此可见，我们从新闻中获得的不是干巴巴的5W；通过新闻叙事，新闻记者是在脆弱并具有争议性的世界中寻找文化意义。如坎贝尔（Campbell）所言，除了教育体系外，新闻媒体就是社会中最重要的文化系统，协助阅/听众

---

① Schramm, W., "The Nature of News," *Journalism Quarterly*, 26 (1949): 256-269.

透过戏剧性和仪式性的故事了解周遭社区与生活世界。① 坎贝尔的研究重在追求新闻报道的意义诠释，这让人们正视新闻担负的社会意义及其客观性的内涵，而不再为"绝对客观性不可能达到""客观性根本不必要"的论述进行永无休止的辩论。

新新闻主义有一个响亮的口号："见之而写之"（tell is as you see it）；并公然提出：主观性就是真理，现实存在离开了人就毫无意义，人类心理活动同样是真实的客观实在。新新闻主义者们和坎贝尔同样关注一个问题：如何通过叙事使现实社会中发生的事件的碎片产生意义。记者的工作都是要将收集到的资料呈现出来，客观性新闻坚信呈现其中的5W是避免主观的最好办法；而新新闻主义者坚信，这些基本元素只是零散的碎片，对读者没有意义，有意义的叙事才是获得真实的唯一出路。

真实的含义是与人的认知相紧密联系的，因此，对真实的认定并非永恒不变的。在新闻叙事中，经验真实与符号真实是两类所指不同的真实。波特（Potter）在20世纪90年代中期从再现真实的观点，从科学的社会学研究、民俗学方法论、后现代主义到论域分析的发展，对于再现真实的理论，作了全面性的搜索和探讨。在研究中，他并没有分辨真实或知识的"真伪"，而是集中在论述真实是如何建构出来的，谁有权建构真实，关注如何通过符号真实构建经验真实。

今天的新闻是明天的历史。历史学家以双重叙事为主要再现系统，提出真实的再现是通过叙事的技巧达到的，我们通常所获得的不是经验真实而是由叙事形成的符号真实。皮尔斯（Charles Peirce）的"三角符号理论"也告诉我们：符号对人来说，是在某些方面或性质上代表某物。符号对某人传意，即它在此人心中创造了另一相等的符号，甚至是更精密的符号，这一创造的符号是原始符号的释符，而符号所代表的某物，就成为物。在此，"三角符号理论"为我们提供了一个再现模型：实在—再现—意义。也就是通过再现将经验真实转向符号真实，所谓歧义就产生于符号与释符之间，可以做无止境的释义工作。

① Campbell, C. P., *Race, Myth and the News* (New York: Sage Publications Inc., 1995).

詹京斯（Keith Tenkins）在《历史的再思考》中指出，世界/过去总是以故事的形态来到我们跟前，我们无法走出这些故事（叙述）去查看他们是不是对应真正的世界/过去。因为这些"总是现成"的叙述构建了"实在"……我们追捕到实在，却发现它是一个语言学上的记号，是一个概念……事实本身从来就不是争论的重点，有争论的是在建构解释时，伴随事实而来的分量、地位、结合和重要性之间的作用力。[①] 在这里，詹京斯也告诉我们，尽管实在如同洋葱的核心一样"客观"，但一层又一层的洋葱皮却是层层再现建构的。问题在于，确实有一个实在的核心，但是到底要剥多少层皮才是核心，却是一个无法客观回答的问题。也许当你自以为手握真实时，抓住的其实只是一段文字。

现实对于"真实"概念常常包含着经验真实与观念合理性两方面的意义，人们通常只能根据已有经验去类推，与经验相似程度越高就被认为"越真实"。那么客观新闻所谓的真实在于它建立了一个"事实网"。也就是说，要说明某一事实为真，（记者）就搜集一堆其他的事实，摆在一起，它们个别或集体的都能自我证成（Self-validating）。它们因为互相指涉而构成事实网，单项事实构成全体，全体又构成单项事实。也就是说，媒体公信力、人们对新闻叙事的认知以及对事件的经验决定了阅/听读者如何判断"真实"。只要叙事符合人们对于符号真实的认知，就是"真实"的。客观性新闻之所以认为自己能提供最为真实的信息，恰恰是因为他们的叙事模式最接近人们对于符号真实的认知。符号叙事如同照镜子的人和镜中的虚像，两者很相像，几乎一模一样，但是这是个"虚像"。这些论述提醒我们一个事实，再现与实在总是处于交集但不重叠的境况之中，我们可以说我们再现了事实，但我们永远不能说我们再现的就是事实。

图克曼（Tuckman）等人曾经表述过这样一个观点：新闻是建构出来的。他们认为经验真实与符号真实是两个建立在不同层面上的真实。[②] 里贝斯（Liebes）也提出，事实的确存在，任何事情都可有不同类型（Genre）处理，

① 凯斯·詹京斯：《历史的再思考》，贾士蘅译，麦田出版，第61、95、100页。
② Tuckman, G., *Making News: A Study in the Construction of Reality* (London: The Free Press, 1978).

重点仅是哪一种类型处理事实较妥……新闻记者的强势就在某故事中总有事实。① 而依据 Roeh 的说法：在叙事层面，新闻所处理的故事或再现的真实与人们想象出来的故事其实相当一致。② 我们能注意到，人们通过阅读新闻通常获得的只是符号真实。人们通过新闻确立为事实的东西，往往是因为它们被记者以符号叙事的方式报道出来；而一般人往往是根据语言的形态及它出现的位置来判断报道的究竟是事实、意见或纯属虚构，并不具备分辨"事实"和"事实语言"的能力。也就是说，"新闻报道中的语言机制虽然无法直接指称某些事情为真或事实，但却会借由修辞技巧、文法结构具体地与巨细靡遗地描绘现场一举一动（模拟真实），以加强新闻内容的真实感。"③

　　新新闻主义者厌恶这种模拟真实的做法；同样是建构再现，他们"希望将个人的心灵状态外化为空间状态，从人的心灵深处挖掘真实"④。客观性新闻认为新闻叙事的功用在于像镜子一样映照和认识"真实"，而新新闻主义者只相信一种不可把握的真实——情绪的感觉的真实。他们希望这种真实为人们打开一扇认识世界的窗口，让你直接看到事实而非看见镜中的虚像。

三　新新闻：新闻的浪漫诗人，文学的现实战士

　　新新闻主义代表作家之一的诺曼·梅勒在其代表作《夜晚的军队》一书中，通过副标题称该书为"作为小说的历史，作为历史的小说"。对于客观新闻而言，新新闻记者所追求的是心灵的真实感受，以致很多传统新闻者禁不住讥讽新新闻记者"忘了自己是个记者，而不是个小说家"。但新新闻主义者却分外强调现实主义的重要性。汤姆·沃尔夫认为"唯一有创造力的文学技巧是现实主义"，"新新闻应该是社会现实主义作品"。美国社会当时的混乱局面使得现实题材成为最具张力的素材源泉。英国评论家伯冈曾说："……美国的

---

① Liebes, "But There are Fact," *American Behavioral Scientist*, 33 (1989)：169 – 171.
② Reoh, I., "Journalism as Storytelling, Coverage as Narrative," *American Behavioral Scientist*, 33 (1989)：162 – 168 .
③ 翁秀琪等：《新闻与社会真实建构——大众媒体、官方消息来源与社会运动的三角关系》，三民书局，1997，第26页。
④ 高小康：《人与故事》，东方出版社，1993，第72页。

现实不断打破自己的纪录，达到连创造力最乖张的小说家也不能企及的荒诞或可怕的程度。"① 因此现实的复杂多变和传统新闻的刻板沉闷决定了新新闻主义者所承担的双重角色：新闻的浪漫诗人，文学的现实战士。

汤姆·沃尔夫在 1972 年 12 月号的《绅士》（*Esquire*）上详细指出了新新闻与小说的相似与不同之处，并列举了新新闻作家所采用的四种实际技术，包括：（1）一幕幕场景接场景的结构（Scene-by-scene Construction）；（2）对话的全部实录（Full Record of Dialogue）；（3）第三者的观点（Third-person Point of View）；（4）众多琐碎的细节来勾画人物。② 在他们看来，"世界就是具体的情境，而不是什么意义的符号"。

新新闻作家虽然强调上述技巧，并力主记者介入事件以获得最为真实的感受，但不认为他们的报道是小说。新新闻的主要干将泰利斯（Gay Talese）曾断然指出新新闻虽然看起来像小说，却是实实在在的"报道"，是"用脚跑出来的事实报道"。因为新新闻作者用尽了小说所率先采用的技巧，并且将散文中每一项技巧组合使用，所以人们更多地将之看作是"新式的非虚构小说"（New Nonfiction）。也正因此，新新闻尽管风靡一时，却从未与当时的大报沾边，连杂志也只有少数能搭上《绅士》《纽约客》的列车，偶尔也会在《生活》《大西洋》上露露脸。也只有沃尔夫、米勒这些顶尖的新新闻作者才可能在《村声》《滚石》这些与大报差不多的刊物上露一手。

新新闻作为新闻叙事的出轨者，在 20 世纪 60 年代疯狂一时之后销声匿迹了，那些"说故事的人"终于消失在记者的队伍中。可是人们并不会因为他们的消失就能摆脱"故事"本身对他们的吸引。心理学家霍华德（Howard）曾引麦尔（Mair）之言表示：故事就是我们的居所（Habitations），我们依故事而生，并且生活在故事所形成的世界中。故事连接"我们的"世界，在故事外我们无法了解别的世界。故事讲述声明，将我们聚集亦将我们分散。我们生活在文化的伟大故事中，我们透过故事存在。③

---

① 〔美〕杰克·富勒：《信息时代的新闻价值观》，展江译，新华出版社，1999，第 157、163 页。
② 引自〔美〕杜鲁门·卡波特：《残杀》序言，陕西人民出版社，1987，第 2 页。
③ Howard, G. S., "Culture tales. A narrative approach to thinking, cross-culture psychology, and psychotherapy," *American Psychologis*, 46（1991）：192.

　　20世纪90年代中期，传播研究者开始注意到"新闻与说故事"（News and Story-telling）的关联性。不少学者直接把新闻描述为具有叙事结构成分的"故事"；坎贝尔更是采取叙事结构和文学作品技巧调查美国著名新闻节目《六十分钟》，发现贯穿新闻故事的轴线与贯穿小说、虚构文学故事的轴线两者在社会价值意识和社会迷思层面具有一致结构。[①] 还有一些学者主张新闻写作者应多掌握人性中的戏剧性。他们认为，好的新闻故事可以将媒介与读者连接起来，借着新闻故事所探索的人类情景，使读者的生命产生意义；这种启示与一般故事对人生的启发有同样效果。他们强调，故事属于人生的深层部分，是人们思考及再现世界的起点；为此，新闻从业人员需要学习使用好故事的要素，方能检视新闻素材及新闻价值，写出具备文学风格的新闻故事。

　　现今人们似乎不再忌讳新闻是"说故事"，只是必须在客观世界中有真实对应。新闻特写、新闻文学、报告文学、深度报道以及口述实录新闻无一不带有新新闻的影子。它们或是将新新闻所提倡的技巧中的部分发挥到极致；或是平衡信息与故事性之间的关系，巧妙掩盖新新闻所提倡的写作技巧。总之，将新闻作为故事的形式进行处理，已不再是惊世骇俗的离经叛道之举，而成为言之有理的叙事技巧。随着对叙事语言的研究不断深入，对文化与社会关系研究的不断开拓，许多新新闻曾经面临的诘难已经在历史的车轮之下消解，所以我们有必要重新寻找新新闻主义的叙事特点以及它给新闻报道方式带来的冲击。

　　"星期日早上10时，在北卡罗来纳州的山头。车，数里长的车，四面八方而来；数以百万计的车阵，似用蜡笔画成，水绿色、水蓝色、炭棕色……香吉士的橙车，三十一种口味的冰淇淋车，统统在这些车龙中。守护着北卡罗来纳州的老太阳，一直从挡风玻璃爆出光芒。"

　　这是沃尔夫在《美国最后的英雄》（*The Last American Hero*）中所描绘的场景。任何初读这段文字的读者都会在脑中不自觉地勾勒出作者所希望展示的画面，很直觉地将这一段充满想象力的描述与小说中所设置的场景联系起来。

---

① 王纬、刘浚：《保持"中间地带"——论〈六十分钟〉的叙述模式》，《现代传播》1997年第3期。

这便是新新闻的魅力所在。新新闻的作者从不讳言，场景是将新闻戏剧化的主要技巧。没有场景的贯穿，这样的报道只是一部详细的史料记载。而乔·麦基尼斯（Joe Mcginniss）所做的《一九六八年总统促销》，将 1968 年尼克松竞选总统时拍摄三条宣传广告共拍了 12 次的事情从头到尾、事无巨细地记录下来，光描述摄像机开关的次数就多达 19 回。随着每一次摄像机开关的"哔、哔"声，读者随着记者一同体验着事件的发展过程。如果是一般性新闻描述，这样的过程大致会描述其中的两三次，然后总结：尼克松重复这样的事情达 12 次之多。

可是如果这样，读者完全体会不到这一事件所真正具有的意义。而当你看完乔·麦基尼斯的这一报道时，会不自禁跟随作者在心中默数拍摄次数并因此而暗自发笑。作者对于这一事件的真实感受已经通过他的叙事方式表达出来，会让你在看似戏剧化的场景中感受到目击者的真实体验，而他所选用的技巧恰恰是没有对新闻的要素进行摘要和浓缩，而是一反常态的照实记录，几乎真实到了"虚构"的地步。因为在传统新闻报道所建构的真实语言机制中，这样的叙事方式是没有被真实语言机制纳入轨道的，但并不能说这是虚构的。以新闻追求符号真实的目的而言，当作者真的将过程以第三者的视角全程记录下来的时候反而缺失了传统新闻报道所建构的真实感而更像是虚构小说。

而要达到这样以真乱"假"的目的，除了新新闻主义者所提倡的四种技巧，还有一样使新新闻可以公开宣称自己是新闻报道的"法宝"：密集采访（Intensive Reporting）。罗伯特·斯坦（Robert Stein）就曾指出，从事新新闻写作，不在于它的"小说化形式"，而在于事前巨细无遗的"饱和采访"。如 1965 年以《冷血》一书名噪一时的卡波提（Truman Capote）以极为琐碎的叙述报道了美国肯萨斯州一个富农家庭的谋杀案。其间，他花了 6 年的时间去采访，在 6000 多张笔记中挑出自己所需要的材料。还有，泰利斯也花了整整 7 年的时间去为《荣耀归诸天父》积累材料；而写《一九六八年总统促销》的麦基尼斯在 1968 年为了收集各项详细的资料，几乎花了全年的时间待在尼克松总统竞选大本营中。对此做法，沃尔夫归结为："报道的基本单元，已不再是何人、何事、何时、何地、如何与何故，而是所有场景与对话的伸展。新新闻牵涉一种深度的报道，以及注意到最细微的事实和细节。这些都是大多数记者，即使是最有经验的报人，所从来不敢奢望的。"①

沃尔夫强调这是一种深度资讯（A Depth of Information），是报刊上从未有过的需求。除此之外，主观性的视角也是新新闻不同于传统新闻报道的特质。斯坦也强调：在新新闻中，目击者的眼睛就是一切——或者几乎等于一切，戏剧化的文艺技法加上密集式采访这样的报道方式不可能摆脱个人的主观。为此，新新闻主义者索性坦然接受这种属性，并努力在这一特点的约束下报道一件特殊的事实或一件专门事件，以帮助读者游历这些事实或这一事件，透过自己的眼睛，去目睹事件的发生，进而深深地体会某一类别人物——而非作者。

此外，新新闻之所以能立足于新闻之林的另一"法宝"，便是沃尔夫曾提到新新闻的另一"法宝"，即由他定名的"社会勘察"（Social Autopsy）——一种作者在记录个中人物的详尽生活、态度，以及一切举凡能显出其人其事所花的心力；目的在于提供一幅更为综合性的画面，让读者不但获得其人其事的资料，并能对其有更深一层的了解。"社会勘察"，强调的是新闻报道者观看周围世界的独特视角，具有一种"能看到别人所无法看到的能力"。无疑，由此而建构的新闻叙事，自然有助于弥补人们对这个世界真实看法的缺失。正是因为坚信通常的叙事对于真实的建构总是有限的，新新闻主义者才认为新新闻这种"见而写之"的介入视角能更加贴近真实本身。

（2003 年 10 月初稿，2003 年 12 月定稿；胡亚平参与本文撰写）

---

①   Tom Wolfe, *The New Journalism* (New York：Harper & Row, 1973), p. 7.

论动漫在电视新闻传播中的叙事价值

*——以海峡两岸三地的华语电视新闻节目为例**

　　自20世纪90年代始，随着电子媒介易用技术的普及，纸媒体、电子媒体等大众媒体海量化的传播趋势日益厚重，如何改进、强化媒体的传播形式，加大视觉冲击力度，以满足受众快速攫取信息的需求，已经成为当代媒介提升自身竞争力的重要内容。毋庸置疑，电视是迄今为止承载最多形式元素的大众媒介，电视新闻借助其传播技术的优势，总是以多视角的画面叙事元素，将信息以更加准确、具象、生动、易受的形式呈现在观众面前。"尽可能提供生动、准确、形象的新闻视觉元素，是电视新闻节目获取最佳传播效果的起点"，[①]然而令人遗憾的是，当今电视新闻却频频出现"空镜头多、重复镜头多、虚假扮演镜头多、准确叙事镜头少"[②]的"三多一少"的尴尬局面。近几年来，CCTV 国际频道、深圳卫视、广州电视台、香港凤凰卫视台、香港本港台、香港翡翠台以及台湾中国电视公司（中视）、TVBS、年代电视台等，在传承漫画新闻逾百年文化积淀的基础上，充分吸取当代新媒体动漫（动画或漫画）传播的形式成果，开创了华语电视新闻节目运用"动漫"叙事的新格局。

　　鉴于电视新闻画面叙事兼具内容和形式的双重含义，本文所探讨的重点落脚于电视新闻传播的"动漫"叙事形式之上，通过对"两岸三地"华语电视台的新闻节目中"动漫"语言元素运用的解读，深入探讨"动漫"在电视新闻节目中的叙事价值。

---

　　* 两岸三地指中国海峡两岸的大陆、台湾和香港三地。本文截图来自 CCTV – 4、深圳卫视、香港凤凰卫视、香港本港台、香港翡翠台、台湾"中视"（中国电视公司）、台湾 TVBS、台湾"年代"等各频道新闻节目。

　　① 引文为黄山先生 2006 年 12 月在中国高等院校影视学会第 11 届年会暨第四届"中国影视高层论坛"讨论会上的发言。

　　② 引文为黄山先生 2006 年 12 月在中国高等院校影视学会第 11 届年会暨第四届"中国影视高层论坛"讨论会上的发言。

一 电视新闻动漫叙事的传播形式与特性

动漫作为一种有别于传统新闻叙事的叙事形式被引入到电视新闻叙事当中，其信息含量和叙事模式都呈现出崭新的传播叙事价值。在"两岸三地"的电视新闻节目中，"动漫"运用可谓丰富多姿，从内容上看，有反映台湾高官政治诉求、描摹"两岸三地"市井民众生活情态、凸显突发事件关节要点等各类主题；从形式上看，有真人头像漫画、漫画描摹、漫画文字组合、动画连环叙事等多种组合。本文集其内容形式于一体，作如下归类：

（一）导语画面综合类动漫

所谓导语画面，是指与电视新闻导语文本内容相携、与导语播报同时空出现在屏幕上的图像。导语画面能配合导语文本具象地凸显新闻人物特征、强化新闻事件要点，以追求信息传播效果的最大化。导语画面综合类动漫，便是借助"动漫"手法，以便导语画面能够综合具象地反映导语抽象文本的本质内涵（见表1）。

表1　导语画面综合类动漫

新闻事件	广州电视台2007年4月17日报道：2007年4月15日，新闻出版总署、公安部等八部委联合发文要求的"防沉迷系统"昨天起开始在全国所有网络游戏中"上马"。	2007年3月15日"中视"：台湾"教育部"最近发函，要求中小学老师找出有自杀倾向的学生，要学生签"不自杀约定书"，此举被社会讯论为"无聊"。
导语画面		
特征	动漫人物向"网海"施救，寓意深刻生动，配以"网络防沉迷系统"文字闪动，该系统"防沉迷"的要点彰显，信息震撼力度大。	动画中儿童形象幽默而无奈，屏幕文字闪动，凸显导语抽象文本的本质内涵，对"教育部"怪招的讯论入木三分。

（二）新闻要点凸现类动漫

新闻要点凸现类动漫，就是在报道综合性新闻中，选择新闻要点中的人物或事件，通过动漫形式赋予其形象的视觉冲击力，凸现新闻事件的内核、解析新闻人物的行为目的，以保持信息传播的准确到达率，提升信息的可读性与可信性（见表2）。

表2　新闻要点凸现类动漫

新闻事件	新闻要点凸现动漫	特征
台湾 TVBS2007 年 2 月 2 日报道：2007 年 2 月 1 日，台湾诸媒体报道台湾"教育部"意见，老师不能在课堂上出言伤害学生，如说"你怎么这么笨"，或罚学生交互蹲跳、蛙跳等。		漫画虚拟描摹，画面中，师生身份、学校环境简约而典型，画中说辞"你怎么那么笨呀"和屏幕文字相配，信息准确、突出。
香港本港台 2007 年 4 月 19 日报道：过去几年教统局及卫生署评估学障儿童的比率偏低，特殊学习障碍为学生、家长及学校都带来困扰，有的经学校转介的学生轮候长达 9 个月才能接受评估。		运用学生、警察、医生等标志性人物动漫报道"文字新闻"是香港电视多年的经典做法，辅以关键字句构成"文字动漫"，可看性好，可读性强，传播门槛因之而降。
中央电视台《新闻联播》2007 年 5 月 9 日报道：吉林省各级政府为失业人员及其子女提供免费技能，在具体实施中，三次改动"培训补贴"政策，将"为民办实事"落到实处。		三组群体人物动漫和环境动漫组合，叙事清晰、图像典型，将吉林省各级政府三次改动"培训补贴"政策的口播新闻演绎得生动具体、好听好看。

（三）新闻事件描述类动漫

新闻事件描述类动漫，就是在报道事件性新闻中，运用动漫连环叙述的方式讲述新闻的发生、发展、结束的全过程,将抽象的文本叙述转变为具象的视觉叙述,以降低传播门槛,帮助受众准确接收、理解信息(见表3)。

表3　新闻事件描述类动漫

新闻事件	台湾"中视"2007年4月15日报道,台湾阿里山丰山风景区15日发生竹桥断裂意外,造成11人坠溪受伤。据悉,当时一群游客在竹桥上嬉戏往返,竹桥不堪负荷,应声断裂,众人摔落三公尺深谷溪中,多人骨折,幸均无生命危险。
画面	  
特征	动漫连环叙事,新闻事件情节清楚,既形象还原了断桥的因果过程,又具体告诫游客日后在类似场合如何注意安全,传播服务意识尽显其中。

(四)平面、网络媒体借鉴类动漫

平面、网络媒体借鉴类动漫,就是电视新闻借鉴平面、网络媒体的漫画新闻报道新闻事件,凭借电视画面的"运动"特性,将单幅的漫画表现为全景、中景、特写,让单幅静态漫画"动"起来,从而为静态的画面增添动态的"好看"元素。平面媒体的漫画新闻历史悠久,底蕴深厚,作为新媒体的网络则传承了平面媒体这一视觉语言,二者不失为电视新闻跨媒体补充新闻视觉元素的重要源泉(见表4)。

表4　平面、网络媒体借鉴类动漫

新闻事件	2007年4月6日,年代新闻口播当日《苹果日报》关于某继父对女儿性侵事件的报道,提醒社会关注少年的健康成长。	2007年4月20日,凤凰卫视口播网络漫画新闻,披露"基地"成员看电视,幸灾乐祸称美国弗吉尼亚州弗吉尼亚理工大学4月16日枪击案的犯罪嫌疑人赵承熙为"兄弟"。

续表

画面		
特征	运用平面、网络媒体漫画，以全景为起点画面，继而中景、近景、特写镜头连续运动，平面、网络媒体的静态漫画在电视镜头下得以动态新生。	

二　电视新闻动漫的叙事价值分析

通过本文第一部分对电视新闻动漫叙事的传播形式与特性的简要阐述，我们不难得到更深刻的理论联想。动漫新闻是以叙事手法简洁、造型方法鲜明的样式传播新闻，其本质意义与价值是，维护了电视传播的本性，极大地丰富了电视非语言符号的表达，提高了电视新闻的可视性和易受性，不失为电视新闻语言符号运用的重大变革。"两岸三地"电视机构用动漫形式叙述新闻，是电视新闻传播历程中具有标志性意义的突破与创新，动漫新闻传播的图像叙事价值、新闻保真价值、现场满足价值和信息注意价值也在其实践中逐一呈现出来。

（一）动漫传播的图像叙事价值

新媒体逐渐普及的当今，科学技术的进步为传播形式与传播内容的完美整合提供了条件，尤其是无所不能的数字技术，为电视新闻传播的形式演进提供了丰厚的物质基础，从而极大地丰富了电视非语言符号（图像）的叙事价值，提高了电视画面的可视性与可塑性。众所周知，信息传播获得的价值大小及传播效果与其运用的传播符号有着密切的关系。各类传播媒介只有充分发挥自身的符号优势，才能获得信息传播的最佳值。就电视节目而言，"可视性"是它最突出的特点，非语言符号（图像、图形）是节目内容的主要载体之一；以单一的语言符号（播报、屏幕文字）为主要载体来进行新闻叙事，显然有悖于电视节目的"可视"本性。传播学界关于受众信息接受能力的研究表明：非语言符号与语言符号各自传播同一具体信息时，非语言符号更能消除观众对信息理解的"不确定性"。这是因为具象的非语言符号比抽象的语言符号具有更丰富的信息涵盖量。面对电视新闻传播日益严重的"广播化""抽象化"现象，维护电视的传播本性，发挥电视节目的"可视"优势，达到电视节目"好看、易看"的传播效果，已是当代电视制作人追求的根本目标。"图像可以促使文字意义的回归"① 的符号价值原理已成业界的共识。致力于追求"好看、易看"的电视本性固然理想，然而，以抽象语言为主要叙事文本的电视新闻要付诸传播实践却并非易事。其症结何在？我们可以用结构语言学家索绪尔《普通语言学教程》中的"所指""能指"② 二分法理论来解构电视新闻的文本与画面对应转换的两难关系（见表5）。

表5　"所指"、"能指"解构电视新闻的文本与画面对应转换的两难关系简说

所指能指	新闻意义（所指）	新闻意义画面（能指）	新闻意义播音（能指）
对应符号	新闻文本阐述（易）	对应意义画面（难）	对应意义播音（易）

透过索绪尔的二分法结构理论不难发现：电视新闻的各种符号成分之间的形式关系，虽然在理论上可以在语言结构符号中找到对应的结构关系，但现实的难处是，由原始新闻镜头结构而成的画面，其"能指"内涵难以与新闻文本结构中"所指"的抽象语义信息一一对应，无法起到"具象突显新闻人物特征、强化新闻事件要点、追求信息传播效果最大化"的作用。动漫符号则不然，如新闻片《丰山风景区竹桥惊断11人坠溪》，就轻而易举用连环动漫画面（能指）配合新闻文本（所指）清楚叙述了游客扎堆而桥断坠溪的全过程。

---

① 〔美〕保罗 M. 莱斯特：《视觉传播——形象载动信息》，霍文利等译，北京广播学院出版社，2003，第448页。

② 本文"所指""能指"概念引自于〔瑞士〕费迪南·德·索绪尔：《普通语言学教程》，裴文译，江苏教育出版社，2002。

实践表明，为了填补由于摄像机无法触及新闻现场画面而造成的新闻信息空洞贫乏的缺陷，极为有效的叙事手段就是动漫形式的运用。动漫以其联想、重构、趣味的叙事手法模拟、再现新闻现场的信息，从根本上改变了现今电视新闻中"空镜头多、重复镜头多、虚假扮演镜头多、准确叙事镜头少"的被动格局，此为动漫符号信息价值的重要体现。

（二）动漫传播的新闻保真价值

真实是新闻的生命，新闻报道无论何时都必须坚守客观、真实、严肃的原则。本文研究的电视新闻动漫叙事形式，是在成熟的"漫画新闻"符号体系基础上，发掘动漫的符号叙事功能，旨在运用动漫造型语言符号承载新闻报道中5个W（何人、何事、何时、何地、何因）的核心信息，达到完整、完美叙述新闻事实的目的，而并非传统观念所认为的动漫只是一种新闻娱乐化的表现手段。

众所周知，电视镜头无法"回顾"业已发生的事实，而新闻内容又大量包含着"过去时"的内容。为了"保证"新闻的可视性，不少记者和编辑多是采取补拍再现、角色扮演、现场重现等手法来填补重要信息的疏漏与缺失；尽管这些侵害新闻真实性的假定性表演镜头常会标注"模拟重演"字样，但依然容易"因假乱真"，造成观众心理上的认同错位，最终诱导观众对新闻真实性的误读，以致伤害媒体的公信力。动漫形式对新闻的解读与传递则不然，不会造成这种后果。这是因为，史逾百年的"漫画新闻"形式早为广大受众所熟知、认同，绝无误读之虞。当代的"电视动漫新闻"形象直观，幽默诙谐，避免了新闻播报中平铺直叙的贫乏和空洞，更是令观众耳目一新。新闻画面与新闻文本构成的声画"双主体结构"是新闻保真的最佳模型。在画面欠缺的情况下，以动漫画面替补维持其抽象、具象叙事符号"双主体结构"的完整性，同样可以帮助受众在接受文本信息的同时，通过动漫画面完成对新闻场景信息的心理认同。动漫画面的内容源于新闻文本，动漫画面的技法源自发端于清末的"漫画新闻"，其保真价值不容置疑。因此，以动漫形式传播新闻，便从根本上否定了扮演、重现等各种假定性传播手法对新闻真实性的伤害，使电视新闻在传播过程中充满真实性、趣味性和服务性。

（三）动漫传播的现场满足价值

"现场"，是新闻事件赖以生存的时间、空间的物质基础；"现场满足"则是受众对信息传播过程中的精神追寻。"百闻不如一见""耳听为虚，眼见为实"，这些古老格言印证了人们对"现场"的心理依赖诉求。电视新闻是对现实生活中已经发生或正在发生事实的时空"现场"的"真实复制"，它通过二维镜头画面，整合文字、图像等叙事元素，真实地还原现实世界的三维空间。在电视新闻的新闻事实叙述过程中，单纯的"口播"往往无法满足完整叙事的信息需求，而图像对新闻事实的客观记录与描述，则具有"眼见为实"的证实作用。因此，运用新闻现场画面、新闻照片、漫画描摹、动画演绎等其他图形叙事素材来证实与增强新闻信息的现场感，便可使电视新闻在消除各种信息的不确定性过程中有着"百闻不如一见"的优势。

学者黄匡宇在《电视新闻：用语言叙述，用画面证实》一文中阐述了电视新闻画面语言的证实功能，他认为，"电视新闻画面有别于故事性影视画面，它的任务不是系统叙述——有限的画面时间大大限制了它系统叙述的能力。它的任务在于以具象符号的色彩、形象、动态、空间等因素与抽象的语言联袂，向人们传播完整的信息，佐证新闻的可信程度"[①]。这里提到的"画面"系指来自于新闻现场的图像，电视新闻画面承担的传播任务是记录新闻事件的物质现实而突出新闻现场的真实性。实际上，本文所研究的动漫叙事也可纳入电视新闻图像叙事"意义本真"的范畴之中。动漫作为一种图像表现形式，将新闻本体中的"人、事、时、地、因"真实地"描摹"到"意义具象化"的新闻情境之中。这种描摹的新闻情境，是基于记者对新闻现场充分调查与采访之后对新闻事实的还原性描摹。从本质上看，新闻动漫叙事所具有的真实性和可信性与新闻现场画面具有效力相似的新闻叙述效果和信息证实价值。

阿恩海姆将视觉、知觉对于"现场"信息的感知概括为"力"的发掘程度，线条轮廓、油画、舞蹈、戏剧、电影所表现出的"力"程度不一，但产

---

① 黄匡宇：《电视新闻：用语言叙述，用画面证实》，《现代传播》1997年第4期。

生的"心理意象"（认同想象）却无本质差异。① 据此我们认为，动漫作为电视新闻的另一种形态的图像叙事样式，有着与图像相似的特质：形象直观、简单明了、易受性强。动漫所构筑的新闻描摹情境无异于将观众带到新闻现场，在新闻文本准确无误的前提下，能激活观众的"心理意象"（认同想象），得到"眼见为实"的现场认同，产生图像体验和心理想象相融合的一致性，从而达到抽象信息传播的信息现场证实、现场满足的目的。众所周知，为保护涉案人的权益，世界各国（地区）有关未结案诉讼的新闻几乎没有照片与电视图像报道的先例。2007 年 4 月 4 日、4 月 17 日，"两岸三地"的各电视台在报道马英九因"特别费"两次出庭应诉的消息时，庭审的图像同样缺失，各电视媒体全部是借助多幅"动漫"（真人头像加漫画）画面还原庭审过程来满足受众对于新闻现场的视觉欲求（见表6）。

表6 "两岸三地"六家电视媒体对马英九"特别费"
案一、二次庭审的动漫报道选辑

CCTV - 4 对首次开庭的动漫对话报道	深圳卫视对二次开庭的动漫对话报道	凤凰卫视对首次开庭的动漫对话报道

TVBS 对二次开庭的动漫对话报道	"中视"对二次开庭的动漫对话报道	"年代"对二次开庭的动漫对话报道

---

① 〔美〕鲁道夫·阿恩海姆著《视觉思维》，滕守尧译，四川人民出版社，1998，第408页。

（四）动漫传播的信息注意价值

电视新闻传播的对象是观众，吸引对象的第一步就是引起注意，"使对象朝向和集中于一定的事实、问题、知识、观点、形象、声音等等"[①]。观众注意力的背后是其对信息"求真""求知"的心理需求。聚集、驾驭观众的注意力，提高电视新闻的注意价值，是电视新闻从业人员的一贯追求。传者总是希望尽量克服观众在收看电视新闻时的随意性，提高观众对电视节目的视觉维持，让节目在尽可能短的时间之内抓住观众的无意注意（指事先没有预定目的、无须意志参与、不需要做主观努力的注意），进而转无意注意为有意注意（根据人的意识需要，把精力集中在一定的事物上的注意。在这个过程中，动漫的运用便是实现这一目标的主要举措）。动漫的注意力价值主要体现在以下两个方面：

其一，增强电视新闻节目的可视性与视觉凝聚力。将具有夸张表象、突现本质特色的"动漫"引入电视新闻节目中，体现了严肃新闻通俗化的叙事理念，满足了受众对电视新闻"好看、易看、好听、易懂"的心理需求，对提高观众对新闻的注意力十分有用。众所周知，新闻现场图像缺失的屏幕（如口播新闻），常常会造成观众的视觉游移和心理倦怠，信息的到达率必然降低；而在电视新闻的传播叙事过程中增加图像叙事的比率，则会使信息更加具象和生动，从而达到强化观众心理信息映像、凝聚注意力的目的。动漫新闻简洁明了的叙事风格和轻松明快的表现形式，有利于集中观众的注意力，变观众收看节目的随意性为集中性、介入性，从而有效地提高电视节目的收视率和传播效果。

其二，降低文本传播门槛，提升电视的易受性。电视新闻叙事有别于广播和报纸对信息的诠释。广播主要以声音调动听众的听觉系统，进而感知"听"的内容；报纸是侧重于人的视觉系统，通过阅读，进而思辨、感知"看"的内容。而电视则是通过声音叙事表现，以画面描写再现，将各种可能的传播元素和叙事符号掺糅融合，充分调动人的视觉、听觉、知觉、感觉等感官系统，

[①] 陈力丹：《马克思恩格斯的传播心理观》，《中国广播电视学刊》1994年第5期。

全方位地感知"所听""所看""所知""所感"。正是电视的这一特性，决定了电视新闻必须在同一时间尽可能多地利用屏幕文字、新闻画面、图表、特效等叙事形式向观众全方位、多角度地呈现新闻信息，令观众体验"视""听""读"三位一体的信息享受，满足观众对电视新闻节目"好看、易看、好听、易懂"的要求。

实践表明，强化电视的易视、易懂性，是牵引、维持观众的注意力的良方。传播学原理认为，新闻内容能否被观众成功接受，不仅取决于新闻内容的选择，更在于新闻在传播过程中对叙事形式和传播符号的准确把握，只有尽可能运用图像提升电视易受性以降低观众观看新闻的费力程度，才能有效地增强受众对信息的注意力与满意度。传播学家施拉姆将一个人选择信息的制约因素归结为"信息选择的或然率"①：

选择的或然率 = 报偿的保证/费力的程度

该公式表明报偿（人的满意程度）的保证越大，而费力（时间支出、精力消耗等）的程度越小，选择的或然率就越大。这个公式能被通俗地理解为：观众对电视新闻产品的选择很大程度上取决于是否能以最省力的方式获取最完整的新闻信息。

纽约大学心理教育学家詹里姆·布尔纳（Jerome Burner）经研究发现："人类的记忆10%来自于听觉，30%来自于阅读，60%则是通过视觉和实践获得。"② 从整体感知的角度来看，人所感知的信息有60%以上来自于形体（图像）对于视觉的刺激。"观看，就意味着捕捉眼前事物的某几个最突出的特征，如天空的蔚蓝色，书本的长方形形状，金属的光泽等等。仅仅是少数几个突出的特征，就能够决定对一个知觉对象的认识，并能够创造出一个完整的式样。"③

电视新闻可以凭借动漫形象直观、信息明了的特质，将新闻事件中5个W的核心信息，乃至现场气氛、人物情感等信息生动、具象地传递给观众，

---

① 〔美〕威尔伯·施拉姆、威廉·伯特著《传播学概论》，新华出版社，1984，第114页。
② 〔美〕保罗 M. 莱斯特著《视觉传播——形象载动信息》，霍文利等译，北京广播学院出版社，2003，第447页。
③ 〔美〕鲁道夫·阿恩海姆著《视觉思维》，滕守尧译，四川人民出版社，1998，第25页。

让观众从"看"的过程中，经过自己的联想和理解"创造出一个完整的式样"，这就是动漫在视觉上信息注意价值的体现，本文上述所列举的图片都能印证这一论题理论的适用性。

三　结语

统观电视新闻动漫叙事的价值，皆因建立在当代科技基础之上的动漫，为化解新闻画面的"现实的难处"创造了契机；动漫叙述可裂变的创作性与传播意义的可集合性，为新闻画面与新闻文本的灵活对应提供了极大的可能与自由，科学技术与传播手段的完美整合，赋予了"电视新闻画面"崭新的生命，为满足受众日益高涨的视觉消费需求创造了条件。从媒体的传播形式视角观照，电视新闻动漫叙事的总体价值显现的是视觉元素的革命性蜕变。综观华语电视市场，"两岸三地"的电视新闻已经将"动漫"这一生命力极其强大的视觉形式运用于时政、民生、经济、科技新闻各个领域。视觉元素极其丰富的"动漫"形式运用，已经成为电视媒体相互竞争、自我完善、服务受众、争取受众的重要选择。从新媒体的成长与壮大的过程上看，电视新闻的动漫现象，不只是电视新闻节目对"动漫"形式的有限借鉴，其重要意义应被视为我国电视新闻传播观念的重大变革。可以预言，随着形式观念的渐变、制作技能的普及，"动漫"的传播叙事价值将在我国更多的电视新闻节目中显现。

未来学家托夫勒在其著作《第三次浪潮》中曾说："在第三次浪潮的信息环境中，人们要计算机去思考难以想到甚至从没有过的东西。新的理念、新的理论、新的技术见解也许会由此而产生。"[1] 时至今日，他的预言在"两岸三地"电视新闻画面对动漫的精巧运用中得到了印证。

（2006 年 12 月初稿，2007 年 1 月定稿；黄雅堃参与本文撰写）

---

① 〔美〕阿尔温·托夫勒著《第三次浪潮》，朱志焱等译，三联书店，1984，第 18 页。

数字纪录片：在真实与虚构之间

进入新世纪以来，以计算机动画影像为标志、动辄投资数百乃至上千万元打造的数字纪录片不断撞击着我们的眼球，如北京科影拍摄的《复活的军团》《圆明园》，中央电视台拍摄的《故宫》《大国崛起》等。这些国产数字纪录片无疑代表着当今中国纪录片制作的巅峰。然而，无须回避的是，人们在享受这种"超自然""超真实"的视觉盛宴的同时，对这些披着新技术主义外衣的数字"大片"也一直存在疑虑：数字纪录片还是纪录片吗？它诠释的是我们真实的历史吗？数字纪录片应该是坚守纪录片真实之门，让影像还原历史，还是继续在虚幻的时空中自由驰骋，在历史探寻中寻找麻醉？凡此种种。对数字纪录片真实性的质疑，说到底是它踩到了纪录片本体的底线，踩到了人们心中追求的纪录片的底线。应该说，这些问题的提出已关涉到数字纪录片发展的方向及其应遵循的原则。本文立足于纪录片的本体论、认识论，从理论与实践相结合的层面回答上述问题。

所谓数字纪录片，就是采用计算机图像技术，利用电脑生成的虚拟场景，全部或部分代替现实社会不存在的、无法复原的视觉景观的纪录片。由于这类纪录片从影像的产生、处理、合成到复制等过程都采用全数字处理方式，故被称为数字纪录片。从本质看，数字纪录片与其母体——传统的纪录片具有很大的相关性，因而纪录片的本体属性构成本文研究的逻辑起点。

一　纪录片本体属性的再探究

关于纪录片的本体属性之争由来已久。最早使用"纪录片"（Documentaire）一词的是法国人，当时的"纪录片"专指电影诞生初期大量出现的旅游片。被世界公认为人类学影像大师的罗伯特·弗拉哈迪（Robert Flaherty）认为，纪录片是"纪录边缘的历史"①。而在英语世界最早使用"纪录片"一词的英国人约翰·格里尔逊（John Grierson）则认为，纪录片是"对现实的创造性处理"②。这两种说法建构了纪录片本体属性的两个极点："对现实的反映"和"对现实的创造性处理"，此后的理论都是在这两极之间游走。③ 与此同时，围绕纪录片本体属性的探究与争论，世界各国还曾爆发了种种不同风格的纪录片运动，从"纪录边缘的历史"到"服务于现实斗争"，再到"一种影响舆论的手段"等。

尽管纪录片的本体属性的争论至今还没停止，但是从纪录片的上述两极特性中，我们可以得到这样的启示：纪录片是一种伴随科技发展的、对人类历史和现实有着重要观照和思考价值的文化样态。它通过影像的形式探索历史、记录今天、昭示未来。它有时表现得像生活中的一面"镜子"，有时则像一把改造世界的"斧子"，对人类历史、政治、经济和社会生活等方面起着重要的传承作用。

由此，纪录片的本体属性可以从三个层面再认识。首先，从其起源看，纪录片最早是被视为科学技术的珍品而存在，它能够立身处世全然取决于技术意义上的功能；综观此后诞生的各种纪录片流派及其所建构的美学价值、社会价值和文化价值，也都离不开技术的发展。每一次技术手段的突破都能够在一定程度上促进纪录片的繁荣，这包括本文讨论的数字纪录片。其次，从其社会作用看，纪录片最重要之处就在于纪实，否则它等同于故事片。"纪实是一种特殊的纪录形态，它强调记录行为空间的原始面貌，强调记录形声一体化的行为活动。"④ 这个说法既代表了学界和业界对纪实的看法，也是受众对纪录片的心理认知。安德烈·巴赞（André Bazin）提出的纪实美学是迄今影响最深远的纪实理论，他在《电影是什么？》中提出的一系列真实美学观，如长镜头理论、景深摄影、作者论等，形成了与传统蒙太奇不同的理论体系，对世界纪录片发展产生了深刻影响。最后，从其制作原则看，纪录片存在的正当性在于追

① 〔英国〕保罗·罗沙：《弗拉哈迪纪录电影研究》，上海人民美术出版社，2006，第11页。
② 〔法国〕让·路普·巴塞克《电影辞典》中"纪录片"的词条，多年来被认为是"纪录片"的权威定义。
③ 〔法国〕拉法爱尔·巴桑：《纪录电影的起源和演变》，单万里译，见《纪录电影文献》，中国广播电视出版社，2001，第7页。
④ 钟大年：《纪录片创作论纲》，北京广播学院出版社，1997，第53页。

求影像和意义的真实，人们对纪录片的心理期待也源于此。但纪录片的"真实"如何评判和界定至今存有争论，① 对"表面真实"还是"本质真实"的追问导致人们对纪录片的评判存在诸多猜疑和担心。为此，"真实性"构成了纪录片价值探讨的重要元素。

二　数字纪录片的产生及本体辨析

数字纪录片产生于 20 世纪 90 年代，兴盛于 21 世纪初。它的诞生既与新技术时代计算机图像技术日臻成熟有关，也与电影特技、数字电影的纵深发展密切相连。电影特技是工业社会中电影人与观众需求的结晶。电影先驱在探索电影本体中发现，电影不但具有用影像还原现实的功能，还具有魔幻般的、感染力强大的艺术效果。尽管不断发展的摄影术能够制作出一幅幅日益逼真和精美的图像，但这远不能满足票房中观众求新、求美的审美要求。电影的记录在胶片上不可更改的特性反过来又成为限制人们对电影进一步追求的障碍，电影特技就是在这种情境中诞生的。

数字电影特技是由计算机图像技术制作出虚幻的时空场景的新式特技，如早期的《星球大战》（1976）、《电子世界争霸战》（1982）、《深渊》（1989）等。这些电影特技采用摄影实拍和数字特技相结合的手段，在虚幻与现实之间上演着一幕幕"超现实"大戏。第一部具有标志性和震撼力的数字电影是《终结者Ⅱ》（1991），这部由计算机动画和电影特技相结合创造出的未来世界"机器人"的崭新形象，给人们提供了强烈的视觉冲击和想象力，为该电影带来了滚滚利润。随后，《侏罗纪公园》（1993）、《真实的谎言》（1994）与《阿甘正传》（1994）等特技"大片"的相继推出，更是新技术时代特技电影的综合展现。

计算机技术在影视艺术中的规模应用改变了人们的时空观与视觉期待，为

---

① 钟大年在《纪录片：影像意义系统》（北京师范大学出版社，2006，第 219 页）中提到三种对真实的态度：巴赞偏重现实世界的技术性呈现，强调现实魅力和美学意义；爱森斯坦偏重"真实"的政治议题和社会属性，强调本质的真实在于社会结构的矛盾中；梅茨偏重文本，认为真实与现实没有关系，强调真实是一种惯例，一种文化约束。

数字影像的发展开辟了新的天地。数字电影在表现奇观化的物像和场景方面独具优势，尤以灾难片、科幻片、惊悚片、魔幻片等表现超自然的片种为甚。作为同门类艺术，数字纪录片在这个发展潮流中找到了灵感，计算机技术被大量引入，制作的虚拟影像被广泛应用到未知领域的探索中。尽管它们不同于客观生活实有的真实，却以人们心理感知和接受为依据，有着艺术世界中合乎逻辑的真实，具有主观真实性。如美国的《探索发现》和《国家地理》中一些数字纪录片，以主观的逻辑真实为蓝本，大胆使用动画元素，形成了"在澳洲实景拍摄、在日本做动画、在美国做特技"的制作链，最终成片在全球发售都有着很高的收益。在我国，数字纪录片刚刚起步，除了央视和少数有实力的媒体投拍了几部数字纪录片外，一般省级台或频道受限于财力和技术，加之创作观念的限制，至今还没有进行数字纪录片的尝试。

与传统纪录片相比，数字纪录片有哪些不同呢？

首先，从制作手段看，传统纪录片获取影像是以摄像机为手段，依靠现实中拍摄的真实画面，经剪辑而成；而数字纪录片则是通过实景拍摄与电脑虚拟影像结合而成的。由于这些数字影像是制作者通过创造性的劳动"做"出来场景，含有虚拟的超现实成分，因而成为数字纪录片遭人诟病之处。

其次，从效果看，传统纪录片采用真人、真景和真的故事线索，一般具有"逼真"的效果。当然，一些历史题材中的真人真景已不存在，靠人扮演或用"写意"镜头"再现"，只能是浅表的局部代替，无法满足观众深入探知奥秘的审美需求。而数字纪录片正好弥补了传统摄影的这一空白，这种建立在计算机技术基础上的纪录片语言同以胶片或磁带为物质基础的纪录片语言之间有着质的不同，主要表现在影像的时间、空间以及叙事方式的变化上。这种变化甚至改变了数字纪录片作为艺术的某些特征——作为艺术的功能逐渐淡化，而作为以新技术主义和新文化元素为代表的功能逐渐变得重要起来。

再次，从档案价值看，传统纪录片具有久远的影像历史价值；而数字纪录片由于采用虚拟元素，经不起"历史学家或考古学家的推敲"，其客观真实性受到怀疑，因而留存价值自然逊色于传统纪录片。因此，数字纪录片对虚拟元素的使用，同样也要慎之又慎。

　　数字纪录片也不同于数字电影、数字动画片。数字纪录片采用实景拍摄与电脑虚拟相结合，形成一种逼真的"超自然"的叙事，与数字电影、数字动画片有着本质的区别，具体表现如下（见表1）：

表1　数字纪录片、数字电影、数字动画片之比较

	数字纪录片	数字电影	数字动画片
题材和主题	数字纪实片、精英式文化	数字故事片、大众娱乐	数字故事片、小众娱乐
场景风格	实景＋有依据的拟像	实景＋超然想象的拟像	有逻辑的纯拟像
受众群	成年男性观众为主	老少咸宜	青少年观众为主
真实与观赏度	真实性和观赏性强	真实性弱、观赏性强	真实性弱、观赏性强
档案价值	最高	较高	一般

三　数字纪录片的影像意义检视

　　从文本分析看，纪录片的语言系统一般可分为图像和声音两个子系统（能指），图像系统由镜头（实景与虚拟的集合）、图文和蒙太奇组成，声音系统由同期声、现场声、解说、音效等组成。围绕这两个子系统又分别存在两个指意系统（所指），即"意场"（画面）和"意链"（镜头）。这样，画面与镜头构成了纪录片的语意群，而声音系统的功能则旨在为这一"语意群"服务。这种符号学中结构主义的分析灵感来源于索绪尔对语言和文本的分析，它使纪录片语言具有初始意义的结构主义符号论。

　　诚如前文所言，数字纪录片起源于传统纪录片，它具有后者本身赋予的能指和所指系统的特性，在表达主观真实的前提下还对场景和人物作了大胆虚拟，于是时空观有了新的、合乎逻辑真实的延伸。它不再拘泥于传统纪录片那种用明显的写意镜头（符号）来表意，而采用灵活多变甚至超现实的场景呈现，因而意义表达超越了传统纪录片。如北京科影拍摄的数字纪录片《复活的军团》，片中"喜"这个人物的原型是依据陕西某地发掘的墓葬中写在竹简上的一篇自传。该文本显示"喜"比秦始皇大三岁，曾三次参军打仗，后在县里做了法律秘书。他抄写的大量的秦代法律以及他的文书成为今天研究秦国

的重要史料。根据这些重要记载，导演结合陕西临潼发现的兵马俑开始了大胆想象，最终呈现给观众的是一场当年秦始皇麾下骁勇善战的威武之师完成统一大业的壮举。当然，该片对史实的揭示是否就是历史本身，我们无从考证，但片中集中了商鞅、李冰等先秦时期的重要历史人物，使影片具有了合乎主观真实的"超现实"的意义。

解析一部数字纪录片的意义，既要从它所呈现的历史时代的政治制度、经济状况和文化背景考察，也要结合当下观众的审美定势综合考虑，否则有可能造成指意偏差导致误读。例如，中央电视台拍摄的《大国崛起》是近两年影响深远的数字纪录片。该片视角横跨了五个世纪，对近代西方历史上第一个大国葡萄牙的崛起，以及近代日本、美国的强大之路进行了深入探析。从结构主义的能指角度而言，片中一幕幕超现实的画面和富有启迪的声音系统无疑为当今纪录片之翘楚；而指意系统中一再强调的"民主政治""科学精神"和"人文精神"是大国崛起的必由之路，这一观点站在中国当今的现实可以理解，但片中九国的国情、政治结构和社会结构均不一样，如果不深入该国的历史纵深，从民族学、人类学、政治和宗教学、社会学甚至战争论进行详考，得出的结论或许只能是"公约数"。因此，指意系统也应该具象化，不然受众的解读就会多元，甚至还可能无法认同。

由此，作为指意的影像在结构上可以被理解为三个相关的同心圆：解码影像意义结构（里圈）、个体社会背景（中圈）、群体社会背景（外圈）。其中，外圈的外延最大，也最难把握。

四　数字纪录片的底线和发展要注意的几个问题

传统纪录片的诞生是基于人们对完整再现现实的心理欲求，在发展中又融入了美学理论、蒙太奇理论等多种理论资源，成为影响至今的艺术片种。同样，数字纪录片作为记录工具的延伸，是科技发展和探寻历史两股合力作用下的产物。它具有纪录片的各种属性，但发展是有着严格限定的，否则数字纪录片会变真实为虚构，滑落为服务于消费时代的作秀和娱乐的同义词。那么，数字纪录片的底线在哪里？它的发展应该遵循什么样的原则？

（一）数字纪录片不能违背主观真实的底线

传统纪录片在拍摄历史或超自然题材时，往往只能靠模拟、情景再现等手段，或干脆借用文学中的"写意""反照"镜头来表现，无法直击此时此景事物的状态与影响力。数字纪录片的发现从技术上为纪录片解决了这一难题。比如纪录片《圆明园》中再现的那座亦真亦幻的万园之园，系列片《郑和下西洋》中远航的船队，《故宫》中跨越历史与现实的诸多场景等，这些无疑对丰富纪录片影像具有开拓意义。但是在拷问这些纪录片的真实性的时候，我们却不得不变得小心翼翼。从某种角度看，客观真实与主观真实如同若即若离的两条线，主观真实是客观真实的一条"渐近线"。但从心理感知层面看，主观真实比客观真实更为重要，因为现实太真实反倒让人感觉有可能真假难辨。因此，数字纪录片的底线就是不能违背主观真实。

对于不同题材的纪录片，在"对现实的反映"和"对现实创造性的处理"两极之间，我们发现"纪实"和"表现"这两个变量在表达真实时需要的量不一样，对两个变量使用的比例犹如一个大写的"X"，一个呈递增趋势，另一个则呈递减趋势。使用不当就有可能使人感觉不真实。

（二）数字纪录片创作要注意把握的原则

第一，要区分题材类别。纪录片题材从总体上分为"写实"和"非写实"两大类。非写实不等于虚构，它是基于现实真实的主观表达，是哲学和美学上的总体真实。按照上述的"X"原则，对于写实类题材，影像创作最好围绕主体本身展开，画面渲染以纪实为主，不能远离更不能跳跃；对于非写实的题材，影像创作要注意围绕主题展开，表意成分可以多一些。主体与主题一字之隔，但给人的创作空间是大不一样的。

第二，把握好虚拟图像使用的"度"。这个"度"是指任何虚拟影像创作应该有依据，离开了依据就是杜撰，"真实"便滑入"虚构"。目前受众反响较好的国产数字纪录片，通常在"度"的把握上都较有分寸。如纪录片《圆明园》《故宫》，片中所有园林建筑的虚拟图像全都按照实物或写实性绘画的样式来建模，使虚拟场景的效果达到源于现实高于现实的境界，进入超"现实"。

第三，掌握好使用影像的长度与比例。数字纪录片具有很多优势，但如不能合理掌握虚拟影像使用的长度和比例，结果就会事与愿违，使主观真实远离客观真实。一般说来，写实类题材应尽量少用虚拟镜头，而非写实类题材则可按照不同类型给予适当的比例加以运用。

第四，合理进行综合把关。评判一部纪录片是从表现主题、影视美学、影像和社会意义等维度综合把关的思维过程。数字纪录片的成败除了考核其真实性，也要从整体上对全片进行综合评价。要判别植入的虚拟影像的使用是否符合上述原则，合理就用，不合理宁可舍去。

五　结束语

纪录的过程——主观对客观叙述的过程，总是力图将主观向历史及客观事件靠近，甚至尽量使用大量长镜头揭示生活本真乃至人性的善与恶。两者的距离越小，受众在接受时感觉的威慑力就越强。所以创作者有时不惜牺牲画面质量，动用诸如隐拍、偷拍等手段，力求真实。在创作中，数字纪录片既不能改变纪录片塑造真实的基本特质，也不能消解受众对审美和情感的基本诉求，更不能离开真实之本。它是传统美学在新技术条件下的引申和深化，是对客观真实的量变和渐近。它的存在与发展不等同于数字故事片和数字动画片。

数字纪录片的存在有它的合理性和成长空间，我们既不能以"不真实"的绝对真实观对数字纪录片横加指责，阻碍数字纪录片的发展，也不能随心所欲、毫无依据地做个动画糊弄人，将数字纪录片庸俗化。在创作中，要区分和把握纪录片的题材，依据"两极"理论及"X"法则，合理掌控使用虚拟影像的"度"和"比例"，使数字纪录片真正成为人类思维的武器，成为人类文化的瑰宝。

（2007 年 11 月初稿，2007 年 1 月定稿；张昌旭参与本文撰写）

奥运新闻报道：从认同到和谐

纵观"奥运"的历史，大众传媒从来都是奥运会的主要参与者和见证者，"奥运"报道历来被称为"奥运第二战场"。据初步统计，北京 2008 年奥运会期间，将迎来 1 万多名运动员、50 多万名外国观光者和 3 万多名中外记者（其中注册记者为 21600 人），记者人数远远超过了参赛运动员和官员的总和。与此同时，全球还将至少有 45 亿人次通过不同方式和途径观看和欣赏奥运赛事。因此，可以说北京 2008 年奥运会是中国向国际社会展示自我的一次难得的历史性机遇，也是中国新闻媒体向国人、向世界展示自我的一个难得的平台。

一 奥运会作为典型的媒介事件，是媒体建构民族身份认同的最佳机遇

西方传播学家丹尼尔·戴扬和伊莱休·卡茨在《媒介事件》一书中，认为体育是"媒介事件"，而全球性的奥运会更被认为是一件典型的、竞赛型的"媒介事件"。新闻媒体借助对奥运会的直播、报道等方式，通过对空间、时间的压缩，从而实现对全世界的"征服"，使奥运会成为几十亿人关注并为之激动的"神圣的日子"和全球性的"大众传播的盛大节日"。① 比如，2000 年悉尼奥运会期间，全球至少有 36 亿人通过电视直播收看到这次奥运盛况；2004 年雅典奥运会期间，这一数字高达 39 亿人。

在今天全球化的现实和语境中，"奥运"对于新闻媒体而言，是其建构和强化民族认同意识的最佳机遇和场域。历史上，许多国家都借助举办奥运会所产生的爱国热情进一步增强民族认同感和凝聚力，比较有代表性的就是 1964

---

① 丹尼尔·戴扬、伊莱休·卡茨著《媒介事件：历史的现场直播》，麻争旗译，北京广播学院出版社，2000，第 9 页。

年在日本举办的东京奥运会和 1988 年在韩国汉城（现今首尔）举办的奥运会。

认同（Identity）是指某社会行为体的自我同一性和个性，是本社会行为体区别于他社会行为体的规定性，或者说是社会行为体之所以为"我"而非"他"的规定性。对于国家和民族而言，身份认同是某一民族独有的特征，它关系到一个族群生存的根本，是建立在共同的文化传承、共同的历史与命运、共同的利益和荣誉基础上的群体归属感，也是一种"集体良知"。① 民族认同感和民族自豪感不是狭隘的民族主义，而是个人主体与国家主体的统一，是个人主体对国家、民族的身份确认和认同。作为"社会良知"存在的新闻媒体，建构并强化国民身份认同，自然是其应尽的社会职责，因此，在这个层面上说，2008 年北京奥运会对中国新闻媒体的意义便在于：

（一）进一步向世界展示和谐、健康、文明的国家形象

"国家形象是存在于国际传播中社会公众对国家的认识和把握，是公众作为主体感受国家客体而形成的复合体，也即国家行为表现、性状特征、精神面貌等在公众心目中的抽象反映和公众对国家的总体评价和解读。"② 而媒体是一个国家的形象进入国际社会的非常重要的渠道和路径。美国学者阿巴斯·迈勒克曾说："媒体在国家形象的提高方面有着极为重要的作用，每个国家都通过控制国内媒介塑造本国的本体意识（民族认同感）。"③ "世界给我十六天，我还世界五千年"这句响亮的北京奥运口号，非常形象生动地表现出了一个泱泱文化大国的雄大气魄和开阔胸襟，五千年华夏文明的文化精华和生命风采将要在这千年一遇的历史瞬间得以呈现。④

（二） 进一步增强和提升中华民族的民族凝聚力与自豪感

奥运会是全球性的体育盛会，举世瞩目，同时也是举办国全民参与的全

---

① 朱虹：《"奥运热"与中国青年的民族认同》，《当代青年研究》2008 年第 1 期。
② 刘小燕：《关于传媒塑造国家形象的思考》，《国际新闻界》2002 年第 2 期。
③ 刘继南等著《国际传播与国家形象——国际关系的新视角》，北京广播学院出版社，2002，第 94 页。
④ 高宏存：《2008 奥运契机、文化创意与国家新形象的传播》，《政工研究动态》2008 年第 5 期。

国性盛事，因此在和平时期，奥运会的举办，对举办国而言，是一次增强和提升民族凝聚力与自豪感的极佳机遇。美国东北大学体育研究中心的迈克·凯里奇教授曾说过："奥运会是观察体育在国家形象作用的重要场所。我们把自己的身份认同通过某个运动队与整个国家的身份形象挂钩，一旦比赛赢了，我们就会觉得这不只是个人的胜利，通常这是不流血的战斗。"2008 年北京奥运会可以通过新闻媒体对"奥运"的报道，尤其是奥运会期间通过价值与观念的引导，进一步增强和提升中华民族的民族凝聚力与自豪感。比如 2008 年 4 月奥运圣火在全球传递时，一篇《阿根廷华人武术家派 200 名洋弟子保护圣火传递》的新闻报道被国内外媒体广泛转载、引用，引起广泛关注和强烈的反响，这就是新闻媒体在全球化语境中强化民族认同感的很好体现。

与此同时，民族特色、文化传统是民族身份认同的核心内容。借助北京奥运会报道，向世界充分展示中华民族的特色和优秀的文化传统，让华夏文明与奥林匹克精神握手与对接，自然有助于强化国民身份的认同，增强和提升中华民族的凝聚力与自豪感。

二　奥运会作为多元、异质文化的集散地，是新闻媒体通过文化间的沟通推进全球和谐的有效途径

奥运会历来是不同国家和地区异质文化的"集散地"，这点从参赛国家的数量上就可以看出。2000 年悉尼奥运会有 199 个国家和地区参赛，2004 年雅典奥运会有 202 个，而 2008 年北京奥运会将创新高——204 个国家和地区参赛。有多少国家和地区参赛也就意味着有多少种不同的文化集聚在奥运会大舞台周围。而奥运会作为全球性的体育活动，除了在全世界范围内推广和展示体育竞技之外，还肩负着为不同文明、文化间的对话与交流提供平台，进而达到认同与和谐的使命和责任，从某种意义上说，这也是现代奥运会具有全球性影响力的重要原因。在此情况下，奥运会作为多元、异质文化的集散地，也是新闻媒体通过文化间的沟通推进全球和谐的有效途径。

（一）全球和谐需要不同国家、不同地区的多元文化共存与融合

以奥运会为平台，通过文化间的沟通推进全球和谐，需要不同国家、不同地区多元文化的共存与融合。只有不同文化、多样文化的共存与融合才能达到文化间的和谐，其实质是对所属文化和其他文化产生认同，而在全球化的背景下，文化的认同不仅是对自身群体、本民族文化的认同，还应是超越自我，注重对世界不同国家和地区的民族文化的理解、认同以及相互尊重。多元文化共存与融合的文化间的和谐应坚持"和而不同"、多元一体，"和而不同"，其实质就是倡导不同文化间的共存与对话，并通过对话与交流，求同存异地实现世界多元文化间的和平共处和共同发展。"人类只有一个地球，'和而不同'是全球化条件下实现世界文化统一性与多样性的有机统一的自觉原则和现实原则。"①

（二）全球和谐需要不同国家、不同地区异质文化的对话与碰撞

只有多样性是构不成一个世界的，充其量只构成一种由一个个碎片凑成的镶嵌品，形成一个有趣而非真正相互影响的图案。如果人类家庭相互依靠的世界要在和平与繁荣中生存下去，就必须有某种统一，而这种统一的建立则要求在彼此了解与和睦相处的情况下采取实际行动。② 作为全球性的盛会，奥运会带来了多种文化的相遇，由于文化的多样性和民族性，不可避免地会产生对不同文化间的差异与认同问题，同时，这也是新闻媒体通过文化间的沟通推进全球和谐的难得机遇和有效途径。

在此情况下，对中国新闻媒体而言，需要以北京奥运会为契机和平台，承担从文化的交流与沟通切入，推进全球和谐的责任，着力加强世界不同文化、文明间的交流与对话，传播中国，报道世界，唱响中华民族的心声，升华奥运精神，实现以文化的沟通与对话推进全体和谐的新闻报道价值观。这样，全球

---

① 张丽、高鸣：《"和而不同"：全球化进程中的文化统一性与多样性》，《理论月刊》2008 年第 2 期。
② 〔美〕欧文·拉兹洛·戴侃：《多种文化的地球——联合国教科文组织国际专家小组的报告》，辛未译，社会科学文献出版社，2001，第150 页。

和谐才能在奥运会这个宝贵而又独特的空间与场域下，通过不同文化间的对话与碰撞真正有效实现。

三　从认同到和谐，对北京奥运会新闻报道提出具体要求

全球性的北京奥运会对我国新闻媒体而言，是机遇同时也是巨大的挑战，从强化民族认同到推进全球和谐，从宏观战略到微观的专业智慧、报道技巧等方面，都对我国的新闻媒体提出了要求和注意事项，具体为：

（一）　树立全球化的意识，即奥运新闻报道要有全球观

2008 年北京奥运会的新闻报道从强化民族认同到推进全球和谐，要处理好爱国主义和民族主义的关系，要树立全球化的意识，应坚持以下几个价值立场：

第一，超越全球化与民族化的对立。当今世界，全球化与民族化（本土化）是彼此依存的，在冲突中实现融合的趋势是主流。新闻媒体对奥运的报道要坚持超越全球化与民族化对立的价值立场，以国际化的意识和视野强化民族认同、推进和谐。

第二，坚持全球化语境中的新闻报道话语立场。在全球化语境和现实背景下，新闻媒体对奥运会报道的话语立场是需要关注的问题。坚持全球化语境中的新闻报道话语立场，最重要的是民族身份的认同，除此之外，还包括新闻报道应坚守奥林匹克体育精神的立场和报道的平衡立场，如在地域、国家和民族上的平衡，在内容上的平衡，对争议问题的报道和再现，以及对前景预测的乐观或悲观，对负面影响的节制或渲染等。

第三，确立全球化语境中新闻报道的"大奥运"观。全球观和"大奥运"观就是要求媒体在新闻报道中应该有国际化意识，在报道意识层面既要有民族意识也要有国际化意识，报道视野既要关注我国也要关注世界其他国家，既要报道奥运会的竞赛内容也要报道和奥运会相关的科技、文化等非竞赛内容，全面展现北京奥运会"绿色奥运、科技奥运和人文奥运"的理念。

（二）掌握跨文化传播与沟通的技巧和方法

据估计，在北京奥运会申办、筹备和召开期间，已经和将要接待来自全球各地的运动员、官员、观众和新闻媒体从业人员 100 万人次，再加上奥运竞赛期间的全球直播，可以说，北京奥运会是我国新闻媒体进行跨文化传播的最佳平台。北京奥运新闻报道的跨文化传播，主要体现在两个方面：一是新闻媒体通过报道，传播具有浓厚中国元素的北京奥运会，弘扬五千年的中华文化，展示民族特色，让世界感受华夏的风采；二是在新闻报道中展示和传播民族和文化特色，实现中国传统文化、东方哲学智慧与奥林匹克文化和世界其他文化间的对话、交流与融合，以潜移默化地影响世界，推进全世界在奥林匹克精神的感召下，致力于和平发展与和谐相处的人类美好共同愿望与理想的实现。以北京奥运会为契机和平台，加强中国民族文化与世界其他文化之间的交流与对话，新闻媒体需要进一步掌握跨文化传播的技巧和方法。北京奥运会开闭幕式副总导演陈维亚认为，"从世界角度表达和谐理念，需要完全站在世界的角度思考问题。同时，越是站在世界的角度，越是能认识到自己东西的珍贵。"

另外，北京奥运会的跨文化传播还要强调视觉文化传播方式的运用，视觉传播是最直观的传播方式，具有最直观的传播效果。

（三）增强新闻报道的服务性与互动性

北京奥运会的新闻报道，要摆脱过去金牌主导的报道范式，不仅关注奖牌，还要为国内外受众（包括运动员、记者等）提供奥运竞赛信息以及奥运会期间交通、天气情况以及旅游等资讯；要借助新媒体点对点传播、普及率高的特点，加强互动和全民参与。在奥运报道资源的挖掘和整合方面，应加强活动策划意识，如在近两年媒体参与策划举办的"奥林匹克进社区"和"奥运体验场"等活动，使体育赛事的体验变得趣味十足，同时又体现了全民参与的和谐奥运精神。在这方面，人民网是一个很好的案例，其确定了"携手人民，共享奥运"的报道理念，以"全球视野、人民参与"为宗旨，突出国际合作和全民参与，积极向世界展示中国开放、民主、热情、和谐的国家形象。

（四） 注重新闻报道的人文关怀与人文价值

北京奥运会新闻报道的人文关怀要求新闻报道既要强调体育的竞技性，也要关注其社会性和人文性，这也是构建和谐奥运，推进全球性和谐的重要体现和要求。

以往我国新闻传媒对奥运的报道，存在过分强调金牌的价值、集体的利益以及国与国之间的较量，弱化参与奥运的重要性、个人的价值体现以及超越自我的重要性的倾向和现象，这是需要新闻媒体进行反思和超越的。

（2008 年 5 月初稿，2008 年 5 月定稿；陈刚参与本文撰写）

从深圳卫视《第一现场》的实践看民生新闻节目转型

　　民生新闻节目的兴起发展可以说是中国电视界在近十年来新闻改革的重要成果之一。它挣脱宏大叙事的枷锁，抛开正襟危坐的身段，以草根、亲民、本土的特色俘获了观众的心。在当前节目花样频出和崇尚快速消费的现实电视领域，民生新闻节目虽有趋缓之势，但仍然占据着各地方频道的主要位置，为收视率和市场份额贡献力量。

　　然而，盛景背后亦有隐忧。现时的社会、经济、媒体环境已有异于以往，受众的诉求也在不断更新，家长里短、追新求异的碎片化内容选择使民生新闻节目面临浅薄的诟病，庸俗化、娱乐化的表达倾向更使之遭受品位的质疑。外部竞争加剧，内在引力减退，众望之下，何去何从，从业者们不得不思考并着力解决以下问题：

　　面对产生审美疲劳的观众，民生新闻节目如何创新节目样式，焕发新生，成为构建公民社会的助推器？随着电视市场竞争格局的加速变化，民生新闻节目如何利用好本土性和贴近性的优势，突出重围，把报道优势转化为竞争优势？面对新媒体的来势汹汹，民生新闻节目如何撇开后劲不足的印记，抓住整合先机，孵化都市媒体盈利新增点？

　　在媒体变局中，不进则退，民生新闻节目只有审时度势，科学谋变，才能立于不败之地。

　　深圳卫视都市频道《第一现场》节目，是国内最早开播的民生新闻节目之一。通过七年来多次改版升级，该节目时长从18分钟延长为77分钟，从一周五日播改到日播，从立足表述"市井民生、社区故事"过渡到"有意识地突出了节目的主流化改革，立足深圳本土，贴近城市生活，正确引导舆论导向，同时鼓励观众参与栏目互动"①；如今该节目不但坐稳深圳地区收视头筹，还带动所在都市频道成为深圳"第一频道"，其竞争力和影响力越来越强，美誉度和公信力稳步提升，成为深圳本土的新闻王牌栏目。《第一现场》的成功路径或许可以给摸索中的坚持以新闻立台的本土频道以借鉴。

一 以增加新闻厚度来提高传播价值

随着时代的演进，民生新闻节目的价值选项不断丰富，是理所当然，也是势所当然。《第一现场》引入了与时俱进的新闻产制理念，从内容、选材、表现手法等方面做出调整，以增加新闻的厚度来提升传播的价值。以往短平快的报道变身全景式报道，多层次解读事件代替孤立传递信息。节目立足展现同样问题的不同视角，重视民生言论的力量，并且依然坚持以受众为中心，却又不言从计听。

（一）报料：纵横挖掘，价值提升

《第一现场》刚一开播，便把镜头对准老百姓，主持风格调侃轻松，给深圳人带来了新闻视听的新体验，快速提升了收视率。节目以受众为中心，线索来源主要靠市民投诉报料，内容主要是能抓市民眼球的事件性消息，表现方式穿插了现场实录、暗访曝光和情景再现。

然而，在"眼球经济"的指针下，突发事故、矛盾纠纷、奇闻逸事等题材带着新鲜热辣的故事和刺激的感官画面占据了节目主要篇幅，却埋下了题材重复、视角狭窄从而引发视觉疲劳的隐患，例如，有观众会认为：今天的火灾看起来和昨天的火灾并无不同。而"记者跑腿"式的报道让尝到甜头的市民把节目当成"信访办"，当媒体的公共资源被成功占用以满足个人的诉求时，"治标不治本"的报道对其他观众也没有关切的意义，媒体承担的社会责任偏离了方向。

---

① 张春朗：《从"第一现场"到"第一频道"——本土化栏目提升深圳都市频道整体竞争力分析》，《新闻战线》2008 年 11 期。

在观众的疲惫没有集中爆发之前，节目组明确了主流新闻的发展方向并及时转变了价值优先的报道思路。在控制相似题材、减少非新闻性表现方式、保留现场性的同时，节目对事件性的报道进行纵横挖掘，不再就事论事，而是就具体个案的采访打开对事件的整体审视，努力使转瞬即逝的电视新闻给人留下思考和判断空间。比如，同样是火灾报道，以前强调的是伤亡画面，而现在在呈现火灾现场（有时甚至是淡化伤亡画面）的同时，节目组会从舆论监督角度来进行深挖：什么原因引发事故？有无教训可吸取？类似的事件有无共性？再比如，以前的报道常以"事故原因正在调查之中""有关方面表示将严肃处理"做结语，后来却往往是不了了之，而现在对热点事件，不但会连续追踪，而且还会长期追踪，以刨根问底的姿态来控制新闻的热度。

市民众多的投诉依然是节目从中甄选新闻的巨大宝藏，但是节目组会从舆情分析的角度筛选带有普遍性的问题予以报道，即便是帮助解决某个人的问题也会从呈现相同问题解决路径的层面向市民予以维权的指导。

（二）时政：硬料软制，民生解读

过去，时政新闻由于受传统报道习气的浸染而被认为是硬新闻，不被观众喜爱。而实际上，政府部门发布的消息以其服务性、权威性直接影响到市民的生产生活。尤其是近年来，随着政府"执政为民"理念的贯彻、信息公开责任的履行、主动与媒体沟通的意愿增强，政府主动发布的消息与民生更是休戚相关，也为媒体报道提供了便利。时政新闻应该说是主流新闻必须要涵盖的重要内容。

《第一现场》逐渐摸索出了都市风格的时政新闻采制方法，扭转了以往对时政新闻甚少涉猎、依赖报料等米下锅的局面。当时政新闻占据到节目的半壁江山，频道也曾担心这样的转变会对收视率产生负面影响，但是迅速跃过香港翡翠台并跻身深圳地区第一的收视率表明，观众认可了这种转变。

转变思路后，国计民生中事关百姓切身利益的政策变化都会在节目中得到体现，节目通过对时政新闻民生内涵的挖掘以及亲切直观的表现方式来吸引百姓的关注。2009 年 6 月，深圳民政局公开发布了低保边缘家庭救助新政，记者在新闻发布会了解新政之后，立即探访了有代表性的低保边缘家庭，深入体会他们的生存疾苦并分析新政的必要性及实际意义。节目组也会根据职能部门的工作和近期百姓关注的热点策划主题报道、系列报道。围绕 2009 年 7 月 1 日特区扩容这一大事件，节目组策划了近一个月的连续报道，围绕关内外一体化面临的教育、医疗、交通、社保等问题逐个展开寻访调查。

当晦涩的数字被融入通俗的解读，枯燥的条文变身实际的关切，时政新闻的实用功效连同民生栏目的服务功能也得到充分发挥。

（三）监督：不为过瘾，但求建言

推进民主政治建设，离不开对权力的监督，强化批评报道即是民生新闻栏目履行媒体监督职责、参与市场竞争的利器之一。温家宝总理在答中外记者提问时，这样说道："只有人民监督政府，政府方不敢懈怠，知屋漏者在宇下，知政失者在草野。"[1] 政府的立场也给媒体发挥舆论监督提供了有力的保障。

《第一现场》的监督性报道常以震撼的画面、犀利的言辞引得群众拍手称快，也因此积攒了公信力的口碑。然而，在社会矛盾加剧、官民冲突频发的现实背景下，节目组认识到主流新闻媒体既要为百姓解惑、也应为政府分忧，有效的监督批评报道不能满足于让老百姓看个过瘾，而应把社会舆论的主流和群众的情绪发泄分离开，更应在坚持舆论监督职责的基础上为政府决策提供建设性意见。栏目监督性的报道经历了从"单纯曝光"向"解决问题"再向"完善制度"的转变，这不仅体现出民生节目更大的价值，也指引了舆论监督这项工作的发展趋势。

前不久，栏目独家披露了某工商所工作人员在企业办理年检时无端设卡索要红包的事实，报道没有局限于渲染报料人之愤怒和红包上交之神秘，而是将重心转向事情缘由的分析：是公务员缺乏职业操守？还是相关制度存在漏洞？一周后，在高昂的舆论态势下，相关部门表态将立即调整企业年检的办事流程，以期从制度上堵住权力寻租的缺口。

通过监督性的新闻报道，节目力图完成一种影响力的飞跃，就是把外在、表面的"触动"，转化为内在、深层的"驱动"，促进政府部门在制度层面履行自己的职责。

---

[1] 《温家宝总理答中外记者问》，《人民日报》2006 年 3 月 15 日。

（四） 言论：互动空间，多元观点

中国社会正面临着从市民社会向公民社会的转变，随着公民意识的觉醒，受众越来越希望参与到公众事务中来。公共领域是公民社会的必要组成部分，根据德国哲学家哈贝马斯的解释，公共领域是独立于政治权力之外不受官方干预的社会公民自由讨论公共事务、参与政治的活动空间或公共场所，公民可以在公共领域就某些问题展开讨论和争辩以形成共识从而影响政策。作为社会公器，大众媒介能够连接规模巨大但个体分散的公众，理应承担起搭建公共交流平台的责任。

《第一现场》通过历次的改版将言论放在越发重要的地位。首先，每个涉及公共事务的报道，记者都会采访多方观点，尤其是普通市民的观点，报道结束主持人都会给予点评；再者，每期节目都会设置一个贯穿头尾的互动话题，在观众通过短信与主持人互动的同时，主持人还会与演播室嘉宾进行互动；此外，节目末尾设置了观众留言板以呈现市民对社会现象的看法。这样，从单个报道到整期节目，《第一现场》构建了立体开放互动的言论空间，荧屏内外，市民、政府、专家、主持人，得到了意见的交锋。

一档民生新闻节目在呈现新闻事实的同时发起公民讨论、汇集各种意见、为公共问题寻求对策，这也为公众实现社会表达和公民参与提供了有效途径。

二　以拓展着力的广度来提升竞争优势

一档主流的本地新闻栏目，要有开拓的视野，不能拘泥于报道范围地域限制；要有博大的胸怀，不能满足单个栏目的一枝独秀；要有前瞻的眼界，不能小视新媒介的影响力。

（一）地方栏目，环球视角

报道重大事件、重大议题对提升媒体影响力有着举足轻重的作用。然而对地方媒体来说，因为缺乏如央视在新闻源、权威性、记者团队等方面的报道优

势，每当大事发生，地方新闻栏目就要面临中央媒体抢夺收视份额的巨大压力。实际上，民生新闻栏目地域性、贴近性的特点并不意味着其内容选择必定有地域局限性，反而在传播非本地事件时，本地新闻节目亦有独特的优势。民生新闻栏目既是以百姓的视角来着眼百姓关心的新闻，要跻身主流新闻栏目，重大突发事件的报道必定不应缺位。

2008 年是中国的新闻年，《第一现场》从那时开始便把"现场"拉伸到了本地之外的维度空间，跃过了地方台限于地域新闻的报道惯性。从南方冰灾、汶川地震到奥运会、全国两会，再到云南旱灾、江西水灾，栏目都派出了报道团队奔赴现场克服困难为深圳市民传递最新信息。事情发生在千万里之外却让市民感觉"与我有关"，栏目正是利用贴近性的法宝把报道劣势转化为良好传播效果以达到竞争优势。

2008 年初的冰灾报道，记者致力于给留在深圳的旅客传递最新的旅途信息，也帮许多来深建设者和他们前来探亲却滞留途中失去联系的子女互通音讯；汶川大地震，《第一现场》在全国地方新闻媒体中率先派记者前往震区采访，并在四川搭建临时直播室，通过电话、海事卫星和 SNG 卫星进行连线报道，及时传递了灾区一线的最新信息并跟踪了深圳援救者们的生活。

全国两会，在没有获得入场采访证的情况下，记者克服重重困难，另辟蹊径做足报道。比如针对"蚁族"的热点，记者探访"蚁族"聚居地，对比深圳"城中村"，分析新生代的农民工和大学生的生存状态。又如公交票价，记者在北京坐车体验，为"北京的低票价是否在深圳可行"给出意见。

栏目甚至把触角伸到了国外。泰国是深圳人的重要旅游目的地，骚乱过后是否可游？记者亲历泰国给出答案。最近，跟随世界杯的号角，栏目亦有报道团队前往南非。事实上，不是每一个大家关注的大事件，栏目都有能力派人实地报道，如金融危机、气候异常，但栏目总能以贴切的视角发掘市民关心的问题，如希腊货币贬值是否影响到了深圳的代工厂？欧洲的火山灰和深圳的酸雨有关吗？

在全球一体化的年代必须重视新闻地方性和全球性的融合。在全球化的语境中报道地方内容，用地方化的视角看待全球新闻，或许是民生新闻栏目向新闻主流话语领域延伸的一个渠道。

（二）衍生栏目，集成效应

《第一现场》在成为"本地第一新闻栏目"的同时，利用自身的报道资源和观众忠诚度带动所在的都市频道开辟了《一时间》《鞠说好看》等一系列自办栏目，形成了以《第一现场》为龙头、具有很强影响力的栏目群。这些栏目风格一脉相承，形式定位各有特点，报料内容各取所需。同一则事件，在《一时间》是一则现场消息，在《第一现场》是一个深度调查，在《鞠说好看》就是纪实故事。

《第一现场》的品牌资源和人力资源在频道的统一调度下得到了优化配置；在宣传、推广、活动层面，《第一现场》也不再单打独斗，所有标识都深深刻上都市频道的烙印，带动衍生栏目一起形成了频道合力。

打造频道整体形象比一个栏目单打独斗更有影响力。先有知名品牌栏目逐步扩展到衍生栏目，再带动整个频道的勃兴，这是品牌新闻栏目的发展之道。然而，如果说是《第一现场》利用衍生栏目成功激发都市频道整体效应，那么，更确切的说法是都市频道在主流化的过程中拥有以民生新闻作为重要着力点的前瞻眼光。

（三） 新媒合作，立体传播

在数字化多媒体的时代，新媒体的迅速发展给电视带来了巨大的冲击。电视媒介面对被网络等新兴媒介分流受众的危险，一方面应提升内容价值，提供独特的观点视角，另一方面也应利用好网络等手段，以强化与观众的交流互动，延伸节目公共平台，扩大传播半径，优化受众结构，提高品牌效应。

为适应媒体发展多元化的趋势，《第一现场》也正在摸索网络时代的生存实践。为拓宽与受众的沟通渠道，栏目开通超大 QQ 群，并与"中国时刻"网站以及深圳新闻网合作设置专门论坛以收集报料、征集观点、调查统计。而播出的节目不但能在网站实现在线收看及点击回放，亦能通过移动频道在公共场所得到二次传播。与新媒体的合作不但为节目带来了更为丰富的信息来源，也弥补了线性节目转瞬即逝的不足，把电视播出的热度传递到了多维空间，达到立体传播的功效，也为拓宽栏目的盈利空间制造了可能。

　　《第一现场》的转型路径是地方频道向公共媒体、责任媒体的转型路径。通过改版，《第一现场》不仅完成自身的华丽转身，也带动频道雄姿勃发。"传播·信任"是都市频道的宣传语，也是其核心理念。通过传播赢得受众信任的媒体必将掌握媒体话语权，获得公共影响力，而公共媒体、责任媒体的努力方向正符合民生新闻发展自身的要求，也是以新闻立台的地方频道打造主流频道的必由之路。

　　《第一现场》的每次改版都带来了收视率的上升，节目广告份额也水涨船高。2009年该节目的收视率和市场份额分别达到6.98%和25.62%，带动所在都市频道实现广告创收3.8941亿元的佳绩。《第一现场》赢得了社会、经济效益的双丰收。事实证明，如今对电视广告效果的评判，早已从计算广告时长过渡到了衡量媒体及栏目的影响力。"掌握媒体话语权也就掌握了广告行业的话语权。"①

　　如果说民生新闻曾经的成功得益于地方台在市场竞争压力下寻求自身突破的现实策略，那么民生新闻如今的转型则是地方台在新的传媒生态下突出重围担当责任的自觉行动；如果说民生新闻的兴起是顺应了城市化的需要，满足了市民对电视新闻制作播报样式的全新期待，那么民生新闻的转型则伴随了市民到公民的意识觉醒，见证着公民社会的成长。

　　　　（2010年3月初稿，2010年4月定稿；戴思洄参与本文撰写）

---

　　① 《民生新闻栏目：下一站3.0——江苏城市频道总监张建赓谈〈零距离〉升级》，《广告大观（综合版）》2009年6月。

对生命意义的追问　对灵魂深处的探寻

——评中央人民广播电台系列报道《穿越三北风沙源》

今年举办的"第十八届中国新闻奖"评选活动结束了。作为评委，我有幸参加了这次评选工作。在评选中，我欣喜地看到了许多优秀的新闻作品，其中，中央人民广播电台的系列报道《穿越三北风沙源》（以下简称《风沙源》）给人的印象尤为深刻。

《风沙源》这组系列报道中有这样两句宛转悠扬的歌词，让我回味不已："辽阔大漠深沉的起伏里"，"风声诉说千年的故事"。这首来自阿拉善的蒙古长调歌曲，荡漾着的是人类千百年来对辽阔无垠的黄沙瀚海的一种无法言明的爱恨情愁。的确，人类与浩瀚大漠之间似乎永远进行着一场绵远而没有终极的战争。自然界中的大漠以一种超然的姿态居高临下地睥睨着人类，质疑着人类的能力，也拷问着人类的灵魂。而人类面对生存于其间的自然界，却似乎无力抗争，唯有节节败退。我们不禁要问：是上天的惩罚，还是人类的自作自受？在全球环境日益严峻，乃至环境问题成了"八国峰会"上压倒经济发展的首要议题的今天，重新思考人类与自然，人类与沙漠的关系，其意义和重要性不言而喻。在此全球语境之下，中央电台的这组系列报道，所彰显出的意义和重要性同样也是不言而喻的。

中国新闻业界对于西北风沙的报道已不是第一次了，最早可追溯到新华社1988年那篇著名的报道《风沙紧逼北京城》。而此次中央电台的这组报道却以一种别样的视角，以自然、人、生命、价值等人类最根本命题为报道的逻辑起点，历时20多天，行程2万多公里，跋山涉沙跨越内蒙古、新疆、甘肃、宁夏4省区，较为全面地见证了2007年我国西部风沙、沙尘暴情况以及来自实践中的治沙伟业。尤为可贵的是，在这次近一个月的报道历程中，采访者不是仅仅陈述见闻，而是以一种悲悯的情怀，渴望探寻人与沙背后所隐藏的深层意蕴，追问生命意义，拷问心灵深度。从而使受众在获得表层信息的同时，还能对人与自然、对人类自身有着一种深层的和更为本质的思考。

此外，作为文本的写作，这组系列报道对于如何建立传播的有效性，如何展现人文层面的思考，如何打造专业性的品格，如何营造只属于"我"的个性，也颇有借鉴价值。下面，我将从五个方面对该报道进行分析评述。

一　关于理性与责任

在今天这个号称消费主义的时代，媒体与媒体人对自己所担负的角色和责任应该有着更为理性的认知和判断。

我们知道消费主义最严重的问题是对意义和理想的放逐，对责任和终极目的的消解，不重精神建构和精神价值诉求，在一味追求物欲享受、制造丰盛甚至沦为浪费的消费盛世景观时，使人类丧失了对自身生存的终极关怀，从而造成巨大的精神危机和心灵困顿。在这个能指喧嚣而所指空无的后现代世界里，我们是否能够真的就那样无情而轻率地将意义与理想抛在身后？其实，早在康德那里，答案便已十分明确了：人类的生活中除了物质的、经验的世界之外，还有一个意义的世界，一个精神的、超经验的世界。所以，对于真正意义上的人的生存而言，是不可能没有理性、社会性和精神性的维度的，唯有理性才能显示人的本真存在。新闻媒体作为社会的"瞭望哨""监测器"，其存在价值理应不光传播信息，还要（更为重要）担负起传承文化、构筑社会大众精神信仰的世界和维系社会的价值体系的职责。因此，媒体产品（报道）同样是不能失掉其精神维度和价值诉求的。这是媒体和媒体人应有的社会责任、伦理责任和文化责任。特别是在目前充满着物欲喧哗与骚动的文化环境之中，其重要性和迫切性就显得尤为明显。

《风沙源》报道最令人称道的是，从选题到采访全过程，从蓝色的哈达、惜水如金的兵团人，到危机四伏的莫高窟等等，所见、所闻、所思无不表达了对人的生存状态和价值诉求的强烈关注，希望通过反映大漠中人的现实处境和精神状态，叩开与人的终极关怀相联系的价值理想。正是秉承着这种注重精神诉求和社会责任的报道理念，采访者展示了作为新闻工作者最为可敬的职业品质——高度的敬业精神、顽强的工作作风。在荒无人烟、气候变幻莫测的浩瀚沙漠之中，日均行程一千多公里，其危险性和工作强度是难以想象的。在采访行进过程中，他们不仅穿越了"死亡之海"——世界第二大、中国第一大沙漠塔克拉玛干沙漠，还两次遭遇沙尘暴；在能见度只有二三十米且有八九级大风的环境中，作现场口播和采访；……如此种种，如果没有高度的社会责任感和职业精神，如果缺乏对媒体责任的理性认知的话，是难以做到的。

由此还涉及另一个重要问题，在消费主义喧哗的背景中，在中国面临现代化转型的过程中，主流媒体如何凸显自己的声音，打造属于自己的长远而深刻的核心影响力？这是包括主流媒体在内的每一个媒体研究者和媒体从业人员需要审慎思考的问题。

为了迎接全球化的挑战，中国媒体希望进入市场做强做大，走产业化道路，在全球传播格局中占据一席之地。这是无可厚非的，也是值得赞许的。但是，对这期间存在着的"内容为王"还是"营销为王"之争的问题，必须予以正确的解读与把握。依我看来，"营销"环节是我们的弱项，是亟待加强的，是需要迎头赶上的。但"内容为王"是万万不能丢掉的，好的"内容"需要好的"营销"，然而一味追求"营销"的"内容"则是不可取的。这里涉及的是办报理念的问题。消费市场的极端表现是将文化沦为消费品，将文化工业（媒体）沦为商品拜物教的"杰作"，从而远离人的精神和心灵世界。而从20世纪90年代我国媒介开始大众化、市场化以来，有些媒体无疑在商业化道路上走得太远，片面追逐眼球效应及利润最大化，而忽略精神价值对人心灵的影响，以致出现媚俗化、庸俗化等我们不愿看到的现象。这也让我们不得不感慨市场这只看不见的手之巨大魔力。

媒体虽被称为文化工业，但绝不应被看作是生产商品的工厂，媒体产品毕竟和洗发水有着质的区别，不能等同视之。如前所述，媒体不是我们可用可不用工具，而是我们生存于其间的世界，是构筑我们精神信仰、价值体系的世界，是承载文化理想的世界。说到文化价值，自然有精粗雅俗、高低文野之分，不能借口多元、平等的概念，有意模糊高雅、低俗之分，将价值消平，将意义平面化，一味迎合市场，如此必然会造成肤浅、庸俗的流行。因此对于媒体而言，无论是从自身的媒体责任还是从其对社会所肩负的伦理责任和文化责任考察，都应该负有不可推卸的人文导向作用，在现代社会担纲起思想、文化和知识的引导作用；张扬自身的社会责任，对社会文化建设与批判并存，这才是打造强势媒体的立身之本。

主流媒体，特别是全国性的主流媒体，在这方面既责无旁贷，同时还具有先天的优势。主流媒体应该发挥自身权威、高端之特长，用深刻、独特的文化内涵，非凡的品位打造核心竞争力，以防止在社会影响和政治影响上的边缘化。《风沙源》报道应该说在这方面树立了一个不错的榜样，这也是它获得专家和听众青睐的一个重要原因吧。

二　关于人文情怀

正是由于清醒地意识到媒体人所担负的责任，正是基于对媒体精神价值诉求的理性认知，在《风沙源》报道的字里行间、故事内外，弥漫的是挥之不去、令人为之动容的人文情怀。

这份浓浓的情怀背后所彰显的既有采访者理性的思索，也有采访者心中感性的真诚的爱：爱人之心，大爱之情。众所周知，一个优秀的或者说杰出的新闻记者不仅有着良好的职业素养，更有着深切的社会良知和高远的理想追求；他们之所以能被赋予如此完美的甚至有些理想化的品格，是因为他们所从事的是一份独特而高尚的事业。因此人们才会要求一名真正的新闻记者不仅能够"妙手著文章"，更要能够"铁肩担道义"。《风沙源》的采访者无疑继承了我国新闻界那种不仅"为稻粱谋"，更"为天下忧"的优良传统，顶风冒沙深入沙漠腹地，探寻风沙背后的故事，一切可谓是自找苦吃。但是支撑这一采访行为的是责任，也是一种大爱，是一种悲悯的情怀，所表达的是对国家命运的深切关注，是对普通百姓疾苦的深切关注，更确切地说，是对人的生命的深切关注和尊敬。

于是，我们看到了报道中的那些动人的人与沙之间的故事。大漠是冰冷的，而生命是有温度的。生命的尊严在亘古无言、浩浩大漠的观照之中闪烁着温暖的人性的光辉。

例如，在"一天半斤土，白天吸不够，晚上还要补"的和田，当地人自嘲说："尽管这里一年有二百多天都'下土'，可是当地人的皮肤还算不错，因为大家有独特的天然磨砂膏——沙尘。"沙漠人的幽默、豁达，以及生命的顽强展露无遗。

再如，"献了青春，献终生；献了终生，献子孙"的兵团人，从20世纪60年代开始建设西北，晚上住地窝子，白天靠肩挑背扛，终于使得一座座沙丘变成了今天的良田。现在，许多兵团人还喜欢穿手工纳出的平底布鞋，非常惹眼。这种"只讲奋斗，很少享受"的朴素的工作作风，这种奉献精神，对于上演着令人目眩神迷的各种欲望叙事的现代都市人而言，难道不是一副清凉剂？

还如，在横贯塔克拉玛干沙漠的塔里木沙漠公路旁边，每隔几公里就会看到被称为"夫妻房"的水井房，红顶蓝墙，特为林带管护人员所建。管护员一年之中有整整八个月远离城市，为了生活上相互照顾，管护员几乎都是夫妻。他们的职责是每天必须按时打开电机抽取地下苦咸水，采取滴灌方式对管辖范围内（上下4公里）所有植物进行每天12小时轮回灌溉，并及时清理被沙掩埋的水管或及时挖出、修补、补种死亡的树木。八个月中日复一日，每天如此。清苦，繁琐，重复，单调。月收入七百元。但他们似乎对经济收入非常满足，只是寂寞无边，让他们见到老鼠都倍觉亲切，因为毕竟是个活物。但是就连这个小生命也并不能有幸经常见到。然而正是有了这些"绿色长城"的忠实守望者，世界首条沙漠公路的入口处才能铭刻这样的对联："今朝奇迹大漠变通途，千古梦想沙海变油田"，横书："塔里木沙漠公路"。

在这样广袤无际的特殊地理环境之中，人是如此脆弱，又是如此坚韧；人是如此渺小，又是如此高贵。《风沙源》报道的思绪从人性、人生、人类的角度辐射开来，以一种悲天悯人的人文情怀，让人们重新思索生命的向度，如何珍视生命，如何热爱生命，如何敬畏生命，什么样的生存才是有尊严的生存，什么样的人生才是有意义的人生。追求物欲而价值失落、迷失方向的现代社会中的人们，心灵枯萎，灵魂无所归依，对于这些精神被"异化"（马克思）或"物化"（卢卡奇）的灵魂，或许这些信息所传递出的内涵意蕴和精神力量，能够起到升华和净化的作用，至少会提供一种对美好的昭示和召唤。

《风沙源》报道以人文情怀为内在的隐性线索，所要表达的价值观就这样被潜移默化、润物细无声地传递出来，令人信服而不着痕迹。这里其实涉及了一个有效传播的问题。从接受美学的角度而言，受众的主动接纳应该是传播的上上策。古人曰"感人心者莫先乎情"，以情感承载着主流价值观，让理念的传播随着真情的流淌而自然地散播传递，让受众沉浸在报道所营造的氛围中，在感动中思索，在思索中接受。这同有意走庸俗化、娱乐化之路线以博取廉价眼球的做法相比，境界之高下，不言自明。2008 年 6 月 20 日，胡锦涛总书记在人民日报社考察工作时强调指出："要把提高舆论引导能力放在突出位置"①，"不断提高舆论引导的权威性、公信力、影响力。"② 应该说，《风沙源》报道在这方面做出了颇有成效的努力，这也是该报道的特色之一。

三　关于文体与文风

新闻报道的文体与语言表达常常遭人诟病：文体死板，被称为"新华体""八股文"；新闻语言枯燥无味，千篇一律，不忍卒读。《风沙源》报道的可贵之处在于，渴望在文体和语言表达上有所突破，努力形成自己较为鲜明的文风特色。

纵览全文我们就会发现，《风沙源》报道在文体的写作上竭力突破以往成就报道、典型报道、工作报道等固定僵化的模式，克服其可读性弱、贴近性差、亲和力不够等缺陷，不搞简单、僵硬、表面化的事实拼凑，而是以一种见证式、体验式的纪实方式，以第一人称为视角切入报道之中，注重细节，强调"在场"感，将人物、地点、背景、成绩、问题等各种信息元素糅在一起，化入娓娓道来的故事之中，形成一种自然舒畅、真实可信的叙事风格，旨在追求一种内心的感染与感动，以达到一种理想的传播效果。

最值得一提的是，《风沙源》报道文本的写作没有使用空洞套话和政治辞藻代替专业话语，诸如群众、党、人民、光辉业绩、重大建设成就、社会主义等。报道中唯一具有政治色彩的表述，是提到了毛主席、周总理和朱德等政治

---

① 胡锦涛：《在人民日报社考察工作时的讲话》，人民出版社，2008，第4页。
② 胡锦涛：《在人民日报社考察工作时的讲话》，人民出版社，2008，第6页。

伟人，这些名字和一条蓝色的哈达连在一起，成为一个动人的故事。在中国，报道强调党性原则和政治理念是应当的，但不能使之僵化成为政治符号，因为这些符号一经滥用，就会使得本来深刻的党性原则或政治理念变得形式化、口号化，遮蔽掉原本蕴含着的具体深刻的内涵。我以为，该报道有意识弱化意识形态色彩或政治色彩，反而减少了其价值理念进入受众内心的障碍。在全球化时代，我国不仅在经济上要融入世界，而且在文化和意识形态方面，也面临着与异质文化的冲撞与融合，我们迫切需要研究以一种什么样的传播手段和技巧，以一种什么样的文体方式，传播什么样的信息内容，会使我们的文化、价值、信仰得到最有效的传播。在这方面我们确实应该学习好莱坞宣扬其美国价值观的成功经验，研究如何做到既弘扬了我们的价值观，又春风化雨了无痕迹。所以，《风沙源》报道在这方面的努力是十分值得肯定的。

在文风方面，《风沙源》报道运用了散文化的叙事模式，追求行文的自由，笔法的灵活。因为散文化的叙事不拘一格，最无定法，既可随物赋形，意蕴无穷，又可小中见大，蕴蓄深远，为信息的各种排列组合方式提供了最大的发挥空间。这组报道充分运用了这一叙事模式之长，渴望表达出一种如同蒙古长调般自然、含蓄、悠远、深长的韵味，这是该报道非常鲜明的风格特色。

其中，语言最为突出。我们先看几段写景状物的文字：

关于沙尘暴："风借沙势，沙借风威。一时间，搅得周天一片昏黄。""狰狞的狂风，夹裹着沙砾、打着旋儿，在空中、柏油路面上，如火舌般不停地乱窜，沙起尘涌。"

关于胡杨树："下午三点半左右，旁逸斜出，甚至有些过分夸张的胡杨树开始出现在视野：一棵、两棵、三棵……蓝天下，毫无绿意的胡杨树傲然挺立，密集的枝杈像是大自然鬼斧神工勾勒出的素描图，虽然没有金色的童话世界般美丽，倒也别有一番苍凉。"

关于天山："一出城就看到了不远处的天山上头顶积雪，黛青色的山体极富层次感，突现在亘古戈壁之上，海市蜃楼般养眼。即便是远眺，都感觉心里有种清冽冽的空灵。"

对事物的描摹是很考验作者的文字功底的，易学而难工。这组系列报道很注重描写这一技法的运用，注重描写与叙事相融合，而且所占篇幅较重，这也是该报道语言表达中的一个特色和亮点。由此可以看出采访者有着很好的文字修养和对语言较强的审美感受能力，这在如今的记者队伍中可谓是佼佼者了。整篇报道的语言流露出一种纯正而质朴的味道，颇得了几分近代散文的风韵，在审美取向上以"自然"为指归。需要强调的是"自然"乃是语言的美质，中国艺术就是以"自然"为最高审美境界的。强调自然，不是彻底放弃雕琢，也不是不需要对语言进行加工提炼，而是说不露斧凿痕迹，没有矫揉粉饰之态。是"清水出芙蓉，天然去雕饰"的自然，也是"豪华落尽见真淳"的自然。这组报道以文字的自然与情感的真与诚紧密相连，呈现出一种质朴纯净、亲切自然的语言风貌。此外，报道对于语言节奏的把握、材料疏密的剪裁以及背景资料的穿插等，也都处理得比较得当、妥切。

四　关于广播特色

施拉姆说："无线广播已将人类生活之钟摆，自500年前的印刷时代拉回到口传时代。"这个"口传"媒介的优势在于即时、方便、快捷、能够以声感人，可视为一种情感媒介。而其局限性则表现为线性传播，信息难以储存，转瞬即逝，且伴随着听觉信息的不确定性。只有了解了广播的传播规律，才能扬其长，避其短，使广播媒介的潜能得以充分而有效的开发。

由于只阅读了文字稿，并没有听到完整的广播节目，因此仅就两点谈谈看法。

首先，谈谈该报道语言的广播特色。广播语言是一种声音语言，而声音则具有不可逆、不可见、不易储存的弱点，如果语言表达方式不恰当，在传播渠道上会出现语义梗阻现象（即卡壳）。鲁迅先生也曾说："诉于耳的和诉于目的，有时候是全然两样的。"有人做过调查，视觉信息的效果一般是60%～70%，听觉信息的效果则只有30%左右。因此，广播语言要善于寻找让人一听即懂的表达方式。而现在通常的做法就是通俗化。但是如何理解通俗化却是一个决定广播语言走向的根本问题。我认为，通俗化绝不能等同于粗陋、简单、没有文采、"下里巴人"。通俗化，我将之理解为一种一听即懂的表达方式，在此基础之上，广播语言依然要追求语言的美感，追求语言表达的审美境界，依然要展示中国汉语言的优美、典雅、深邃、凝练、含蓄、绚烂、峻洁等丰富的美质。（当然广播语言在推广、规范和纯洁中国语言方面也是有不可推卸的责任的。）上文已经谈到这组报道的记者有着较好的文字修养，一方面注意到了语言的可听性，如句子的语序、句子的长短，以及长短句式的结合等等；另一方面，又追求语言表达的意境和韵味，因此，在语言的可听性和语言的韵味之间保持了较好的平衡。

其次，谈谈广播媒介是否可以拓展在深度报道方面的潜能。有人说，广播是时间的英雄，对此报纸只能甘拜下风；而深度是报纸的专利，广播对此不可触碰。但是寸有所长，尺有所短，这种观点对于广播媒介在深度拓展方面所具有的潜能，显然估计得有些过于消极和悲观。广播媒介依据听觉信息传播"时段式""累积式"的传播特色所形成的连续报道和系列报道，就是广播媒介深度报道的样式。而当代听众对广播媒介同样提出了解惑释疑的深度阐释要求。系列报道作为其中一种深度报道方式，的确能够系统、深入地反映某一领域的发展变化或经验理念，能够对某一重大问题进行有计划有步骤的采制和播出，因此，能够对重大问题进行深层次的挖掘和拓展。

《风沙源》就是围绕"人与沙"这一主题而策划的一次重大而深入的系列报道。这是一个大工程，也是大手笔。二十一集的系列报道，为受众打开了一个相当开阔的想象空间，在如此广阔的时空范围内呈现了异常丰富的人物和事件，这就使得报道不仅能够提供多样化的信息内容，还能够有空间去探寻一种形而上的哲学意蕴，去追问生命意义，去拷问心灵深度，能够让情感沿着思绪蔓延，一点一点渗入听众心田，实现"累积式"的有效传播，体现了广播系列报道传播效果的深度和广度。

五　关于问题

最后，谈谈《风沙源》系列报道中的不足之处。

采访者在"题记"中说得十分清楚，本次采访的目的是"见证2007年我国西部风沙、沙尘暴情况及来自实践中的治沙伟业"。为此采访者在20多天的时间里，跋山涉沙行程2万多公里，穿行4省区，选取了其中十几个有代表性的地区，分别向我们展现了我国三北地区独特的人文、地理风貌以及目前的沙漠化现状。然而令人颇觉遗憾的是，我们却无法将它们拼接成一幅完整的图画，也就是说，我们对于三北地区的沙尘暴现状和治沙现状，依然缺乏一个总体的把握，无法形成一个总体印象，我们心中揣着的许多问题还没有找到清晰的答案。比如，总体而言，三北地区目前的沙化程度到底如何？同过去相比是恶化了还是好转了？或者是局部好转，或者是局部恶化？原因在哪里？治沙效果到底如何？还存在什么问题？问题根源在哪里？传统的治沙措施还存在什么缺陷？有什么新的治沙理念和新的治沙方法需要推广？治沙如何与科技相结合？在今天的市场条件下，生态效益如何与经济效益相结合？等等。对于这些问题，报道应该给出一个答案，哪怕是一个准答案。

我猜测，采访者是对过去那种程式化的工作报道模式深恶痛绝，所以有意模糊了成绩和问题之间的界限，软化了它们的棱角，将它们分别融入了一个个不同地区的叙事之中。但是这样一来，会使得整个报道的宗旨不够突出也不够明确。因为，如此零碎的分割又缺乏一个整体的问题框架，使我们最终也无法确定沙化背后真正的原因。谁才是沙漠化的真正罪魁祸首：天灾抑或人祸？我们到底对于治沙的希望应该给予几分信心？或许带着这些问题去架构整个报道，让这些问题成为报道推进的内在逻辑，而不是仅仅用时空线索勾联不同的地区，那么，随着报道空间的延展，随着报道事件的丰富，这些问题本身也许会变得澄明而清晰起来。

我们阅读《风沙源》的报道，有时会感到有些篇章更像风貌游记，但是这毕竟不是个体性质的观光游记，而是关乎国家、关乎人类重大问题的报道。所以不能叙事太过轻松，要有些厚度，有些沉重感。当然记者心中是有历史责任感的，报道中也不是没有表现出来，关键是问题意识依然不够强烈，至少在报道中还不够强烈。其实整个系列报道中已经触及了许多非常好的关节点，深挖下去，无疑会使我们深化对以上问题的思考，也会增加报道的深度和广度。然而，颇为可惜，这些几乎都是点到为止。比如，新疆且末县城，被塔克拉玛干大沙漠重重包围的"沙漠孤岛"，县城绿化覆盖率达到43％，人均占有绿地50平方米，即将获得"国家级最佳人居环境城市"称号，这样的奇迹是如何创造的？难道真是大自然的偏爱吗？新疆玉门市鼓励民间投入治沙，效果如何？能否解决资金困扰？敦煌月牙泉日益枯萎，现在每年固定下降24厘米，而莫高窟极有可能被黄沙吞没，我们真的束手无策吗？新疆的尉犁县的农田里，大水漫灌的情景竟然比比皆是，这是不是普遍现象？我们的工作还有哪些制度性的缺陷？可以想象防沙治沙工作千头万绪，困难重重，但目前的工作重点应放在什么地方？工作难点又在哪里？在问题如此鲜明的情景之下，有些地方还在挥霍日渐穷尽的资源，这又是为什么？对于这些问题的浅尝辄止，我们会感觉不过瘾，不够有力，也不太解渴。可能是因为广播文本篇幅的局限，采访者觉得无法在有限的时间长度内将问题详细展开。其实只要抓住中心问题，集中笔墨，不去全面铺陈，还是有可能使问题得到进一步突现的。

此外，在讨论如此重大的问题时，能否增加一些思辨色彩呢？我记得《中青报》曾发表过《西部贫困探源》系列报道，作者对西部贫困问题进行了深层的思考，从经济"贫困"，深入到生活方式的"贫困"，再深入到文化和思想意识的"贫困"，最后直指人的"贫困"，从根本上剖析了西部贫困的深刻原因，发人深省。如果该系列报道不仅仅是穿越三北风沙源，同时也探究、剖析风沙源表象背后的原因，是不是也能在温柔敦厚的叙事中增加一些理性的力量，增加一些思辨的锐气？

当然，瑕不掩瑜，中央电台《穿越三北风沙源》系列报道依然是给予我们许多借鉴、启示与思考的优秀的新闻作品。

（2008年10月初稿，2008年10月定稿）

第三部分　媒介市场运营与发展战略

中国大陆传媒市场的现状与走势

在政治和资本力量的持续博弈过程中，加入 WTO 后的中国大陆媒介市场呈现出典型的转型特点，正在发生着一系列重大变化。这些变化改变着中国媒介市场的结构，优化着中国媒介市场的生态环境，建构着媒介市场的主体、规则和运作机制，昭示着媒介的市场化进程不可逆转，铸造着新的发展态势与走向。

一　大陆传媒市场的现状

根据我们对于 2003、2004、2005 年的盘点，中国大陆传媒市场现状具有五个方面的显著特征：

（一）传媒市场对外开放程度明显提高

中国大陆的传媒市场正由封闭走向开放，今天已经形成了部分开放的格局。传媒市场对外开放的主要标志之一：境外电视有条件地落地，中外电视合作范围扩大。迄今为止，已在大陆有限落地的境外电视达 34 个。同时，央视、北京电视台、湖南卫视、东方卫视等，与美国、法国、日本等国的电视传播机构，均有日益密切的合作行动。主要标志之二：书报出版物分销市场向境外资本和国内民营资本开放。根据《外商投资图书、报纸、期刊分销企业管理办法》，外国投资者从 2003 年 5 月 1 日开始可以在大陆市场从事书报零售业务。贝塔斯曼等公司已经成功地在中国建立了自己的分销网络。根据《内地与香港建立更紧密经贸关系的安排》，自 2004 年元旦开始，内地提前向香港开放涉及传媒的广告服务、书报刊分销服务、视听服务、会展服务和电讯服务。而从 2003 年 9 月 1 日开始，具备一定资格的国内民营企业可以申请出版物的国内发行权及批发权，民营图书发行企业取得了与新华书店等国有资本企业公平竞争权利。主要标志之三：广播电视节目制作市场向境外资本开放。根据《中外合资、合作广播电视节目制作经营企业暂行规定》，从 2004 年 11 月 28 日以后，外资媒体公司可以入股中国的广播电视节目制作经营企业，持股额可达49%，除新闻类节目外，合营企业可以制作专题、专栏、综艺、动画片等；而在 2005 年 7 月 12 日实施的《广播影视系统地方外事工作管理规定》中，又划定了电视节目合作的底线：不能合资、合作开办固定栏目和广播电视直播节目。主要标志之四：传媒广告市场全面开放。按照"入世"签署的《服务贸易减让表》的承诺，我国从 2003 年底，允许设立外资控股的广告公司；2005年 12 月 10 日以后，允许设立外资独资广告子公司。

（二）传媒市场建构和规制力度显著加大

首先，整顿和规范了报业。2003 年整顿了党政部门报刊，2004 年整顿各级报纸的记者站和内部资料出版；2004 年 8 月 1 日开始试行《报纸出版评估论证制度实施办法》，在审批制度改革的大背景下，从市场准入和退出两个环节解决"优胜劣汰"、资源配置的问题，建立更加公正、透明、科学的审批程序；也从 2003 年开始，对报纸从业人员进行专业化、职业化、规范化要求和培训，颁发《新闻采编人员资格培训合格证》；新闻出版总署于 2004 年 1 月开通了中国记者网，所有记者证资料包括记者照片全部上网，以便全国新闻记者资源上网接受社会监督；2005 年不但颁行《新闻采编人员从业管理规定》，要求新闻媒体刊发新闻报道要实行实名制，而且报刊监管部门明确规定了报刊出版审读制度、质量评估制度、年检制度和从业人员资格管理制度。

其次，规范了广播电视节目播放、媒介广告刊播和网络版权。针对电视荧屏上，国民反映比较强烈的一系列问题，2004 年 4 月 30 日，国家广电总局下发《广播影视加强和改进未成年人思想道德建设的实施方案》，引导、规范电视节目播放，开展广播影视"净化工程"，要求媒介全面负起社会责任。2004年 1 月 1 日正式施行的《电视广告播放管理办法》对广播电视的广告播放也进行了全面的、具体的规范。2005 年 5 月 30 日开始实行的《互联网著作权行政保护办法》，规定了网络信息服务提供者的行政法律责任、网络侵权行为的处理等 19 条内容，宣告了网络版权关系调整的"无法可依"状态已经结束。

再者，媒介管理体制有了重大调整。第一，明确了建立媒介市场体系的改革目标。例如，2003 年 12 月 31 日，国务院办公厅下发《关于印发文化体制改革试点中支持文化产业发展和经营性文化事业单位转制为企业的两个规定的通知》，确定改革试点共有 35 个试点单位和 9 个综合试点省市，其中新闻媒体 8 家。第二，国家加大了培植媒介市场主体的力度，国有文化事业单位的企业转制工作也正如火如荼地进行着。报业集团、出版集团等 21 家新闻出版试点单位根据自身特点分 3 种类型进行事业、企业两分开，或者事业体制向企业体制转变，或者进行股份制改造和现代物流、连锁经营、改革的试点。第三，2004 年 9 月 20 日《广播电台电视台审批管理办法》正式施行，明确由国家广电总局负责全国广电媒体的规划、总量控制、布局和结构、审批和监管。

（三）传媒市场主体表现出良好的成长态势

表现之一：报业经历了规范与整顿以后，市场主体发展有序而规范。2005 年，全国共出版报纸 1926 种，其中中央级报纸 218 种，省级报纸 806 种，地市级报纸 848 种；出版晚报都市类报纸 285 种，各级党报 348 种，生活服务类报纸 245 种。同时，一批先后问世的新报纸，表征着报业市场的蓬勃活力。例如，2003 年 11 月 11 日创刊的《新京报》创造了几个第一：第一张得到正式批准的跨地区创办的报纸，第一张由两家党报集团联合主办的大型日报，第一张由中央级媒体和地方级媒体合作创办的报纸。① 此后，《东方早报》《第一财经》等也开始了跨地区经营试点。2004 年至少每月都有一张新报纸问世，新办的报纸有 19 家。这批报纸有效地填补了大量报刊停办导致的部分市场空白，兼并重组了一些部门报和县市报的资源，并且延伸了由《新京报》《东方早报》开启的跨地区、跨行业办报的市场走向。其中，也有一些新报纸是适应市场的特殊细分要求而创刊，如《巷报》是中国第一份城市社区报，《IT 时

① 陈愈超：《群雄并起烽火正浓——2002 年至 2004 年北京都市报零售发行状况监测》，《传媒》2004 年第 11 期。

报》是上海这个经济首都的第一份信息产业类报纸。由解放日报报业集团创办的《i时代报》，填补了我国地铁免费报纸的空白。

表现之二：数字电视和地方卫视的崛起。数字电视工程代表着电视市场主体成长的新态势。2003年7月下旬全国广播电视局长座谈会拉开了全国有线数字电视工程的序幕，首先在33个地区进行推广试点，并且由央视开播DTY付费频道。到了2004年12月，国家广电总局批准开办了79套付费电视频道，正式开播44套。而在2005年，数字电视进程更获得了突破性进展。一方面用户数量迅猛增长，青岛、杭州、深圳、佛山、大连、武汉、厦门、重庆等城市用户总数达到了60万至120万户，另一方面国家也允许数字电视引入非公有资本、跨地区经营。[①] 地方卫视的崛起更是不容忽视，上海东方卫视和湖南卫视使央视一台独大的中国电视市场频生变数。东方卫视的诞生标志着我国大众传播业内开始形成一个能够与央视叫板的全国性电视媒体。而湖南卫视经过2003、2004年的冲刺，在2005年异军突起。特别是2005年4月初到8月底的《超级女声》在国内掀起娱乐风暴和收视狂潮，总决赛收视率高达11.6%。《超级女声》已经不仅仅是一个电视节目，堪称2005年中国电视媒介市场甚至社会生活领域的一个重大事件。[②]

表现之三：手机日益发挥着媒体巨大功能。就短信发送而言，数量和产值年年攀升：2000年发送短信10亿条，2001年发送189亿条，2002年上升为900亿条，2003年达到1500亿条以上，2004年突破2000亿条，2005年超过3000亿条。截至2005年9月底，中国手机用户达3.76亿，居世界第一。而且手机媒体功能日益得到进一步拓展。《扬子晚报》《中国妇女报》《中国青年报》《京华时报》《新华社快讯》《参考消息》《华西都市报》，以及杭州、广州、深圳、重庆等地的主要报纸纷纷推出了手机版。手机电视，经过两年的探索，已经正式进入中国媒体行列。2005年9月28日，首家获得国家广电总局颁发的手机电视牌照的上海文广集团开始在全国开通手机电视"梦视界"业务，面向上海、广东、福建的移动用户提供视听节目直播、VOD点播服务。

---

① 王薇：《2005，数字电视大突破》，《媒介》2006年第1期。
② 刘再兴：《2005年中国电视十大事件》，《视听界》2006年第1期。

表现之四：互联网的复苏与勃兴。互联网在中国的命运是戏剧性的。在美伊战争和"非典"疫情肆虐的 2003 年，我国互联网获得了空前的发展机会，日浏览量迅速攀升，迅速成长为城市的强势媒体。2004 年互联网媒介有了较大幅度发展。不仅我国网络用户数量继续攀升（网民总数达到 9400 万）、网络运营商主动为企业提供电子商务营销服务、央视网络电视全面启动，而且重点建设的 8 家中央新闻网站和 24 家地方新闻网站成为网上"主流媒体"，人民网、千龙网、央视国际等多家网站也进入了全球网站百强行列。同时我国网络出版业开始得到重视。2005 年互联网的发展更让传统媒体感受到了巨大的冲击。不仅仅网民数量继续攀升达到 1.11 亿，网络广告市场规模（不包含渠道代理商收入）也达到 31.3 亿（超过杂志广告收入 18 亿元，接近广播广告收入 34 亿，直逼报纸广告收入）。而在互联网与传统媒体争夺注意力的大战中，博客与网络电视也开拓出了自己的生存空间。中国博客网与新浪、搜狐等门户网站的博客频道等，从用户培育向快速发展迈进，国内博客累计注册账户数达到 3336 万，比 2004 年翻了一番；上海文广集团取得我国第一张网络电视运营牌照以后，旋即与中国网通哈尔滨通信公司推出"IPTV－百视通"业务，积极开拓网络电视市场。

表现之五：广播媒体形象得到重塑。2003 年由于非典的流行和汽车市场的拉动，广播成为备受青睐的媒体之一；而在数字电视工程启动的同时，中央人民广播电台开办了 7 套数字广播节目。2004 年广播媒介的突破点不断涌现。例如，当年元旦，定位于综合新闻广播的"中国之声"正式开播，稍后推出数字电视健康频道和音频频道；北京电台推广交通台的经营模式，实行七个系列台分行业代理和广告时段竞拍，广告招标额已达 4.3 亿元；山西台以内容创新立台，探索建立标准严格且可以量化的管理体制；山东台调整经营策略，打造品牌栏目，塑造品牌频道，形成强有力的品牌军团。2005 年的广播媒介又在数字广播、手机广播、网络电台、"播客"等方面进行了探索，并且在跨媒体、跨区域、品牌化生存等方面取得突破。

（四）传媒参与"国际竞争"的势头勃起

首先，广电媒体开始走出国门。例如，2003 年，央视英语频道在英国的天空卫视和法国的 TPS 直播卫视系统正式开播；上视财经与美国 CNBC 实现战略合作，制作《中国财经简讯》等两档直播节目在美国主流媒体播放等。2004 年，广东电视台珠江频道海外版成功覆盖美洲、欧洲、非洲、澳洲和东南亚；中国卫星电视长城平台在美国启动，堪称中国广电媒体军团的一次空前的海外大行动。其次，报纸媒体开始参与国际竞争。2004 年，由羊城晚报报业集团与侨鑫集团有限公司联手打造的海外华文报纸《澳洲新快报》在澳大利亚悉尼正式出版发行，成为中国报纸进军海外的标志性事件；该年 11 月，《国际金融报》与英国《金融时报》两家财经传媒在内容交换、人员培训和举办论坛方面的合作正式启动，包括《新民晚报》在内的中国内地有较大影响的首批 6 家报纸加入世界中文报业协会。这些都扩大了报纸媒体参与国际竞争的力度与范围。再者，传媒业国际合作也开始多头出击。在 2003 年，电广传媒设立北美代表处，谋求开展国际化业务；总部设于美国的财经资讯电视台CNBC 亚太和中国上海文广新闻传媒集团建立战略合作伙伴关系，双方进行部分节目交换。2004 年，新华财经与法新社财经组成国际联盟，由新华财经收购法新社亚洲财经在香港、日本、韩国、新加坡和另外 8 个亚洲国家或地区的通讯社；北京电视台与欧洲体育台正式签约，并与韩国汉城电视台签订合作意向书，就体育节目进行合作。

（五）传媒运作方式开始市场化

表现之一：媒体重视市场定位和市场化运作。中央级媒体市场定位更加清晰。例如，《人民日报》在把读者定位于党务工作者、行政干部、企事业管理者之后，实施第三次扩版；央视对频道栏目进行了专业化的细分，现在已经开设了综合、新闻、时政、经济、体育、科教、军事、文艺、少儿等 12 个频道，在各个层面占据了有利位置，试图持续保持在全国市场上"一家独大"的垄断地位。在"中央军"的示范作用下，越来越多地方频道同样开始了专业化的征程，一时间改版热潮在广电产业中反复激荡。特别是在 2004 年，省级卫视纷纷重新定位，例如江苏卫视定位情感频道，广西卫视定位女性频道，浙江卫视与广东卫视联手打造财富频道等等。管理机制上，央视的制播分离、末位淘汰等市场化制度正式实施，并且影响到湖南卫视、北京电视台、东方卫视、广东的南方电视台等的管理机制创新。

表现之二：新的强势媒介品牌浮出水面。第一，报纸品牌形象开始得到实证。据中国新闻研究中心的调查：在各地最具影响力的报刊，仍然是以都市类报纸为主。例如，新闻类报刊中影响力最大的是《南方周末》，公信力最强的是《环球时报》，最具成长性的是《中国青年报》；新闻类杂志中影响力最大的是《三联生活周刊》，公信力最强的是《中国新闻周刊》，最具成长性的是《新周刊》等。① 第二，央视打造电视频道精品。从 2003 年到今天，央视各主要频道以收视率为根据，在视觉传播、节目类型、栏目编排等方面陆续进行资源整合和优化。第三，地方电视频道从"百货店"转向"专业店""品牌店"。湖南卫视的娱乐、安徽卫视的电视剧、湖北卫视的人文、广西卫视的女性、贵州卫视的西部、浙江和广东卫视的财富、江苏卫视的民生新闻与情感节目、四川卫视的故事等特色定位，得到了市场的初步肯定。

表现之三：跨地区、跨媒体、多媒体经营获得突破。无论是平面媒体，还是广电媒体、通讯社，或者网络媒体，都在跨地区、跨媒体、多媒体经营方面进行了探索。平面媒体的跨地区经营，由《新京报》《东方早报》《京华时报》的创办拉开序幕后，《瞭望东方周刊》《世界报》《第一财经日报》《每日经济新闻》《重庆时报》等报刊的问世使之形成燎原之势；报业集团跨媒介经营方面，以上海文广新闻传媒集团打造名为"第一财经"的超大传媒平台，跨越报纸、电视、广播三大媒体，覆盖全国各大中心城市为代表；新华社、中央人民广播电台、中国国际广播电台、北京人民广播电台等媒体都在紧锣密鼓地建立并实施自己的网络电视计划，主动出击网络和电视业；一些新兴的网络公司如 E 视网等，充分发挥网络媒体的市场活力，与新媒体和传统媒体展开合作，进行多媒体经营的探索。

表现之四：媒介融资和媒介上市方兴未艾。传统媒介与业外资本的结合依然是媒介融资市场的重要动向。一批业外民营资本通过种种途径进入传媒业。例如，在 2003 年的媒介资本市场上，青鸟华光通过受让股权，使"公司切入

---

① 孙光海等：《2003 年中国内地报刊杂志影响力公信力调查报告（简体版）》，中国新闻研究中心网站，http://www.cddc.net。

传媒业成为现实，成为北大青鸟集团进军传媒行业的资本平台"；北大文化同中国青年报社共同投资设立"北京中青联合传媒文化有限公司"；北大文化与上海青年报社等共同投资成立"上海青年传媒有限公司"等。尤其是北大华亿影视文化有限公司与保利文化艺术有限公司合作组成中国保利华亿文化传媒有限公司，经营海南旅游卫视频道，被业界视为中国最大的文化产业并购案。2003年下半年的媒介股市上，久经低迷的股票市场掀起一股数字广播电视风潮，包括中视传媒、歌华有线以及东方明珠、陕西广电网络等在内的数字广电概念股一飞冲天，融资总量达到80余亿，有力地促进了广电产业的发展。在2004年，广州日报报业集团通过控股清远建北集团股份有限公司被推荐上市；北青传媒发展股份有限公司在香港联合交易所挂牌上市，以及12家中国互联网公司股票在海外上市，更是成为贯穿本年度的最大亮点。2005年的媒介股市上，传统媒介似乎波澜不惊，但户外媒体异军突起。中国最大的户外视频广告运营商分众传媒的股票在纳斯达克正式挂牌交易。分众传媒成为首家登陆美国纳斯达克市场的中国纯广告传媒股。

二　大陆传媒市场的走势

中国媒介市场的基本动向与走势至少有以下几个方面值得重视：

（一）强化内容经营促使媒介做强做优

强化内容经营，将是中国传媒做强做优的重大选择。这是因为：第一，从传播业发展的总体情况来看，相对过剩的传播渠道需要丰富的传播内容。随着传媒产业的发展，特别是传媒管理体制的调整和传播技术的革命性进步，传播市场的渠道资源以一种不可遏制的方式释放出来，信息传播渠道的数量规模及其品种质量都有了爆发式的增长。内容生产和内容掌控将成为中国传媒业应对竞争的主要制高点之一。第二，从媒介经营的实际看，电视媒介对于电视剧的依赖程度过高。根据央视－索福瑞与金鹰论坛的合作研究，电视整体经营收入中，电视剧占70%，然而80%的电视剧来自于购买；与此同时，电视台80%的精力和资源投入新闻和专栏节目，但承担的创收任务不到20%。电视剧为电视经营创收的重中之重，但多数电视台并不具备电视剧生产能力，电视台所擅长的节目内容却又没被市场所认同。第三，从媒介运营模式看，长期以来，中国传媒的生存和发展基本上依靠广告，一旦广告市场发展缓慢，电视经营的基础就岌岌可危。因此，经营开拓的重点由广告向内容和节目转移，成为必然。第四，国家重点发展的数字电视也亟待节目内容的支撑。全国在 2008 年前将开办 150 多个付费频道。目前的节目制作量只能满足巨大数字频道资源的 1/5 到 1/4。内容已经成为制约数字电视发展的巨大瓶颈。①

（二）有线电视数字化进程提速

国家广播电影电视总局发布了有线电视向数字化过渡的时间表：到 2008 年，东部地区县级以上城市、中部地区地（市）级城市和大部分县级城市、西部地区部分地（市）以上城市和少数县级城市完成过渡，全面推广数字电视；到 2010 年，中部地区县级城市、西部地区大部分县级以上城市基本完成向数字化过渡；到 2015 年，西部地区县级城市的有线电视基本完成向数字化过渡，停止模拟电视播出，实现数字广播电视有线、无线和卫星的全国覆盖。据亚洲有线与卫星宽带协会（CASBAA）报告预测，中国付费电视收视、机顶盒以及由此带来的数字电视更换热潮将造就巨大商机。2010 年，中国的付费电视及上下游产业的市场规模将达到 7000 亿，到 2015 年，这个市场将增长到 1.5 万亿的规模。②

（三）跨媒体经营规模不断扩大，整合注意力资源、实施跨行业发展的趋势进一步加强

可以预料，在报纸、广播、电视等传统媒体已经尝试与网络、手机媒体融合的基础上，报纸＋卫星电视＋影视制作＋互联网＋手机流媒体的跨媒体、多媒体、跨行业扩张，进一步拓展跨媒体经营规模，这是中国媒介市场发展的重要趋势。人力资源、信息资源、技术资源、资本资源等媒介资源的大流动和大

---

① 北京广播学院数字电视课题组：《付费频道与资讯平台》，《媒介》2004 年第 7 期。
② 北京广播学院数字电视课题组：《付费频道与资讯平台》，《媒介》2004 年第 7 期。

整合，必然提升媒介经营的规模。一批具有较强核心竞争力的报业集团、广电集团可能成长为真正意义上的媒介集团。

与此相联系，随着跨媒体经营规模不断扩大，整合注意力资源、实施跨行业发展将是媒介发展的重要动向。20世纪90年代后半期以来，流行文艺产业、娱乐产业、体育产业、旅游产业、大众传媒产业、电脑网络产业、会展产业的高速发展，特别是互联网媒介的崛起，导致注意力资源的分散化。相对有限的观众的注意力资源被分散到了娱乐业、文艺产业、体育产业和电脑网络产业。媒介的跨行业发展的实质是企图使分散的注意力资源得到整合，形成以注意力资源为纽带的产业链条。对注意力的整合，既可以从大众传媒内部实施跨媒介的融合，又可以从媒介外部融合其他产业、实施跨行业发展战略。根据我国的媒介生态环境，文化产业、宣传产业、体育产业、娱乐产业、文艺产业、信息服务产业、咨询产业都是基于精神信息生产和注意力资源吸纳消费的行业。传媒的跨行业发展，主要是在这些行业中间展开。

（四）网络产业快速发展

一个方面，国家正在采取相关的产业政策，全力推进互联网出版和动漫游戏产业的发展。2004年，中办、国办联合发出的《关于进一步加强互联网管理工作的意见》和文化部牵头成立的支持动漫和电子游戏产业发展专项工作小组的启动使网络产业的快速发展成为可能。网络产业发展的两大支撑点是互联网出版和动漫游戏。《关于进一步加强互联网管理工作的意见》的着力点是推进我国互联网出版行业的发展。与此相配套，国家版权局、信息产业部先后出台《信息网络传播权行政保护办法（草案）》《信息网络传播权保护条例》等法规，为网络出版的快速发展提供管理的支撑。而由文化部牵头的支持动漫和电子游戏产业发展专项工作小组，为构建具有中国特色的动漫游戏产业支持体系，正在采取如下六项措施：（1）完善政策法规，为动漫及电子游戏产业的发展营造良好的市场环境。（2）实施民族动漫和游戏精品工程。（3）为广大青少年推荐一批健康向上的适合未成年人的动漫和电子游戏精品。（4）积极培育产业孵化器。（5）严格掌握进口标准，有选择地把世界各地的优秀网络游戏产品介绍进来。（6）举办国家级动漫游戏展会，搭建中国原创动漫游戏产品展示交流的权威平台。① 另一方面，正在进行的传统媒介与网络媒体的融合，也必将促进网络产业的持续发展，成为中国媒介产业的一大主要生长点。

（五）经营创新打造传媒集团

以文化体制改革为背景，通过经营方面的一系列创新举措，如价值理念创新、发展战略创新、产业链创新、领导体制创新、管理机制创新、发展模式创新、利益传递和激励机制创新、制约机制创新等，建立产权清晰、责权明确、政企分开、管理科学的现代媒介企业制度，实现资源整合、结构调整、市场扩张、实力增强，从而打造跨行业、跨媒体的传媒集团，将是大陆媒介市场发展的又一新走向。著名的南方报业集团已经在 2005 年更名为南方传媒集团，就是一个极好的证明。国内如文新报业集团、广州日报报业集团、文广传媒集团等也正在实施向综合性的传媒集团发展的战略。

（六）全国统一的报业市场正在形成

政府拆除壁垒，报纸扩张市场，这是推动形成全国统一的报业市场的两股基本力量。政府拆除壁垒，主要是构建市场主体的活动空间，形成媒介资源配置和流动的领域。其具体做法：一是允许媒体跨行业、跨地区经营，拆除分割市场的政策壁垒；二是要求"管办分离"，让权力退出报刊经营，拆除分割市场的行政壁垒；三是实施文化体制改革，划分公益性文化事业和经营性文化产业，属于后者的一批报刊要转制为企业，拆除分割市场的体制壁垒；四是根据"入世"承诺，从 2003 年 5 月开始，我国出版物分销市场向世贸组织成员开放，同时也向国内民营企业开放；五是全国换发记者证，破除事业单位的正式人员与临时人员、在编人员与聘用员工的界限，形成全国统一的传媒人力资源市场；六是市场准入和退出机制初步建立，报刊申办评估制度和广电媒体申办审批制度进一步完善；七是有比较规范的媒介融资和宏观调控机制。

---

① 周玮：《文化部：2005 年六大举措促动动漫电子游戏产业发展》，中国新闻传播学评论网站，http：//www.cjr.com.cn/2005 - 2 - 14。

（七）平面媒体读者流失与手机媒体持续"升温"

由于广电媒体和网络的持续发展以及手机媒体的崛起，平面媒体读者正在持续流失。中国出版科学研究所的最新研究表明：国民识字者的阅读率呈下降趋势。2003 年国民识字者中图书的总体阅读率为 51.7%，比 1998 年下降了 8.7 个百分点；杂志阅读率为 46.4%，而 1998 年杂志阅读率为 57%。央视市场研究股份有限公司（CTR）的一项全国性调查（CNRS）显示，虽然报刊市场进一步开放和发展，但 2004、2005 年，北京、上海、广州等部分核心城市上半年的读报人数和读报时间明显下降。特别是随着第三代数字移动通信技术（3G）的推广应用，平面媒体读者流失可能会比以往更为严重。手机作为媒体的历程已经全面开始。我国现有 3.76 亿手机用户，规模居世界第一位，而已在建设之中的 3G 国家平台一旦启动，其市场发展空间无可限量。更重要的是，中国移动、中国网通等电信企业已经与互联网企业、广电媒体企业携手，开始开发手机电视、手机报纸、手机杂志，一个巨大的媒介之门已经打开。

（2006 年 2 月初稿，2006 年 5 月定稿）

虚拟与实体：传媒市场运营的二元解构

——虚拟经济研究视域下的传媒市场

关于传媒市场，传统上的认知主要是指媒介产品买卖的地方。诸如"传媒市场是由传媒构成的，用于传媒产品销售的空间"① "所谓传媒市场，实际上是传媒、传媒的受众和传媒的广告商之间所有关系的总和，也就是指传媒产品从供给者到达需求者之间的各种经济活动关系的集合"② 等说法，对传媒市场认知与界定的建构都是针对传媒实体经济市场的运营而进行的。

随着社会改革和市场化运作程度的深化，我国传媒产业在产业属性和政策规制的框架下，在社会政治、经济和技术等多维主体与因素的博弈和驱动下，经营日益多元化：一方面，传统媒体在强化实体经济经营外，在金融资本市场以及并购、重组、超越媒体吸收社会资本等方面的运作日益受到重视和鼓励；另一方面，网络媒体则带来了新的经济和经营模式，如网络游戏竞技商业化、网络虚拟货币、博客经济等等；此外，传统媒体与网络媒体在经营上的整合与互动也产生了新的传媒运营方式与模式，如传统媒体的网络连锁店、投资网游等。以上这些，都是传统传媒实体经济市场之外的市场经营活动。总之，作为市场经济有机组成部分的传媒市场，新的资本运作形式和经营方式的引进和探索，必然使其不断得到拓展和延伸，同时也使其自然走向裂变和"共生背离"。

一 虚拟经济：理解传媒产业市场化运营的新视角

当前我国传媒经营市场由于"金融资本、知识资本、人力资本和社会资本等

---

① 丁柏铨：《论传媒市场》，《新闻记者》2002 年第 4 期。
② 强月新、邓敏：《传媒市场特征的经济学分析》，《现代传播》2004 年第 4 期。

资本形式的综合渗透，已开始呈现出媒体主导权、市场制约权与媒体、市场综合主导权之间的角逐与共存共生现象。"① 由此，传媒的市场经营也由以往的五个层面——1. 发行和广告的经营；2. 新闻生产流程中诸多环节的经营；3. 新闻生产相关产业的经营；4. 新闻媒介无形资产的经营；5. 传媒的投资经营与资本经营等，增加到了第六个层面——传媒金融资本市场的经营以及并购、重组，超越媒体吸收社会资本和网络虚拟经营（包括传统媒体与网络媒体经营整合后的新经营方式）。与以往传媒资本经营主要依赖吸纳外部资金不同，第六个层面所进行的资本经营更多地体现为传媒主动使资本在流动中增值而不仅是引入外部资金。

在经济学理论中，经济形态一般分为虚拟经济与实体经济。实体经济是一种以现实的可感知的物质为存在形式和活动内容的经济形式，虚拟经济是指产生于实体经济运行基础之上的一种以抽象的虚拟的资本形式为运动主体的经济运行模式。上述传媒市场运营的六个层面中，发行和广告的经营、新闻生产流程中诸多环节的经营、新闻生产相关产业的经营以及传媒的投资经营与引入式的资本经营都是属于传媒的实体经济市场经营活动；而新闻媒介无形资产的经营与第六个层面的资本经营，则是脱离传媒实体所进行的虚拟经济市场运营活动。在经济全球化的环境下，我国传媒业作为一种特殊的产业，研究并实施其虚拟经济市场运营的价值与意义主要表现在三个方面：

第一，将传媒经营市场宏观上分为两个领域——实体经济市场和虚拟经济市场，有助于在理论研究上更加全面、准确地认识并把握传媒市场，也有助于传媒产业市场经营的多元推进，从而进一步繁荣、发展传媒市场。

第二，相对于传媒实体经济的市场运营绩效而言，传媒虚拟经济的市场运营具有明显的融资杠杆效应和价值增值功能：一方面传媒可以将在虚拟经济市场上的融资投入到实体的运营上，以解决产业发展中长期存在的资金严重不足的问题。另一方面，传媒通过信用与产权的交易进行虚拟经营活动，成本相对较低，可以直接实现传媒实体经济的增值。

第三，有利于促进传媒集团的经营和改革，如现代企业制度的建立和产权改革、信用制度的建设等。

---

① 严明编著《虚拟经济》，新华出版社，2005，第 7 页。

二 传媒虚拟经济市场运营的方式与特征

传媒虚拟经济市场运营的主要方式是资本运营。传媒产业的资本运营是一种借助金融资本市场、金融租赁市场与信贷市场等资本市场所进行的融投资行为；而资本市场是社会经济主体之间进行资本融通的各种形式及与之相伴的各种交易关系的总和，既包括证券资本市场，又包括金融资本市场，还包括产权交易关系。

目前我国传媒通过资本市场进行的资本运营，主要有金融资本经营、产权资本经营和无形资本经营几种。金融资本经营主要是通过传媒业局部剥离上市进入证券资本市场（如电广传媒、北青传媒等）以及进入债市、信贷市场等。产权资本经营就是通过对产权的交易与运作，使传媒业的资本结构得以优化，从而实现资本增值；其方式包括现有传媒业产权的经营和产权的交易，以及传媒业利用股市进行的并购和重组等。无形资本经营通常包括契约权利型、知识产权型和关系型等几种经营方式。"新闻媒介的无形资产（虚拟资产）如品牌，无形资源如信息资源、模式资源、知识产权，无形产品如咨询、分析、判断等虚拟资本产品的价值，可能远远大于实体产品的价值。"[①] 因此，传媒无形资本的经营是传媒经济市场多元化经营的一个具有显著绩效的运营方式。

在我国传媒市场化改革的初期，对资本市场的关注，主要集中在如何吸引和引进社会资金，包括外资进入传媒业的实体，以促进传媒的采编和经营等实体业务；理论研究也大都聚焦于此。随着传媒产业改革的推进以及政策、制度口径的放宽，对传媒资本市场的关注，开始转移到传媒产业如何利用自身资源主动到资本市场吸纳资金或者投资从事虚拟经济的经营，进而为实体产业和市场服务。随着传播新技术的出现和传媒多元化经营边际的拓展，传媒虚拟经济市场运营的形式与模式更是日益增多：一方面相对于传统媒体的虚拟经济运营而言，网络媒体凭借技术构建的虚拟平台和整合传播的强势，其虚拟经济市场

① 王峰：《传媒巨头深陷信用和资金双重危机》，《中国经营报》2002 年 7 月 22 日。

的运营已相当普遍，国内三大门户商业网站均在美国纳斯达克上市。网络虚拟经济的表现形式，主要有电子商务、网络银行、网络竞技游戏商业化、网络虚拟货币等。另一方面，传统媒体虚拟经济模式下的虚拟经营不断涌现，如与网络整合投资网游、构建虚拟经营平台等。

与传媒实体经济市场主要通过媒介产品的生产、分配、交换与消费等以成本和技术为核心支撑不同，传媒虚拟经济市场是在传媒实体基础之上以观念支撑和心理支撑为价值系统的经营市场。其特征见表1。

表1　传媒两种经济市场比较

特征　　方式	传媒实体经济市场	传媒虚拟经济市场
价值体系	成本支撑 技术支撑	观念支撑 心理支撑
运营内容	传媒实体经营包括产品生产、市场营运，广告收入	金融资本、无形资本运营，虚拟经营
资本方式	实体产业资本	虚拟资本及派生
产品价值运行	价值与使用价值一致	价值与使用价值背离
运营机制	新闻质量(内容)等	信用　产权(剥离后经营资产)
形态	新闻产品的生产、分配、交换与消费，包括采写编评、节目制作、交易，设备人员输出，实体投资，广告投放等。	股票、债券、期货、基金、地产、无形资产、网络虚拟货币、并购、咨询、知识产品、虚拟经营等。
关系	媒体　受众　广告商	媒体　投资者　企业公司
模式经营绩效	广告绩效大 资本增值慢 成本相对高 风险相对小	增强传媒产业资本融投资能力 资本增值迅速 金融绩效显著 成本相对低、风险相对大

备注：传媒业实体经济运作和虚拟经济的运作不是完全界限分明的，有的经常是兼有二者的特性的，本文出于研究对比的需要将其相对区别分开。

由表1可见，传媒实体经济市场与虚拟经济市场之间存在着"背离与共生"的关系。一方面传媒虚拟经济市场运营可以在实体的基础上，脱离实体部分，独立进行运作，如通过股市收购、兼并以及借用实体的品牌从事虚拟经济模式下的经营活动（包括投资地产、研究、咨询、增值服务等）。在一定程度上，二者背离得越远，传媒虚拟经济运营程度就越高。当然，过度背离就会脱节，产生很多风险和问题，从而对传媒实体造成不利。另一方面，二者又是统一共生的，传媒业可以通过虚拟经济市场运营进行融资以提高经营效益，但传媒虚拟经济的运营始终都是以实体为基础和支撑的，离开了实体，传媒就无法从事虚拟经济运营。

三　传媒虚拟经济市场运营的内在机制

传媒实体经济市场交易的是媒介实体产品包括报纸、广播电视的节目栏目等；其市场运营的方式是以媒介产品内容为核心，在内容品质基础上进行的媒介产品所有权的交换与流通，媒介售卖的是"内容"或者"影响力"，进而通过发行或者广告获得经济收益。而传媒虚拟经济市场交易则与此不同，是以传媒实体的信用为中介，一般交易运营的核心是产权或者虚拟产权（符号化），进而直接获得资本增值或者经济收益。传媒虚拟经济市场运营中媒介资本市场的金融经营，在本质上是利用传媒实体的信用（品牌、公信力）和资产等，与交易或者投资对象进行关于传媒产权主要包括股权或者实体资产虚拟化等的一种交易。由于我国传媒业的特殊性，传媒产权不具有交易性，所以现阶段我国传媒业虚拟经济市场运营的产权一般是指剥离后的发行或经营资产的产权，而非传媒主体采编部分的产权。传媒虚拟经济模式下的经营活动则是主要借用传媒实体的信用（包括传媒的品牌、公信力等）和实体资产等的使用权所进行的投融资和虚拟经营活动。因此，传媒虚拟经济市场运营的核心是信用与产权。信用是推动市场运营的中介，产权是市场运营的实质，信用与产权是传媒虚拟经济市场运营的主要内在机制。一般而言，信用在社会生活领域里主要有三种表现形式：一是作为一种道德准则，规范人与人之间的交往与相处；二是以道德底线形式出现，表现为具有强制力的法律制度，例如合同、债权担保、票据等；三是在经济领域里表现为一种支撑经济活动的基本需要，即指建立在授信人与受信人之间的特定的偿付供给承诺。而就传媒业而言，信用主要涵盖两个层面：一是传媒实体的信用（即公信力）是新闻传媒坚守新闻专业主义、客观真实报道新闻的信誉；二是传媒业的商业信用即传媒在经营活动

（包括实体经济和虚拟经济经营）中的经济信誉。在一定程度上，前者是后者的基础。

信用是市场经济的基石。在现代传媒业虚拟经济活动中，信用交易的规模正在不断扩大。信用已成为传媒业市场交易的一个必备要素，是传媒虚拟经济能够健康运行的基础性条件。因此，传媒实行企业化运营尤其是虚拟经济的市场运营，信用建设至关重要。传媒实体应避免新闻造假、新闻炒作和公众关系失信等，努力提升公信力；同时也要增强传媒的经济、金融信用，实现传媒企业化运营与信用再造，进而规避信用风险。

与此同时，产权是虚拟经济市场运营的制度条件。在产权经济学即新制度经济学的研究中，产权是一种制度安排，通常分为这样三类：一是使用一项资产的权利——使用权利，即规定某个人对资产的潜在使用是合法的，包括改变甚至销毁这份资产的权利；二是从资产中获取收入以及与其他人订立契约的权利；三是永久性转让有关资产所有权的权利，即让渡或者出卖一种资产的权利。① 目前，我们传媒业还是一个政策垄断性行业，其产权制度具有较强的特殊性，传媒的产权本身不是商品，不具有交易性。然而，在传媒业虚拟经济的市场运营中，无论是融资、并购等还是虚拟经营，其交易主体、交易对象和交易方式，都同一般的企业一样，都是在实体基础上的一种虚拟行为，都强烈依赖信用和预期的支撑，都需要有产权作为制度条件，产权是交易和经营的前提。当前我国传媒的市场经营活动，大多采取的是"曲线"方式（如通过分拆业务上市进入资本市场的湖南电广传媒）。在这种情况下，推进产权制度改革，实行产权多元化，塑造真正的市场主体，应该是我国传媒业在未来进行大规模虚拟经济市场运营的一大关键。

此外，技术在一定程度上是传媒虚拟经济市场运营的物质基础。实践表明，新技术的出现往往会改变传媒的经济运行方式：一方面，蜕变了媒体的形态与特性，进而产生了一些新的经济模式，如网络经济中电子商务、网络游戏的虚拟化以及电子货币等；另一方面，新技术也广泛应用于金融市场，为传媒虚拟经济的市场运营提供了更为便利的物质基础和条件。

---

① 〔冰〕思拉恩·埃格特森著《经济行为与制度》，吴经邦等译，商务印书馆，2004，第35页。

四　结语

近些年来，我国虚拟经济占国民生产总值的比重正在逐年上升；与此同时，国民经济所保持的平稳较快增长的速度，也为虚拟经济的强势发展提供了一个良好的平台。传媒产业作为我国一个新兴的市场化产业，在发展其实体经济市场运营的同时，也需要培育、发展和规范其虚拟经济市场运营。目前，我国传媒业虚拟经济市场运营已经有了一定的发展，但相比于发达国家的传媒业，其发展空间还很大。例如，仅就虚拟经济市场运营中的股市而言，美国传媒业现有195家上市公司，其中广告业50家、广播电视业84家、出版业61家，总市值4524亿美元，平均市盈率57倍，远远高于20倍的美国股市平均市盈率；① 而我国传媒业在这方面则有着很大的差距。

随着我国传媒业发展和政策调整的深入，虚拟经济市场运营的空间必将毫无疑问地增大，这是传媒业做强做大的内在需求。"各种媒介市场的特质，同时驱动并制约媒介的经济行为；而各种媒介市场的影响力，同样也驱动并制约了媒介的经济行为。"② 因此，我国传媒业在进行虚拟经济市场运营的环境下，必须重视面临的风险和存在的问题。

第一，政策壁垒与政策风险问题。由于我国传媒宣传与经营的二元属性，在妥善处理并解决媒体经营职能和宣传职能关系之前，媒体通过发行上市直接进入证券市场将会受到产业政策的限制。与此同时，对目前已经上市的传媒而言，由于采取采编与经营两分开的形式，剥离经营部门改制上市风险大。尤其是在报纸发行不赚钱，广告市场又不景气的情况下，只包装广告业务上市意义不大。

第二，经济风险问题。由于虚拟经济中的金融资本市场包括股市、债市、期货、期权等本身就是风险经济，传媒业进行虚拟经济的市场运营也不可避免存在着金融和经营风险。

第三，产权改革和信用建设问题。传媒市场是主体之间自愿互利的交换活

---

① 邵秋涛：《美国传媒业的资本价值》，《传媒》2004年第9期。
② 罗伯特·G.皮卡德等：《媒介经济学》，冯建三译，台湾远流出版事业股份有限公司，1994。

动的总和，交换关系是市场关系，而交换的实质是权利的相互让渡。因此，产权和信用是传媒虚拟经济市场运营的关键之一。传媒产权改革和信用建设还有大量的工作要做。

第四，虚拟经济市场经营的规范与管理问题。目前传媒业投资房地产（地产属于虚拟经济）、网游以及无形资产的运营、虚拟资产的交易等，都有一定的发展，而对这方面经营的评估与规范管理还不完善。

第五，如何处理虚拟经济与实体经济"背离共生"问题。传媒虚拟经济市场运营是建立在实体基础之上的，并最终为传媒实体服务。因此，既要大力发展传媒产业的虚拟经济，又要防止虚拟经济与实体经济的过度背离。否则，传媒虚拟经济的过度发展会挤占实体经济的资金供给，其结果必然导致传媒市场运营的衰退或结构性失衡。

（2006 年 10 月初稿，2006 年 11 月定稿；陈刚参与本文撰写）

类型化——中国大陆广播的市场突围之道

进入新世纪以来，中国广播产业步入了快速发展时期，一系列优良业绩开始在业内外备受瞩目。尤其是在传统媒体屡屡受到新媒体冲击的背景之下，广播产业俨然再次焕发了青春。2000年至2006年，广播产业广告经营额年平均增长率为24.6%。与此同时，广播产业广告市场份额不断增长，广告经营过亿的电台数量不断增加，2006年达到18家。其中，北京、广东、上海、天津、中央台、深圳6家广播电台创收均超过2亿元。[①] 推进广播产业持续发展的最主要的动力，无疑是专业化、市场化的进程。尤其是最近几年导入的广播产业类型化这一广播形态与经营管理模式，为广播产业的持续发展注入了新的活力。在这里，我们粗略分析中国大陆类型化广播的发展现状、存在问题，并提出发展战略思路，以期能够为进一步推进我国类型化广播的可持续发展贡献绵薄之力。

一 大陆类型化广播发展现状

伴随着改革开放的步伐和新闻改革的历史进程，我国的广播媒介在专业化、产业化轨道上，大体经历了三次重大改革：第一次是以1986年珠江经济广播电台的开播为标志的广播专业化的起步。此后五年，参照珠江经济广播电台的广播模式，全国形成了创办经济台的热潮。第二次是以1992年上海东方广播电台成立为标志的广播频率专业化改革。东方广播电台的诞生，形成了一个城市由两家以上同级别的电台平行运作、平等竞争的全新格局。与此同时，催生了20世纪90年代各地建立"系列台"的热潮，开启了我国广播进入

---

① 赵多佳、许秀玲：《内容·受众·传播广播专业化概论》，中国国际广播出版社，2008，第102页。

"窄播"时代、多频率发展的探索。第三次是以 2002 年中央人民广播电台"音乐之声"的问世为标志,我国的广播媒介发展进入了"类型化广播"的新阶段。这三次以台或者频率为单位的变革,实质是广播媒介为适应生存环境与市场竞争的变化,持续进行的产业化与专业化改革。"珠江模式"肇始于广东电台与当时的香港电台对于珠三角受众的争夺。以增强竞争意识、提高收视率为指导思想,以大板块、主持人和热线电话为主要特征的"珠江模式"的诞生,代表着以争夺中心城市受众为焦点的一种新的业务模式的形成。它给中国的广播行业进行了一次听众意识和市场导向的经营启蒙,促使广播能够依托贴近性和地域性来应对市场竞争。上海东方广播电台的诞生与改革,较之于"珠江模式",在产业化的轨道上更进一层推进广播媒介适应当时传播重心从传者向受众转移的大趋势,应对在当时已经出现的广播媒介在大众传媒竞争格局中的颓势,促进了广播媒介的初步分化,并推出频率负责制释放其经营的活力,使之开始在市场经济体制构建的大背景下,逐步成为专业化运营的市场主体,以提升广播媒介的竞争力。而在我国加入 WTO 之后开始导入的类型化广播,则是一种相对完全产业化运作的经营模式。类型化是根据细分市场的需要类型,提供相对应的内容产品的一种广播经营模式。根据这种经营模式运营的类型化广播,是对频率专业化的进一步细分化。类型化与专业化的区别在于,"专业化"以节目内容为出发点对市场进行区分,而类型化则在"专业化"的基础上,以听众人群为出发点对市场进行再细分。类型化广播按照类型人群的需求、收听时间、接受方式进行多频率的交叉覆盖。因此,类型化广播是广播媒介适应新的传播环境和社会结构,抓住有效听众,进一步将广播的专业化推向更深层次的改革。类型化广播是以目标受众为对象、以"频率"为基本的改革和经营单位。这一改革思路将使频率更为小型化、精干化。类型化强调的是真正意义上的细分,听众无需收听节目表,随时打开收音设备,都能听到他们所感兴趣的内容。如中央人民广播电台的"经济之声"提出"任意时间收听,20 分钟搞定",将一天里的经济财经信息、相关财经背景及各种动态指数,每 20 分钟播出一次,全天滚动播出 40 次。它的目标听众群体,更为清晰、具体。例如,湖南的新闻综合频率提出以"精品男人"为核心听众群,经济频率以"精品女人"为核心听众群,文艺频率以"时尚人群"为核心听众群，交通频率则以"移动人群"为核心收听群。

迄今为止，类型化广播在中国大陆已经发展了六年时间。六年的尝试性探索与实践，已经使之成为中国广播媒体可持续发展的重要走向。综观我国类型化广播发展的现状，有四个特点值得注意：

第一，形成了一批颇有影响力和号召力的类型化电台。如果从 2002 年"国内第一个流行音乐电台"——中央人民广播电台"音乐之声"的开播，作为中国大陆类型化广播探索的起点的话，从那时至今，几乎每年都有重要的探索性事件产生。例如，2003 年，中央人民广播电台的"中国之声""经济之声""文艺之声""都市之声"等频率，继"音乐之声"之后，改版为类型化广播频率；中国国际广播电台还推出"欧美流行音乐广播（金曲调频 Hit FM）"。2004 年，大陆首个纯新闻类型化广播频率——上海东方广播新闻资讯频道开播；第一家省级类型化音乐频道——湖北广电总台湖北音乐广播类型化音乐频道"Fun Music Radio"正式运营。2005 年，第一个全国性的类型化新闻频率——中国国际广播电台环球资讯广播开播。2006 年，我国第一个城市类型化广播频率——杭州新闻广播 FM89 正式开播；央广"文艺之声"改版，正式明确自己为全国首家以故事频率为定位的专业化、类型化广播频率。2007 年，由江苏新闻广播、江苏城市频率联合打造的中国第一家省级广播新闻类型频率——江苏全新闻调频开播。这些电台的创新探索，建构了我国广播产业领域内的第一个类型化广播方阵。

第二，初步探索了我国广播媒介的经营模式，探索了广播媒介进一步专业化、产业化发展的路径。类型化广播与一般的专业化广播频率明显区别的关键点在于，类型化广播使用 STP 战略，深度设计和规划广播运营的各个环节。所谓 STP 战略也就是市场细分战略，或者叫目标市场营销战略。STP 理论中的 S、T、P 分别是"Segmenting""Targeting""Positioning"三个英文单词的缩写，即市场细分、目标市场和市场定位的意思。对于广播媒介而言，实施市场细分战略，即在充分研究受众市场的基础上，根据某一种接触广播的需要对受众进行细分，选择其中的某一类型受众作为自己的目标听众，根据他们的媒介接触（广播接触）习惯和方式，完成电台定位，对节目进行格式化编排，进而实现类型化"适位"传播。因此，类型化电台的所有节目都是围绕一个目标受众群体，带有鲜明的类型化特色：节目的类型，由目标受众的需求类型所决定，由此形成了类型化广播的"定位专门化""播出同质化""运作流程化"等基本特征。它的所有运营要素都是在 STP 战略的基础上，进行整合构建，形成电台的经营模式。这一模式，使用市场细分技术，捕获有效听众，完成电台定位与格式化节目编排，聚集优质注意力资源，并将这种资源整体打包，出售给广告主，获得广告收入，使频率成为能够在受众市场、内容市场游刃有余的市场主体。在六年的探索过程中，先行者的创新活动，初步构建了类型化广播所特有的运营模式。例如，中央人民广播电台的"音乐之声"，以 15 ~ 45 岁的流行音乐听众作为目标听众。根据他们的需要，建设音乐数据库，编排节目内容，形成了大陆的音乐类型广播的经营模式。从"音乐之声"开播至今，大陆已经涌现出了湖北音乐台、大连音乐台等 20 多个类型化音乐频率。正因为类型化广播的目标听众明确，受众定位准确，传播精准，有利于形成清晰的广告受众群体，有利于铸造频率品牌的市场竞争力，其市场份额也会逐步提升。例如，中央人民广播电台于 2004 年开播的"文艺之声"，在 2006 年实施类型化运作的改版，成为"全国首家以故事频率定位的专业化、类型化频率"，力争做目标听众"身边的故事频率"，继而在 2007 年再次改版，在原有类型化编排的基础上又推出了一系列新节目。该频率在以新面貌导入市场以来，一直处于良好的成长状态。根据央视－索福瑞的调查数据显示，其各项收听指标逐年迈上新台阶（参见表1）。

表1　中央人民广播电台"文艺之声"频率的相关数据[①]

	2005 年(9 月 1 日 ~ 12 月 31 日)	2006 年	2007 年(1 月 1 日 ~ 3 月 3 日)
市场份额(%)	3.717	4.107	5.708
收听率(%)	0.193	0.289	0.358
平均到达率(千人)	185	198	242
听众人均收听分钟	94.3	122.3	123.3
平均忠实度	6.5	8.5	8.6

① 转引自赵多佳、许秀玲：《内容·受众·传播广播专业化概论》，中国国际广播出版社，2008，第 129 页。

与此同时，类型化广播的听众群体也正在发生变化，其广告效用也开始被广告主所重视。移动群体、办公室群体代表着高收入、高社会地位、高消费能力的社会行动人群。他们不断加入广播受众行列，使得广播听众的质量得到了提升。成本低、针对性强、暴露频次高等类型化广播的广告效用优势也逐步涨现出来。正因为它有清晰的目标听众群体，使得广告可以精准投放，而且其广告价格较低也使得多次播出、长期投放和高频次暴露成为可能，并形成"有效暴露频次"，能够受到广告主的青睐。

第三，初步探索了新闻类、音乐类、故事类等类型化广播的子群体。类型化广播的子群体，指的是类型化电台的次级形式。这种形式既有细化的单一模式（主打一项内容），也有折中（混合）模式（主打细化的两项以上内容）。类型化电台的子群体还会随市场规模、听众结构的变化而发生变化，推陈出新。① 类型化电台的子群体，主要的有音乐类型化子群体、新闻资讯类子群体、特定内容（如族群、交通、农业、渔业、教育、校园等）的子群体。每一个子群体内部，也包含着若干次级子群体。例如，新闻资讯类子群体，包括新闻资讯类的类型化电台是以传递新闻、谈话为主要内容的电台，亦可细分为全新闻、新闻与谈话等方面的类型化电台。我国的类型化广播，尽管刚刚起步，但已经涌现出了纯新闻、音乐、故事等类型的子群体，为我国类型化广播的持续发展，准备了一个良好的开端。

第四，培养了第一批类型化广播的专业人才队伍。在几年的探索中，我国类型化广播的播音员、编辑、管理人员队伍及其基本的管理制度和运行规范得到了初步的构建。

二　中国大陆类型化广播存在的问题

类型化广播的探索和初步发展，为广播媒介的重振和复兴提供了产业化的突破口。但是，类型化广播的探索和发展也还存在着不少的问题和困境。这些问题可以从两个层面来认识：一是广播媒介整体面临的问题；二是类型化广播

---

① 覃信刚：《类型化电台的子群体》，《中国广播电视学刊》2008 年第 5 期。

自身特有的问题。

广播媒介整体面临的问题当然是类型化广播面临问题的重要方面。这一层面的问题概括地说，就是空间局限与结构性缺陷两个方面。[①]

所谓空间局限是指广播媒介的经营空间的局限性非常明显。这一问题，表现在两个问题点：其一是经营模式单一，盈利点单薄。广告经营是类型化电台的唯一收入来源，但作为线性媒介的广播，即使是一天24小时不间断播出，广告时间也是有限的。更何况，国家广电总局的"17号文件"，对广告时间做出了严格的限制，这就意味着广播广告的增量空间十分有限。而且，大中城市作为类型化广播的竞争重点，同时也意味着广告资源的竞争空间有极大的局限。其二是广播行业步入衰退期，传统广播的发展有限。大众传播媒介的演进，有其自身的发展、繁盛和衰退过程。广播媒介已经进入衰退期，其单一介质的传播特性和单一来源的经营模式正在为互联网、卫星电视、数字电视、数字广播等融合媒介所取代。因此，广播行业的经营空间逐步受到形态多样、经营灵活的新媒体的挤压，即使是用完全的市场机制来经营，传统广播媒介的发展轨迹也只能是逐步下滑。目前的高速增长，只是由于中国的广播行业过去的欠发展而表现出来的一种补偿性增长。广播媒介所处的生命周期已经设定了其发展的上限。

所谓结构性缺陷是指中国广播行业自身结构的三个缺陷。所谓三个缺陷，一是体系割裂、角色混合。广播的行业格局长期存在"条块分割"的问题：各地电台各自分散经营，使行业难以形成合力和规模；大多数电台规模小、收入低；行业内发展极不平衡，东中部发展较快，但西部发展迟缓。"条块分割"的行业体系使得整合难度非常大，地方行政力量的干预使得行业资源分散，发展难以按照产业的自身规律进行。而广播业"党的喉舌"和"经营组织"的双重身份，也使得它难以完全按照经营属性来发展。二是"集团后遗症"的影响。广电集团化使得广播在"以电视为核心"的体系中被边缘化，台的建制被取消，仅剩频率，丧失了独立发展的组织体系，被嵌入了以"电视为主导"的运营系统之中，导致自主经营、自主分配的空间大幅度缩小；

---

① 丁俊杰、黄升民主编《中国广播产业报告》，中国传媒大学出版社，2005，第142页。

管制环节过多，所受关注及其投入资源过少。三是产业体系不完整。广播的节目市场，并不成气候。目前市场上的节目制作商很少，成形的大概只有一二十家。而且，大多数制作商自身生存都成问题，难以形成促进行业发展的环节和角色。这导致大多数节目只能由电台自身制作，成本高，节目流程障碍多，质量难以控制，限制了广播的市场竞争力。广告经营难以规模化也是产业体系不完整的问题表现之一。广播产业领域缺乏广告经营的网络，即使是全国性电台，不仅没有成熟的全国性经营网络，更缺少无线广播网这样的经营联盟，也缺少广播网和节目性低价这种依靠节目资源整合的网络。

除了存在上述广播行业共性问题之外，类型化广播自身也还存在如下问题：

第一，节目资源缺乏。由于单频率播出同一类型的节目，类型化广播在频率运转中，需要有大量优质的节目资源来保证运转。国内节目生产商的弱小，导致节目主要依靠"自产自销"以及部分引进，难以为类型化广播的大力发展提供彰显"内容为王"特色的高品质节目。节目资源的缺乏，直接制约着类型化电台的发展。

第二，频率资源短缺。类型化电台要瞄准特定的受众类型群体，为了满足他们的需要，在节目和受众群体多方面细分的基础上，也需要较丰富的频率资源。根据类型化广播的可以灵活设立其媒介子群体的特点来看，它需要数以千计的频率资源来应对细分化、碎片化的受众需要。频率资源的丰富化，必然是推进类型化广播的基础条件。据美国电台广告机构 2004 年年报中的数据显示，美国有 10767 个商业广播，其中乡村音乐广播有 2047 家，新闻广播有 1282家，老歌广播有 816 家，现代成人音乐广播有 703 家。大量可供使用的广播频率资源是美国大量类型化电台出现的基础。我国大陆的广播频率资源十分稀缺的现实，也限制了类型化广播的扩张性发展。

第三，人力资源管理制度的局限。类型化电台的优势是编排简便、节约成本，运作的流程化使经营电台所需要的人员比较少。美国的很多类型化电台只有几个人在经营。相对来说，我国的类型化电台是在原有频率的基础上改革来的，在原有的体制下电台实行制播一体化。这样在类型化频率的改革中就面临着过剩人员安置、人事任免及管理等问题。此外，频率组建后，新的节目形式对人员的素质有了不同的要求，原有的员工能否胜任工作，也是需要着重考虑的。

第四，经营链条的散乱。节目网络的缺失、节目经营数据库的缺失、广告客户的零散与随机、广播媒介购买公司的缺乏等市场因素导致类型化广播的产业经营链散乱，需要构建完善的产业经营链。

三　中国大陆类型化广播的发展战略

根据类型化广播面临的问题及其生态环境，必须实施整合战略、精深战略、拓展战略三大战略，以实现空间突破、结构调整和完整产业链的构建。

第一，整合战略。所谓整合战略，指的是产业链整合与经营环境的整合，以及品牌推广的整合。类型化广播赖以发展的经营环境不是条块分割的，而是完整的、整合的；它的产业链条不是散乱的，而是紧密的、完整的。类型化电台本身，是一个按照媒介市场规律运作的传播实体。它首先需要根据自身的经营模式构建完整的产业链条。产业链是指一种产业在生产产品和提供服务过程中按内在的技术经济关联要求，将有关的经济活动、经济过程、生产阶段或经济业务按次序连接起来的链式结构。[①] 就类型化广播的产业链而言，它至少包括类型化广播产品的"开发——制作——播出——营销"等不同环节的严密整合，需要对包括受众市场、产品市场、广告市场、资本市场等在内的各个相关市场的市场要素进行开发与整合。对于受众市场，需要适时进行受众调查，建立受众数据库，并根据数据库信息对节目的编排进行优化和调整。对于产品市场，尽管提供的是类型化的产品，但也需要根据受众数据库的相关信息适时更新节目形态、节目时间和节目的编排格式。由此，需要激活节目市场，培养节目供应商，开发优质节目，建立节目数据库。对于广告市场，需要在对目标受众进行整体深度开发的基础上，开发与电台所聚集的注意力资源适销对路的规模广告客户，建立广告客户数据库。对于资本市场，需要与相关的集团或总台配合，探索相关的融资、投资和增资途径，保障电台运营所需的固定和流动

---

① 周新生等编《产业分析与产业策划方法与应用》，经济管理出版社，2005，第350页。

资本。在此基础上，构建类型化广播的产业链。而在营销环境整合方面，类型化广播及其广播媒体之间，需要形成局域的或全国的广播新闻网络、节目生产的流通网络、广告营销网络，打破条块分割的壁垒，形成较大的市场空间和生产要素、经营要素的市场化供给的能力。在电台营销与品牌推广方面，需要进行整合营销传播。对电台的品牌形象、类型产品及其销售主张，通过广告、公共关系、促销活动等形式，通过各类媒介进行整合传播，以提升其知名度、联想度、美誉度、忠诚度等品牌无形资产。

第二，精深战略。这一战略强调的是，在此前类型化广播探索进程的基础上，对广播媒介进行改革，持续发展类型化广播。这就需要，充分发挥广播媒体的低成本等优势，在对受众进行细分的基础上，制作类型化的节目，充分发挥广播媒介的贴近性、地域性、伴随性特征，在受众的接触范围内细分出一块独特的子市场，为广告客户提供准确投放目标市场的机会，开发类型化广播的子群体。这是一种扩张战略。通过这一战略，可以持续推进广播媒体的类型化。实施精深战略，需要抓住三个关键点：首先是推行主持人中心制。较之于一般的频率专业化，类型化广播的互动性、对象性极强，主持人处于节目类型与受众需要类型沟通的枢纽地位。因此，必须凸显节目主持人的中心地位，推行节目主持人中心制。这就需要围绕节目主持人来组织、编排节目，以打造品牌主持人为基点构筑频率、电台品牌。其次是适时开展受众调查，节目"适时随动"。类型化广播不仅仅需要进行结果调查或事后调查，掌握节日的收视率，更需要对受众进行追踪调查和动态调查。受众的收听兴趣和爱好是不断拓展变化的，观照和掌握这种变化的趋势与走向，节目"适时随动"，这是类型化广播形成并保持其市场核心竞争力的关键。可以委托专业性市场调查机构、高等院校，或者组建相关调查机构，重点进行事前调查和过程调查。事前调查，集中把握受众的收听喜好、收听习惯等；过程调查，侧重掌握运行过程中受众的情况、变化等。再者是受众市场要更加细分，在深度细分中，拓展市场。这不仅需要依据年龄、性别、民族、文化程度等一般人口统计变量细分市场，更需要依据媒介接触时段习惯（如上午、中午、下午等）、内容的兴趣偏好（如有的受众喜爱京剧、沪剧、楚剧、黄梅戏、花鼓戏等，有的受众爱听流行音乐、古典音乐等）等发掘新的细分变量，进行深度市场细分，进行新的类型化广播产品的开发。

第三，拓展战略。这是从节目样态、经营理念、运作思路等多个角度、多个层次营造新的类型化广播形态的整体战略。这一战略的基点是适应媒介融合时代数字化、互动性、参与性、多样性趋势，重构产业链，实现环节延展、受众延展、平台延展、地域延展、经营延展等多维度扩张。拓展战略至少包括六方面内容：①广播节目样态拓展：根据目标消费群体的需要，制作精良而又专业的新节目；加强节目的互动性和参与性，吸引受众参与讨论、表态、投票；借助网络游戏等新媒体，增添节目的趣味性等。②平台延展：在数字化与网络化的技术环境中，类型化广播实现数字广播化。在平台延展方面，进入数字电视系统的数字音频节目、可以适时或延时收听的网络广播、网上音乐社区、手机广播等都是重要的类型化广播平台延展的方式。③受众延展：对受众的范围和行为进行扩展，包括培养介入程度高、参与积极性高、持续收听和稳定收听的重度消费者，吸引网络音频社区的成员成为电台俱乐部的成员，建立在新的传播平台上聚合起来的听众数据库。④地域延展：突破广播媒介的地域瓶颈。内容输出、资本输出、资源输出等都是地域延展的基本方式。目前形成的广播媒介跨地域区域联盟，如全国音乐卫星协作网、长江三角洲联播网等，已经开始地域延展方面的探索。⑤经营延展：对类型化广播的经营资源进行整合和拓展。在规模化经营方面，"可能有四条路：其一是全国性电台节目覆盖于网络经营齐头并进；其二是各地电台之间整合、联盟、合作；其三是媒介购买公司整合广告经营；其四是节目制作公司依靠发行网络形成规模化广告经营。"①此外，发展类型化数字广播、卫星广播而实现付费收听，整合上下游行业资源和受众资源，进行相关的信息服务和经营，依托节目资源、品牌资源，建构多元化的品牌经营体系等，都是经营延展的重要方面。⑥环节延展：围绕广播的节目内容生产，在制播分离、节目生产市场化、节目发行网络化上下功夫，使节目内容成为类型化广播产业化发展的核心要素，由此推进节目生产的市场化，促进节目制作商，包括从电台剥离出去的相关制作机构，转型成为类型化广播的音频内容提供者，使之成长为提供音乐总汇、素材总汇、娱乐总汇、音

---

① 丁俊杰、黄升民主编《中国广播产业报告》，中国传媒大学出版社，2005，第149页。

频资源总汇的专业音频内容生产者。

在实施整合战略、精深战略、拓展战略而推进类型化广播发展的过程中，根据我国的媒介生态环境，还需要处理好几个方面的关系。

首先，在类型化广播的内容生产层面，需要处理好三个关系：

第一，市场效益与社会效益的关系。类型化广播是适应市场竞争的产物，一方面，它有利于传播适位并有效地整合受众资源，提高媒体的市场影响力和品牌影响力。但是另一方面，类型化的过度，可能导致媒介社会责任的缺位。广播电台作为社会信息传播组织，它还是社会公器，还具有社会沟通和凝聚整合的功能。类型化广播是在广播"窄众"化的基础上，以进一步的市场细分来进行受众、内容的定位，进而将有价值的受众出售给广告商。如果所有的广播媒介都走向类型化，那么面向社会整体的各阶层之间的沟通与整合功能又由哪些广播媒介来承担呢？类型化追求的过度，可能导致广播媒介公共性的丧失和社会责任的弱化。如何把市场效益与社会效益兼顾起来，这是需要进一步探索解决的问题。

第二，满足受众需要与提升其文化品位、公民素质的关系。类型化广播是以满足目标消费群体的相关信息需求为己任的。但与此同时，不仅受众本身的文化需求需要满足，其文化品位、公民素质也需要提升。特别是在今天，一方面，社会主义核心价值观念正在构建；另一方面，社会正在向公民社会转型，迫切需要传媒帮助他们提升其公民素质，使其成为具有权利与义务意识的、符合和谐社会构建要求的现代公民。因此，类型化广播的节目编排，不仅要考虑满足目标受众的需要，更要考虑到提升受众文化品位、公民素质的需要，考虑到社会主义核心价值观念的培养和传播的需要，进而提升受众的文化品位和公民素质。

第三，导入外来文化与弘扬本土文化的关系。目前局限于我国广播节目市场发育迟缓，部分已经开播的类型化广播，尤其是音乐频率，更多地引进了国外的优秀节目。这当然是需要的。即使我国的广播节目市场发育成熟了，也还会有部分广播节目需要引进。然而，媒介还负有传承和弘扬本土文化的责任。因此，外来文化的适度导入与本土优秀文化的弘扬之间的平衡也是需要继续探索的问题之一。

其次，在类型化节目形态与频率形态的建构方面，要处理好形态的完善与创新的关系。类型化广播本身是广播频率专业化创新的结果。在今天的发展过程中，一方面要完善和拓展类型化广播及其发展环境与发展要素，另一方面要注意在社会转型与媒介融合的过程中，持续创新，适应新的媒介环境与社会环境，不断推进广播媒介专业化、类型化发展。

再者，在媒介的管理层面，要处理好他律与自律的关系。传媒规制的一个总体趋势是，会适度放宽尺度，并且更趋向于制度化管理。类型化广播他律的尺度逐步走向制度化、规范化，并且传媒自身的空间越来越大之后，就需要类型化广播自身加强自律，以媒介专业主义理念为核心，以媒介的社会责任承担为内容，以受众的知情权满足为目标，构建并恪守自己的传播惯例、职业伦理，形成良好的自律机制。

（2009 年 1 月初稿，2009 年 2 月定稿）

《南方都市报》主流化转型透视

《南方都市报》(以下简称《南都》) 自 1997 年 1 月创办日报以来，凭借着"办中国最好的报纸"的办报理念，以及先后推出的"潲水油事件""孙志刚案""非典""一日看百年"等一系列经典的新闻报道，赢得了业内和学界的广泛好评。考察《南都》的成长过程，可以发现其间经历了六大转变：

一 办报理念的转变

鉴于"都市类报纸"同质化竞争的惨烈现状，《南都》创办之初便开始探索差异化发展之路，提出了"主流化转型"办报理念战略转变。十年来，该报坚持追求以高质量的主流新闻和深度报道铸造高品位的大报风范，主张立足于对重大社会现象的理性阐释，对新出台的法规政策的权威解读，对社会和经济现象的专业化描述，为受众提供更具见地、更有价值的信息精品。

《南都》这一办报理念的战略转变，重点放在解决传者的观念立场问题上。《南都》排斥非主流立场，因为非主流立场只会囿于其破坏程度这个层面作判断，而《南都》所确立的主流媒体的立场是一种理性、建设性的立场。他们做新闻注重媒体应当承担的社会责任，力求避免哗众取宠；面对众多的新闻事件能够冷静、客观地审时度势，既反映社会深层问题，又不激化社会矛盾，重在解决问题。

《南都》这一办报理念的战略转变，是向主流媒体的战略转变；但这并不意味着要减少社会新闻的报道量，放弃"都市类报纸"的传统法宝，更不是指简单克隆传统党报的惯有的报道模式。而是努力寻求主流和新锐的平衡：既有传统都市报贴近受众、注重服务的特色，又能正确把握舆论导向；既重视社会新闻的报道，又注重时政、财经等新闻的报道；既体现稳重大气的风格，又具有尖锐犀利的特点；既讲究品位和格调，又能够满足受众的需求。

《南都》在办报理念战略转变上，还表现为增加硬新闻的数量，改变软新闻主打市场的局面。以时政报道为例，之前这一领域主要被党委机关报所垄断，而在"主流意识"浪潮的波及下，《南都》开始关注机关与会场。由于《南都》主要从市民注视度高的新闻点入手，其报道手段又相对灵活，因此这类新鲜的时政类报道能很快被读者接受。与此同时，《南都》还十分注重强化评论的力度，以配合硬新闻的内容。如今这已成为《南都》打造主流媒体形象的撒手锏。

强化"大民生"报道，注重在民生中挖掘重大主题报道，也是《南都》办报理念战略转变的一个重要举措。在具体运作中，为了防止通常"民生"新闻的肤浅，他们强调报道的切入口要小中见大，小中见精，寓深意于凡事之中。为此，他们还注意在采访作风上下功夫，深入基层、深入生活、贴近受众，搜寻热点深入调查，以求挖出具有独家、原创的"大民生"新闻素材。

二　报纸口号的转变

十年来，口号在《南都》被运用得淋漓尽致，我们将其从创刊之日至今口号的演变列举出来，从中可以清楚地看到《南都》的发展及其向主流媒体转变的历史轨迹。

（一）草创阶段（1997～1999）

"南方都市报，看了都说好"，这是1997年创办日报之初的口号。这一口号表现了《南都》的稚嫩而质朴，尽显在草创阶段对可读性的强烈追求。《南都》为了在办报方法上有别于传统的机关报，从而尽快吸引读者打开市场，对报纸的可读性有较多的强调。当时的独家新闻，像某工厂老板要求职工打死50只苍蝇才能领工资曾轰动一时。再如英国戴安娜王妃车祸遇难的事件，《南都》以四个整版报道了这一国际大事，成为广州乃至全国国际新闻报道的典范。① 还有当时的独家连续报道《变性丽人的情爱悲歌》② 等，这其间所包含的猎奇色彩是不需讳言的。

"大众的声音"是《南都》于1998年提出的口号。这一口号，实际上反映了《南都》开始自觉寻求市场定位，显示了作为一张都市报面向大众的特点。1998年3月，《南都》推出了一组揭露不法分子用下水道的泔水提炼潲水油供应食肆的报道，引起了强烈震荡，一时成为广州焦点话题。③ 在当年的6月、7月，《南都》在国内日报中率先打造《世界杯特刊》周刊，初显其敏锐的市场触觉。④ 从这一时期始，《南都》在广州的发行量翻了近十番，日均发行量突破38万份。

"南方都市报，你要我也要"是1999年的口号。这口号非常口语化，却蕴含深刻的变化。《南都》已自觉地从对可读性的单一诉求转向对必读性的诉求。这年《南都》推出了横贯全年，每天两个跨版彩版的历史回顾专题系列报道《一日看百年》特刊。这一具有深厚历史与文化底蕴的专题，不仅吸引了大批的受众，而且有力地提升了《南都》在受众心目中的品格形象。⑤ 当广东许多都市报还依然以奸杀抢掠的社会新闻作为主要"卖点"的时候，《南都》已经迈出了转型的步伐。1999年也成为《南都》首个盈利年，发行量突破61万份，年广告收入达到9000万元。

（二）腾飞阶段（2000～2002）

"我来了，我看见，我征服"。2000年《南都》发出恺撒大帝的豪言，这一口号展示了一个初尝成功的媒体新锐的气度。在这一年，《南都》将触角伸向深圳，开辟了第二战场。年底，《南都》推出破纪录的228版、日广告收入

---

① 《戴安娜车祸遇难》专题，见《南方都市报》1997年9月1日；《戴安娜葬礼》专题，见《南方都市报》1997年9月7日。
② 《变性丽人的情爱悲歌》新闻连载，见《南方都市报》1997年4月3日—4月25日。
③ 《广州出现一些地下作坊用潲水提炼花生油》系列报道，见《南方都市报》1998年3月16日，该报道获得全国省级晚报都市报好新闻评选一等奖。
④ 《世界杯特刊》第一期4个版，发表长篇专文对世界杯进行预测，如法兰西三大悬念等，见《南方都市报》1998年6月1日。
⑤ 大型策划《一日看百年——20世纪珍藏特刊》，《南方都市报》1999年1月1日刊出，随后，每天两个版连续刊发，全年共出了730个版。

最高达到 800 万元。

"办中国最好的报纸"。2001 年《南都》提出的这一口号，最终成了该报的核心口号，成了该报上下一致的崇高目标。身处中国转型期的时代大潮之中，《南都》希望做一张真正的报纸，希望要做中国报业中的最好的一个，成为这个社会进步的一股力量。

2002 年《南都》提出"改变使人进步"的口号，特别强调了"改变"，将自己向主流大报迈进的大旗打出。这是《南都》彻底改变传统意义上的都市报小报作风的宣言，建立起了自己的较为完整的转型目标理念，决心办一张负责任的主流大报的体现。

（三）转型阶段（2003～2008）

此时融入主流媒体已成为《南都》的信念，"主流就是力量"是 2003 年的口号。这年上半年的三大报道显示着《南都》转型目标已逐步完成。年初，《深圳，你被抛弃了吗》的连续报道，展现了《南都》在捕捉新闻热点的敏锐的同时对舆论导向把握精准的水平。在非典爆发期间，一些媒体发布北京专家对非典病因的推测，《南都》并不盲从，而是本着尊重科学、对受众负责的态度，披露广东医学专家钟南山等对此的不同看法，事实证明这些专家的看法是正确的。当年 4 月，《南都》刊登了长篇通讯《被收容者孙志刚之死》，[①] 翔实叙述了湖北大学生孙志刚在广州因忘带身份证而被收容，三天内被殴打致死的事实。该篇报道在国内外引起了巨大反响，而最终直接责任人分别被判刑，相关责任人分别受到行政处分。更具现实意义的是，6 月 18 日温家宝总理主持的国务院常务会议，废止了行使 20 多年的收容遣送办法，改为救助办法。一篇新闻报道最终改变了国家一部法规，这在中国新闻史上是前所未有的。

"成熟源自责任"这一口号表明《南都》的自省、自节、自制。作为 2004 年度口号，"成熟"是中心词，"责任"是贯穿《南都》发展始终的核心。2004 年，《南都》时评版改版，可以说是《南都》完成了一次跨越。将原来的"时评"版改造成"社论"版与"个论"版。改造后的社论版，作为

---

① 《被收容者孙志刚之死》，见《南方都市报》2003 年 4 月 25 日。

《南都》唯一一个完全不接受广告的版面，全年日均一篇（或两篇）社论，均是报社思想、立场的体现，具有旗帜性意义。

2004年底到2005年初，《南都》对创办日报八周年进行了回顾，反思其成败得失。"品牌决定价值"这一口号，是这探寻的高度浓缩。《南都》之"成"，根子便在其办报精神理念所打造的报纸品牌。《南都》所建立的品牌给南方报业集团带来了巨大的经济效益。因此，2005年被定名为《南都》的"经营年"。

2006年至今，《南都》提出"品位成就地位"，这一口号既是对《南都》现状的一种描述，也是一种目标的确立。

三 报纸版面的转变

从版面的整体构成入手，分析其版面安排和内容的布局谋篇，可以看到《南都》主流化转型的合理逻辑。我们拿2008年1月4日的《南都》进行分析，可以感受到这一点。初创时的《南都》，其版面构成与一般"都市类报纸"无异，十六个版中有60%以上版面是零碎的市井新闻，其间不乏凶杀、色情等低俗内容，报纸的导向性含糊不清，版面设置也很随意。实施主流化转型后的《南都》，版面构成发生了巨大变化。

一是新闻内容系统化、本地化：《南都》高举内容为王的大旗，把自己的核心竞争力锁定在新闻与时评两个筹码上。这份120版的《南都》，新闻版面A1叠与A2叠，共占到了56个版，几乎是整个报纸的一半。《南都》重点打造的是A1叠32版，把可读性最强、内容最精彩的新闻放在此叠，使其充分展现《南都》的"亮点"。这32个版面中，纯新闻内容的就有23版。其中，7个"城事"版，汇集了广东各地最核心的事件资讯，报道坚持立足广东大民生；4个国内版和5个国际版则凝集国内外大事，让受众登高远眺；6个体育版，使受众时时倾听奥运的脚步；1个"网眼"版，对接虚拟与现实世界，直接反映当下网络生态。与此同时，该报还具有明显的地域化特征。从美国报业成功的发展经验分析，强化地域性是制胜的重要一环。《南都》版面主流化转变的过程中吸取了外报成功的经验，更关注本地新闻，制作更本土的广州新闻，A2 叠《广州新闻》的 24 个整版，报道的是本地民生内容、热点话题、公共服务乃至街坊故事。凡是广州市民所关注的衣食住行、生老病死等方面的情况，《南都》都密切关注。当然，其间对本地时政新闻也十分重视，注重解读广州政府部门政策动向，反映广州市委、市政府在各个时期的工作意图和工作动向，从而也为当地政府部门增加了亲和力，与当地经济社会增加了融合性。

二是言论时评时效化、显要化：言论时评是"因时而评"，"合时而著"。《南都》通过提供独家的"观点"以展开差异化竞争的策略，是该报转型为"主流媒体"的必要之举。《南都》言论注意借鉴国外成熟报纸每天都有一到两篇社论的做法，力求报纸社论从节庆日或者重要会议的"专供品"回归到"新闻评论"的初始功能。

言论与新闻同步捆绑，增加了时评的时效性。《南都》的新闻和评论的时间差基本控制在一两天之内，而且几乎每天都有一篇言论，其评论对象是同期本报的新闻，使新闻与评论互相深化、互相延伸，加重了报道的分量，而且真正做到了新闻和评论的同步。时评的目的不在于穿透历史的深远，而是通过对社会的实时监测，随时随地地促成社会现实的小步前进。

目前《南都》以 5 个版的篇幅刊登时事评论文章，引领风气之先。A02 版仍然为社论版，刊登社论。A30、A31 版为个论版，个论继续由国内外的专家、学者，以及在第一线从事实际工作的精英人士撰写，发表对社会热点的个人见解，开展讨论，百家争鸣。全新设置的个论版，为广大受众提供一个公共言论空间。

《南都》还在副刊 B 叠上新开辟两个公众论坛版——《岭南大讲坛》，主要是刊登广大受众对一些涉及广东的政论问题的见解，有一定的地方色彩。《南都》在评论版的版面设置安排上也做了一些尝试。比如，个论版被安排刊登在 A1 叠报纸的倒数两个版面，这样便于那些对理论工作有兴趣的受众的阅读和收藏。

四　报料渠道的转变

　　《南都》从 2001 年提出"办中国最好的报纸"口号开始，便决意做一个负责任的主流媒体；这就意味着不管是时政新闻还是社会新闻，都需要向主流化靠拢。《南都》在社会新闻的主流化的转变过程中，必然要求报料渠道的不断转变，以逐步改变以往负面报道过于集中的现象和鸡毛蒜皮的琐事过多的弊端。进入"新世纪"以来的《南都》，十分注重全面展现社会生活的方方面面，关注社会生活中的热点难点，建设性地进行批评报道，不炒作，不煽情，不渲染，本着负责任的态度报道突发事件和社会问题。通过报道传播事件消息，促进社会问题的解决。为此，随着《南都》自身的发展，报料新闻也从早期的都市类报纸对某些感兴趣的问题的揭批报道，到作为主流报纸更多地对生活环境、城市发展、公共空间等更多层面的介入，经历了一个转变过程。

　　在报料线索的筛选上，除动态的各类突发事件外，近年来，《南都》一直坚持注重大民生的价值取向，将对普通百姓生活现状和生命个体的关怀与尊重，作为报料新闻的重要报道对象和领域，尝试着从更加广泛的角度和层面来关注民生。

　　从创办日报开始，像潲水油、宰客"黑公话"、致癌大米、毒狗肉、放心早餐细菌超标等引起社会广泛关注的大型系列报道，都是《南都》在众多的读者报料线索中精心筛选、着力经营的重大民生新闻。2006 年 8 月 14 日深夜，湖南打工妹邓哲玉在广州员村附近遭遇飞车抢夺不幸身亡，《南都》次日接到报料，当天已经有同城媒体刊发一女子遭飞车抢夺而殒命的突发新闻。为此，《南都》不去"跟风猎奇"，而是经过深入扎实的采访，了解到遭遇不幸的打工妹邓哲玉仅仅是为了保护装有 23 元钱的挎包而被摩托车拖倒致死。在对这位打工妹的身份进行必要的采访核实之后，《南都》在 8 月 16 日以"为了 23 元钱，亡了 23 岁人"为题，对这位外来打工妹的不幸遭遇进行了报道，并在此后的几天里对她在广州的工作及生活经历、老家的家庭境况进行了详细的追踪报道；还原了一个外来打工者 23 岁的生命历程和对美好生活的执着追求，体现了媒体工作者对生命的尊重。报道引起千千万万生活在广州的外来人员的强烈共鸣，连续几天的网站跟帖都在 4 万条以上。

2006 年 8 月 31 日，与邓哲玉悲剧一样的一幕再次在广州五羊新城上演，一位名叫朱凤梅的外来打工妹，遭遇同样的不幸。《南都》接到报料采访之后，没有仅仅将其作为一般突发新闻处理，而是结合此前的邓哲玉事件，将两个人物的相似身份、相似经历、相似遭遇联系起来，从 9 月 1 日起在《南都》推出《朱凤梅的邓哲玉式死亡》等系列报道，使冰冷残酷的死亡事件报道，充满人性的色彩和生命的关怀，报道再次引起强烈反响。

这两次报道震惊了广州市委市政府，促使他们做出从 2007 年 1 月 1 日起，广州市区禁止摩托通行的重大决定。

五　新闻绩效考核管理机制的转变

对《南都》来讲，新闻绩效考核管理机制的转变也是一个向主流媒体转型的重要环节。一个好的绩效管理机制，如同一根有效的指挥棒，能够最大限度地调动全体从业人员的积极性，帮助《南都》在市场竞争中实现既定目标。

《南都》的新闻绩效考核管理机制的转变，主要表现在新闻绩效考核不仅是考核新闻稿件和版面的尺度，也成了考核采编经营人员工作业绩的尺度，成了全报社"奖优罚劣"的尺度。

《南都》考核稿件从劣、中、上、良、优、特、超等分了十七个层级，最高档每篇稿费几千元，最低档稿费仅有数十元，稿件、版面质量依次评选。稿件等级的制定刺激了《南都》采编人员写好稿编好稿的积极性，全社记者写大稿，写好稿，写重头稿蔚然成风。

新闻绩效考核成为考核采编人员的尺度后，由于评比细化，记者收入拉开了差距，好的月收入上万元，差的不足千元。此外，由于大部分报纸实行采编分离，在考核中收入略向编辑倾斜，编辑平均收入高于记者平均收入。考评打分参考的依据是报人读报印象、专业商业公司每周报告、老总每周业务点评、受众来信来访以及多种参照数据，从而保证评分的客观性。

新闻绩效考核成为"奖优罚劣"的尺度后，末位淘汰制度则是重奖之下的罚劣措施。《南都》一直都在推行采编人员末位淘汰制，按照新闻绩效考核打分，排在后面者自然淘汰。《南都》的记者编辑多为合同制新人，推行这类现代企业管理制度，深受他们的欢迎。

《南都》在中层干部管理上也实行动态性的淘汰管理。对该报中层干部一至两年进行一次竞聘，能者上庸者下。考核标准有三点：一是诚信，二是业绩，三是适应变革的能力。该报中层干部平均年龄为 30 岁左右，实行全员投票，从总编辑至普通编辑记者，每人一票，中层干部上下按票数说话。

毋庸置疑，中国报业的"管理时代"已经到来，这对走市场的都市类报纸提出了更高的要求，《南都》人非常清楚地意识到这一点。在报业竞争激烈的今天，《南都》人认定必须有适应变革、顺应形势的活力和动力，不断更新自我，强化自我，坚定不移地走主流媒体的新闻道路，才能不被时代所抛弃。

六　经营理念的转变

《南都》人清楚地知道"拉广告"的时代已经结束了，靠内容增加广告，靠发行吸引广告，靠合理调整受众结构和有效开发潜在的广告资源成为《南都》重要经营理念。因此，在这种情况下，谁善于"经营报纸"，谁就能抓住契机，多分蛋糕。

《南都》人的经营理念在于如何有效"经营《南都》"。《南都》在主流转型过程中，报业集团赋予《南都》更大的财务和人事等决策自主权，进行体制创新，平衡采编和经营业务。《南都》改变了过去以采编为核心的领导体制，实行采编、经营、管理三线并重的管理模式，以社务管理委员会为核心，下设编辑委员会、经营委员会、行政委员会 3 个执行机构。编辑委员会负责《南都》品牌生产，制造、质控和核心竞争力的培养；经营委员会负责品牌营销，包括发行、广告、形象塑造及推广、产品增值和企业创利；行政委员会负责品牌管理，包括财务计划管理、企业文化建设、人力资源优化、资产配置监理，对内进行部门协调和对外关系处理。编辑委员会的主编、经营委员会的总经理、行政委员会的总监为社务管理委员会委员，与社务管理委员会主任一起组成《南都》的最高权力机构，大家同心同德，群策群力，这为共同经营好《南都》打下最坚实的基础。

在"经营《南都》"的过程中呈现出两个值得注意的亮点：一是三个环节互动之后形成了整体合力，做的是乘法，而不是加法。二是能够对共享资源进行有效开发，用较低的成本实现较高的效益。"经营《南都》"的基本思路落实到广告经营战略方面又有以下三个层面：首先是内容牵头，发行、广告配合。《南都》有时把好的新闻策划与开发潜在的广告客户相联系。如果一个新闻策划或热点专刊既有关注度，又有效益开发潜力，那么，《南都》就可以在发行上组织对相关区域相关人群的集中运作，在广告上主动引导相关客户资源投放广告，比如，"质量月特别行动""黄金周假日特刊"等。其次，广告牵头，内容、发行配合。《南都》认为，当需要重点开发行业广告的时候，尤其是在举办专题广告营销活动的时候，可以在内容上进行新闻运作，在发行上跟进到位。比如，举办楼市展、汽车展等活动时，《南都》在此种操作过程中获利不小。第三，发行牵头，内容、广告配合。《南都》始终认为报纸的发行、内容、广告是密不可分的。如果报纸需要重点开发某个区域的发行市场，那么，在内容上应该多贴近这个区域读者的需求，广告部门应针对这一区域的特点调整广告政策和营销方式。

在上下合力"经营《南都》"的过程中，《南都》取得了可喜的经济效益，每年的广告额均以 10% 以上的速度增长。2007 年该报的广告额近 20 个亿，排在全国同类报纸广告收益之首。目前除了在广东深圳、珠海、中山、东莞和佛山等地增加的 5 个当地新闻专刊之外，该报主报已增加到了 120 版，其中包括新闻 A1 叠 32 版、新闻 A2 叠 24 版、B 叠娱乐副刊 16 版、C 叠每日财经 24 版和 D 叠招聘时代 24 版，日发行量突破 160 万份。

结　语

综观《南都》十年历程，的确给人良多的启迪。首先，对于现阶段的中国报业来说，发展战略理应在于创新。《南都》的成功靠的是创新，他们思路开阔，事事敢为人先，这不仅需要胆量，更需要能力和眼光。《南都》在创新中体现出了差异化的办报理念，他们独辟蹊径，闯出了一条属于自己的新路。

其次，一个报业神话的形成，除了天时、地利之外，更多的还是人的因素。为此，众多报业老总发出了"提高办报水平关键在人"的发聋振聩的呼声。[①] 确实，《南都》精于用人之道，用对了人，用活了人，这是《南都》成功的关键之所在。

再有，《南都》的成功还贯穿着一条主线，那就是该报始终不渝地走主流化转型的道路，十年来，该报坚持与时俱进，及时调整自己的办报方向，大处着眼，细处入手，在整个转型过程中目标明确，措施得当，方法可圈可点。

目前，中国报业市场正面临着一场前所未有的挑战，这场挑战是严酷的，谁在这场挑战中失策，谁就会失败，就会被淘汰出局；谁在这场挑战中能够力克群雄，取得挑战的胜利，谁就能成功。在此，《南都》为我们树起了一面旗帜。

(2008年4月初稿，2008年5月定稿；陈亚旭参与本文撰写)

---

① 毕志伦：《提高办报水平关键在人》，《新闻前哨》2006年第5期。

区域性广电传媒如何"跨区域"发展

广播电视是科技的产物，也是各国国家政策的产物。我国区域性广播电视的发展与我国国家政策息息相关。20 世纪 80 年代，"四级办广播电视"的政策在当时的情况下极大地促进了我国区域性广电传媒的快速发展，但这一政策也规定了每一个广播电视媒体都属于相应的一级地方政府的职能部门，是为当地党委和政府进行宣传和舆论引导的事业单位，作用相当于一个职能部门。因此，在当时那种政策环境下，广播电视媒体只能在各自的行政区域内进行区域割据式的、封闭式的、行政职能式的自我管理与发展。这一 20 世纪 80 年代初出台的广播电视发展的基本政策为我国广播电视业目前的格局奠定了基础，并且至今依然对我国目前区域性广电传媒的发展有着十分深刻的影响。

20 世纪 90 年代初，广播电视业被列为第三产业后，我国广播电视传媒的产业属性进一步凸显。到 20 世纪 90 年代后期，有学者根据中国区域性广电传媒产业的发展趋势，首先在理论界提出建立区域或"跨区域"广电传媒的构想，但因缺乏相关的政策保障未能在广电业界实施这一构想。2001 年，中央办公厅发的"17 号文件"最终在政策上肯定了我国区域性广电传媒"跨区域"发展的可能性。2002 年，贵州卫视在央视设立西部频道的刺激和自身发展的要求下，率先在全国提出建立具有"跨区域"意义的"西部黄金卫视"概念。贵州卫视的这一行动成为我国区域性广电传媒走上"跨区域"发展的标志性事件。从此，我国区域性广电传媒开始了一条"跨区域"发展的摸索之路。2003～2004 年，广播电视"跨区域"发展成为一个较为热门的话题，有业内人士在分析当年我国传媒业发展趋势时指出："2003～2004 年，……跨区域在广播电视方面则更为普遍，广播电视本身多区域覆盖的技术特性决定了其在发展中必将遇到众多竞争对手，而竞争与合作则是 2003～2004 年中国广播电视发展的关键词之一，媒介金牛市场、省级城市频道联盟、全国交通联盟、诸多音乐联播榜都是跨区域合作的产物。"①

由上述分析中，我们可以看出我国区域性广电传媒走上"跨区域"发展之路是近十年来才发生的事情。这种"跨区域"发展是广电传媒产业属性凸显和广电传媒市场竞争的必然结果，反映了在传媒竞争日趋激烈的环境下，广电传媒要求冲破原来区域限制、力求做大做强的内在需求。经过近十年来的发展，目前一些走在"跨区域"发展之路前列的区域性广电传媒已经在"跨区域"发展中获得了一些成功经验，但是从全国范围来看，区域性广电传媒的"跨区域"发展还存在众多矛盾问题，区域性广电传媒的"跨区域"发展之路依然处在摸索之中。

一　广电传媒"跨区域"发展中存在的几个矛盾

近些年来，国家主管部门先后下发相关规定，允许并鼓励区域性广电传媒进行"跨区域"发展：2001 年，国家广电总局在《关于广播影视集团实行多媒体兼营和跨地区经营的实施细则》明确指出："选择若干具备条件的省、区、市广电集团及广播电台、电视台进行跨地区经营试点"；2004年 2 月，国家广电总局在《关于促进广播影视产业发展的意见》中明确："鼓励以资产和业务为纽带，整合广播和电视经营性资源，推进广播电视经营性资源的区域整合和跨地区经营"；2004 年 9 月，国家广电总局出台的《广播电台电视台审批管理办法》第二十三条明确规定："广播电台、电视台可以跨地区合办经批准设立的广播电视频道或栏目"。这些文件为我国区域性广电传媒"跨区域"发展提供了理论依据，注入了政策活力。同时，区域性广电传媒的"跨区域"发展在我国广电传媒业界已有近十年的历史，也积累了一些成功的经验。然而，我国广电传媒体制、机制发展中固有的矛盾，以及在新的时期不断涌现出来的新矛盾，使得这一领域依然矛盾重重。

---

① 转引自崔保国等：《2005 年中国传媒产业发展趋势分析》，《新华文摘》2005 年第 16 期。

（一）公益性事业和经营性产业之间的矛盾

从 20 世纪 80 年代我们国家对广电传媒实行"事业单位，企业化管理"以来，经过二十余年的改革发展，从单个广电媒体来看，似乎已经相对适应了这种管理定位，达到了"公益性事业"与"经营性产业"之间的相对平衡的发展。但是，在广电传媒的跨区域发展中，对传媒业的这种多重定位产生的矛盾再次以新的面目出现。一般来说，区域性广电传媒的"跨区域"发展主要是由产业扩张的冲动促成的，主要目的是达到经济利益和经济效益的最大化。但是，对于地方党委和政府来讲，他们当然希望当地的传媒在新闻宣传、地方形象等方面多做出一些"公益性"的工作，突出广电传媒的公益性的宣传优势。这样，即使"跨区域"的广电传媒合作双方本着互惠互利的原则谈妥了双赢的合作，也还将遭到来自地方党委和政府的强烈反对。这也是近年来多起广电传媒"跨区域"合办频道、频率，甚至合作上星频道遭到地方政府阻挠而导致流产的深层次原因。这一深层次矛盾问题不解决，直接影响了广电传媒"跨区域"发展的深入进行。

（二）"跨区域"扩张与地方保护之间的矛盾

"四级办广播电视"的政策使我国广播电视媒体形成了条块分割的格局，大大小小的广播电视媒体分别属于每一层级的党委和政府；这种情况下地方保护产生不足为怪，虽然经过市场经济的洗礼依然根深蒂固。现行的广电传媒管理体制决定了它的运行机制，地方广电属于地方，天然地就有了地方的保护。这也是"跨区域"广电传媒发展到一定时候会出现停滞不前现象的重要原因。在实践中可以看到，某一强势广电传媒进入其他区域后，由于节目内容的优势和理念方面的新锐，很快就给合作的频道、频率带来面貌一新的进步，合作的频道、频率很快就成为当地的"领头羊"。这种情况改变了该区域原有的竞争格局，合办频道、频率抢占了当地其他频道、频率的收视份额和广告份额，引起了其他频道、频率的恐慌，出于"肥水不流外人田"的原则和对既得利益的保护，当地合作方往往会在利益得不到大幅增长的刺激下懈怠合作，而转向对其他频道、频率的扶持。这样，势必使双方的合作戛然而止、停滞不前。

（三）跨区域传播与"本土化"之间的矛盾

广电传媒的"跨区域"发展不仅是产业上的"跨区域"发展和延伸，也是广电内容的"跨区域"传播和影响力的拓展。从文化学视角上看，目前我国大致上可以分为 16 个文化区域，每个文化区域因为文化理念不相同和经济发展水平不一样，区域内的受众欣赏理念也不尽相同，有的甚至差异很大。另外，由于长时间在具体的区域生存与发展，每个区域的广电传媒内容必然带有很强的区域特色，与其他区域的传媒内容有着很大的差异。"跨区域"传媒合作双方如何在合作与发展中生产出既具有"跨区域"特色又适合在各自区域播放的内容产品，这对于合作双方也是一个难题。比如，在东部沿海受到欢迎的节目、内容，在西部就不一定能够取得受众的追捧；而在南方受到青睐的节目、内容，在北方就不一定行得通。反之亦然。据笔者了解，对于目前大多数"跨区域"合作的频道、频率来说，内容上的共享基本上停留在电影或电视剧方面的共享，其他节目形式则很难展开。

（四）区域与区域之间发展理念的差异与矛盾

我国幅员辽阔，从地理环境和经济发展条件来划分大致可以分为东部、中部和西部。由于种种原因，东、中、西部的经济发展水平相差很大、极不平衡，特别是东部地区和西部地区更是相差悬殊。与此相应的是，各区域广播电视发展所处的阶段和理念也会有一定的差别。东部发展快的广播电视媒体已经开始在多种经营，甚至在新媒体经营、资本经营中屡有斩获，而许多西部欠发达地区的广电传媒还处在脱贫阶段。由于发展进度不一、层次分明，发展的理念也是千差万别，要在短时间内达成一致，不是一件容易的事情。在"跨区域"发展实践中，很多合作就是因为发展理念不一而导致合作不能继续，这给广电传媒"跨区域"发展带来一定的障碍。

（五）整体利益与局部利益之间的矛盾

广电传媒在"跨区域"发展中结成联盟或进行合作是为了得到比单干更大的利益，其基础条件是双赢，因为没有人会去做亏本的生意。在联盟或合作之初，合作各方围绕共同发展的目的，走在一起共商发展大计。但是，随着合作与联盟的深入发展，许多原先不可预见的矛盾会不断显现，甚至激化，利益分配成为比发展更为重要的问题。因此，随着联盟或合作的深入发展，各方所得利益与总体利益的均衡成为维护各方合作关系的关键因素。问题在于，在利益分配面前不可能做到完全整齐划一，或者有可能出现由于种种原因结盟后某方所得的利益并不比结盟前强的现象，这些因素必然会导致"跨区域"结盟的广电传媒之间在利益分配方面的众多矛盾。比如，在新世纪之初，省级卫视联盟中就曾出现"大台冷"和"小台热"的局面。[①] 正因如此，在我国广电传媒"跨区域"联盟或合作发展过程中，出现了多次因利益无法平衡而导致联盟或合作不了了之的事件。

（六）人员"吐故"与"纳新"之间的矛盾

人员的问题一直是我国广电业改革发展中难以解决的一个老问题。在区域性广电传媒"跨区域"发展中，这个问题更加突出，矛盾更加尖锐，往往令合作双方感到十分棘手。应该说，这个问题是广电传媒"事业单位，企业化管理"的定位造成的。由于广电传媒是事业单位，其工作人员也自然是拥有事业编制的"国家干部"，其用工的性质就不能以企业的用工性质或临时工来对待，特别是西部经济相对欠发达地区，更是缺少能够流动的用工人员，这样造成的一个结果就是人员的流动可能性很小，很难使合作单位在人才使用方面有所作为。以合作的频道或频率来说，当一个较为发达地区的广电传媒跨区域到经济相对欠发达地区寻找到合办的频道或频率，它首先遇到的就是如何使用好频道、频率的原有员工问题。一遇到人员调配与使用，问题就复杂起来：一方面合作单位肯定想起用自己想要用的、认为可用的新人才，另外一方面又因为没有相对完善的退出机制，所以对原有的、不想要的老员工束手无策。如何在合作的频道、频率中平衡好人员的"吐故"与"纳新"之间的关系，使频道、频率人员精简，高效运作，直接关系到合作频道、频率的成功与否。

---

① 任中峰：《卫视联盟大旗能扛多久?》，《中国广播影视》2005 年 8 月下半月刊。

（七）内容供给与受众需求之间的矛盾

广电传媒内容的供给与受众需求之间一直都存在一定的矛盾——广电传媒渠道缺乏时，有供不应求的矛盾；广电传媒渠道泛滥时，有供过于求的矛盾。不同时期都有矛盾，只是矛盾的性质和方向不一样而已。区域性广电传媒合作或联盟，也会存在这一矛盾。曾有业内人士指出，省级广电可以利用覆盖的交叉性，将受众"囚禁"在卫视联盟广告的鸟笼里——无论受众换哪个省级卫视频道，看到的均是由省级卫视联盟统一的广告。[①] 这一理论的意思就是广电传媒进行合作或联盟，可以进行内容垄断，使受众在其合作或联盟内容的控制中无处可逃。这一想法在传媒渠道缺乏的年代确实是一个好办法。但是，在当下这个传媒渠道泛滥、受众注意力资源缺乏的年代，电视成不了鸟笼，受众更不会成为笼中之鸟。上述内容垄断的做法，只能造成受众对广电媒体的集体逃逸。因此，在当下这个各类传媒竞争白热化的年代里，广电传媒在"跨区域"发展中更应当处理好内容生产与受众需求的关系，不能凭借联盟或合作的垄断力量来达到提升广电收视的目的，而应当充分利用合作或联盟的优势打造更具竞争力的品牌广电产品。

上述种种矛盾的存在严重地阻碍了我国区域性广电传媒的"跨区域"发展之路，而且上述矛盾只是我国区域性广电传媒"跨区域"初步发展中遇到的一些常见矛盾，随着发展的推进还会有大量的其他矛盾出现。同时，特别值得一提的是，在我国广电传媒"条块结合、以块为主"的管理体制下，这些发展中的矛盾将伴随着我国市场经济体制改革与广电传媒"事业单位，企业化管理"的交叉型性质定位的长期存在而不断被激化。

二 对区域性广电传媒"跨区域"发展的几点思考

在新的历史时期，"跨区域"发展为我国区域性广电传媒进一步"做大做强"提供了无限的可能性。但是，在当前的经济环境和政策条件下，我国区

---

① 任中峰：《卫视联盟大旗能扛多久?》,《中国广播影视》2005 年 8 月下半月刊。

域性广电传媒的"跨区域"发展不可能一帆风顺,在这条漫长的发展之路上还存在众多问题亟须得到解决。以下是笔者对我国区域性广电传媒在"跨区域"发展中的几点思考:

第一,实现广播电视媒体内部"公益性事业部门"和"经营性产业部门"的分开运营。

根据我国广电传媒体制上实行"条块结合,以块为主"的管理模式,广电传媒自然成了由地方党委、政府管理的专司新闻宣传的地方"职能部门"。这样作为地方"职能部门"的广电传媒势必难以实现"跨区域"发展。近些年来,广播电视媒体不断加强的产业属性和行业主管部门的政策给了区域性广电传媒"跨区域"发展的冲动。但是,广电传媒的"事业型的管理"和"产业型的运营"又使这种"跨区域"的发展裹足不前,这也是我国区域性广电传媒"跨区域"发展中最大的障碍。笔者认为,现阶段我们可以采取一个在广电传媒内部实现"公益性事业部门"和"经营性产业部门"的分开运营的办法来解决这类问题,也就是说将各级、各地广电传媒"公益性事业部门"(比如广电传媒新闻中心、新闻频道、新闻频率等专门的新闻、宣传机构)与"经营性产业部门"(比如其他专业频道、频率和广电传媒下属经营性企业)分开运营:由"公益性事业部门"专门负责地方党委、政府的新闻报道和宣传职责,而"经营性产业部门"则按照市场规律,以经营性企业、产业的模式来运作,该兼并的兼并,该跨区域发展的跨区域发展,该退出的退出,该破产的破产。这样,我国的广播电视传媒才能走出一条良性发展的路子,区域性广电传媒的"跨区域"发展才能顺利地、深入地进行。之所以提出上述解决办法,是因为在现阶段,行政权力已经无力推动传媒产业走向更高层次的整合;要实现超越行政界限为特征的"跨区域"媒体整合,其背后的驱动力不是行政权力,而是市场效益。① 而市场效益能推动的也只能是广电传媒经营性产业的那一部分,对于公益性事业部分的市场是无能为力的,同时也是不允许干预的。

---

① 郑丽勇、罗燕红:《再议市场驱动的跨区域媒体集团化——"媒体集团化专题国际学术沙龙"综述》,《新闻界》2007 年第 1 期。

第二，抓住广电新媒体发展的契机，大力推进广电新媒体的"跨区域"发展，从而促进广电传媒的整体"跨区域"发展。

广电新媒体的发展为我国区域性广电传媒的"跨区域"发展之路提供了良好的契机，新媒体有可能成为区域性广电传媒"跨区域"发展的新突破口。从目前我国区域性广电传媒新媒体发展态势来看，除个别发展较好之外，整体上还处在"万马齐暗究可哀"的局面。究其原因固然是多方面的，但主要症结依然是我国现行的广电体制、机制。广电新媒体的出现和进一步发展的要求，一方面有可能促进、刺激现行广电体制、机制的深入改革，另一方面又有可能因其所受现行广电体制、机制的限制不多而迅速发展起来，从而促进和带动我国区域性广电传媒的"跨区域"发展。首先，新媒体是一种不受区域所限制的媒体，互联网、电信信号无处不在，想以区域的堡垒来堵住它们的发展与延伸是不可能的，因此区域性广电传媒新媒体的发展首先就是"跨区域"的、突破区域限制的。其次，我国众多区域性广电传媒新媒体的发展，从一开始就是通过与电信等部门或其他区域的各种类型的媒体合作而发展起来的，由此一开始就有了合作和跨区域发展的经验，为区域性广电传媒进一步"跨区域"合作发展提供了某种可靠的成功路径。再次，民营新媒体的高速发展模式为我国区域性广电传媒新媒体的发展提供了可供借鉴的成功经验，而促使其成功的主要原因便是民营新媒体所走的正是不受区域所限制的"跨区域"发展之路。最后，区域性广电传媒新媒体的发展还属于新生事物，在"跨区域"发展方面所受束缚远没有传统广电传媒那么深，它的出现有可能带动区域性广电传媒走出一条"跨区域"发展的新路子。因此，有业内人士指出："传统媒体在跨地域、跨媒体方面的扩张兼并大体上还是'纸上谈兵'的构想，而新媒体在跨地域方面已经完成全国性的整合，其在跨媒体方面也没有不可逾越的鸿沟。所以传统媒介很大程度还是表现为地方性的媒介；而新媒介的跨区域、跨媒体的联网组团方面的程度要比传统媒介强得多。"①

第三，进一步完善广电传媒人力资源管理体系，大力推进以"岗位管理"代替"身份管理"的现代化人力资源管理制度。

---

① 转引自喻国明：《新媒体在严峻经济形势下的发展机遇》，《当代传播》2009年第1期。

人是促进广电生产力发展中最关键的因素。但是，目前依然大量存在于我国广电传媒中、强调员工身份的"身份管理"型人力资源管理却极大地阻碍着广电生产力的发展，也严重影响着区域性广电传媒的"跨区域"发展。由于我国广电传媒是实行"企业化管理"的事业单位，必然就会有事业编、企业编之分，同时随着广电传媒产业的发展壮大还会有大量的临时性员工出现。为了方便管理、减少矛盾，我国各级广电传媒都会实行折中的"老人老办法，新人新办法"的政策进行管理。这种办法虽然对矛盾起了一定的缓解作用，但这样势必造成广电传媒用人体制的"两重天"——一类拥有事业编的员工成了天然的保护对象，基本不可能流动，而另一类没有编制的临时性员工则随时可能因政策的变动而流动。同时，各种类型的员工不仅晋升机会不一样，享受的福利待遇也不一样，从事同样一份工作却仅仅因为身份不同得到的报酬和晋升机会也各异，这一方面助长了一部分人的优越感，另一方面又打击了一部分人的积极性，甚至还会产生严重的内耗。广电传媒"跨区域"发展需要大量具有现代发展眼光、广电传媒专业技能和综合知识面广的优秀人才，但是目前这种实行"身份制"管理的人力资源制度却人为地阻碍着广电传媒正常的人员使用和流动。人员管理的不顺必然导致广电传媒"跨区域"发展的不顺，这也是目前我国区域性广电传媒"跨区域"策略不能顺利进行的重要原因之一。因此，普遍建立起以"岗位管理"为特征的广电传媒现代化人力资源管理制度是顺利实施区域性广电传媒"跨区域"发展的重要条件之一。

第四，以品牌内容为合作的龙头，推动区域性广电传媒"跨区域"发展的全方位进行。

能带动我国区域性广电传媒"跨区域"发展的龙头是什么？我国区域性广电传媒"跨区域"发展的"七寸"在哪里？这是我国区域性广电传媒在"跨区域"发展中首先要弄清楚的重要问题。笔者认为，在目前传媒技术迅猛发展、信息渠道泛滥的大环境下，区域性广电传媒之间的"跨区域"合作或联盟最重要的就是要进行内容的合作，合作或联盟各方应利用各自优势资源，共同研发、制作出受到广大受众追捧的品牌栏目、节目。从目前情况来看，我国区域性广电传媒"跨区域"发展的实践基本都还处于试探性的初级阶段，大多数区域性广电传媒结成的"跨区域"联盟或合作仅停留在没有多大实质性战略合作或浅层次的"联谊"性的合作方面。笔者认为，在目前我国广电体制、机制基本格局未变的情况下，区域性广电传媒最好的"跨区域"发展方式就是进行精品节目的研发与制作，并于精品节目合作发展到一定阶段后扩展到产业、资金等其他方面的广泛合作。上海文广集团的"第一财经"之所以成为我国跨区域、跨媒体、跨行业发展的典型和领头羊，就是因为它紧紧地抓住了合作中的核心因素——财经内容的研发与制作，并以此迅速形成了财经类内容产品的"跨区域"影响力。这几年，深圳广电集团在这方面也做了较多的尝试，2007年底以来，该集团成立了"深圳市合众传媒有限公司"，先后与桂林、太原、武汉、济南、郑州等地广电机构结为合作伙伴。在与上述广电传媒合作过程中，深圳广电集团与合作方共同打造了一个节目的联播平台；合作各方充分利用节目联播平台，将各自具有特色、地域性强的节目进行重新包装后，在合作频道中播出，并取得了很好的收视效果。正是基于这一"跨区域"联盟，深圳广电和上述广电传媒合作的频道、频率在当地的市场竞争力都得到了大幅度的提升。

(2009年2月初稿，2009年3月定稿；张春朗参与本文撰写)

报业集团的成长路径思考

目前，我国已有 49 家报业集团。自 2005 年 7 月南方日报报业集团更名为南方报业传媒集团后，各报业集团纷纷步其后尘，更名易帜。传统报业集团向现代传媒集团转型、升级，是传统报业在技术、市场和政策三维力量之下，面对竞争和机遇，实现自我突破的扩张之路。

技术、市场、政策既是报业集团扩张升级的驱动力量，也共同构成其扩张升级的外部环境。技术方面，新媒体不断挖掘、创造信息接触点，不但分流了传统报业的读者，还重新塑造着他们的信息接受时空，改变着他们的信息接触渠道和方式。市场方面，新媒体在中国传媒产业结构中的份额越来越大，逐渐蚕食着传统媒体的空间：2009 年，单张报纸广告收入最高的《广州日报》刊例价为 21.5 亿元（梅花网广告监测数据为 11.2 亿元），而网络广告收入前 5 名依次为：百度 44.5 亿元、谷歌 22.5 亿元、新浪 15.4 亿元、淘宝网 15 亿元、搜狐 12.1 亿元。《中国传媒产业发展报告（传媒蓝皮书）》数据显示，2009 年，报业的市场规模为 617 亿元，增长了 8%，但在中国传媒产业市场结构中依然占 13%，为零增长；网络、移动媒体的市场规模分别为 477 亿元、1544 亿元，分别增长 31%、36.5%，在产业结构中的比例分别增长了 1% 和 4%。政策方面，2009 年以来，国家出台了系列有利于报业集团扩张升级的政策，如《文化产业振兴规划》《关于进一步推进新闻出版体制改革的指导意见》等，明确提出要推动经营性新闻出版单位转制，重塑市场主体；建立现代企业制度；推动跨媒体、跨地区、跨行业、跨所有制的战略重组，开拓融资渠道等，并提出了培育一批大型骨干出版传媒企业的目标……随着文化体制改革不断深入，我国传媒政策逐渐进入重大突破期，禁锢报业集团扩张升级的区域化、行业化分割日渐破冰。

现代企业成长理论奠基人 Edith. T. Penrose 认为，企业是"建立在管理型框架内的各类资源"的集合体,"企业的成长则主要取决于能否更为有效地利用现有资源"。① 有效利用现有资源不仅包括来自于企业内部的资源,更强调企业新吸纳的社会资源与市场份额。直言之,Penrose 强调的是对现有资源的管理,把企业成长视为一个持续挖掘未利用资源的无限动态变化的经营管理过程。根据 Penrose 的观点,讨论报业集团的成长,就需以既有的资源与核心能力为基础,研究如何通过聚合、联盟、运营等手段,有效挖掘、管理、利用现有的内外部资源,推动报业集团的跨域扩张(跨媒体、跨地域、跨行业),从而实现报业集团的持续成长。

一 聚合:从"核心能力"到"综合竞争力"

"在现代企业竞争发展中表现出的最重要的特点就是企业竞争的视野有所改变……为了获得持久的生存发展,企业竞争现实迫使企业全方位地关注长期发挥作用的竞争性因素,注重提升企业适应内部及外部变化和防范各种风险的能力,全面培育竞争优势,以维持和提高企业整体上的竞争力。"② 也就是说,面对不确定性的、充满风险的竞争环境,企业从以往单纯强调核心竞争力的打造逐渐转向注重综合竞争力的构建。如今,新媒体强大的传播力、逐渐宽松的传媒产业政策、受众正在改变的信息接受方式等,正逐渐消解着传统报业靠控制、垄断某个环节(刊号、区域、行业等)建立起来的竞争优势。在此背景下,报业集团应以现有的核心资源与能力为基础,拓展竞争视野,通过聚合战略建构集团的综合竞争力。

聚合(Aggregation),是指报业集团以资本、品牌为纽带,通过自建、合作、兼并等方式,集成不同地域、不同媒介形态的媒体,形成跨地域、跨媒体传媒运营的格局,其要义在于通过聚合与核心能力相关的媒体,共享集团现有的核心资源(品牌、人才等)、复制集团的核心能力(内容生产理念与能力、影响力等),从而通过核心资源的增值、核心能力的扩张,建构起集团全新的

① Edith Penrose, Christos Pitelis: *The Theory of the Growth Of the Firm* (Oxford: Oxford University Press, 1997), p. 88.
② 彭丽红:《企业竞争力——理论与实证研究》,经济科学出版社,2000,第41页。

综合竞争力。以下结合报业集团的聚合探索或构想，从跨地域聚合和跨媒体聚合两方面展开论述。

其一，跨地域聚合。通过集成不同地域的媒体，实现报业的跨地域扩张，可具体分为横向聚合和纵向聚合。横向聚合主要通过跨省区办报，在全国范围聚合资源。如华商传媒集团在长春、沈阳、重庆投资运营的《新文化报》《华商晨报》《重庆时报》等；精品传媒集团在沈阳、广州、昆明合办的《时尚生活导报》《精品生活》《精品消费报》等；南方报业传媒集团与光明日报报业集团合办的《新京报》、与云南出版集团合办的《云南信息报》等，在其全媒体集群构建中，南方报业还希望能复制《云南信息报》模式，构建全国性城市日报群。整体而言，受区域壁垒、文化差异、地方保护、资源瓶颈等因素掣肘，横向聚合存在较高的风险与成本，现阶段可优先实施以区域化为核心的纵向聚合。纵向聚合主要是中心城市报业集团通过纵向的区域化合作、扩张，集成次中心城市（市、县等）的读者资源和报业资源，包括以下形式：中心城市报业集团在地级城市创办城市读本，如南方报业传媒集团旗下的《南方都市报》创办的"2+6珠三角城市日报群"，正构想升级为"2+8大珠三角（含港澳）城市日报群"。通过与地市报纸合作或收购地市报，创办地方版，如辽宁日报传媒集团与铁岭日报社合作，将《铁岭晚报》改造为《辽沈晚报·铁岭版》，并与辽阳日报、本溪日报、阜新日报、营口日报等报社展开合作；黑龙江日报报业集团的《生活报》将《鹤城晚报》《鸡西晚报》等5家地市晚报改造为自己的地方版，与黑河日报社、七台河日报社共同创办新的《生活报》地方版，构筑起"1+7城市日报群"；华商传媒集团与咸阳日报社联合打造《今日咸阳》；湖北日报传媒集团兼并《科教导报》，创办《楚天都市报·襄樊版》等。直接收购市县报纸，如浙江日报报业集团收购9家县级报。

其二，跨媒体聚合。通过集成不同形态的媒介，构筑全介质的传播渠道和传播能力。就目前而言，报业集团在集成平面（报纸、杂志、图书）、网络、移动媒体等媒介形态方面卓有成效，逐步聚合起一个由日报、杂志、网络、手机报、智能手机及移动终端（iPhone、iPad等）客户端甚至户外LED等共同构成的价值网络。然而，由于行业壁垒，除已组建的成都传媒集团、牡丹江传媒集团、佛山传媒集团、红河传媒集团等跨媒体传媒集团外，报业集团很难扩张至广电领域，只能进行局部互动与合作：浙江日报报业集团与中央电视台财经频道（CCTV-2）在业务领域全面开展各层次合作；南方报业传媒集团与广东电台新闻台合办以南都内容为主导的"南都视点·直播广东"（FM91.4，每天仅半小时），并认为这是"南都试水广电领域的重要一步，而这个节目在目前的成功，打开了南都进军广播电视领域的大门"。在南都全媒体集群构想里，提出了"加强与珠三角城市电台电视台的合作，实现从内容到内容捆绑经营合作、从栏目到频道整体合作……尝试实施珠三角'省版——南都视点·直播广东''地方版——南都视点·直播江门、中山等珠三角城市'模式……进而建立起与珠三角日报群相依相成的广播联播网"[1] 的目标。这些局部合作及目标，充分彰显出报业集团集成广电媒介形态的迫切愿望。在行业分割尚未打破的情况下，报业集团除了可在不触犯传媒政策的前提下，通过制度与机制创新，为日后聚合广电媒介做好认知、经验、机制储备外，还可与广电媒体构成战略联盟，联合进军新领域，这将在第二部分做进一步分析。

聚合（Polymerization）另一个释义是单位结合成高分子化合物，即聚合物，这正是报业集团实施聚合战略的目的所在，即并非简单地将不同地域、不同媒介形态的媒体"聚集到一起"（get together），实现量的扩张，而是通过核心资源的分享、核心能力的复制，使各媒体之间发生聚合反应，产生质的改变，最终形成聚合物——综合竞争力。跨地域聚合可借鉴南方报业传媒集团的多品牌裂变战略：利用现有优质报刊的核心资源与能力，孵化新的子报品牌，优质子报品牌又催生新子报的滚动发展模式。跨媒介融合方面，主要将核心资源与能力贯通到不同媒介形态中，构建一个立体化、全媒体式的品牌体系和营销体系。成都传媒集团的探索是一个很好的启示。2006 年，《成都商报》单张报纸的房产广告突破 4 亿元，而成都电视台全年房产广告仅为 600 万元，集团组建后充分利用《成都商报》积累起的广告资源，将电视板块的房产广告资源进行垄断式集中经营，强势推出《第一房产》，成为电视板块唯一房产广告载体。2007 年，电视板块房产广告收入一举突破 3000 万元，同比增长 500%，

---

① 曹轲、庄慎之、陈雨：《南都全媒体集群构想》，《青年记者》2010 年第 19 期。

2008年广告同比增幅接近50%。① 为进一步产生聚合效应，成都传媒集团整合旗下的《居周刊》《地产商》《第一房产》栏目、house100网站等优质地产媒体，打造"地产系"全媒体，并意图打造"美食系""汽车系"等。成都传媒集团的跨媒体聚合实践，正体现了跨媒体聚合的关键所在，即充分推动核心资源与能力在不同媒介形态之间的融通、扩张，追求各媒介形态的价值提升（成都传媒集团的核心母体《成都商报》广告收入位居全国都市报第一，连续3年保持10%以上的增幅，持续低迷的"经济资讯服务频道"收视率跻身地区前四，旗下的子报、期刊、网站等也得以增值），最终将各媒介形态拥有的渠道、传播力、注意力等聚合为报业集团的综合竞争力（截至2009年底，成都传媒集团资产总值从集团整合前的37亿元增长至71.2亿元，增幅达92.66%；营业收入从19.96亿元增长至26.1亿元，增幅为30.8%）。

二　联盟：从"自我发展"到"合力发展"

根据企业组织理论和战略理论的观点，当企业发展到"成长的高级阶段"，必须通过战略联盟来突破成长"瓶颈"，破除内生性发展障碍，获得更大的发展机遇和价值增长空间。② 尽管我国报业集团大多还在向规模化进军，远未达到"成长的高级阶段"，但报业所处的竞争环境越来越激烈而动荡，新技术形态的竞争者不断涌入、受众信息消费方式不断被改变，"产业融合、媒介形态多样化导致原有产业领域内领军者的能力结构出现了缺口，要想维持优势地位，必须寻找能力互补的合作伙伴。因此，合作将成为新传播技术推动下大众传媒演变的必然趋势……"③ 也就是说，报业集团根据新环境重塑的目标极有可能与自身资源和能力之间存在一个泰吉等人所说的"战略缺口"，所以寻找合作者，从外部进行资源、能力的收集与交易，就成为此时的一种战略需要。战略联盟（Strategic Alliance）普遍使用的定义为：两个或两个以上的组

---

① 侯利强：《媒体融合的实现方式与到达路径——来自成都传媒集团的实践》，《中国记者》2009年第8期。
② 王作军、任浩：《企业组织间的战略联盟优势与竞合方式》，《改革》2008第6期。
③ 朱春阳：《新媒体背景下的传媒创新特征》，《当代传播》2008年第6期。

织处在不连续的短期合约（Discrete Short-term Contracts）和完全兼并
（Complete Merger）之间的任何一种组织间合作形式。① 本文采用基于资源的
战略管理理论视角，认为战略联盟是为了获得补充资源，并可通过整合补充资
源，将企业的价值创造能力集中到一起，合作开发新的资源、刺激新型市场或
业务的出现。

　　事实上，"联盟"对于中国报业来说并不新鲜。自 2001 年成立国内第一
个报业联盟"西北五省区主流都市报联盟"后，中国报业先后经历了两次报
业联盟创建高峰，即报业"寒冬论"盛行的 2005 年和被称为报业联盟元年的
2007 年。至今，各种名目、各种层次的报业联盟有 20 多个，也经历了一个从
小范围、区域性到全国性，从松散到相对紧密，从限于广告、发行领域合作到
新闻联动、人员交流培训的演进过程。然而，客观地说，绝大部分报业联盟并
未给各报业带来预期价值，甚至只是转化为一种仪式性联盟，"大多数媒体联
盟都根本不具备联盟存在的条件，可以说大部分都是姿态性的，或是为了追求
形式的好看和制造噱头，很难产生'1 + 1 > 2'的聚变效应。"② 这可谓一针见
血地指出了现行报业联盟的缺点：其一，受限的成长空间。尽管报业联盟合作
的深度和广度在不断扩大，但从本质上看，大多报业联盟仍局限于广告、新
闻、发行、人才等领域的联动、交换，以共享资源，提高新闻、广告的传播效
率，相互吸收先进理念及发展经验等，这就决定了报业通过联盟所获得的资
源，并非是亟须的能弥补其成长能力缺陷的"互补资源"，而是通过与其他报
业交换，实现已有资源的延伸或扩展，这就导致难以找到新的价值成长空间和
市场。明确地说，联盟目标所在的广告资源不太可能随着联盟的出现而增加，
而只是对现有资源的一种交换或者再分配。其二，极度的不稳定性。报业联盟
各单位各有所图，有的为了稳固自己的市场地位，有的为了扩大自己影响的范
围，有的看重联盟的短期交易和利益，有的为了学习联盟成员的先进理念和经
验，有的将联盟作为压制对手的暂时机制，有的把加入联盟本身作为目的……
总之，联盟缺乏统一、稳固、相容的战略目标。加之加入联盟的成本低，联盟

---

① 李再扬、杨少华：《企业战略联盟理论的新发展：一个综述》，《经济学家》2003 年第 3 期。
② 郭全中：《媒体联盟，姿态抑或实质?》，《传媒》2007 年第 10 期。

结构松散，大多是在没有相互投资和产权合作的情况下，建立的一种联合或者合作协议关系，在这样一个不完全的契约状况下，当个体利益与联盟利益发生冲突时，极可能做出"囚徒困境"式的选择，即寻求对自己最有利的策略而不考虑联盟的公共利益，最终导致联盟瓦解。很多早期成立的报业联盟瓦解或名存实亡就是极度不稳定性的表现。其三，利益分配的模糊与不确定性。各报业之间本身就存在着或直接或间接的竞争关系，其加入联盟的动机都是为了利益，但在报业联盟松散的结构之下，不同区域的各报在资源共享中的贡献率如何衡量，核心所指的广告资源如何共享，有限的资源如何再分配等，都存在操作上的模糊性和不确定性，这导致各报缺乏明确的收益预期。

基于以上分析，报业集团现阶段通过战略联盟，从外部寻求资源和能力以弥补"战略缺口"，就需在以下三方面取得突破。

首先，寻求能弥补自身"成长能力缺陷"的补充资源，这是报业集团实施战略联盟最核心的原则。对现阶段的报业集团而言，在媒介技术不断更新、产业日益融合、媒介形态日益多样的背景下，其能力结构缺陷更多地体现在跨媒体、跨行业发展之路上，所以需更多地将视野转到建立跨媒体战略联盟、跨行业战略联盟上，以从报纸产业之外获取能创造价值的资源和能力。浙江日报报业集团以"全媒体、全国化"为发展目标，在这方面做了系列探索：2009年6月，结盟亚洲最大的电子商务平台淘宝网，创办中国第一份网络潮流导刊《淘宝天下》；2009年9月，与中央电视台财经频道（CCTV-2）进行战略合作，除进行稿件互换外，还在联合采访、联合报道方面实现"人员共享、选题共享、设备共享"；2010年4月，与华数数字电视传媒集团有限公司签署战略合作协议，将在品牌推广、内容联动、项目投资等若干方面进行深入合作；2010年6月，与求是杂志社合作重组红旗出版社。浙江日报报业集团通过跨媒体、跨行业建立联盟，从联盟伙伴那里获取了自己无法具备或难以培育的补充资源，如与淘宝网合作就获得了淘宝网庞大的卖家买家群体、附带的物流体系、庞大的数据库和电子商务性质的盈利模式等资源；与央视财经频道结盟后，获取了不同质媒体的报道资源和团队资源；将报道素材整合后，进军新的图书出版市场，已合作编辑出版《提问2010》《提问G20》《提问"十二五"》等书籍，其中《提问2010》发行突破10万册。同样，这些图书都是在重组的红旗出版社出版。在当前报业、广电行业纷纷以打造"全媒体集团"为目标而又在各自阵营建立联盟的背景下,浙报集团的跨媒体联盟是一个非常有价值的探索。毋庸置疑,报业、广电行业在全媒体之路上,均存有能力结构上的缺陷:视频资源是报业集团的能力缺陷,尽管已在探索全媒体采编、全媒体业务等,但这需要相当大的成本投入和相当长的时间,且效果和结果难以预料;成熟的媒体运营经验、市场化运作能力、深度的文字报道能力又是广电集团的能力缺陷。因此,在相容性的战略目标之下,报业集团与广电集团通过建立战略联盟,实现资源、能力互补,从而在新市场领域尤其是新媒体领域共同投资,联合开发新产品甚至刺激新市场产生,是值得考虑的一条路径。可喜的是,南方日报传媒集团先后于2009年12月与凤凰卫视、2010年7月与南方广播影视传媒集团签署了战略合作协议。其中,与凤凰卫视的首期合作项目包括子媒网站的内容互换、共同打造视频栏目、开展话题调查、联合进行专题策划、共建网络视频财经频道以及进行大型活动方面的合作等,可见双方合作的领域已达到一定深度。

其次,建立稳固的联盟关系,这是报业集团持续进行战略联盟合作的基础。这需报业集团在联盟过程中注意三个维度的问题:一是尽量选择与报纸产业不相关甚至与传媒产业不相关的联盟伙伴,与盟友之间处于一种非竞争性或弱竞争性的关系。由于产业不相关或相关性低,盟员之间进入对方领域的可能性就不大甚至没可能,也很难具备学习对方核心能力的基础,这既使联盟各方有一种安全感和信任感,也避免了像同质报业联盟那样存在退化为一种学习竞赛、谁先学会对方经验就把对方踢开进而解除联盟的可能性。也就是说,报业集团要尽可能地建立跨媒体、跨行业的联盟。二是尽量建立与报业现有资源和能力相关的新产品、新业务开发与市场拓展型的联盟,从单一利用对方资源、市场优势,关注如何将自身业务打入对方市场的竞争思维,转变为通过资源、能力互补开发新产品,刺激新型业务和市场出现的合作思维。联盟成员均能从新业务、新市场中获益,这就将成员的个体利益与联盟的公共利益紧紧绑在一起,使联盟具有更强的稳定性。浙江日报报业集团与盟友结成的正是这样一种新业务开发与市场拓展型的联盟,联盟成员都分别推出了自己的新产品。其中,《淘宝天下》的单期发行量已达到40万册,一跃成为中国实发量最大的周刊，包括发行、广告等在内的总收入已达 1.5 亿元。

最后是双方共同投资，进行股权式战略合作。浙报集团与淘宝网、求是杂志社的合作均采用这一形式：与淘宝共同出资 5000 万元打造《淘宝天下》，与求是杂志社联合重组注册成立红旗出版社有限责任公司。明确利益分配与收益预期，这是报业集团进行战略联盟的前提。此点就是强调联盟需要有明确的利益分配机制，无须赘言，其最有效的办法莫过于采用股权式战略合作，如浙报集团持《淘宝天下》51% 的股份，淘宝持 49% 的股份。

三　运营：从"传媒产业"到"文化产业"

"媒体在经营好现有主业的基础上，不断拓展经营领域，培植新的经济增长点，这是产业本身发展到一定规模的自然选择，也是壮大传媒产业经济实力，为其进一步发展提供更加雄厚的物质基础的必然要求。"[1] 当报业集团因市场已近饱和、受制于政策等因素，在现有领域增长乏力、难以满足收益增长或风险规避的战略目标时，集团就需在继续做好核心业务的基础上，依托现有的资源和能力，向其他产业扩张，找到新的价值增长点。这既能有效提高报业集团现有资源的利用效率，实现利润最大化，又能提高其抗风险能力，还能为进一步做优核心业务提供经济支持，从而提高报业集团的综合竞争力。可以说，报业集团向其他产业扩张，既是报业发展到一定阶段实现资源增值的必然要求，也是规划长远可持续发展，参与国际竞争的必然路径。然而，报业集团要进入新的产业领域，无疑对其市场开发能力、资本运营能力、企业管理能力等提出了全新要求，如不考虑现有资源和能力，盲目选择进入领域或扩张方式，极有可能陷入"扩张陷阱"，非但不能带来预期收益，还会导致资源分散、经营冲突、运营成本增加、核心业务削弱等后果。20 世纪 90 年代，我国多家报业陷入多元化经营泥潭就是例证。综合考虑各方因素，报业集团以现有的核心能力和资源优势为基础，从"传媒产业"向"文化产业"扩张，是一条安全性很高的产业扩张之路。

---

[1]　吴信训、金冠军、李海林等：《现代传媒经济学》，复旦大学出版社，2005，第126页。

　　国家统计局在《文化及相关产业分类》中，将文化及相关产业界定为"为社会公众提供文化、娱乐产品和服务的活动，以及与这些活动有关联的活动的集合"，并将文化产业的范围分为"核心层""外围层"和"相关层"。文化产业核心层包括新闻服务，出版发行和版权服务，广播、电视、电影服务，文化艺术服务；文化产业外围层包括网络文化服务、文化休闲娱乐服务、其他文化服务；相关文化产业层涵盖文化用品、设备及相关文化产品的生产和销售。之所以说"文化产业"是报业集团安全性的扩张空间，是基于以下三方面的因素：首先，文化产业具有的附加值高、边际效用递增、经济萧条期的逆增长性、绿色环保等特征，使其具有很好的成长性。"在21世纪，世界经济结构发生了变化。上个世纪七八十年代，世界经济以制造业为中心；上个世纪90年代，世界经济以服务业和知识为基础；21世纪则是以知识产权为基础的内容产业经济，文化内容将成为信息社会发展的核心动力。""目前整个世界市场的增长率约为3%，而文化产业的增长率近6%。"① 基于此，文化产业拥有比制造业和服务业高得多的附加值和增长性，我国文化产业持续快速的发展态势也是有力佐证：2009年，中国文化产业增加值达8400亿元左右，比2008年现价增长10%。文化产业增加值的增速明显高于同期GDP增速：2004年至2008年间，文化产业增加值年均增速（现价）高于同期GDP年均增速（现价）3.6个百分点，2009年高3.2个百分点。其次，文化产业已上升为国家的战略性产业，将得到良好的产业政策支撑和资金扶持。2009年7月，《文化产业振兴规划》由国务院常务会议审议通过，成为国家第十一个产业振兴规划，意味着文化产业将被作为国家发展的战略性产业来扶持。2010年4月，中国人民银行等九部委联合发布《关于金融支持文化产业振兴和发展繁荣的指导意见》，明确将从完善无形资产评估、营造宽松信贷环境、拓宽融资渠道、完善保障体系等方面改善文化产业融资环境；提出要大力发展多层次资本市场，扩大文化企业的直接融资规模，建立健全有利于金融支持文化产业发展的配套机制；提出中央和地方财政可通过文化产业发展专项资金等，对符合条件的文化企业，给予贷款贴息和保费补贴；支持设立文化产业投资基金等。此

---

① 〔韩〕李普京：《韩国：保持文化独立性》，《人民日报》2005年4月1日。

外，2009年先后出台的《关于外商投资创业投资企业、创业投资管理企业审批事项的通知》（商务部）、《首次公开发行股票并在创业板上市管理暂行办法》（中国证监会）、《关于进一步推进新闻出版体制改革的指导意见》（新闻出版总署）等政策文件，也为文化企业用资本手段拓宽融资渠道，有效吸收社会资本和外资进入政策允许的文化产业领域，推动跨地区、跨行业联合或重组等提供了强有力的政策支撑。再次，传媒产业居于文化产业的核心层，报业集团从传媒产业向文化产业扩张实乃从文化产业的核心层向外围层、相关层拓展，这种由里向外的扩张是一种相关多元化式的成长，风险相对较低。从另一个角度看，报业深居文化产业核心层，其具有的意识形态属性决定需更多地追求社会价值和社会效益，这会在一定程度上限制其市场化的程度。鉴于此，报业集团在向传媒集团升级的同时，逐渐由文化产业的核心层向外扩张，无疑是一种规避增长瓶颈，追求新的利润增长点的理智选择。

报业集团要实现从"传媒产业"向"文化产业"扩张，需有效运用资本运营的手段，在充分运用自有存量资产（包括有形资产和无形资产）的基础上，拓展融资渠道，有效融合社会资本。这既能有效解决资金短缺问题，又能提高自身的资本运营能力，逐渐转变为文化产业的战略投资者与管理者。在这方面，东方明珠与美国安舒茨娱乐集团（AEG，国际专业场馆运营商）以及NBA合作共同经营"上海世博文化中心"的运营案例可带来启示。东方明珠力图将"世博文化中心"打造为集综合演艺、艺术展示、体育竞技和时尚娱乐于一体的文化娱乐集聚区，"以人民币5亿元及世博文化中心年营收5%为对价，购买世博文化中心40年的运营权，再将其中20年经营权，以5亿元和文化中心年营收5%的对价，出售给东方明珠和AEG合作的子公司。"① 这样，东方明珠通过与AEG、NBA合作，在引进外资分散投资风险的同时，也引进了AEG积累多年的全球文化、娱乐、体育活动资源，广告合作商资源，大型场馆管理经验和优秀团队资源等，有效地降低了经营压力和风险。报业领域，以"传媒控制资本，资本壮大传媒"为理念、资本运作经验丰富的浙江日报

---

① 张有春：《东方明珠：借力世博演艺中心》，http：//www.cnstock.com/08shibozl/2008 - 10/18/content_ 3744973. htm。

报业集团，于 2009 年提出从实业投资向文化产业投资转型，并联合中国烟草集团浙江公司、浙江省财务开发公司等国有企业，共同组建了注册资本为 2.5 亿的东方星空创业投资有限公司，成为浙江省第一支文化产业投资基金。目前，该公司已在演艺业、网游、影视剧、院线、动漫等文化产业领域投资了 6 个项目。需强调的是，文化产业涵盖面广、涉及领域多，报业集团也应有选择性地进入和扩张。"半个世纪以来，企业的多元化经营遵循着一条由以分散风险为主旨的不相关多元化向以获取协同效应为目标的相关多元化转变、再向以核心能力为基础的有限相关多元化演进的脉络。"① 具体到我国文化产业，与欧美等国渐趋成熟稳定的结构秩序相比，我国文化产业尚处于快速成长期，大多领域还有足够的投资回报空间。此时，报业集团进入相关领域也能通过协同效应达到规模经济和范围经济的效果。然而，着眼于长远，伴随文化产业市场竞争的加剧及结构秩序的日趋成熟，报业集团要形成良性循环的扩张格局，还得以自身的核心能力为基础，在文化产业特定的层次和具体领域建立竞争优势。

（2010 年 10 月初稿，2010 年 12 月定稿；姚劲松参与本文撰写）

---

① 王生辉、施建军：《论多元化经营逻辑演变》，《外国经济与管理》2002 年第 11 期。

电视媒体联盟的优化升级策略

战略联盟（Strategic Alliance）普遍使用的定义为：两个或两个以上的组织处在不连续的短期合约（Discrete Short-term Contracts）和完全兼并（Complete Merger）之间的任何一种组织间合作形式。具体地说，战略联盟包括合作营销协议、合作研发（R&D）、技术交易、专门生产权和专门经营权、股权投资和合资等形式。[1] 根据企业组织理论和战略理论的观点，当企业发展到"成长的高级阶段"，必须通过战略联盟来突破成长"瓶颈"，以破除内生性发展障碍，获得更大的发展机遇和价值增长空间。[2] 尽管我国电视媒体还在努力实现集约化、规模化经营，远未达到"成长的高级阶段"，但电视媒体具有的报道时效性强、技术依赖性高、节目采制（购）投入大等特征，使其在发展过程中从现有区域外获取新闻报道、影视节目、广告等资源显得尤为珍贵，加之电视媒体还受到区域分割、行业分割等体制因素的束缚，所以通过战略联盟从区域外获取资源就提前成为电视媒体的突破战略。目前，随着我国文化体制改革的日益推进和深化，传媒跨域扩张（跨地域、跨媒体、跨行业）的政策空间越来越大，继新闻出版业成为文化体制改革的"先行者"之后，广播电视业的改革也逐渐进入"深水区"。在此背景下，电视媒体在长期束缚下积累起来的扩张冲动和力量日益爆发，战略联盟作为备受企业推崇的外部成长战略，更将成为扩张中的电视媒体自觉或不自觉的战略选择。

从1985年江苏13家城市电视台成立"江苏城市电视台协作体"算起，我国电视媒体联盟走过的历程并不算短，合作的深度和广度也在不断扩大，经历了一个从小范围、区域性到全国性，从限于单一的报道协作到深层的经

---

① 李再扬、杨少华：《企业战略联盟理论的新发展：一个综述》，《经济学家》2003年第3期。
② 王作军、任浩：《企业组织间的战略联盟优势与竞合方式》，《改革》2008年第6期。

营合作，从松散到相对紧密的演进过程。然而，客观地说，我国电视媒体联盟整体上仍处于初级阶段：有的只是应时之举，难以常态化运营；有的只是仪式性联盟，缺乏实质性合作；且大多限于业务层面的合作，少有经营层面的合作；大多限于电视媒体之间的同质结盟，少有跨媒体、跨行业联盟出现……所以，我国电视媒体联盟需在联盟层次、联盟原则、联盟目标等方面逐步优化、升级，才能使战略联盟持续稳定并给电视媒体带来新的价值成长空间。

一 联盟层次：从松散型结盟向治理型联盟升级

当下，我国电视媒体联盟大体上可分为两种基本类型：一种是股权式联盟，即各联盟成员共同出资建立的某种共享产权的合作关系，"要求组成具有法人地位的经济实体，对资源配置、出资比例、管理结构和利益分配均有严格规定。"如贵州电视台与甘肃广电总台共同出资成立兰州智诚同辉文化传播有限公司，全面代理经营甘肃广电总台6个电视频道的广告、影视剧引进、频道包装、宣传推广等业务。再如青海电视台与湖南广播电视台共同组建绿色创意文化传播有限公司，共同开发青海卫视的经营性资源。股权式联盟需各联盟成员投入资金，以此设置了较高的加入与退出成本，并增强了成员之间的信任感和责任感，加之根据出资比例进行利益分配，有明确的收益预期，所以联盟更能稳定持久。另一种是非股权式联盟，即各联盟成员主要通过协议而不是以筹措股本的方式建立合作关系，没有组成独立的经济实体，成员之间的关系也不正式，仅仅是一种非资本参与的松散型合作组织模式。如中国电视新闻直播联盟、全国SNG协作体、全国省级台民生新闻协作体等。非股权式联盟没有成立正式的独立经济实体，加入、退出成本相对较低甚至接近没有，这对联盟成员而言具有较强的灵活性和自主性，但与其相伴的也就先天存在着缺乏稳定性、对成员的控制力不强、成员沟通不充分等缺陷，有着各自利益取向的成员也极有可能不顾联盟利益而减少自己的要素投入或采取其他机会主义行为。有业界人士如此评价全国SNG协作体和全国省级台民生新闻协作体：虽然各成员台都有着很高的合作积极性，但其基本出发点都是"为我所用"，更多思考的是如何对协作体"有所取",而并非"有所予"。民生新闻协作体的成员在参与度方面,据上传下载量统计,依靠协作体制作节目的频道配合度很高,而没有依赖性的频道却参与有限;基本费用投入方面,每年近 20 万元的平台维护费仍由发起者之一的天津都市频道承担,其他运营费用有赖成员台之间的信任和"慷慨"。① 可见,在松散的联盟结构之下,追逐自身利益是大多联盟成员的主要行为取向。

目前,我国电视媒体联盟大多属于非股权式联盟,在实践中不同程度地存在着上述问题。这就需要根据联盟特征建立合理的治理机制,通过联盟治理尽可能弥补松散型结盟存在的先天缺陷。一般说来,战略联盟有正式治理和关系治理两种治理机制:正式治理机制与正式契约相联系,主要依靠权威官僚规则、标准或法律力量等来治理;关系治理机制则主要依赖双方的意愿、信任和能力,使得关系成员放弃控制而不是失去控制。② 综观我国电视媒体联盟,大多存在着重关系治理而轻契约治理的问题,有的甚至完全依靠以意愿、信任、声誉为基础的非正式机制,依靠类似"为别人就是为自己"等观念自觉履约。这样以信任为核心的关系治理机制有较强的适应性和灵活性,固然能促进成员之间的信任和沟通,降低联盟的运行成本,也能在短期内维持联盟的运营,但从长远看,这种既缺乏正式契约治理又没有明确、直接收益预期的治理模式,很难规避各联盟成员追逐利己的机会主义行为。实际上,管理学界近年来强调综合运用多种治理机制进行联盟治理,尤其强调正式治理与关系治理的互补性,认为明确的契约条款、修改契约和解决矛盾的程序,与灵活、双边、持续的关系契约双管齐下,会使契约的履行更为顺畅。③ 所以,我国电视媒体联盟也应综合运用各种治理机制,其中,股权式联盟应通过加强关系治理克服基于契约的正式治理的局限,而对大多数非股权式联盟而言,则需在继续完善关系治理机制的同时,加强正式治理机制的建设与运用。

电视媒体联盟建设基于契约的正式治理机制,可从显性契约治理和隐性契

---

① 芦磊、曹伟峰:《省级强势地面频道推动联盟升级》,《视听界》2009 年第 2 期。

② 李运河:《基于关系视角的战略联盟治理机制研究》,《湖南社会科学》2010 年第 6 期。

③ Poppo L. , Zenger T. , "Do Formal Contracts and Relational Governance Function as a Substitutes or Complements?" *Strategic Management Journal* (2002): 23.

约治理两种方式入手。显性契约治理就是将联盟中各成员的权利、义务及违约惩罚等逐项详尽地列成条款，以明文契约规定各成员之间的协作关系和利益关系，通过预先规定的行为模式以法律、权威等强制力规范各成员的行为。显然，显性契约的治理必须以完备的契约为基础，但人的有限理性、外在环境的复杂性和不确定性、信息的不对称性和不完全性等，致使战略联盟中的契约具有典型的不完全性，它不能完全指明在可信的环境下，每一方必须要做的事情。[①] 为此，电视媒体联盟还需构筑隐性契约治理机制。所谓隐性契约，是指联盟成员之间隐含的承诺或默契，虽没有明文列示却可以自我实施的契约。其自动履约的机制在于，联盟成员如果有机会主义行为或单方退出，不仅会损害联盟的整体利益，更将损害自身的利益，并且其违反契约的当前收益低于遵守契约的未来收益，所以基于对自身利益的考虑，联盟成员就会自觉规避这样的行为。明乎此，电视媒体联盟的隐性契约治理机制就需从以下几个方面着手构建：

首先，增强联盟的获利性。我国不少电视媒体联盟尤其是报道层面的联盟带给成员的是一种间接的、无法测量甚至是不确定的收益，因此将其升级为一个直接创利的实体或建立能给成员带来直接收益的机制，以将联盟成员的个体利益与联盟的公共利益紧紧绑在一起，就成为隐性契约自我实施的前提。其次，制定明确的收益分配方案。不少电视媒体联盟强调资源共享、产品流通，但在实践中往往缺乏市场化操作机制，没有明确的收益分配方案，甚至完全依靠成员无偿提供资源和服务，致使成员缺乏甚至没有收益预期，所以构建明确的资源贡献核算机制，并据此制定公平的分配方案及相应的激励机制，就成为隐性契约能自我实施的关键。最后，构建失信惩罚机制。电视媒体联盟建立失信惩罚机制，就是在电视行业内以市场的方法处罚联盟成员出现的机会主义行为以及其他失信行为：一是终止与失信成员的继续合作，将它剔除联盟，以此给它带来经济损失；二是使失信成员在电视行业内名誉扫地，使其在相当长时间内很难被授信，很难进入行业内的各种联盟，以此加大它的经营成本。可以说，构建失信惩罚机制，是隐性契约能自我实施的有力补充。

---

① 华武、缪柏其：《战略联盟的不完全契约分析》，《企业经济》2002 年第 7 期。

二　联盟原则：从共享同类资源向寻找补充资源拓展

作为对长期封锁禁锢的广电市场格局的突围之举，当前我国电视媒体联盟的重心大多放在通过促进产品流通、资源流动以实现同类资源的共享上，结成的大多是一种资源共享型联盟：中国电视新闻直播联盟、全国省级台民生新闻协作体、全国 SNG 协作体、中国主流汽车电视联盟、中国省级体育联盟等，是为了降低采制成本、提高报道效益而共享电视新闻报道或各类专业节目；江苏城市电视台购片协作体、浙江卫视牵头的"4＋1"购片联盟、湖南卫视与安徽卫视的对独播剧互换共享战略合作协议等，是为了分摊购片成本而共享优秀影视剧资源；中国媒介金牛市场，江苏电视广告联盟，江苏、浙江、安徽、河南四省卫视的"星四军"联盟等，是为了提升对广告商的议价能力而整合、共享广告传播平台……这种以共享同类资源为核心的电视媒体联盟，当然能有效降低联盟成员的成本，提高利润空间，也能给它们带来一定的规模经济效应，但其意图不在于寻求新的价值成长空间，所以无法从根本上解决电视媒体的成长瓶颈问题。

泰吉和奥兰德等人曾提出"战略缺口"（Strategic Gap）假设，认为企业在分析竞争环境和评估自身的竞争力及资源时，往往会发现，在竞争环境中它们所取得的战略绩效与它们依靠自有资源和能力所能达到的目标之间存在着一个战略缺口。这在一定程度上限制了企业依靠自有资源实现内部扩张性的发展，在客观上要求走战略联盟的道路。[①] 这告诉我们，战略联盟之所以能解决企业的扩张、成长问题，在于它能为企业从外部获取弥补"成长缺陷"的补充性资源和能力。如前所述，以共享同类资源为核心原则的电视媒体联盟，其实质是同类资源在各联盟成员之间的流动与共享，各成员从外界所获得的并非是能弥补其成长缺陷的补充性资源与能力，这就导致难以形成新的价值创造能力，也难以找到新的价值成长空间。所以，电视媒体要突破成长瓶颈、解决成长性问题，在通过联盟共享同类资源之外还需注重获取补充性资源和能力，需

---

① 杨强、汪秀婷、胡传军：《战略联盟——企业发展的新思路》，《管理现代化》2001 年第 1 期。

将联盟的核心原则从共享同类资源向寻找补充资源拓展。上海广播电视台与宁夏电视台的战略合作就是以寻找补充资源以弥补成长缺陷为核心：缺乏全国性播出平台，一直是上海广播电视台旗下的第一财经电视频道实现全国布局的成长缺陷，通过与宁夏电视台合办宁夏卫视，第一财经以"借壳"上星的方式弥补了这一缺陷，实现了从地面频道向卫星频道的重大价值提升，同时也将带动其他业务向全国范围拓展；而宁夏卫视也借此弥补了长期在媒体资源、市场运营、人才技术等方面的"资源缺陷"，改版仅一个多月，其落地范围就出 26 个省区增加到 29 个省区，覆盖人口由 3 亿增加到 5 亿，在银川的收视率提升了 25％，在全国的收视率也得到了较大幅度提升，全国排名提升了数位。①

电视媒体联盟的原则从共享同类资源向寻找补充资源拓展，不但有益于从根本上解决电视媒体的成长性问题，而且还有利于构建起长期、稳定、有效的联盟关系。一方面，各联盟成员彼此掌握着能弥补联盟伙伴成长缺陷的关键性资源，资源的互补性使联盟成员之间形成一种对称或平衡的依赖关系。这种对称依赖有利于联盟成员更加忠诚于联盟关系；能够创造一个相互容忍和互惠的合作环境；能使联盟成员以一种可信赖的方式参与联盟管理，减少机会主义和侵占风险……②另一方面，寻找补充资源的实质是通过聚合各联盟成员的互补性资源和能力，产生一种新的单个联盟成员所无法具备的价值创造能力，从而可以开发新的资源、研发新的产品，可以刺激新型业务或市场出现，使联盟成员从新业务、新市场中获益，从而将成员的个体利益融入联盟的公共利益之中，大大增强了联盟的稳定性。也就是说，全新的价值创造能力更容易将电视媒体联盟导向一个直接创利的实体，从而增强联盟的获利性。如前所述，这是构建电视媒体联盟隐性契约治理机制的前提。

三 联盟目标：从收视市场向新型市场延伸

一个成功的联盟需建立在兼容目标的基础上，企业之间如果没有相互适应

---

① 财彦：《打造东西电视合作新模式》，《新闻战线》2010 年第 8 期。
② 江旭、高山行、李垣：《战略联盟的范围、治理与稳定性间关系的实证研究》，《管理工程学报》2009 年第 2 期。

的企业目标或战略，就没有理由组成战略联盟。① 然而，当前我国电视媒体联盟基本都由同质的电视媒体结盟而成，收视市场背后的广告市场仍是各联盟成员的目标所在，所以不少成员之间还存在着或强或弱的竞争关系，而各电视媒体加入联盟也是各有所图：有的为了扩大自己影响的范围，有的为了稳固自己的市场地位，有的为了学习联盟成员的先进理念和经验，有的看重联盟的短期交易和利益，有的将联盟作为压制对手的暂时机制，有的把加入联盟本身作为目的……这些因素自然导致联盟难以长期坚持一个统一、稳固、相容的战略目标。目标的不相容会带来不相容的行为，当个体利益与联盟利益发生冲突时，联盟成员极可能做出"囚徒困境"式的选择，即寻求对自己最有利的策略而不考虑联盟的公共利益，最终导致电视媒体联盟尤其是非股权式联盟走向失败与解体。所以，无论是从寻找电视媒体新的成长空间考虑，还是从增强联盟的稳定性着想，电视媒体战略联盟的目标都应从巩固、扩张既有的收视市场向开发新型业务和市场延伸。

放远视线，放宽视野，在媒介技术不断更新、媒介形态日益多样、产业日益融合的背景下，电视媒体应通过建立跨媒体、跨行业战略联盟，从他媒体、他行业中寻找市场、拓展空间。其理由在于：

一、跨媒体、跨行业结盟大多是从他媒体、他行业中获取自己无法具备或难以培育的补充性资源和能力，这更能刺激新型业务和市场出现。如中央电视台财经频道（CCTV－2）与浙江日报报业集团进行战略合作，除进行稿件互换外，还在联合采访、联合报道方面实现了"人员共享、选题共享、设备共享"，从而相互获得了异质媒体的报道资源和团队资源，并将报道素材整合后进军新的图书出版市场，合作推出"央视财经红旗书系"。该书系均在浙报集团重组的红旗出版社出版，目前已出版《提问2010》《提问G20》《提问"十二五"》《提问2011》四本书，其中《提问2010》发行突破10万册。当前，广电行业、报业纷纷提出打造"全媒体集团"的目标，在"全媒体"之路上，电视媒体与报业可通过结盟弥补彼此在报道资源、运营能力、

① 赵岑、姜彦福：《中国企业战略联盟伙伴特征匹配标准实证研究》，《科学学研究》2010年第4期。

刊载/播出平台、人才技术等方面存在的资源、能力缺陷，在新市场领域尤其是新媒体领域共同投资，联合开发新产品、开办新型业务甚至刺激新型市场产生。如凤凰卫视、南方广播影视传媒集团先后与南方日报传媒集团签署了战略合作协议，其中凤凰卫视的首期合作项目包括子媒网站的内容互换、共同打造视频栏目、开展话题调查、联合进行专题策划、共建网络视频财经频道以及进行大型活动方面的合作等，可见合作已达到一定深度。

二、电视媒体从他媒体、他行业中收集补充性资源、寻找新市场，其联盟伙伴大多来自与广电行业关涉度低甚至不相关的行业，联盟成员之间处于一种非竞争性或竞争性弱的关系，这样就避开了同质联盟中各成员之间或直接或间接的竞争关系。同时，由于行业关涉度低或不相关，成员之间彼此进入对方领域的可能性就不大甚至没有，加之也很难具备学习对方核心能力的基础，这既使联盟各方有一种安全感和信任感，也避免了像同质联盟那样存在退化为一种学习竞赛、谁先学会对方经验就把对方踢开解除联盟的可能性。如湖南卫视与淘宝网之间的战略联盟，通过共同出资组建湖南快乐淘宝文化传播有限公司，将湖南卫视所拥有的强大影响力、庞大的收视群体与淘宝网所拥有的电子商务运营经验、1.8亿既年轻又有购买能力的消费者、庞大的数据库资源、附带的物流体系等聚合在一起，形成一种新的价值创造力，刺激着电视网购这一新型业务和一种全新的商业模式的出现。目前，该公司已推出独立电子商务网站"嗨淘网"、淘宝网中的"嗨淘频道"和购物电视节目《越淘越开心》。由于湖南卫视与淘宝网身处两大不同领域，淘宝网不可能进入电视领域，湖南卫视也没办法再做一个淘宝网，同时嗨淘网、嗨淘频道为避免与淘宝商城竞争，还实行差异化、区隔性的定位……如此，联盟拥有旨在刺激新型业务和市场出现的相容性战略目标，加之来自不同领域，就不存在竞争关系或会有意识地规避竞争，这就大大降低了联盟瓦解的风险。

需明确的是，电视媒体战略联盟的目标延伸并非是无边界的，如不考虑自身的核心资源与能力之所在，盲目涉入毫不熟悉、毫不相关的业务和市场领域，就极有可能陷入"扩张陷阱"，非但不能带来预期收益，还会导致资源分散、运营成本增加、经营冲突、核心业务削弱等后果。为此，综合考虑各方因素，将电视媒体战略联盟目标延伸至所在的新型业务和市场并限定在文化产业①领域，会具有较高的增值空间和安全性。这主要基于以下理由：首先，文化产业具有的附加值高、边际效用递增、经济萧条期的逆增长性、绿色环保等特征，使其具有很好的成长性。"目前整个世界市场的增长率约为3%，而文化产业的增长率近6%。"② 近年来，我国的文化产业呈现出持续快速的发展态势，如2009年，我国文化产业的增加值达8400亿元左右，比2008年现价增长10%，其增速明显高于同期GDP增速。其次，文化产业已上升为国家的战略性产业，将得到良好的产业政策支撑和资金扶持。2009年7月，《文化产业振兴规划》由国务院常务会议审议通过，成为国家第十一个产业振兴规划，这意味着文化产业将被作为国家发展的战略性产业来扶持。此外，相关部委先后出台一系列政策③，为文化企业拓宽融资渠道，多渠道获取金融支持，推动跨地区、跨行业联合或重组等提供了强有力的政策支撑。再次，电视媒体所在的传媒产业居于文化产业的核心层，其在文化产业领域拓展新型业务与市场，实乃从文化产业的核心层向外围层、相关层拓展，这种由里向外的扩张是一种相关多元化式的成长，风险相对较低。可见，电视媒体通过战略联盟在文化产业领域开发新型业务与市场，无疑是规避成长瓶颈与扩张风险，追求新的利润增长点的理智选择。

需强调的是，尽管当前我国文化产业与欧美等国渐趋成熟稳定的结构秩序相比，尚处于快速成长期，大多领域还有足够的投资回报空间，电视媒体通过联盟进入文化产业相关领域也能通过协同效应达到规模经济和范围经济的效果。然而，"半个世纪以来，企业的多元化经营遵循着一条由以分散风险为主

---

① 国家统计局在《文化及相关产业分类》中，将文化及相关产业界定为"为社会公众提供文化、娱乐产品和服务的活动，以及与这些活动有关联的活动的集合"，并将文化产业的范围分为"核心层""外围层"和"相关层"。文化产业核心层包括新闻服务，出版发行和版权服务，广播、电视、电影服务，文化艺术服务；文化产业外围层包括网络文化服务、文化休闲娱乐服务、其他文化服务；相关文化产业层涵盖文化用品、设备及相关文化产品的生产和销售。
② 〔韩〕李普京：《韩国：保持文化独立性》，《人民日报》2005年4月1日。
③ 这些政策包括2009年先后出台的《关于外商投资创业投资企业、创业投资管理企业审批事项的通知》（商务部）、《首次公开发行股票并在创业板上市管理暂行办法》（中国证监会）、《关于进一步推进新闻出版体制改革的指导意见》（新闻出版总署），2010年发布的《关于金融支持文化产业振兴和发展繁荣的指导意见》（中国人民银行等九部委）等。

旨的不相关多元化向以获取协同效应为目标的相关多元化转变、再向以核心能力为基础的有限相关多元化演进的脉络。"① 所以，着眼于长远，伴随我国文化产业市场的竞争加剧及结构秩序的日趋成熟，电视媒体战略联盟的目标还得以自身的核心能力为基础，将其更加细化地锁定于文化产业的特定层次和具体领域。

（2010 年 10 月初稿，2011 年 2 月定稿；姚劲松参与本文撰写）

---

① 王生辉、施建军：《论多元化经营逻辑演变》，《外国经济与管理》2002 年第 11 期。

第四部分　国际传播与媒介话语权

当代恐怖主义与传媒

恐怖主义业已成为当代国际社会一大不稳定因素，"9·11"事件更凸显它已经成为威胁全球人类的一大公害。从深层次来看，"在全球化背景下，贫富之间、宗教之间、地区之间的矛盾和冲突，不同文化价值观的扩散和抵触，弱势、边缘民族与文化对处于强势中心地位的民族和国家的怨恨和敌视，极端普遍主义与极端特殊主义的不能共存和不能兼容，是恐怖主义活动此起彼伏的内在原因。"[①] 在甚嚣尘上的恐怖主义泛滥趋势中，传媒一直扮演着尴尬的角色，或者说在某种程度上，当代恐怖主义正是传媒的创造。在从冲突走向暴力的过程中，在当今恐怖主义日益升级的局面下，传媒究竟在扮演着什么样的角色？在弥合社群、民族、国家乃至价值系统和意识形态冲突的呼声中，在弥合裂痕、避免冲突、推进妥协、寻求和解方面，传媒是否能有所作为？本文试图对当代恐怖主义与传媒的关系做初步的探讨。

一　传媒制造：从冲突走向暴力

恐怖作为一种实现某种政治目的的手段，并非近现代的专利，但今天所指的恐怖主义，是指20世纪60年代末以来世界范围内有组织的政治性恐怖主义，即行为者对非战斗目标（特定的公私机构、设施、交通工具、非战斗人员尤其是无辜平民等）采用暴力或暴力威胁的极端手段，进行破坏、报复和讹诈，把一定的对象（有关政府、机构、民族、教派或其他团体等）置于恐怖之中，以达到某种政治或社会目的。[②]

当代世界恐怖主义的产生和发展是一个过程，也恰是全球化过程的一种衍

---

① 景天魁：《全球化背景下的恐怖主义问题》，《社会学研究》2002年第4期。

② 余建华、晏可佳：《恐怖主义与民族宗教问题论析》，《国际问题研究》2003年第3期。

生现象。它有着历史、社会、政治、经济、文化以及国际关系的深刻背景，又在不合理的传媒模式和秩序之下愈演愈烈。

（一）弱势族群的传媒边缘化

恐怖主义的生长发展有着经济、政治、历史、社会、文化各方面背景缘由：从国际层面上来说，在不合理的经济秩序下，世界现代化进程的加速以及全球一体化程度的深化，凸显出世界各国各民族经济文化发展不平衡，发展差距和贫富鸿沟进一步扩大，促使生活于极度贫困中的弱势民族群体参与、支持或同情恐怖主义。而在国际政治中，"惟一的超级大国美国依仗独超强势，坚持推行霸权主义和强权政治，对其不喜欢的国家动辄进行制裁、打压以至动武，特别是支持、扶植以色列欺压巴勒斯坦，激化了阿拉伯和伊斯兰国家的极端民族主义者与美国的对立和仇恨。这种霸权主义行径往往成为一些极端民族主义和宗教极端型恐怖主义活动滋生蔓延的温床，是滋生国际恐怖主义的根源之一。"[①] 从国内层面上来说，长期形成的地区经济发展落后以及相关的贫困、失业和贫富悬殊问题，不合理的民族政策和不公正的民族歧视、排挤甚至迫害状况，历史遗留的民族矛盾、领土争端久拖不决，近代殖民侵略和统治的恶果，根深蒂固的宗教矛盾和教派对立，外部势力别有用心的煽动支持，种族主义荼毒残留，移民与难民引发的社会问题，民族分裂主义、宗教极端主义思潮的发展，精神信仰危机、社会道德伦理失范等，这些错综复杂的因素为恐怖主义提供了适宜的土壤。

从文化层面来看，当今世界多数恐怖主义活动的文化基础是一种极端的普遍主义和极端特殊主义的强烈碰撞，而这些很大程度上要拜全球化信息传播所赐。过去，在没有电视等传媒的时候，世界是相对封闭的。今天通过传媒，世界上最贫穷国家的人们则看到富有的美国人在怎样生活。强烈的反差，使得贫困和富有国家之间，弱势、边缘民族和国家与强势、主流民族和国家之间的矛盾和怨恨日深。西方的民主、平等、自由、消费主义等价值观与特殊的民族文化、宗教信仰和文明观，通过传媒进行全球化的信息传播，导致强势文化和弱

---

① 张家栋：《恐怖主义的概念分析》，《世界经济与政治》2003 年第 3 期。

势文化之间产生激烈碰撞，使弱势文化感受到极度的压抑、鄙视和排斥。

在一定意义上看，当代恐怖主义正是弱势团体对强势团体的反抗表现。无论是国内社会还是国际社会，因为缺少供边缘成员向中心流动的渠道，缺少给予边缘成员发泄不满的途径，弱势的文明或族群，往往认为自己受到了不公正、不对称的国际环境的压迫和制约。而在这种不对称的国际形势下，自己往往又缺少正常的斗争手段，因此就把使用不对称的斗争手段，尤其是恐怖主义活动作为其选择。"被歧视性的、相互依赖的全球网络所抛弃的社会环节维持了全球无秩序的新战线，听从文化、种族和宗教身份的非理性召唤，非常矛盾的原教旨主义者在他们的战略中掺和了最现代的传播手段和无数的自杀式攻击，大力强化视听装置，填补了由政治表现危机所殖生的空白。"①

（二）双重价值标准的挤压

从某种程度上说，冲突是社会生活中一个不可避免的现实，在激烈的行动发生之前，去干涉敌对双方不断扩大的斗争，并在斗争变成武力和毁坏之前，解决差异，才可能避免和减少冲突和争端，从而消解暴力。但是，传媒对各种冲突报道具有很强的政治偏向性，意识形态色彩很浓。尤其是西方新闻传媒机构，不同程度地奉行"双重"价值标准，使得当前的种种冲突缺乏有效的对话机制与合理的表达途径；弱势方的利益要求，无法通过正常的、合法的、公开的渠道表达出来，就会采取"恐怖"这样一种非正常的、极端的、特殊的办法来发言。

在对待不同地区发生的冲突与暴力时，大多西方传媒的新闻取舍和评价标准是西方的意识形态与利益。对于发生在西方阵营的武装斗争活动与政治暴力活动，一概视为恐怖活动，除了报道他们的非正义性、暴力性外，对其背景很少甚至根本就不予报道，弱势群体希望表达的某一族群受到的不公正待遇及其诉求很少得到报道。在非西方阵营国家中某一派别的恐怖分子却常被西方传媒树为为自由人权而战的勇士，多报道他们遭受的不公正待遇与政治诉求、抨击所在国政府的独裁专制和打压，从而造成了对暴力恐怖与独立活动的纵容和支

---

① 阿芒·马特拉：《世界传播与文化霸权》，陈卫星译，中央编译出版社，2001，第252页。

持。如对于西班牙的巴斯克问题、英国的北爱尔兰问题、巴勒斯坦的自杀式袭击等，西方传媒大加谴责；对南斯拉夫科索沃阿尔巴尼亚族的分离主义、以色列对巴勒斯坦被占领土或其国民的武力攻击，以及亚洲一些发展中国家的民族分离主义，他们却采取更为宽容的态度。这些无疑直接加剧了民族分离主义等各类反政府的恐怖暴力活动，而且也加剧了本国极端分子的不满，导致恐怖暴力活动的泛化。

（三）暴力和宣传的联合

恐怖活动与传媒存在着密切的共生关系。恐怖分子要的是关注，而传媒要的是能够刺激收视率的戏剧性的事件。"暴力和宣传有很多共同之处，暴力是通过强迫来达到改变行为的目的，宣传是通过说服来达到同样的目的。恐怖主义是这两者的联合体""若没有信息的全球化过程中自由化传媒营造的剧场，恐怖主义只是一个边缘化的问题，恐怖分子也会失去表演的舞台"。① 传媒的报道已成为恐怖分子赖以存在的氧气，是其最有力的弹药库，使其如鱼得水，传媒赋予了血腥、恐怖、暴力、极端更高的新闻价值，恐怖主义活动便成了最完美的适合媒介观看的对象。

今天的恐怖活动是经过缜密谋划的精密行动，它挑选富有象征性、更适合媒体镜头的目标作为袭击对象，吸引传媒的报道，获得公众和政府的关注，达成其意志和主张的公开化。展示暴力、宣扬血腥固然是恐怖活动的直观效果，但却不是恐怖分子的根本目的。具体来说，恐怖活动的制造者希望通过传媒达成的目标有三个方面："第一，通过暴力活动引起目标公众的焦虑和恐惧，刺激被袭击的政府采取鲁莽行动，把舆论推向极端化，以此证明他们有引起痛苦、强迫政府的能力，从而引起对其存在的注意；第二，谋求公众对其实施恐怖活动的原因及诉求的认识，把受忽视的问题即刻推向政治议程的顶端，借此赢得公众的支持；第三，激起人们对恐怖分子的极端言论与受害者的愤怒的争论，为其组织赢得某种程度上的尊敬及合法性，从而推动其目标的达成。"②

---

① 胡联合：《西方传媒与当代世界恐怖主义的泛滥》，《国际新闻界》2000 年第 4 期。
② Brigitte Lebens Nacos， "Terrorism and the Media，" in Donald H. Johnston ed.， *Encyclopedia of International Media and Communications*，volume 4 （Salt Lake City：Academic Press）.

尽管有的学者否认传媒的嗜血和对暴力的热衷是导致恐怖分子制造恐怖剧场的主要动因，认为恐怖活动导致的愤怒、不满和厌恶反而会加剧公众对其的敌视和抗拒。但更多恐怖活动的出现表明，恐怖分子正在把传媒当作其一夜成名的舞台，他们甚至深谙引起传媒注意的技巧，更加巧妙有效地将谎言、夸张、政治主张与所遭受的痛苦、挫折、贫穷等事实有机地编织在一起，以期赢得新闻传媒与社会大众的怜悯与同情。策划"9·11"事件的人显然熟谙什么是最适合电视镜头和图片报道向更多受众呈现戏剧效果的策略。应该承认的是，传媒的报道客观上也帮助了恐怖组织及恐怖分子，促进了恐怖主义的发展和蔓延。

二 传媒合谋：恐怖主义的扩散

（一）暴力剧场的恐怖效应

传媒热衷于对恐怖事件铺天盖地式的宣传报道，就像对洪水、飓风、地震、火灾的天然趣味一样，在恐怖事件发生时，大量的版面和时段被慷慨赐予。不管是否处于危机处理的关键地域，传媒都会被其所具有的戏剧性、震撼力和人情味深深吸引，乐此不疲地对血腥的暴力恐怖场面、对恐怖活动的预谋策划与实施过程、对恐怖行动的武器与技术方法、对受害者的悲痛与无助等细节加以渲染。这种报道偏向往往在恐怖事件发生期间制造出愁云惨淡的肃杀气氛，引起公众强烈的紧张、恐惧、不安情绪和末日危机感，以及对和平的绝望和对恐怖暴力的畏惧。

2004年3月11日发生的马德里火车站系列爆炸案，是欧洲近年来罕见的、自"9·11"以来最惨重的恐怖袭击事件。基地组织有意选择在西班牙大选前夕，通过这致命的一击来改变西班牙选民的民意。兵荒马乱、宛如世界末日的爆炸现场打破了欧洲人平和的生活和对和平的幻想，人们将恐慌引起的不满投向支持出兵伊拉克的时任首相阿斯纳尔及政府身上。传媒的报道令公众感到，要想让持极端立场的恐怖分子改变初衷停止恐怖袭击或展开对话，在当下几乎是不可能的，唯有务实地调整政策才能避免将祸水引向自己，遭受更多的伤害。恐怖分子成功地通过传媒影响了民意,从而扭转了西班牙大选结果,并将从伊拉克撤兵提上了新政府的议程。

传媒对恐怖活动威慑力的描绘对潜在的恐怖分子也起到了教唆和示范作用。恐怖活动的目的的达到,使更多的恐怖分子选择用暴力发言:"为潜在的恐怖分子提供进行恐怖活动的'正义感'与道德支持力量,减少社会规范对人们从事恐怖活动的约束力;它能为潜在的恐怖分子提供相应的行为范式以及进行恐怖活动的实际知识与技能。"[①] 在新闻传媒的报道和恐怖活动的扩散方面,的确存在某种相关关系。在恐怖分子眼里,"恐怖"无所谓正义与非正义之分,它已成为实施恐吓性"对外"政策的一种手段和宣传某种事业的武器。因为传媒可以帮助他们通过强制性恐吓,制造恐怖气氛,宣传某种事业,强迫更多的人服从于它的目标。

(二)报道饱和与恐怖升级的恶性循环

近年来,恐怖活动的对象和手段有升级和更抽象化的趋势。恐怖活动的形式在 20 世纪 70 年代主要表现为以劫持人质为目的劫机和对公共设施的袭击,80 年代主要表现为汽车炸弹爆炸和劫持人质,90 年代表现为冷血的突然袭击行为。而今天,一种新的恐怖行为正逐渐形成。

由于新闻传媒对恐怖活动的频繁报道,诸如巴勒斯坦激进分子对以色列实施的自杀式袭击、人质绑架、劫机等活动的新闻轰动效应逐渐下降,公众对传媒报道的那些一般的恐怖暴力活动反应也越来越冷淡。"传媒报道的饱和性导致公众的淡漠使恐怖分子行动的宣传效果受到剥夺。"[②] 为了吸引新闻传媒的报道,恐怖分子不断翻新花样,将打击目标变得更为泛化,袭击手段更为残忍,以期制造出前所未有的新闻效果。"9·11"事件中,恐怖分子驾机冲向世贸大楼及大楼倾塌瞬间产生的比好莱坞电影还要具有想象力的戏剧效果,巴厘岛爆炸案选择度假胜地使天堂瞬间变地狱,莫斯科剧院人质劫持事件中受害的人数、对极具象征意义的目标的摧残,带给人们的心灵创痛都超越了以往任

---

① 胡联合:《西方传媒与当代世界恐怖主义的泛滥》,《国际新闻界》2000 年第 4 期。

② 胡联合:《西方传媒与当代世界恐怖主义的泛滥》,《国际新闻界》2000 年第 4 期。

何的恐怖活动。为了吸引大众的注意，新闻传媒和恐怖分子的互动陷于一种恶性循环中。由于传媒在以往的报道中往往忽视对其政治诉求的关注，今天的恐怖活动尤其是宗教极端主义者制造的恐怖活动，希望通过制造更大范围的社会焦虑和恐慌，来影响人们正常的生活秩序、迫使公众慑于恐怖的阴影主动去影响国家的政策。它不同于过去那种以传媒为核心，依赖传媒传递信息的行动，往往更倾向于不立即宣称负责、不表达明确的政治诉求，这样更能强化公众的不安感，激发传媒的报道。宗教献身性的自杀式袭击，表达出的是令人胆寒的极度仇恨。因此有人说，"今天的恐怖袭击的目的不仅是让更多的人死亡，而且是让更多的人观看。"[①]

（三）传媒全球化与恐怖主义的蔓延

随着经济全球化和信息全球化流动，恐怖主义也在逐渐向全球蔓延。现在的恐怖组织更容易得到外界的支持，找到外界的资源。通信网络和互联网使跨越巨大空间的行动也成为可能。一地发生的恐怖活动，也会随着媒体的全球化，马上成为全世界关注的事件。随着卫星电视、手持电话及其他设备的广泛运用，任何偏远地方发生的事件会马上被传送到世界各地。而这种传播技术的进步已立即被恐怖分子意识到，并被其掌握，恐怖分子借用传媒成了世界级名人和超级明星，制造世界舆论的动机也会刺激更多的人采取行动，在全球剧场里进行表演。

由于互联网的发展，尽管恐怖分子仍然继续寻求传统媒介的关注，但他们比前辈越来越少依赖电视广播和印刷媒体的看门人来扬名。网络提供给他们更多机会去直接与目标受众发生联系。塔利班通过自己的网站宣称对恐怖袭击事件负责，并发表自己的好战宣言。他们向世界发布自己立场的渠道更多、主动性也更大。与其被传媒忽视或断章取义，不如利用互联网主动出击，让传媒受制于己。通过新的传播手段，臭名昭著的恐怖分子成了制造新闻的领导者。

阿拉伯世界卫星网络及半岛电视台这样的新闻网络的发展，以及互联网的

---

① Brigitte Lebens Nacos，"Terrorism and the Media，" in Donald H. Johnston ed.，*Encyclopedia of International Media and Communications*，volume 4（Salf Lake City：Academic Press）.

使用，都使恐怖分子获得了更多的传播信息的途径，即使 CNN 和 BBC 不播发他们的信息。网络上传播的即使是谣言，也不得不令传统媒介高度关注。

三 和解的迷思：传媒是否能消除恐怖

传媒在代表不同政治冲突的意义斗争中扮演着重要角色，作为事件的公共翻译者和意识形态斗争的象征领域，有关冲突的新闻报道是一种社会建构的形式，围绕冲突的议程建构要比其他时候的议程更为重要。它应成为消除仇恨、达成和解的舞台。但从恐怖主义的基础及其带来的冲突表现来看，实现消解恐怖似乎前路颇为艰难漫长。

（一）传媒能否避免成为人质？

由于传媒的报道往往成为恐怖分子实施暴力的中间环节，为了防止传媒成为恐怖分子的人质和武器，许多国家政府都尝试对恐怖袭击事件的报道制定相关法律予以限制，恐怖分子的活动甚至被禁止进入传媒这一公共平台，必要时传媒可以公布一些伪装的消息以迷惑恐怖分子。"20 世纪 80 年代，英国政府曾禁止传媒发表恐怖组织及其支持者的声明，撒切尔首相严称这是最可行的切断其公开化的氧气的方法。20 世纪 90 年代早期，希腊政府就制定法律赋予执法机关权力以限制暴力事件后进行有关对恐怖分子活动的报道，违犯法律的记者编辑将被判处监禁。德国也出台法律限制对恐怖分子的活动进行宣传，并希望政府和传媒在应对恐怖事件时更紧密沟通和合作。"[1] 许多政府则要求传媒出于国家安全及谴责恐怖活动的立场自觉地防止自己成为恐怖分子政治观点的出口。"9·11"事件后，美国政府就要求美国传媒不要播放奥萨马·本·拉登的录像，因为它可能含有未来的恐怖袭击活动的指令和信号。

但这一做法也引起许多人的质疑。一方面，一些传媒以公众知情权和新闻自由的名义拒绝对报道进行限制的做法；另一方面，他们也认为，如果恐怖分

① Brigitte Lebens Nacos, "Terrorism and the Media," in Donald H. Johnston ed., *Encyclopedia of International Media and Communications*, volume 4 (Salt Lake City: Academic Press).

子是为了寻求传媒关注才进行袭击的话，为什么不能给他们提供传媒信道，甚至在恐怖袭击发生之前，就给予传播的管道和事先预警，因为这样也许可以防止更多的人死亡。

传媒的这种辩解也经常将自己置于两难的困境：如果拒绝报道，就会有更多的人陷入恐怖袭击的危险，甚至死亡；如果满足恐怖分子的要求，无疑又是对以传媒为要挟的行为的一种回报，将激发更多的人效仿。如果他们对恐怖分子说不，更多活生生的人会死；如果说是，将有更多恐怖分子对传媒咆哮。要传媒主动去限制恐怖活动的报道在实际中似乎也行不通。面对具有新闻价值的突发事件，抢新闻的欲望要比道德感强烈得多。因此《华盛顿邮报》的出版人凯瑟琳·格拉汉姆曾说，"新闻就是自由的鲜血，恐怖分子成功地剥夺了我们的自由，他们的胜利远比他们想象得巨大，也比我们害怕的结果还要糟糕。"[1]

（二）没有赢家的角力？

事实上，恐怖分子的胜利也并非如格拉汉姆描述的那么完美。恐怖分子希望通过袭击获得公开化，寻求更多的宣传途径。即便如此，不同的人们对恐怖行动会有不同的解读，他们无法控制传媒如何报道和分析事件，被标上恐怖分子标签后，人们更多关心的是这个组织使用的方法，而非他想传达的信息。在公众眼里，无论他们采取行动的理由是什么，都已先被贴上了非法的标签。由于他们表达的诉求越来越宏大、抽象，越来越难以被传媒彻底清晰地传递，为了赢得传媒和公众关注导致的恐怖手段的不断升级并接近于失控，残忍的屠杀会疏离那些可能的同情和支持，并未如愿地为其赢得尊敬和认可，反而在公众中引起越来越强烈的愤怒、不安，甚至厌恶。马德里火车爆炸案发生后，欧洲爆发了大规模的反恐大游行，恐怖主义已被公众普遍认为是欧洲安全的最大威胁。新政府虽意识到，更为宽容的政策对于处理国内巴斯克分离组织带来的民族矛盾显然更为有益，但在反恐的强大舆论下只能采取更谨慎的态度去处理。

---

[1] Brigitte Lebens Nacos, "Terrorism and the Media," in Donald H. Johnston ed., *Encyclopedia of International Media and Communications*, volume 4（Salt Lake City：Academic Press）.

　　传媒影响恐怖活动结果的能力非常有限。在劫持事件中，报道引发的关注可能会挽救人质的生命，促成恐怖分子曝光和落网，但也可能造成双方讨价还价而使事件久拖不决。一旦恐怖事件被曝光，政府可能会在事件解决时机尚未成熟之时背负更多的压力，造成危险的后果。传媒的报道可能会阻止甚至破坏反恐行动的实施，他们会告诉袭击者政府采取的措施，甚至帮助他们采取补救措施。

　　对于传媒来说，在恐怖活动的报道中，关注恐怖袭击背后的深层次背景，推动冲突获得更多和平解决的途径，似乎是更为积极的姿态。一些传媒已意识到这一点，NBC 的新闻总监汤姆·布罗考曾说，"我认为我们应该更努力地把恐怖主义置于政治框架和范畴去报道，无论这种政治框架有多强。"[①] 但一些评论家却认为，对受众传播恐怖分子的诉求会直接影响和限制政府解决问题的可能选择。美国的一些调查显示，从 20 世纪 60 年代到 80 年代，美国和英国的媒介在报道恐怖活动时，只有 10% 的报道会涉及对恐怖袭击发生的深层原因的分析及恐怖分子诉求的表达。这显示了传媒在报道这类事件时，对其诉求的表达是极其有限的。

（三）和平传播的前景

　　即使传媒在恐怖活动的报道中呈现一种理想状态，呈现双方的意见，希冀给予平等、平衡的报道，但他们所能起到的作用依然是微弱的。

　　恐怖主义活动之所以能够发生，其基础在于强烈的文化冲突和差异，并以极端民族主义、宗教极端主义与所谓普遍文化的强烈碰撞表现出来。美国前总统约翰·肯尼迪曾说过，"既然我们现在不能消除差异，我们至少可以努力让多样性在这个世界得到保障。"[②] 对于 21 世纪来说，这种对于差异的愉快承认，是解决全球蔓延的种族清除和宗教敌对问题的一种方法。用传媒表达的文化的丰富性，尽可能减少文化狂热和文化统治，就可以实现不同文化间的相互

---

① Brigitte Lebens Nacos, "Terrorism and the Media," in Donald H. Johnston ed., *Encyclopedia of International Media and Communications*, volume 4 (Salt Lake City: Academic Press).

② 拉里 A·萨莫瓦、理查德 E·波特主编《文化模式与传播方式——跨文化交流文集》，麻争旗等译，北京广播学院出版社，2003，第 472 页。

尊重带来的协调作用。

但文化差异的呈现又何其难。以"9·11"事件为例,基地组织乃至阿拉伯世界把它看作是阿拉伯世界向美国发出的一场圣战,目的是惩戒美国的政治霸权和消费主义文化对其产生的巨大威胁。而美国则认为恐怖袭击表达的是对民主国家自由制度的挑衅,是对人的生命、自由的侵犯。对于美伊战争,美国人把萨达姆与纳粹希特勒相提并论,把伊战比为另一场越南战争、一次解放行动,而基地组织则认为巴以冲突是伊战的根源,伊战是美国对阿拉伯世界发起的侵犯。无辜受害者认为恐怖分子缺乏起码的对生命的尊重,而恐怖袭击者则用牺牲、自杀式攻击去实现他们的生命价值。两者之间的鸿沟似乎极其宽广,传媒要想寻找其中的交集和对话的平台,似乎相当困难。

恐怖活动的另一种直接动因和后果是对和平的悲观,以及无法妥协。但真正能够停止暴力的恶性循环的手段恰恰是和平的愿望和妥协。由于恐怖活动的报道以惨烈、非人道的形式呈现,作用于人的情绪,营造出愤怒、悲观的氛围,在这种场域中激起的是更多以暴易暴的情绪化舆论,或鼓励政府拿出战争或更强硬的手段去铲除恐怖,此时宣扬所谓和平与和解就会被扣上绥靖的帽子,不得人心。和平的概念只能被削减成一个模糊的抽象的口号,更像是一场空想的冒险,不能给人足够的信心。要想以人道主义和所有人类宗教传统中共有的和平法则去推进求同存异的通往和平之路,对于传媒来讲,也是不现实的。

尽管如此,传媒对恐怖主义恶性循环的遏制并非全无裨益。在恐怖预警中,对可能导致暴力的冲突与矛盾给予早期报告,刺激国际社会使用和平手段解决争端,帮助建立更能追求和接受和平的行为框架,促进帮助彼此间接触以及建立有利于和平解决的国际舆论,这些应成为传媒对恐怖活动报道议程设置的重要环节。

(2003 年 12 月初稿,2004 年 4 月定稿;司景新参与本文撰写)

对中日传媒关于两国关系
报道的文化思考

中日关系一直是关涉两国乃至亚洲繁荣稳定的重大战略问题。中日传媒关于中日关系的报道，随着两国频繁的现实互动日益建构起来，凝结着复杂的集体情感记忆、蕴含着民族自我意识与文化传统、纠缠在现代化和正常化的演进过程中，形成了种种叙事话语，并且已成为某种真实的意象和力量。

国家间的结构性冲突主要体现在三个维度：历史性冲突导致的误解和敌意的不断延伸；文化价值观的差异导致的相互戒惧之心和不安全感；国家利益的目标追求和定位冲突。[①] 本文将围绕这三个维度，从社会文化脉络关照中日传媒与中日关系的互动。

一 集体记忆的建构

20 世纪初，社会学家、心理学家开始将个人记忆放在社会环境中探讨，这就是集体记忆。而当今时代的集体记忆主要是传媒的产物。传媒在对新闻事实的选择中让历史议题不断浮现，成为建构集体记忆的关键机制。在这当中，过去的经验被不断召唤出来，人们通过它分享着对历史的想象，并在评价和讨论中形成社会认同。社会群体正是透过大众传媒的新闻论述，建立起一个被大家所认同的历史记忆，并以此形成对现实世界的印象。[②]

目前，中日对历史尤其是日本侵华战争的集体记忆影响着人们对现实世界的理解。中日在历史认识上无法取得共识已成为影响两国国民感情的主要原

---

① 〔美〕小约瑟夫·奈：《理解国际冲突的理论与历史》，世纪出版集团，2002，第335页。
② 翁秀琪：《集体记忆与认同构塑——以美丽岛事件为例》，台湾新闻学研究网，http://www. journccu. edu. tw。

因。集体记忆不仅是中日传媒在论述中日关系问题时必须面对的冲突，而且影响到现实利益与文化思考的指向。对于中国传媒来讲，情感是建构日本侵华战争的集体记忆的重要来源。日本侵略者的屠杀与残害、战争中彰显的人性之恶、被加害的伤痛如此强烈，使得 60 年前的历史仍然以现在时态鲜活地留存在集体记忆中。它与其说是一种历史再现，毋宁说是一种情感撞击。与此同时，在中国传媒的记忆背后，存在着积蓄已久而且不断被强化的日本意象，它构成中国民众潜在的共有的历史认识及诱导这种历史认识的力量。这些意象的核心是日本政府的主要官员参拜靖国神社、某些官员否认南京大屠杀，等等。这些难以推翻的印记，被牢牢地涂抹在日本意象之上，几乎每一个新的事件都在继续强化它而不是改变它。①

这种意象的形成有日本多年来拒绝真诚地反省侵略历史的客观原因，它们的反复强化也部分导致了一些传媒的言说逻辑不断被简化，简化了的日本意象又不断把相当数量中国人的对日不满情绪推向高潮。这种情况既不能被归结为政府的授意，也很难将其单纯视为民族主义情结，其根源首先存在于情感层面。作为讲述历史的载体，传媒的语言特点是注重叙述和情景再现而弱于分析，情境化和情感化的陈述方式容易疏于呈现复杂的历史因果关系。历史情感一旦被纳入传媒的基本框架，成为其诉诸舆论的主要手段，就更易成为一种强大的暗示力量。以历史感情为记忆回溯方式的新闻表现手法，往往使处于心灵禁锢之中的集体记忆走不出情感困惑与认识的迷雾。

与此相对，日本的传媒基于不同的情感诉求，复制着中国的形象。它们习惯于将历史问题与民主、言论自由等问题联系起来，将中国塑造成不能面对历史事实，不断根据政治需要改变历史真实的形象。中国人民的感情创伤，被轻易地归入了政府的政治谋略，而较少将战争负罪意识或感情因素带入中日关系。即使是非右翼日本传媒，也习惯于拐弯抹角，在字里行间做文章，而对中国人民的情感记忆抱冷漠的态度。因此，日本传媒给中国人的印象是，缺少对侵略中国的事实的真正反省和对战争受害者的纪念；反思战败原因多于追问战争责任，站在日本人是受害者的立场上认识战争；不承认自己以前曾对别人造

---

① 孙歌：《中日传媒中的战争记忆》，《读书》2000 年第 3 期。

成伤害，反而埋怨别人现在对自己不公。

在历史观上，中日两国传媒也存在着较大的差异。中国是一个有深沉历史责任感的民族，信奉以史为鉴，强调历史意味着责任，历史功过需得到千秋评说，或名垂青史，或遗臭万年。相对来说，日本人重视现在，注重敏锐地跟踪世界，但缺乏历史感，缺乏对过去行为的反思。在一般日本人的感觉中，历史是一种过去发生的事情，只是一种与现在没有联系的、不确实的遥远存在，可以讨论，甚至可以推翻。这使得日本传媒缺乏厚重感和责任感，习惯于依据当时的情境判断战争责任、为侵略行为开脱，对日本在战争中所犯的罪行抱持一种尽快遗忘的心态。

二　文化身份的表述

民族社群在危急时刻会凝聚一定的论述，提供丰富的文化符号，成为传媒报道的参照点。传媒则为民族社群提供重要的场所，表达共同的经验，彰显文化和意识形态的基本假设。① 中日关系的报道是中日各自国家文化身份的竞争，在理性与情感、历史与现实、价值与利益相互交错重叠面前，中日传媒都只能依赖各自的文化和民族观点，支持各自社会中稳定与持久的核心价值观念，制造代表国家利益的文化象征符号。因此，中日各自的文化传统和经验等构成了传媒认同自我、再现他者的背景，关于中日关系的报道都注定是局部的、概略的和自我服务的。

中国是儒家文化的发源地，重伦理道德是中华传统文化的主要特征。中国人重视价值合理性，追求天人合一、中庸之道，强调人与人、人与自然的和谐、稳定与平衡关系，表现出非扩张性特征。而近代日本在明治维新后，从西方引进了功利主义价值观，西方的"霸道文明"与日本的"忠君报国"价值观交织到一起，使近代日本的国家观表现出与中国迥异的追求目的合理性的价值取向。②

---

① 李金铨：《超越西方霸权：传媒与文化中国的现代性》，香港牛津大学出版社，2004，第240页。
② 夏榆：《鲜花与刀锋：日本的秘密与耻辱》，《南方周末》2005 年 3 月 31 日。

由此，中日传媒在对中日关系进行价值判断时，势必会做出不同的解读。中国传媒习惯于依据道德标准来衡量日本的所作所为，规定和限制着对日本现实与未来进行判断的理性空间。例如，2005 年 4 月 7 日，日本福冈地方法院判决日本首相小泉纯一郎在 2001 年 8 月 13 日参拜靖国神社违反了日本宪法政教分离的规定。判决一出，中国国内报道、评论大多对此冠以"良知的判决""正义的力量"。这种道德评价的缺陷在于对法院判案时的法律依据、法理内涵欠缺理性和客观的评述。中国传媒在以自己的文化视角去解读或揣测日本政府和社会的行为和观念时，也容易出现和当前日本实际情况不符的误判。例如，在对日本国防问题走向进行解读时，中国传媒往往过早地将一些以本国价值和历史经验为基础的主观判断，投射到对日本的认知之中。

中国传媒重视善恶等大是大非问题，认为侵略历史罪行确凿、不容抹杀，对日本政治人物和官方的一些否认侵略的言行注重从原则上予以批评。但对于细节上的是非偏差，却常常一笔带过。例如对"日本右翼"这样一个传媒上频繁使用的词，其准确的定义为何，有什么特征，其范围究竟有多大，一直缺乏深入的辨明。中国的文化传统倡导"仁爱"，希冀和平而非战争，主张以德报怨。放弃战争赔款、善待日本战俘，都是这种传统的充分体现。因此，在中国传媒中，另外一个意象也不断得到强化，那就是侵略战争只是一小撮军国主义分了发动的，民众没有责任，因而对于日本为何会走向军国主义、战争中日本军人为何如此残暴等一直缺乏深刻的探究。这样的意象作为一种意识形态，其现实有效性是值得怀疑的。它遮蔽了中日之间缺少对话乃至对视的严峻现实，导致对日本文化劣根性带来的现实问题的清算不能彻底。

随着日本政治出现保守化倾向，价值观的多元化、大国意识的膨胀、新民族主义思潮等均影响着日本传媒对中日关系的解读。主张中日友好的势力受到打压，有关中国负面的新闻迅速增加。将中国的现代化，一厢情愿地解读为"中国威胁论"。日本人精于计算、重视细节，但常忽略原则，试图以小节来否定大是大非问题。[1] 同时，日本民族心理固有的耻感文化、面子问题已成为内政外交的潜规则。耻感来自情境，耻感文化导致人们对事件的判断没有好坏

---

[1] 〔日〕沟口雄三：《文化与中日关系——在北大的演讲》，燕南网，http://www.yannan.cn。

之分，只有羞耻之别。作恶犯罪只要没有被揭穿，没有让人感觉到羞辱，就不会认错。一些日本传媒由于缺乏是非观念和对自我灵魂的拷问，趋于逃避责任。

三　国家利益的张力

在瞬息万变的复杂的国际关系格局中，传媒面临着从地缘政治、安全、经济利益、历史文化渊源的角度，构筑良好的国际战略环境、维护国家利益的责任。由于国际秩序通常比国内秩序复杂混乱，传媒对于国际关系的报道，更加遵循国家利益至上的原则。在中日关系报道中，中日传媒各自以国家利益为重，让国际新闻成为国内政治主旋律的变奏，成为国家利益的叙述者和代言人。

中国传媒关于中日关系重大事件或问题的报道，通常要接受相关部门的严格规制，强调与中央政策的一致性。为此，传媒大多采取政府代言人的立场。中日关系的报道框架主要来自外交政策的塑造，官方是重要的新闻源，对政策的解读也严格按照官方提供的架构和措辞来进行。中国政府和权力精英关切的问题除了军事安全外，还有经济问题和历史问题。这些对中日冲突报道的基调和新闻选择起着强大的引导作用，其益处是保持了中国对外政策的有效贯彻，避免了不必要的混乱。但与此同时这也造成了传媒对突发事件反应迟钝，对某些人关心的重要内容讳莫如深，使人们对事情的来龙去脉得不到完整的了解。

日本传媒对于涉及政治和国际关系的报道立场与倾向，与其独特的报道体制有密切关系，主要体现日本国内政治、外交事务决策层和相关利益集团的态度。① 日本几乎每个政府机构都有记者俱乐部和固定的派驻记者，记者俱乐部定期召开新闻发布会。在俱乐部中，有一些不成文的协定，对报道内容进行具体限定。在这种情况下，各传媒报道内容大同小异，注重横向比较，舆论一律。日本传媒平时不大追踪中国的变化，其关注点集中在中国的人权、民主、台湾问题等少数议题上。一旦不利于中国的轰动性事件发生则倾尽全力，大加

---

① 崔保国：《2003 年媒体报道与中日关系》，世研网，http://www.comrc.com.cn。

炒作，刻意渲染。[①] 这种狂风暴雨式的报道在短时间内很容易制造某种气氛和理论。[②] 例如，2002 年沈阳"日本领事馆事件"，2004 年亚洲杯足球赛事件，日本传媒都做了简单、片面而连篇累牍的煽情性报道，激化了日本公众对中国的负面情绪，使之上升为外交事件。而对不利于日本的负面事件，日本传媒通常采取低调的处理手法。例如，对于 2004 年中国东北"日本遗弃毒剂事件"，日本传媒表现出异乎寻常的沉默和迟钝，主流传媒刻意模糊中国方面受害情况，强调日本政府在事件解决过程中的作用。

国家利益的表达容易导向民族主义的观点，这也是中日关系报道中最为双方相互诟病的地方。对于中国传媒，民族主义来源于中国近代历史受尽外敌凌辱的集体记忆，它主要表现为两种形态，一是理性的民族主义，既能严守民族气节，又能与排外划清界限；二是狂热的民族主义，借爱国而排外，借排外而媚上。[③] 日本传媒对国家利益的维护也造成了其与中国对立的民族主义情绪。日本传媒对中国不满日本的情绪的过度反弹，迎合了经济长期衰退状况下日益扩散的民族主义情绪，加大了两国间的隔阂和对立。

四 中日关系报道的理性建构

目前，中日关系已步入"十字路口"，如何妥善协调理性思维与感情用事、现实利益与历史恩怨，是面对中日关系时必须要正面回答的问题。中日两国的国家利益，决定了双方传媒要通过寻求利益上的结合点来缓和两国国民感情上的矛盾与冲突，通过共同参与历史对话寻找在历史认识上的共识。

面对集体记忆，中国传媒应努力建构对于历史的深入诠释。历史如果不能沉淀下来进入正反经典位置，就会慢慢边缘化乃至消失。如果中国传媒现在不强调进入全球大众传媒的诠释场域，这段历史里种种面向和细节不是等着结构

[①] 李双龙、张国良：《大众传媒的报道与中日相互印象的形成》，世研网，http://www.comrc.com.cn。

[②] 卓南生：《日本媒体的日本利益中心对中日关系的影响》，出自李希光、孙静惟：《全球新传播》，南方日报出版社，2002，第 75 页。

[③] 朱学勤：《五四以来的两个精神"病灶"》，《人民日报》1999 年 5 月 4 日。

性集体遗忘，就是拱手将诠释权让给别人。

传媒在战争感情记忆的历史化问题上，应力避简化和极端化，而是结合对近代史的总体架构的讨论，使得对历史的诠释更加全面。在建构集体记忆时不能只捞取面上澄清的部分，而是要踏进感情持有者无意识之历史意识的世界中去。不能够单纯地在国家与民族的框架内部去讨论它，而是应切断民族感情的恶性循环，把感情记忆当作思想资源，追求与他民族共有的世界史。与此同时，不让狭隘的民族情绪主导集体记忆，而是从反对暴力、追求和平、关爱生命的普遍视角与立场去叙述日本侵华战争的历史，揭示其对人类的犯罪，在世界上赢得更多的理解、关注与更深刻的认同。

中国传媒还应通过对诸如日本侵华战争期间日本军队组织和个人等大量公私原始资料的查考、对战争见证人和参与者的追访、与严肃的历史研究者的对话，肃清理路，以正视听。在每一细节的基础上，进一步探究那些更具隐蔽性、更具根本性的罪责。同时，也不应排斥和屏蔽来自日本政府、学者和民间的声音，与所有尊重事实的对象平等对话，以求真求实、自律律人的立场，担起传媒的道义职责。

日本传媒也应该认识到，没有历史感的民族是难以让人信赖的，潜藏在日本人内心深处的民族自我应该受到更理性的审视和批判，对日本在侵略战争中对亚洲他国造成的伤害也应该进行更加严肃而持久的思考。在这一点上，欧洲传媒提供了很好的借鉴。第二次世界大战以来，他们对第二次世界大战以及欧洲的将来从未停止过严肃的思考，关注话题包括从犹太人大屠杀造祸原委的各个侧面——希特勒的成见、党羽的奉承谄媚、纳粹思想的传播所导致的道德败坏等显因，到德国乃至欧洲历史、民族形成过程中积累起来的一切社会文化潜因，直至对世界现代性所带来的负面效应的质疑。

由于传媒常常会以自己的文化视角去解读或揣测其他国家和社会的行为和观念，从而导致误算和误读。传播的鸿沟是双方的责任，中日传媒应该相互谦虚地审视自身的缺点，增强文化交流和相互认知。应尝试多了解对方国家的文化背景，并多以其视角来理解中日关系，以更开阔的视野广泛扫描关涉中日关系的历史背景、民族心理、社会文化潜因和当代社会变迁，推动理性的国家战略的形成。

传媒世界是一个各种权力话语争锋的场域，在中日关系这个张力场里，民族国家内部的复杂矛盾以一种悖论的方式被掩盖在国际关系的紧张之下。只有当传媒跨越这个张力场而探询知识的时候，才能获得关于国家利益的最真实的表述。近年来，中国的国际环境发生了巨大改变，中国的国际化水平不断提升。中国传媒应以更开放的原则向人们提供多样化的信息，以利于形成健全的舆论，促进国家的长远利益。用智慧化解矛盾，用合作代替冲突，在相互融合中寻找利益的结合点。

对日本侵华战争的不同的集体记忆，折射出中日传媒的历史情感以及彼此意象；差异的伦理价值观、历史责任感等日常的经验、对自我的想象、文化传统、既定的意识形态，影响和左右着传媒对中日冲突的论述；国家的现实利益主导着传媒对中日关系走向与主要议题的判断和选择。中日传媒关于中日关系的话语建构，应该跨越知识边界，建立更为广泛和积极的身份共同体，超越日常经验和民族主义文化的自我想象，构筑有利于国际社会共同发展的利益同心圆。

（2005 年 4 月初稿，2005 年 4 月定稿；司景新参与本文撰写）

制造认同：大众传媒对国际冲突的再现

冲突是一种人类交往行为，从国家内部到国家间和地区间，到处都充斥着种族、文化和政治的争论与对抗。冷战结束以来，随着意识形态对峙格局的瓦解，世界上不同民族、文化与宗教之间的碰撞、摩擦乃至紧张对立日益凸显。在国际关系中，文化、规范与认同的差异日益成为解释和解决国际冲突的逻辑起点和支配因素。大众传媒和国际冲突可以说是彼此互惠或互动的关系，冲突发生并吸引传媒，传媒报道冲突，并对其施加影响。在国际冲突中，传媒是冲突的公共解释者，是意识形态斗争的象征场域。传媒对冲突的再现与政治文化产生复杂的纠缠，是围绕冲突的参与者及媒体自身逻辑的一系列文化互动和建构的结果，同时也是对真实社会进行文化建构的途径，对社会文化的形成和流变产生了不可低估的影响。①

为了更深刻地诠释传媒在围绕国际冲突的意义争斗中扮演的角色，本文将国际冲突作为重要的社会活动来分析，把冲突在传媒中的反映与社会意识的广泛构成联系起来，试图认识传媒在国际冲突中的行为、对象和表达方式。本文将从传媒冲突再现与再现者身份认同的勾连，认同再现的文化过程及其背后的权力关系三个层面，分析大众传媒再现国际冲突的后设逻辑，以促进传媒在国际冲突中彰显更积极的作用。

一　身份认同：国际冲突与传媒再现的驱动力

国际关系理论认为，国际冲突的发生主要基于以下原因：资源的短缺和分配不公；传播受阻，缺乏有效的沟通和交流；冲突双方对彼此的错误认知；由

---

① 苏珊·卡拉瑟：《西方传媒与战争》，张毓强等译，新华出版社，2002，第 5 页。

于历史原因遗留下来的彼此仇恨；权力分配不均等。① 关于国际冲突的驱动力，国际关系学者认识并不一致。现实主义者声称，国际冲突的驱动力主要是国家间的权力分布或权力结构；文明的冲突论者认为，随着世界几大文明之间关系的紧张、族群民族主义和宗教原教旨主义的复兴，共同体之间的冲突将会越来越激烈；而建构主义者则认为，冲突的发生和持续建立在政治权力、经济利益、社会地位以及文化认同的差异基础之上。其中，认同在国际冲突中的意义得到广泛关注。②

认同（Identity）本是哲学、社会学和心理学等学科的概念，它指某社会行为体的自我同一性和个性，是本社会行为体区别于他社会行为体的规定性，或者说是社会行为体之所以为"我"而非"他"的规定性。③ 对于国家和民族而言，身份认同是某一民族独有的特征，它关系到一个族群安身立命的根本，而所有的语言和文化都在其中有这种区别自己与别人、我们与他们的方式。有了这个自我确认的标准，在与环境、与世界相处时就有了确定的方位定向。在国际社会中，身份认同是群体采取某种立场的依据，它明确了国家和群体在国际社会体系中空间、地位的制造认同：大众传媒对国际冲突的再现坐标、框架或视界性的承诺和身份规定。

身份认同是群体间产生歧视和暴力互动的基础，认同的建构过程是导致冲突的重要起因。冲突主要是由于群体之间各自试图达成彼此无法兼容和分享的目标而导致，从人类的需要角度看，冲突正是对认同的自由表达和自主决定所引起的。身份认同在与其他人或群体的比较中产生，人们倾向于通过寻求与他者的差异和进行比较来寻求积极的自我身份，这种自己和他人的区分容易导致冲突；同时，身份认同与安全感有密切的关联，它是紧张的控制机制，可以加强人们之间的信任感和可预测感；④ 认同建构过程中形成的群体差异维持和强化着冲突，认同是群体的重要联系纽带，如果群体能够使人们获得积极的认

---

① 郭树永：《建构主义的共同体和平论》，《欧洲》2001 年第 2 期。
② 〔美〕小约瑟夫·奈：《理解国际冲突——理论与历史》，张小明译，上海人民出版社，2002，第 17 页。
③ 郭树永：《建构主义的共同体和平论》，《欧洲》2001 年第 2 期。
④ Vivienne Jabri, *Discourses on Violence: Conflict Analysis Reconsidered* (Manchester: Manchester University Press, 1996), p. 57.

同，他们就会寻求成为组织的成员；身份认同和自我归类是将组织认同和组织内外的差异固化的前奏，身份的确定和归类出现在寻求整体性和积极的自我想象的过程中，并形成对他者的刻板印象和社会判断，推动冲突的形成与将暴力合法化的过程。对于敌人的刻板印象与对待敌人的不人道行为的合法化之间有纠缠不清的关系，冲突中的领导人往往借将敌人贬低和妖魔化，将暴力和歧视合法化。①

国际冲突的发生和持续建立在政治权力、经济利益、社会地位以及文化认同的差异基础之上，国家间的互动不仅取决于国家间的均势，也取决于国家内部结构以及价值观念、文化和身份认同。② 因此建构主义国际关系学说认为，一国的文化结构可以建构国家的身份，而国家关于身份的观念又导致了有关利益的观念的建构，由此导致了与其一致的国家对外政策和行为。因而，结构性冲突，或曰身份认同的差异是造成国家间冲突和矛盾的重要原因。

认同的形成和演化与传媒再现具有深刻的关联性。所谓传媒再现，来源于建构主义的知识论。20 世纪 60 年代以来，思想家开始发现，知识不是被动地接受外在环境所给予，而是由具有认知的个体主动构筑的，认知的运作过程是一种调适的作用，并且被用来组织其所经验的世界。因而，我们所感知的世界，是经过文化加工、转型的世界，是语言与社会的建构。对于传媒来说，对真实世界的报道和再现并非对其的摹写、复写和替代，而是一种语言与社会的建构，总是基于特定的文化传统，或是共同道德的约定。用部分后现代学者的话说，再现必须是在某种后设叙事下才有意义。传媒最为根本的特征，就是真实地想象某种关系，再将其在传媒中塑造出来，使得它通过传媒而成为某种被"篡改"了的现实，进而重构着人们的生产和生活方式。③

在大众传媒的关于国际冲突的再现中，相关事件或活动不断进入传媒的视野当中。作为接受影响的一端，在与冲突相遇后，把对冲突的感受、经历和印象付诸新闻本身是一个复杂的过程，并且会受到多种因素的制约，其中新闻制

---

① C. R. Mitchell, *The Structure of International Conflict*, (London：Macmillan, 1981), p. 88.

② Ross Howard, *Conflict Sensitive Journalism* (Denmark：IMS and IMPACS, 2003), p. 132.

③ 潘知常：《新意识形态与中国传媒——新世纪新闻传播研究的一个前沿课题》，www. people. com. cn/GB/14677/21963/22065/2904829. html.

造者的身份认同总会以一种显性的或隐性的方式释放影响，而书写于其中，传媒会以自我身份认同为前提来对其进行审视和改造。

一方面，身份认同在媒体再现中设定了一种先在视域，而这种视域是再现者文化取向和价值判断的基点。另一方面，文化透过传媒并由符号再现，运用符号运作的再现机制，传媒不仅生产文本，同时也运行着受众和社会的主体认同的建构过程，从而成为制造认同的机器。

在再现冲突时，传媒会根据自身的身份去进行重组、重写渗透着本土情感与观念的创造物，对冲突进行框定，按照观察者所积淀的文化内容进行取舍，依据其自身已经具备的知识和已经形成的印记进行重塑。为满足或迎合本群体的需要，并且在强化自我认同的前提下，对冲突的种种过滤就成了冲突报道的一种基本的书写策略。而身份认同与国际冲突的联系密切，使得传媒在当代冲突中具有强大的渗透力和影响力，也使得认同议题成为探讨大众传媒国际冲突报道后设的文化逻辑的重要切入点。

二　认同建构的文化脉络

从某种意义上说，国际冲突报道就是关于国家认同的竞争。国际冲突是一个文化符号、一个意义浓缩的传媒镜像；置身不同的意识形态背景，会通过这一传媒镜像来构筑不同的关于世界秩序、国家利益和民族身份认同的叙事话语、想象的现实与现实的想象。这是因为一个国家国民或者民族社群，在危急时刻或特别场合通常会凝聚一定的情感和诉求表达，从而呈现丰富的文化符号，成为媒介报道的参照点。每个国家的传媒系统都会具有一定的牢固的历史基础，以此来建构关于认同的话语并影响对国际冲突的报道，而每种话语都注定是局部的、概略的和自我服务的。而传媒所传达的身份认同是在文化特质或相关的整套文化特质的基础上建构意义的过程，它最终由社会的组织与制度所架构的规范来界定。①

---

① 徐贲：《九十年代中国学术争论和国族认同》，世纪中国网，http：//www.chinaoo/com/show－hdr.php? dname＝HL4L1K21Qxname＝PPDDMVO&xpes＝16。

冲突的再现与日常经验有着互为因果的关系，经验和传统对传媒的冲突再现具有深远的影响。人们生活在与一定的符号系统、语言与地理的互动关系中。认同不仅通过个别的意识呈现，还会形成社会背景。在平时，日常的经验不断呈现，象征性秩序、自我想象形成了自我意识的来源。认同的表达、与他者对立的信息描述、认同的变化过程，在日常生活的时间和空间中发生着。他们形成了社会生活的意义，以及人们之间互动的参考和背景。而当冲突发生时，人们便通过以往实践获得的知识和经验来寻求对冲突的解释和认识。居统治地位的认同被鼓励，过去的荣耀、当今的巨大成就在冲突动员中都能够用来强化认同。

冲突的再现以排他性话语的建构为基础。自我身份的强化是在与他者对比中建构起来的，与他者的分裂、对立能进一步增强自我认同。这种排他主义的话语往往声称自己是正义的、光荣的，他人是妖魔化的和邪恶的。像种族主义、民族主义等建构和描述，就是常用的排他性话语。

民族国家身份是最常见的制造合法性和排他性的认同。现代社会最普遍的身份认同表现为个体对于民族和民族国家的认同与归属。民族国家认同也称为现代国族身份，它实际上是一种对国族身份的现代认识，一方面表现为民族认同，另一方面表现为公民国家的诉求，正如人类文化学家吉尔茨曾指出的，国家的集体身份认同往往包含两种不同的因素，即"初级性认同"和"公民性认同"，前者唤起我们朴素的"原始情感"，后者为我们介入"公民政治"提供有效身份。对于民族认同，人类学家本尼迪克特·安德森有过详尽的论述。他将民族定义为想象的政治共同体，拥有共同的起源和主权。民族和民族认同超越时间和空间深深植根和渗透，主权、公民权与民族主义已成为紧密相连的现象。民族主义拥有许多相互联系的特征：民族国家的政治联系、国家主权的表述、与阶级统治相关的意识形态特征、将个人与国家维系起来的心理、想象的共同体的象征力量等。民族成为一个总体，建立在被想象的历史和文化之上，在国际社会中，表现为与其他民族文化相比较而存在。

在冲突中，集体记忆是对民众进行动员的来源，是关于民族起源的话语冲突再现的灵魂。民族身份认同往往来自共同的历史记忆，后冷战时期的冲突许多就是以民族起源的话语表达为核心理念。由此，祖先的版图被重新复活，并为当今和将来的冲突的合法性命名。在以色列、巴勒斯坦、阿拉伯、塞尔维亚、土耳其等，以及天主教、胡图、图西、基督教等的建构中，以祖先归类，将遥远的过去重新复活，成为动员今天的人们排除异己的依据。

在冲突中，社会统治集团以民族的名义设置议题、利益及合法目标来实现认同，区分他者。国家利益、国家安全、国家的自决都是概念化的归类方式，而这些都依靠将不同阶级和种族的个人联系起来的集体认同感。民族认同肯定"我们"的存在，但只是一种自然集合体观念，这种单纯自我肯定的目的使其比较被动，使人的自我意识束缚在诸如血缘、种族、语言、地域、宗教或传统这一类粗浅的实在因素之中，预设了民族认同深刻的、难于充分理性化的历史、文化、心理和感情纠葛以及潜在的排他性。[①]

三　制造认同的权力过程

对于传媒来说，国际冲突的再现既是一个文化过程，也是一个实践的过程。除了要分析心理的要素、诠释文化的意义，还要揭露传媒再现背后的权力关系。法国社会思想家米歇尔·福柯认为，再现不仅是对意义的探索与诠释，而且是透过话语进行的一种知识生产，是在特定历史脉络与制度机制下，透过特定应用技术与策略运作而成的，因而反映了生产这一知识的权力关系。身份认同通过统治结构及对身份的话语的控制来实现，什么样的认同描述会占据优势取决于不同社会组织控制的程度，它们总是由占社会统治地位的社会标准、象征性秩序、统治结构所决定。传媒把对国际冲突的再现有机地结合于一个按自身逻辑描述、表现、分析以至宰制的意义定位系统，这种再现根植于社会对自身经济、政治、文化总体利益的高度自觉，融汇于将这种利益和意识合法化并不断再生产出来的强大的知识优势、符号渗透力和价值观念的稳定性之中。[②] 因此，要探究传媒对冲突的再现，就必须同时探究关于冲突的理解如何

---

① 张旭东：《民族主义与当代中国》，载《批评的踪迹——文化理论与文化批评 1985—2002》，三联书店，2003，第 175 页。
② 张旭东：《民族主义与当代中国》，载《批评的踪迹——文化理论与文化批评 1985—2002》，三联书店，2003，第 175 页。

透过权力加以生产，如何在特定历史脉络中成为一种制度化的机制。①

传媒对国际冲突的再现首先是意识形态的支配与涵化的结果。在资本主义社会里，一致的舆论是由传媒或部分由传媒生产出来的，这种生产过程异常复杂。因为传媒一般是独立于公开的压制和限制的，也不会赤裸裸地去鼓吹占据支配地位的意识形态霸权。二者之间存在着一种微妙的结构关系，使传媒既能保持某种独立地位，又能遵从占支配地位的文化规则。它不会围着权力的指挥棒转，也不会有意识地使自己对世界的描述符合占统治地位的规定，但它必须是对之敏感的，而且只有在其中才能合法生存下来；它必须在普遍的范围之内或大家都赞同的一致舆论的框架内生存下来；它使自己适应于这种一致的舆论。传媒成了制造普遍同意的机器。② 文化学者认为，传媒所传达的意识形态与受众的意识形态是一种有弹性的自然连接，而不是一种强制灌输。

不同媒体在制造激发代表国家利益的文化象征符号时，总是对占统治地位的社会持久价值观进行支持和操控。冲突中无法预料的异常的人与事，只能放在可预料的、平常的架构里去理解。西方主流媒体不承认它们的共识是一种准意识形态，而是将它自然化为大家所能接受的常识。然而贯穿传媒冲突报道的潜在背景即是各国自己的意识形态。传媒强调事实，背后的意识形态隐而不现。每当重大事件发生，国家总会调动公共舞台的资源，动用媒介强调社会的核心价值，进而确认权力结构的威信。在这个意义上，国际冲突报道是在打一场意识形态的战争。

在被传媒炒得沸沸扬扬的"伊拉克战争"报道中，不同国家为伊拉克战争附加了不同的意识形态身份。从中国大陆传媒的美伊战争叙事中，不难提炼出其意识形态叙事的基本话语特征：高度政治化的"国家主义""民族主义"，主权绝对大于人权、生存权必须先于民主权。而美国传媒则用人权、自由、解放、安全作为意识形态，将萨达姆视为恶魔的化身，将美国军队对伊拉克的进攻描述为正义的解放行为。

传媒冲突再现背后的控制机制还在于国家利益的内在张力。由于国际秩序

---

① 斯图尔特·霍尔：《表征：文化表象与意指实践》，徐亮等译，商务印书馆，2003，第13页。
② 斯图尔特·霍尔：《表征：文化表象与意指实践》，徐亮等译，商务印书馆，2003，第13页。

通常比国内秩序复杂混乱，对于国际关系的报道在秩序上更加遵循国家利益至上的原则。在国际关系中，政府是国家利益的总汇，是外交政策的制定者，也是国际新闻的竞争者。萨义德曾指出，媒介建构东方主义，无不以国家利益为上。外国新闻常被作为国内曲调的变奏。"笼罩在全球化阴影下的国际新闻仍然以民族为本位，以国家甚至政府的立场为轴心。由于每一件事都要置于前因后果来理解，媒介总是依据宏大的文化和民族观点来选择事实，建立其间的关系。"①

现代媒体传播技术并未削弱民族国家意识，而是强化了国家意识。传媒再现发生在处于激烈竞争中的生产者、解释者和批评者、受众与消费者以及重要的表演者之间。由于国际秩序更加呈现无政府状态，国家而不是个人、阶级或国家内的部门，充当着国家利益的储蓄所。冲突报道受制于特定国家的政治经济现实，并被该国在国际政治、经济中所处的位置和扮演的角色所制约。国际冲突报道的呈现与身处固定的社会和历史环境中的生产者的行为和技艺更为接近。通过它，国家共同体表现出可供分享的经验和强化的文化传统，用核心价值观的选择过程来涵化遥远的事件。自由信息流通也并未改变领导人、外交家、军方和媒体在国际冲突中所表现出来的强烈的国家意识和国家立场。在美国媒体中，冲突新闻的报道主题大多数是与美国人和美国利益相关的事件，当主题有所区别时，也会用美国的价值观进行解释。

体制内的精英共识也使得占统治地位的认同得以确立和增强。确定传媒是否传达优势阶级的意志，有两个主要的指标：其一是传媒与优势阶级的关联程度，其二是从业人员在传媒机构中享有多大的自由度。霍尔指出，"媒介机构并不总是受到直接的胁迫或限制，然而却很乐意去迎合主流权力。""那些试图塑造立法议程的人，通过确定整个政治制度中的关注及力量的焦点，能够将自身的影响增强许多倍。"②

新闻来自某地或某人，没有人的建构，它不会自发产生。传媒外部的权威设置好了媒介的舞台，从控制接近权、条件及基础设施，到安排行动，对传媒

---

① 李金铨、潘忠党、陈韬文、苏钥机：《敲打民主之鼓——美国传媒对香港回归的义题建构》，载李金铨：《超越西方霸权：传媒与文化中国的现代性》，香港牛津大学出版社，2004，第180页。

② 斯图尔特·霍尔：《表征：文化表象与意指实践》，徐亮等译，商务印书馆，2003，第13页。

新闻的流动产生着至关重要的影响。在国际冲突报道的建构中，冲突的施动者，常常是建构新闻活动空间的第一把关人，传媒更多围绕在国家首脑和外交官们周围制造新闻。而传媒和记者，往往只能在他们提供的第一稿上涂抹，在其制约下观察、解释和进行描述。在国内议题上不同政党也许争得头破血流，在外交政策上却建立广泛的共识，而传媒也假定政府高层知道什么最符合国家利益，所以关于国际冲突的报道框架多由外交政策所形塑，传媒依赖政治权威报道外交政策和国家利益。例如，当国家遭遇与外部的冲突时，美国的传媒就倾向于聚集在权力精英周围，与华盛顿官方保持密切关系。在这种将外国新闻视为国内主题的变量的国内化的过程中，传媒将根植在既有的权力和特权秩序的国内主题尖锐化与合法化之中。传媒参与了对国内精英关于冲突的描述和建构，以及将国家为保卫地缘政治而做的努力合法化的过程，他们与权力精英一道，用独有的修辞、框架、隐喻和逻辑去描述国际冲突，为现实寻找各种原因以推进国家利益和促进国家的合法化。海湾战争期间，CNN 成为美国和伊拉克政府相互喊话攻击的舞台，为最终演化为武力冲突推波助澜。

而对于普通公众和一般团体来说，由于对外部世界的直接联系和了解不多，信息来源局限于本国媒体和政府声明，多数人很容易做出支持本国外交政策的判断。例如，2003 年的伊拉克战争之前，美国国内的反战情绪一度高涨，但多项民意调查显示，支持发动这场战争的人仍居多数。即使在反战的人群中，也不会出现同情萨达姆·侯赛因的舆论。即使在专业性很强、对外部世界了解相当深的思想库和大学里，对国际事务的判断标准也大同小异。同国会议员一样，许多美国的非政府组织、外交智囊、军人、学者、商人、新闻媒体工作者以至普通公民，都会自觉地为本国的外交政策和国家利益辩护。[1]

四　结论

本文认为，大众传媒对于国际冲突的再现，是一个建构自我、他者的身份认同的文化社会过程，它既是一个联结日常经验与凝聚民族记忆的文化过程，

---

① 李希光、赵心树：《媒体的力量》，南方日报出版社，2002，第 232 页。

也是权力运作的实践过程。在分析传媒冲突报道时，冲突发生的社会意涵，冲突再现的语言文化要素和诠释符号，冲突背后的权力关系，都应被唤起并纳入讨论。

身份认同是群体间歧视和暴力互动的基础，而传媒由于对文化的建构性与对话性勾连起了认同与冲突，它通过认同的建构，蕴涵、凸显和隐藏了冲突、矛盾的内在逻辑；人们生活在与一定的历史、记忆和意识形态、符号系统、语言与地理的互动关系中，传媒通过以往实践获得知识经验、集体记忆和民族主义的排他性的自我想象来建构国际冲突；国际冲突的再现通过统治结构及权力控制来实现，意识形态的涵化、国家利益的内在张力，以及权力精英和舆论领袖都在其中主导着这种权力关系。因此，大众传媒关于国际冲突的再现应该跨越知识边界，不仅要超越自我文化身份加诸在认识中的种种限制，努力在与他国对话中重构自我和催生新的认同，建立更为广泛和积极的身份共同体，超越日常经验和民族主义文化的自我想象，还要超越存在于现实国际社会和国家内部的权力宰制关系，构筑有利于国际社会共同发展的利益同心圆。

必须指出，本文只是从文化维度指出了传媒国际冲突报道的最核心的分析和认识框架。传媒冲突建构中，记者的专业经验和理念，媒介组织的资源和策略，新闻同业竞争与合作的生态，传媒与社会、国家的互动等媒介文化和社会学课题，新闻文本的话语分析，都将是更进一步的思考课题。

（2005 年 10 月初稿，2005 年 11 月定稿；司景新参与本文撰写）

《人民日报》（1997～2006）镜像下的美国国家形象建构

一 引言

国家形象（State Image）问题从国家诞生之日起伴随着国家间的交往实践活动就产生了。1648年《威斯特伐利亚和约》宣告了国家主权体系的诞生。17、18世纪的欧洲战争中，国家形象理论只是少数社会精英的思想成果。那时关于国家形象的认识尚无法产生超越国家政治边界的影响力，甚至对本国政治的影响都微不足道。① 一战、二战时期，国家形象主要是通过国家在战争中的表现树立起来，战争中的传播实际上是双方所塑造的国家形象的博弈过程。冷战时期，国家形象的研究开始被运用于外交领域。肯尼斯·布尔丁（Kenneth Boulding）在其关于国家形象和国际政治关系首开先河的研究著作中强调了价值体系在国家形象形成中的重要性。他还指出人们并不随便地处理信息，而是要经过价值体系的过滤。正因为是在带有意识形态倾向的价值观念下塑造国家形象，即使同一个国家，在不同媒体的"刻刀"下也会形成截然不同的国际形象。所谓大众传播的手段对国家形象有积极的正面作用和消极的负面作用，也正源于此。

在学理上，关于形象的定义多种多样。《现代汉语词典》将形象定义为"能引起人的思想和感情活动的具体形状或姿态"。按照默里·鲁宾斯坦（Murry Rubinstein）的定义，形象指的是"一个人或群体传达给另一个人或群体的讯息"。而达尼埃尔–亨利·巴柔（Daniel-Henri Pageaux）在其《比较文学概论》中认为形象是"在文学化，同时也是社会化的过程中得到的对异国

---

① 傅新：《全球化时代的国家形象——兼对中国谋求和平发展的思考》，《国际问题研究》2004年第4期。

认识的总和"，它"源于对自我与'他者'，本土与'异域'关系的自觉意识之中，……因此形象即为对两种类型文化现实间的差距所作的文学的或非文学的，且能说明符指关系的表述"。

至于国家形象，以往的研究成果表明，到目前为止，学者们并未对其概念达成一致的认识。西方学者更多的是在实践层面上的运用和操作，没有给出明确的界定。而国内学者则提出了多种定义，不一而足。本研究所涉及的国家形象主要意指一国在他国新闻媒介的新闻和言论报道中所呈现的形象。它是国际社会对一国的整体认识和综合评价，是主权国家最为重要的无形资产。国际形象意义重大，直接影响到一个国家在国际社会中的地位和作用。

《环球时报》2005年调查显示，62.7%的中国居民主要通过大众传媒来了解美国，只有3.7%的人是通过和美国人直接接触来获得对美国的印象。虽然公众心目中的美国形象不仅仅是通过媒体塑造的，但媒体报道所呈现的国家形象无疑是公众了解美国的最主要途径。[1]

然而，中美两国在政治、经济和社会发展状况上所存在的差异性使得两国在确定对方的国家形象时，存在某种思维定势。历史原因、时代发展使得双方经历了从敌对到合作、从相互闭塞到彼此交往的变化过程。这个过程促使了中国对美国形象建构的不断变化。如何把握中国媒体上的美国形象，不仅决定着我国政府、组织和人民与对方的交往方式和交往程度，也决定了我国对美国外交政策的制定和执行。[2]

2000年，美国前国防部长科恩在中国国防大学演讲时提出了"中国媒体妖魔化美国"的观点："中国国家控制的媒体'危险地'歪曲美国的国际政策目标，从而引起误解，诱发严重的错误判断。""中国常常以不但无益而且不正确的方式来报道美国，把美国描述为一个霸权，一个称霸世界、遏制和主宰中国的国家，这是根本不正确的。中国媒体常常以大量的批评和负面语言来形容美国。"2002年初，布什总统在清华大学的演讲中也说，中国人对美国的认识有一些错误印象，其中的一个原因是"中国的一些教科书"使用了一些

① 孟环：《中国媒体中的"美国形象"》，《对外大传播》2005年第9期。
② 刘继南、周积华、段鹏：《国际传播与国家形象——国际关系的新视角》，北京广播学院出版社，2002，第291页。

"过去时代遗留产物"的语言，因此是"误导性的、有害的"。

科恩的"妖魔化"结论与中国媒体报道现状相符与否？中国媒体是以何种方式、建构怎样的美国国家形象？其背后的影响因素又是什么？为寻找问题的答案，本文拟对中国大陆主流媒体《人民日报》在1997年至2006年十年间有关美国的报道进行内容分析，希望从中看出该报如何对美国国家形象进行塑造。

二　研究方法

本研究所采取的内容分析法，以系统方式结合使用定性和定量两种方法，同时借助半自动内容分析和计算机辅助内容分析，目的在于力求使研究结果更为客观、全面和准确。

（一）样本采集与分析单元

1. 目标媒体的选定

本研究以报纸为目标媒体，选取《人民日报》为研究对象。以往研究表明，1949～1972年，由于受意识形态、国家利益等多种因素影响，《人民日报》有关美国的报道一般较为偏激，对美国的刻画带有强烈主观色彩，并没有为中国民众呈现一个全面、真实的美国形象。中美关系正常化后，在遵循"增进了解，促进友谊"的基础上，《人民日报》对美国形象的把握基本是积极、公正的，中国媒体并没有"妖魔化"或者刻意"妖魔化"美国。但是他们研究的《人民日报》都局限在20世纪90年代之前。这之后，尤其是进入新千年后，世界格局发生了巨大变化，多元化受到了单极化的挑战。美国由冷战中的美苏争霸变成世界上唯一的超级大国。2000年共和党小布什政府执政后，鹰派保守作风显现，内政外交发生了巨大变化。特别在"9·11"之后，美国的政治、经济、外交等政策发生了一系列变化，对世界格局影响深远。本次研究的目的就在于探讨1997年至2006年十年间，《人民日报》（本研究不包括《人民日报》海外版）向中国读者塑造了一个怎样的美国形象，有没有如前文美国前国防部长科恩所言"妖魔化"了美国。

2. 时间范围的选定

选取 1997 年 1 月至 2006 年 12 月为研究时段，采用构造周抽样法
（Constructed Week Orcomposite Week Sample）。据研究表明，一年内抽取两个
构造周就能可靠地表明总体，① 因此本次研究选择在 1997～2006 年每一年构
造两个"组合周"。具体方法是在每一年不同的星期里随机抽取星期一至星期
日的样本，并把这些样本构成"一个周"（即构造周）。例如，要抽取星期日
的样本，可将一年中所有的星期日集中起来，从中随机抽取一个作为样本。与
此相似，可抽取星期一、星期二、星期三等的样本。

3. 分析单位的选定

选取以美国为主要报道对象的文章。文章界定为有自己标题的、署名的
或有来源的消息、通讯、评论、图片（包括照片、漫画和图表）等，不包括
有关美国公司或产品的广告。对于搜集到的样本，每一则消息、通讯、评论
视为一个分析单位，配发的图片以及单列的图片也作为一个独立的分析单
位。

（二）类目建构

1. 报道主题

报道主题指报道文章所涉及的主要内容，具体分类为：①国内政治（美
国国内政策、美国选举）；②国际关系（对外政策、与他国良性/恶性互动）；
③经济报道（国内经济状况、经济政策、公司运营情况、美国经济对世界经
济的影响）；④军事报道（与他国军事关系、军事行动、武器研发、武器出
售）；⑤科教文体（科技发明、教育、文化建设、体育）；⑥社会报道（国内
治安、社区建设、美国人民日常生活）等六大类。

2. 报道态度

本研究的报道态度指记者在写作时有意或无意地对报道对象流露出来
的态度和表达的感情色彩。通过对文章报道内容和遣词造句的分析，可以

---

① 任学宾：《信息传播中内容分析的三种抽样方法》，《图书情报知识》1999 年第 3 期。

将报道态度分为正面（肯定）报道、负面（否定）报道、纪实性报道、客观带赞赏口吻报道和客观带讽刺口吻报道五种。归类的主要根据是文章的语义和语气判断。如文中常常使用诸如"合作""友好""积极"这样可以使读者对报道对象产生美好联想的词语时，将文章归为正面报道；而出现"镇压""秘密的""迫害"等词语时，容易使读者对报道对象持一种批判目光，则将这类文章归为负面报道。纪实性报道则使用不带感情色彩的词语向读者介绍新闻事实，通常比较客观。还有部分文章"看似采用客观的纪实报道，实则通过对客观事实和叙事角度的选择，巧妙地表达了记者的主观价值判断"[①]，这类文章便可分为客观带赞赏口吻的报道和客观带讽刺口吻的报道。

3. 版面

《人民日报》的版面一般分为国内要闻版、视点新闻版、经济版、国际版、政治版、文化版、体育版等，有时还包括各种专题版。本次研究将《人民日报》的版面设置分为头版、国内要闻版、国际版、社会新闻版四大类。其中国际版包括了国际版和国际副刊，社会新闻版包括了科教文卫以及社区建设版。

4. 报道类型

按照常规的报道类型一般分为消息、通讯、评论和图片（包括照片、漫画和图表）四大类。

5. 消息来源

本研究的"消息来源"指"提供资讯给媒体组织用以换取新闻报道的个人与团体，如特殊利益团体、公开活动或其他新闻媒体（如通讯社）"[②]。《人民日报》的消息来源有新华社、本报和其他（包括外电、读者来信或专家投稿）。

---

① 翟峥：《中美两国在对方主要媒体中的写照——对〈人民日报〉和〈纽约时报〉1998 年报道的对比分析》，《美国研究》2002 年第 3 期。

② Shoemaker, P. J. & Reese, S. D.（1991）. *Mediating the Message：Theories of Influence on Mass Media Content.* NY：Longman. 转引自臧国仁《新闻媒体与消息来源》，三民书局，1999，第 126 页。

（三）编码与数据分析

本研究设计采用内容分析法，对《人民日报》从 1997～2006 年中抽取的样本先做事实层面的描述，再综合探讨十年间《人民日报》反映出的美国形象，最后从建构主义出发，分析《人民日报》对美国国家形象的塑造。本研究数据分析运用 SPSS 13.0 for Windows 进行，采用的分析方法主要是频数分析（Frequency Analysis），并用 Excel 软件对分析结果作图。

三　研究发现

本次研究得到了 140 份《人民日报》，其中共有 518 篇文章是有关美国的报道，即平均每天有 3.7 篇关于美国的报道。足够的新闻报道流量可以减少模式化的国家形象。这些有关美国的报道，长度以 300～1000 字的动态消息居多，其次是 300 字以下的短篇，10000 字以上的较为深入的中外媒体研究的长篇报道最少。

（一）主题选择性强，呈定型视角

1997～2006 年《人民日报》有关美国的报道基本上维持在一个平均水平，即两周 50 篇左右。就报道主题分布来看，《人民日报》在近十年的涉美报道中，最重视美国与他国关系的报道，共占报道总量的 37.6%（见表1）；其次是有关美国军事的报道，占报道总量的 24.3%。这两类报道主题加起来共占《人民日报》涉美报道主题的 61.9%，可见外交和军事是《人民日报》涉美报道的侧重点。排在第三位的是经济，占报道总量的 15.1%。后面依次是国内政治（10.8%）、社会报道（6.6%）和科教文体（5.6%）。

具体而言，"美国与其他国家关系"，一方面记载了美国的对外政策，另一方面则反映了美国和其他国家的关系。美国作为目前世界上唯一的超级大国，其对外政策的一举一动都是各国政府和新闻媒体关注的焦点，《人民日报》自然不会在对美国外交关系的报道中松懈。

表1　1997~2006年《人民日报》对美国报道主题数量统计表

报道主题	篇数	报道主题占报道总量比例(%)
美国国内政治	56	10.8
美国与其他国家关系	195	37.6
经济	78	15.1
军事	126	24.3
教育、科技、体育与文化	29	5.6
社会	34	6.6
总　计	518	100

　　"军事"报道中，对武器研发与出售和国内军事建设的报道是对美国内政关注的延伸；而关于对外军事行动、驻军等的报道，则是美国外交关系具体行动的主要方面。《人民日报》报道中心倾向于这两大主题，实质上向民众传达这样两个讯息。一是，承认美国是当今世界政治强国，这种强势地位短期内是不会改变的。不管美国在国际社会中发挥着怎样积极或者消极的作用，也不管其是朝核问题、伊朗核问题的"调停者"，还是伊拉克战争的"领导者"，美国的这种"国际警察"地位是不可替代的。二是，美国的军事力量广泛存在。无论是在亚洲的伊拉克、阿富汗，还是在欧洲的英国、德国，或非洲大陆，美国的军事影响普遍存在，其触角遍布全球每一个角落。

　　"经济"报道主要是描述美国经济状况，多集中在美国政府的经济举措（如《"减税牌"声东击西》，2003年5月28日第7版）、美联储利率变化（如《美联储第八次加息》，2005年5月5日第3版）以及美国与其他国家经贸往来等，也有对美国股市（如《美元汇率低纽约股市跌》，2003年5月21日第7版）、美国企业的相关报道。

　　"教育、科技、体育与文化"中的教育，针对美国高等教育和社区教育进行了大量报道，突出其在教育理念上的先进性和可借鉴性；科技报道则选择了美国太空探索和医学话题，反映了美国先进的科技实力；而体育与文化多报道美国运动员、艺术工作者在各种竞赛上取得的优良成绩，也有专门介绍某位运动员事迹的文章。

　　《人民日报》有关"美国国内政治"和"社会"报道的数量不多。前者主要阐明美国国内政策问题，后者从微观上向受众介绍美国社会。

通过这些类别化和有重点倾向的新闻报道，《人民日报》在塑造美国形象时形成了一种定型的视角，为中国读者了解美国现实搭建了一个基本的认知框架。当报道主题固定在对外关系、军事以及经济上时，读者的目光也会集中在那几个领域。研究中还发现，《人民日报》把报道重点放在美国政府做了什么，如会晤、会议、新闻发布会等消息上。这从一个侧面反映了1997～2006年《人民日报》的信息来源相对固定，比较依赖官方消息，缺乏调查性和主动性。

（二）报道态度呈现选择性客观，纪实性报道占主体

根据以往统计，在中国大众媒体对美报道中，负面报道和正面报道的数量比例在美国"国内状况"报道中较小，在"国外交往"报道中较大。前者正、负面报道较为均衡，而后者的负面报道数则远远大于正面报道，处于一种失衡状态。[1] 其中，美国国内政策、经济、文化、生活等报道领域多以纪实性口吻为主，肯定或者带赞赏口吻的文章，也多出现在美国国内状况报道中。而否定或者带讽刺口吻的文章，多出现在美国与他国关系和军事报道中。本次研究发现1997年至2006年十年中，《人民日报》有关美国的报道多持一种纪实性的态度，即以客观报道为主，该类文章占报道总量的65.3%。还有15.9%的报道是采用客观手法报道的（见表2），只是在语义组合上，作者通过对词、句的把握，以及对文章结构的组合，才流露出一定的感情倾向。

表2　1997～2006年《人民日报》对美国报道态度数量统计表

报道态度	肯定	否定	纪实性	客观带赞赏口吻	客观带讽刺口吻	总计
篇数	4	94	338	20	62	518
比例(%)	0.8	18.0	65.3	3.9	12.0	100

从表2还可发现，《人民日报》有关美国的报道中，有18.8%的报道具有鲜明的感情色彩，这也反映出十年间《人民日报》的涉美报道带有一定的主

---

① 孟环：《中国媒体中的"美国形象"》，《对外大传播》2005年第9期。

观倾向性。其中，负面的文章占到18.0%，多出现在美国与他国关系和军事报道中（见表3）。这与我国驻南使馆被炸、中美撞机事件以及"9·11"后美国推行的"单边主义"和"先发制人"的外交政策和军事政策有关。自2003年美国对伊拉克开战以来，军事报道增多，《人民日报》对美国持否定态度的报道也随之增多，这与中国政府的反对美国不经联合国授权就贸然对伊拉克开战的立场是一致的。美军虐囚事件曝光后，《人民日报》也借他国观点表达不满。如2006年2月17日《澳观众谴责美虐囚行径》，通过澳大利亚民众之口，谴责美国暴行。这期间，对美国持肯定态度的文章所占比例较少，而且集中在对美国科教文卫和社会报道领域，显示出《人民日报》对美国的科教水平和社区建设的认可。

表3　报道主题和报道态度篇数分布

	美国国内政治	美国与其他国家关系	经济	军事	教育、科技、体育与文化	社会	总计
肯定	0	0	0	0	2	2	4
否定	8	32	4	48	0	2	94
纪实性	42	123	70	66	17	20	338
客观带赞赏口吻	2	0	2	0	10	6	20
客观带讽刺口吻	4	40	2	12	0	4	62
总　计	56	195	78	126	29	34	518

"军事"报道一栏中，纪实性和讽刺、否定性的文章各占50%左右。这组数据论证了以往的统计，即《人民日报》涉美报道的态度是有选择性的，并且在美国国内和国际报道中出现了不平衡。这种主题和态度的失衡势必导致对美国形象塑造出现一种不平衡。一方面，这些报道将读者视角引到美国与他国关系以及军事报道等特定主题上，从而加大了这两方面在影响中国受众对美国形象构建中所占的比例；另一方面，这些报道又用明显或者隐晦的词组从反面刻画美国的外交和军事形象。尽管该报也对美国其他方面进行了客观、公正甚至带赞赏性质的报道，但是受众的视角已经被成功地转移到负面报道较多的主题上，因此受众心中的美国形象定位也在无形中被媒体带到媒体想要勾勒的国家形象画面中。

（三）报道体裁集中，讲究写作技巧

十年来，《人民日报》有关美国的报道以消息为主，共350篇，占总量的67.6%；通讯、评论和图片等文体各占10.8%左右。消息覆盖范围较广，但缺少深度和细节。它在新闻五要素中，很少对"为什么"以及"怎样"进行解释，一般只是简单地描述事件发生的时间、地点、人物以及发生了什么。这样的报道仅仅是单一新闻事件的报道，缺乏新闻背景和相关链接，读者往往难以把握事件的联系、全貌以及重要性。《人民日报》的消息，多为事实性陈述，感情色彩较弱，在"坏消息"中寻找积极的一面，试图还原真实的美国。

通讯和评论可以对事件进行深入的报道或分析，以告知受众新闻事件的真相。尤其是评论，还可对新闻事件发出自己的声音，表明主张，为受众提供权威的、可靠的舆论引导。1997～2006年《人民日报》在评论的选择上，比较注重写作的质量，讲究"说话"职能。从表4可以看出，《人民日报》涉美评论多是持否定或者客观带讽刺口吻，塑造了一个负面的美国形象。本次研究中还发现，《人民日报》的评论不论从标题制作还是从写作态度看，都和以往研究结论有了区别。报道不再像中美建交前直接、露骨地批驳美国，或者像20世纪80年代用含蓄、刻板的写作方式描述美国。它借鉴了西方媒体的经验，精心地挑选引语，巧妙地把一条"好消息"或普通消息"包装"成"坏消息"。如《"邪恶轴心"论遭抨击》（2002年2月4日第3版），作者强烈反对美国抛出的"邪恶轴心"概念，但全文没有一句话是作者跳出来直接表态，而是借美国前国家领导人、美国学者、美国盟友之口，质疑、抨击这种观点。如文章引用了美国前国务卿奥尔布赖特的话，说布什处理外交事务的方针使得国际社会都认为美国已经"毫无章法""失去了理智"。她表示："把这三个国家搞在一起是个巨大的错误"。再如，在《委美两国针锋相对》（2005年6月13日第3版）一文中，作者借委内瑞拉总统查韦斯之口说："如果有某个政府应该受到美洲国家组织监督的话，那就是美国，因为美国政府支持恐怖主义者，入侵别的国家，欺压自己的人民，搞全球独裁。"

图片类报道分布领域较广，包括军事行动照片（对南联盟派兵，出兵阿富汗、伊拉克等）、政治人物照片（国内选举）、灾难重建照片（卡特琳娜飓风、"9·11"事件）等。图片新闻的好处在于受众可以一目了然，使其通过视觉看到新闻事实的发生，更为直观地把握发生在美国身上的事情。图片的选择和配文上，《人民日报》多采用纪实性手法，让读者通过自己的眼睛看到正在发生的事。当然，图片新闻中也存在单一性的弱点，一个版面中的图片并不多，这些图片只能讲述新闻事实的一小部分，反映的问题也不够。

表4　报道类型和报道态度篇数分布

	消息	通讯	评论	图片	总计
肯定	0	2	0	2	4
否定	30	16	44	4	94
纪实性	270	32	0	36	338
客观带赞赏口吻	8	2	4	6	20
客观带讽刺口吻	42	4	10	6	62
总　计	350	56	58	54	518

综上可以看出，1997~2006年《人民日报》主要通过消息所涉及多方面、多领域的报道内容来建构美国形象的广度；通过通讯和评论的细节描写与深层次分析来建构美国形象的深度；通过直观的图片使美国形象生动化、具体化。

（四）报道版面固定，强势分布得当

十年中，《人民日报》有关美国的报道多集中在国际版，共有448篇，占总量的86.5%。头版情况出现的最少，有14篇，仅占总量的2.7%；要闻版居中，有37篇，占总量的7.1%；此外，还有19篇散见于科教文卫版，占总量的3.7%（见表5）。

表5　报道主题和报道版面篇数分布

	美国国内政治	美国与其他国家关系	经济	军事	教育、科技、体育与文化	社会	总计
头版	4	10	0	0	0	0	14
要闻版	0	31	5	1	0	0	37
国际版	52	154	71	119	21	31	448
科教文卫版	0	0	2	6	8	3	19
总　计	56	195	78	126	29	34	518

头版是报纸发言的主要途径，具有很大的强势效果。头版出现美国报道的频率最小，这是因为《人民日报》作为党报，传达的是中国共产党和政府的消息，特别是头版文章的选择，更多的是反映中国国内的情况。尽管对美国国内政治的报道仅占全部报道主题的10.8%，但是有四篇文章出现在头版，而所选样本中有2篇是对布什当选美国总统的报道，说明了《人民日报》对美国国内政治特别是总统选举的高度关注。有1篇是关于克林顿访华的报道，说明《人民日报》对美国国家领导人到访的高度重视。与此同时，出现在头版的14篇文章，都是以纪实性口吻进行报道的。《美伊军队激战伊中南部》出现在头版（2003年4月2日），体现出《人民日报》对美军出征伊拉克的重视。

《人民日报》要闻版（多为2版和4版，以国内要闻为主）中有关美国的报道，集中在中国领导人与美国客人的会晤或者外交部对中美关系的发言，即主要表现的是中美关系。在本来属于中国新闻的版面安排美国的相关报道，说明《人民日报》重视中美关系发展进程，把中美关系看成中国外交的重要环节。

《人民日报》有关美国与他国关系和军事报道的数量多，分别有195篇和126篇，其中大部分出现在国际版。这个版面是专门用来容纳国际新闻的地方，应该说对美国的报道放入该版是实至名归之举。不管是从什么角度、带有什么感情色彩报道美国，放入这个版面无可厚非。在版面安排中，《人民日报》遵循了一般排版的原则，没有刻意强化对美国的各种报道。

《人民日报》科教文卫版，主要报道有关教育、科技、体育、文化等领域的信息，也刊登一些涉及军事、经济等知识。十年中，该报涉及美国这一方面的内容有19篇，基本上都是予以客观、肯定的介绍。

（五）消息来源单一，主要依赖本国通讯社

消息来源可以反映媒体在新闻选择时的态度和情感。在1997～2006年《人民日报》有关美国的报道中，共有310篇新闻稿件由新华社提供，占总量的60%；《人民日报》自己的稿源154篇，占30%；其他54篇稿件则来自于外电或者读者。其中，外电主要采用的是图片新闻，以路透社、法新社和美联社为主。

可以看出，除了本报信源，通讯社是《人民日报》涉美报道的主要消息来源。通讯社的一大特点就是可以较为客观地采集新闻信息提供给新闻媒体，媒体再根据自己的编辑方针进行新闻稿件的具体选择。为了博得读者的信赖和认可，媒体应该选择权威性高、可信度强的通讯社。《人民日报》选择的都是世界上具有相当名望的通讯社，新华社是其中最主要的消息来源。

新华社常常被国外媒体誉为中国的"官方通讯社"，带有一定的官方色彩，但是它的权威性和对新闻的整体把握是不容置疑的。《人民日报》选择新华社作为主要的供稿源，一方面有其业务需要；另一方面新华社在政治上的指导方针也和《人民日报》接近，所以两者在新闻选择上比较一致。选择其他国际知名通讯社既是为了业务需要（新华社或者《人民日报》的记者不可能关注到所有具有新闻价值的信息），也是一种姿态，让读者可以从外国记者眼中看美国，通过多种渠道更加全面地了解美国，力图塑造较为完整的美国国家形象。但其他通讯社的供稿，多出现在图片新闻中。

读者来信也是《人民日报》对美国国家形象塑造的一个主要渠道。它通过读者来信的形式，用普通民众之口，说出对美国的观点、评价。这种形式很直观地说出了民众眼中的美国，清楚、明白地反映了美国国家形象。对其他读者而言，也可以寻找到精神上的认同，或者受到潜移默化的影响。

（六）小结

首先，从新闻业务角度而言，1997～2006年《人民日报》的涉美报道令人瞩目，特点明显。

第一，报道数量多。1997～2006年《人民日报》的涉美报道平均每天有3.7条，且报道字数多大于300字，居于300～1000字之间。如此大的报道量既符合美国在世界上的地位，也可以让中国受众更多地了解美国。

第二，报道领域广，涉及美国社会包括外交、军事、国内政治、经济、文化等多个方面，既有美国政府的宏观政策，也包含了社区生活等微观领域。这种较全面的报道可以有效降低以偏概全、以个体真实代替整体真实等错误，开阔读者视野，使其从整体上把握美国。与此同时，这种全面报道也是有重点的，它更重视对美国外交和军事领域的反映。美国干涉南联盟、悍然出兵伊拉克、反美武装与美军的冲突、士兵伤亡、虐囚事件以及美国盟国的动摇是报道的焦点。在随机抽样中，这种报道也连续出现，引导读者更为关注美国的外交、军事领域。这导致美国国家形象的最终成型主要受外交和军事的影响，而美国在这两方面的情况多是负面的。

第三，报道具有深度，不仅有简短的消息，更有拓展报道深度的评论和通讯。《人民日报》的涉美报道多以纪实性为主，但是记者在文章中要么借助他人之口表达自己观点，要么非常直接地表达自己的看法，这种带有明显价值判断色彩的文章也不少见。

第四，报道角度集中。从报道角度看，1997～2006年《人民日报》很少选择耸人听闻的消息，更多的是从国家政治的角度报道美国。这一发现和早期对《人民日报》对美报道研究结论相似。它的选材多集中于具有深远影响意义的国际事件，对暴力凶杀、种族歧视、校园枪击案等反映美国社会阴暗面的报道也是适可而止，没有哗众取宠或故意丑化美国。当然，耸人听闻的报道也存在，但这种报道的存在正是为了向读者展现一个完整、真实而具有多样性的美国。

其次，1997～2006年《人民日报》对美国国家形象的建构具有两面性。这种两面性是与中国人的"两个美国"观密不可分的。有学者撰文指出：从1784年中美两国正式交往开始，200多年来，中国人对美国人的认识和态度就一直在"两个美国"之间摇摆，一个是"先进的美国"，另一个是"霸道的美国"。如果仅对美国国内状况进行考察，会发现这是一个非常先进、美丽的国家，是中国现代化的榜样；如果考察其对外政策，尤其是对华政策，那么它就是一个帝国主义国家。公众对美国的看法经由大众媒体而得到外化和客观化，美国形象的两面建构由此而产生。①

形象一：美国是国际事务的积极参与者

在对美国进行报道时，1997～2006年的《人民日报》显示出美国是当今世界唯一超级大国，并力图刻画这一超级大国的形象。

在《人民日报》最重视的美国对外关系的报道领域，该报把美国塑造成

---

① 孟环：《中国媒体中的"美国形象"》，《对外大传播》2005年第9期。

了世界政治舞台一名积极的参与者和领导者。美国"积极"参与国际事务，触角遍布全球。它以"参与者"身份出现时，往往被塑造成多个形象：在朝核六方会谈、伊朗六方会谈等以"邪恶轴心"国家为讨论对象的谈判桌上时，美国被描绘成带有强权政治色彩的霸道国家，希望通过其强大的政治压力让朝鲜和伊朗屈服；在维和行动中，它又往往具有正义性；在国际大会上，美国则是一个有强烈领导欲望的国家。当美国以"领导者"身份出现时，又往往兼具霸权性和无奈性。前者如出兵伊拉克遭遇法、德反对时，它采取了"原谅俄国，冷落德国，惩罚法国"① 的策略，一意孤行地对伊动武；或者在与印度关系进入蜜月期后，由于印度继续与伊朗进行天然气管道项目合作，而威胁对其进行制裁。② 后者如在与坚定的盟友意大利处理卡利帕里枪击事件时，美意双方的争执以及在意大利激起的强烈的反美情绪。③ 这些反美情绪是美国无论用多少"美元加大棒"都无法消除的，从而也显示出这个超级大国并非无所不能的无奈。

中美关系是对美外交报道的重点，1997 年至 2006 年这十年中，《人民日报》比较客观、准确地记录了两国关系。其中两国领导人的互访报道最多。对此，《人民日报》都予以了客观记录：美国作为一个普通的国家来中国进行访问，或者作为友好的东道主邀请中国领导人做客。如《黄菊会见美国客人》《马凯会见美国商人》等。这类报道显示出美国外交关系中平和的一面，是国际政治舞台的积极参与者。而在一些涉及原则性问题或者自身利益的报道中，《人民日报》显示了一份党报的政治立场。如在《重新设限就是开倒车》（2005 年 5 月 18 日第 3 版）的评论中，作者针对美国对中国三种纺织品采取特别限制措施进行了严厉的驳斥。同样也是在纺织品设限的事件中，《人民日报》（2005 年 5 月 20 日）在第 2 版国内要闻中，用两篇消息《美决定再次对我 4 种纺织品设限开了极坏的先例》《中国纺织品服装出口业界坚决反对美再次设限》表达强烈的不满和抗议。文章标题流露出了强烈的感情，"极坏""强烈呼吁"等词语，让读者还没有接触文章内容就对美国形象定了基调：以

① 汪建国：《两个西方——伊拉克战争后的欧美关系》，《人民日报》2003 年 5 月 30 日
② 任彦：《美国威胁要制裁印度》，《人民日报》2005 年 5 月 24 日。
③ 史克栋：《意美双方各搞调查，枪击事件余波难消》，《人民日报》2005 年 5 月 5 日。

强凌弱，爱找中国的碴。

形象二：美国是霸道的军事强国

在1997年至2006年《人民日报》有关美国的军事报道中，美国被塑造成了"国际警察"、军火贩子，美国军人成了无辜的牺牲品。在国内，美国政府批准大笔国防预算，军费不断透支；国际上，它一面指责其他国家不遵守相关规定，一面又向各国和地区兜售武器，加剧当地动荡。它建立的导弹防御系统，表面上是防御恐怖分子或假想敌人的攻击；实质上是进一步加强其在全球范围内的军事霸权，加剧了地区紧张局势。这种公开指责别国开发研制武器、破坏地区和平，背地里却卖武器赚钱的行为给美国形象蒙上一层阴影。这些行为被看成是霸权主义和强权政治的象征。

"9·11"之前涉及美国军事报道的文章，多呈现出美国仗势欺人的一面。从干涉南联盟内政、轰炸我驻南使馆，到中美撞机事件中美国军队的无赖行径，以及美国作为一个军事强国屡屡以武力威胁，干涉他国内政，这些内容都出现在对美军事报道中。"9·11"之后美国出兵阿富汗，《人民日报》的相关报道则比较客观、平衡，多用纪实性的方式记录美军攻打塔利班政权的讯息。战争"胜利"之后，《人民日报》对美国军事占领该地之后推行的霸权政策出现了微词，针对美国的负面报道开始增多。2003年美国攻打伊拉克，《人民日报》多用消息为载体，纪实性地报道战争进程，但在大量关于伊战的评论中，常常谴责美军出兵的非正义性。从报道美军士兵不断增多的伤亡情况，到伊拉克反美武装对美军和平民的袭击，再到战后伊拉克重建的困难重重，《人民日报》向中国读者描绘出一幅美国深陷伊拉克战争泥潭的画面。这其中，还夹杂着对美军亵渎伊斯兰教、虐待囚犯等报道。这时的美国是一个发动了不义之战又不能抽身的国家，它自大、狂妄、霸道，但是在民族主义的反美浪潮中却无能为力。

形象三：美国经济和科教文卫对世界影响深远

如果说1997～2006年《人民日报》有关美国外交和军事的报道带有感情色彩的话，那么，在"经济"和"教育、科技、体育与文化"领域，就多采用一种平和甚至积极的态度。美国股市波动、公司兼并等，都是1997～2006年《人民日报》关注的对象。一些有关经济消退的现象，《人民日报》也多是从美国可以克服困难、走出低迷状态的角度进行报道。

"教育、科技、体育与文化"的主题则被用来平衡美国的负面形象。这个主题与中美关系联系不大，接近性也不强，但可以从另一方面塑造美国形象，使美国更为全面地呈现在中国受众面前。从《人民日报》的报道中可以看出，美国在科教文卫方面实力雄厚，有许多值得中国学习的地方。如《美造出世界首个纳米阀门》（2005年7月17日第3版），对美国科研成果及其对人类贡献便做了十分客观的肯定性报道。

形象四：美国国内存在着严重的社会、政治问题

在承认美国实力雄厚的同时，十年来《人民日报》也揭露了美国存在的很多问题。"国内政治"历来是美国引以为傲之处，"民主、平等、自由"是其自我标榜的象征。《人民日报》在对中国公民赵燕被殴一事的报道中，揭示了其民主的虚伪之处。而校园枪击事件的频繁发生也会让读者思考：虽然美国是一个超级强国，但它也面临一些难以解决的社会问题。对外国公民的歧视和暴力文化不是《人民日报》塑造美国的重点，但这类报道也让读者了解了美国国内的另一面。

总之，随着中美关系的发展、变化，《人民日报》向读者呈现的美国社会也相应地发生变化。《人民日报》一方面承认其超级大国地位，另一方面也不掩饰美国存在的社会问题，甚至强烈地引导读者思考这种问题。

四　分析与思考

按照媒介生态学观点，一方面，媒体作为一个相对独立的社会系统，要遵循自身的运作规律和职业道德规范，要公正、客观、独立地进行报道；另一方面，媒介系统存在于一个社会大系统中，它与社会其他子系统相互联系，它们之间必须协调、合作，而这些子系统囊括了政治、经济、意识形态等领域。由于国家间存在着错综复杂的利益关系和意识形态、价值观念等方面的冲突，不同的国际传播媒体在选择事实、发布报道上难免会受到国家间外交关系、意识形态、利益关系以及媒介工作者个人因素等的影响，这就使新闻媒体不可能在任何时候、任何事件上都保持其独立与公正。媒体何时、通过何种方式塑造积

极的国家形象或消极的国家形象，不仅受被塑造国本身的国情影响，还取决于媒体所处的国家利益、自身状况等多方面的关系。

因此，《人民日报》对美国形象塑造并不是孤立的一种媒介现象，必须把媒介放在一个大的生态环境下进行考察，既要考察它自身的特点，又要考察媒介与政治、经济、文化的关系。《人民日报》对美国形象的塑造受到媒介自系统和其他社会子系统不同因素及不同程度的影响。

首先，本研究认为，媒介自系统对《人民日报》塑造美国形象主要的影响因素是新闻事实和媒体职业性因素。

第一，事实是本源，形象是建立在物质基础之上的，没有了物质本源，形象也就无从谈起。国家形象并非虚无的，它反映在主权国家的基本存在中，并通过主权国家的各种具体活动以及成果映射到国内外公众头脑中。[①] 一国的国家行为和国家本身的完善程度，是国家形象的客观基础和基本内涵。当媒体塑造一国国家形象时，应该遵循独立、客观、公正的报道原则，以被塑造国的国情为基础进行新闻报道，这包括对该国经济、政治、文化、科技、军事实力等要素进行真实、全面的报道。这些物质基础是客观存在的，并不以人的意志为转移。一个国家的本来面目如何，被塑造出的形象也大致如此。

《人民日报》是媒体系统中的一员，它的美国报道理应遵循真实、客观、公正的原则。从政治层面上看，美国实行资本主义制度，长期以来都是两党轮流执政。体现在近十年《人民日报》的报道中，就有了美国总统大选、议会中期选举等事件。从经济层面看，美国是一个经济强国，它的资本雄厚、国际影响力大。体现在《人民日报》的经济报道领域时，就突出了它经济强国的报道：关注美联储利率变化，美国股市动荡，或者美国公司兼并信息。从文化层面看，美国是一个多民族、多文化的国家，既有各民族共融的欢乐局面，也有轮番上演的种族歧视现象。体现在近十年的《人民日报》上，就有了印第安人和周边居民的文化交流，也有关于黑人被殴或者黄种游客被打的新闻。从军事实力看，美国是一个超级军事强国，它的对外军事政策颇受争议。表现在《人民日报》的报道中，就有了出兵海外、兜售武器、部署导弹防御系统等多

---

① 张昆：《国家形象传播》，复旦大学出版社，2005，第181页。

方面的消息。从科教文卫层面看，美国处于世界领先地位，所以呈现在《人民日报》这方面的报道，多为描述美国在这些领域取得的成就。从外交层面看，美国是国际外交积极的参与者，它活跃在国际舞台的各个角落。因此《人民日报》对美国对外关系报道最多，而且反映的方面也较为广泛。

第二，媒体职业性因素也影响着国家形象的塑造。媒体职业性因素，包括媒体的编辑方针、媒体实力、记者编辑的专业素养等。媒体最后呈现出来的新闻报道是通过媒介从业者的专业活动表现出来的，因此，媒体的职业性因素可算作是决定新闻报道的子系统。

其一，《人民日报》作为中共中央机关报，其编辑方针和办报理念，决定了其对涉及美国的报道，势必与中国党和政府的政策相一致。因此，《人民日报》在新闻实践中，既追求新闻价值，又有比其他报纸更多的政治使命和价值取向考虑。这具体表现在，一方面《人民日报》对美报道大多数以客观报道为主，希望向中国读者呈现较为客观、真实的美国社会。如美国科技出现进展，或者其教育思想对中国有益时，《人民日报》的报道就会呈现肯定或者赞赏口吻。另一方面，当中美矛盾激化、美国不顾国际社会反对无理制裁某一弱国时，《人民日报》基调就会发生改变，由客观报道转向否定或者批判。

其二，媒体塑造国家形象，通常以一定的媒体实力和权威为基础，即媒体自身在国际范围内话语权的大小。话语权大意味着媒体主导国际资讯市场和主导公众舆论的力量就大，同时在塑造国家形象时尽情挥洒的自由度就大。[①]《人民日报》是中央级党报，在中国读者心目中的权威性不容置疑。1997 ~ 2006 年《人民日报》对美国报道多数呈现一种平和、克制的氛围。但是，由于受技术、采编人员限制，《人民日报》并不能报道发生在美国的每一件事，新闻信息的流量不可能无限大。如该报对美国的图片报道，很多都是来自境外通讯社。即使《人民日报》有心增加对美国报道的丰富性，但硬件条件的制约也导致美国国家形象塑造的相对片面性。

其三，记者、编辑的专业素养也制约着《人民日报》对美国形象塑造。新闻实践中，新闻报道常常会受到编辑、记者的意识形态、文化积淀、生活经

---

① 刘小燕：《关于传媒塑造国家形象的思考》，《国际新闻界》2002 年第 2 期。

历以及截稿时间压力、国外采访难度等多方因素的影响。评论文章更会受到记者自身价值取向、信仰、文化、生活环境等因素的影响。1997～2006年《人民日报》的多篇文章中包含着政治意义或民族情绪，前者如中美纺织品贸易纠纷中义正词严地代表民众说话；后者如霍氏夫妇争取抚养权案中，对民族身份的认同和对外国文化的排斥。当然，在不涉及国家利益和民族情感的时候，《人民日报》对美国报道的基本基调是客观的。

其四，其他社会子系统对《人民日报》塑造美国形象的影响主要表现在物质权力系统和文化观念系统的制约上。

物质权力系统包括政治系统、经济系统等。媒介系统和物质权力系统共存于一个大的社会生态系统中。媒介系统是民主社会的重要组成部分，它既要鼓励和保障大众参与公共民主进程，同时又对其他国家权力机构进行监督和批判。在媒介系统与权力系统的关系中，两者之间存在着互动和利用关系。权力系统利用媒介的主要渠道就是通过操纵媒介引导和控制社会舆论，将媒介作为向公众传达自身观念和主张的工具，通过持续不断的新闻发布活动，使自己成为媒介最重要的信息来源。而在媒介系统方面，它渴望享有新闻自由权利，确保自身顺利履行环境监测、舆论监督的社会使命。由于权力系统控制着国家立法、制定政策的机构以及经济大权等，因此媒介系统要实现自身的目标，无法不依赖这些由政治系统控制着的资源。[1] 在媒体与物质权力系统之间，权威的天平是倾向后者的。媒介利益与国家利益发生冲突时，媒介利益必须让位给国家利益。媒体必须维护一个社会的秩序，如果一意孤行，企图超出某种规定行事，则必须承担由此带来的风险。

《人民日报》是中国中央级党报，它在塑造美国国家形象时与中国政府价值观和利益观势必保持一致。美国和中国在意识形态上存在巨大分歧，两国的国家利益存在差异。双方在国际政治、经贸领域既有合作的一面，也有相互抗衡和制约的一面。这种不平衡性导致了双方关系时冷时热，这也反映在了1997～2006年《人民日报》涉美报道中。当美国行为符合中国国家利益时，

---

[1] 张咏华：《一种独辟蹊径的大众传播效果理论——媒介系统依赖论评述》，《新闻大学》1997年第1期。

《人民日报》对该行为的新闻报道常常是客观、公平的，甚至带有赞赏口吻；反之，当国际关系紧张尤其是国家间利益严重冲突时，政府、媒体和公众之间都表现出一种共识，新闻客观和公正原则便会受到挑战。媒体多会遵循国家利益至上原则，与政府的立场保持高度一致。这无疑影响着《人民日报》在国际报道中的报道角度、内容和主题的选择。

与此同时，文化观念系统也制约着《人民日报》对美国国际形象的塑造，主要体现在：

（1）观念的影响。在这里，观念即社会共有观念，是社会主体间的知识和文化。在媒体对一国国家形象进行传播时，不同国家间的知识和文化的差异通常会导致形象塑造的差异。在国际传播中，如果两国具有相似的文化背景，则在报道对方国家时，更能以理解的口吻进行新闻传播；而两国在文化和知识认同上存在较大差异时，传播的效果就会受到影响。

美国和中国是世界上两个截然不同的国家。前者是世界上最发达国家，实行资本主义制度，号称是民主、独立、自由的典范；中国是世界上最大的发展中国家，实行社会主义制度，拥有五千年的文化积淀。在1997～2006年对美国的报道中，《人民日报》遵循了美国的国情特点，突出表现其在国际舞台上的行为和作用。与此同时，由于《人民日报》（或者说中国媒体、中国读者）与美国之间，既有地理位置上的距离，也有文化上的差异，两国共同的文化背景（包括宗教信仰）和经验范围严重缺失，因此，在报道时，对美国的某些作为常常会用中国的眼光去看待，有时便难免出现曲解。加之，由于美国远离中国读者的接触范围，国际传播的准确性不易被检验，反馈率低下，久而久之，不仅读者形成对他国形象的误读成见，而且，传播者本身也形成某种传播成见，其后续传播被这种成见制约。①

（2）身份认同的影响。身份认同来自社会心理学，指某个行为体所具有的和展示出的个性及区别性现象，即指某社会行为体的自我同一性和个性，是本社会行为体区别于他社会行为体的规定性。② 身份认同问题牵涉到是非的判

---

① 罗以澄、夏倩芳：《他国形象误读：在多维视野中观察》，《新闻与传播研究》2002年第4期。
② 倪世雄等：《当代西方国际关系理论》，复旦大学出版社，2001，第227～228页。

断标准，是确定自身身份的尺度。这种身份认同在他国再现中为中国传媒设定了一种先在的视域，而这种视域是中国传媒文化取向和价值判断的基点。在再现他国新闻时，传媒会根据自我身份对其进行重组、重写，用渗透着本土情感与观念的创造物对其进行框定，并按照观察者所积淀的文化内容对其进行取舍，依据自身已经具备的知识和已经形成的印记对其进行重塑。在满足或迎合本文化群体的需要强化自我认同的前提下，对他国文化与社会进行种种过滤就成了再现他国新闻的一种基本的书写策略。① 进入 20 世纪 90 年代以后，中国民族认同并不缺少负面他者的参照，却缺少正面的参照体，因此越来越依赖民族初发因素的维系，依赖自然或历史的象征。这种民族主义所激发的情感爱国主义需要以疆域界限即"我"与"非我"的认定来弥补其内容限定的不足。② 如果把这种关系放在国际传播中看，就可以发现中国媒体在关乎国家利益的事件报道中，往往同情弱者、唾弃以强凌弱行为，对一切有损中国利益、冒犯中国尊严的事件表示愤怒，并要求政府在外交上保持强硬的态度。例如，对2004 年中国游客赵燕在美国被打事件，《人民日报》于 7 月 25 日、7 月 26 日连续发表题为《中国女商人在美国遭美国土安全部官员围殴》《中国女公民在美遭殴始末》等消息。文章使用了"噩梦""光天化日""毒打"等字眼，用强烈的感情词汇描绘美国官员行为。后篇报道还引用了赵燕的话，称所到的国家中属"美国最野蛮"。7 月 29 日，《人民日报》发表评论说："这起本不应该发生的悲剧犹如惊雷和狂飙，将美国自吹自擂的种种虚名和假象轰然扫地"，并称这种行为显然是受"国家的帝国思想、强权政治、霸权意识和种族歧视的综合余孽的影响和驱使"。③

1997～2006 年《人民日报》的涉美报道，应该说，为中国读者了解美国搭建了一个基本的认知框架。然而，不可否认的是，在这个认知框架建构过程中，由于受各种因素的制约，框架外的美国形象还无法进入中国读者视野，致使中国

---

① 司景新、罗以澄：《中国传媒对于国族身份的阐释焦虑——以中国传媒对中美民间冲突的再现为例》，《新闻与传播评论（2005 年卷）》，武汉出版社，2006，第 38 页。

② 徐贲：《"我们"是谁？——论文化批评中的共同体身份认同问题》，载徐贲：《文化批评往何处去》，吉林出版集团，2011。

③ 朱梦魁：《誓为赵燕讨回公道！》，《人民日报》2004 年 7 月 26 日。

读者对美国的看法还带有一定的片面性。如在伊拉克战争中，传媒对美伊战争从国家利益出发进行了意识形态话语置换与修辞，把一个再释义的美伊战争的形象片面而又"完整"地呈现给我们：美国人的霸权，伊拉克人的灾难，以及对人的生命、对世界和平的践踏，美国所发动的是一场不义之战。这种政治宣传不仅忽略了对事物两面性的深刻理性思考，更重要的是使媒体失去了监视和传达真实的重要社会功能。① 其结果不仅会误导中国读者的"美国观"，甚至会影响中国政府决策层在中美关系上的战略思考和创造性政策的制定。

为了减少这种偏见带来的影响，促进中美关系的良性发展，中国媒体在塑造美国国家形象时，应该力求摆脱"意识形态化"的报道模式，坚持适度和可信性原则，客观地报道中美之间的对话、摩擦、分歧；全面、公正地分析美国在外交、军事、社会发展中遇到的困境和应对举措，给公众绘制一份真实的"美国地图"。

（2007 年 3 月初稿，2007 年 5 月定稿；

叶晓华、付玲参与本文撰写）

---

① 党芳莉：《中美新闻报道"误读"现象研究》，《上海财经大学学报》2005 年第 2 期。

报道世界　传播中国

——后危机时代我国新闻媒体的机遇与应对

2009 年，国际上最权威的新闻摄影比赛之一——世界新闻摄影比赛（荷赛奖），将照片《金融危机中的美国》（An thony Suau 拍摄）评为 2008 年年度最佳新闻照片，而美国《时代周刊》杂志评选出 2009 年的十大新闻，金融危机排名第一。可见，此次席卷全球的金融危机所产生的巨大影响给整个世界留下了强烈的集体记忆。时至今日，金融危机的影响渐渐消退，全球经济趋于缓和，世界进入了后危机时代。

在后危机时代，对我国新闻媒体而言不仅要研究新闻传媒业在经营管理层面的挑战与应对，更要关注新闻媒体在内容生产与传播方面的挑战与应对。在后危机时代，在全球化的传播现实与语境中，我国新闻媒体应抓住历史性的机遇，对内针对后危机时代的传播语境做好信息服务与风险的预警，对外抓住机遇坚持"中国立场，国际表达"，进一步争取国际话语权。

一　信息服务与风险预警：后危机时代新闻媒体 为经济和社会发展服务的责任体现

依据经济危机以及危机管理的相关理论，危机具有意外性、聚焦性、破坏性和紧迫性等特点，一般分为危机的潜伏期、爆发期、扩散期和痊愈期四个阶段。此次由 2007 年美国次贷危机引发的全球性金融危机在走过危机的爆发和扩散期后，当前世界进入了金融危机的后危机时代。后危机时代是指危机缓和后出现的一种较为平稳的状态，这种状态是相对而言的，因为造成危机的根源并没有消除，而且危机也并没有完全结束，这使得世界经济仍然存在很多不确定因素。

在后危机时代，我国的新闻媒体应抓住机遇，为经济建设和社会发展服务，做负责任的新闻媒体。在金融危机的后危机时代，新闻媒体应承担社会责任，彰显服务和引导功能，进一步为后危机时期我国的经济和社会发展服务。其主要功能体现在以下两个方面：

（1）引导对危机的理性反思，通过信息服务进一步帮助市场恢复信心。

传播信息、满足公众的知情权是新闻媒体的主要功能之一。在后危机时代，新闻媒体需要进一步通过相关信息的传播与服务，引导社会对危机的理性反思，发挥新闻媒体对危机的反思功能。后危机时期新闻媒体反思功能的主要作用是"对整个危机事件中暴露出来的各种问题以及在危机处理过程中获得的经验进行总结和反思，通过反思可以改进工作，推动社会进步，防止同样的危机再次发生，从而把危机转化为发展的机遇"①，为后危机时期我国经济建设和社会发展服务，营造一个良性的经济运行的环境与氛围。

与此同时，新闻媒体理应认识和反思在此次金融危机中不少报道所存在着的浅薄化、非理性化、放大危机和风险以及视野狭窄等问题。在后危机时期，新闻媒体的报道应做到发挥自身的功能，进一步通过全面、客观与理性的报道与分析，干预社会与公众的心理，以摆脱金融危机的影响，恢复市场以及公众的信心和勇气，做到"当社会笑的时候，不要让大家笑出狂妄；当社会哭的时候，不要让大家哭出沮丧"。这就要求新闻媒体在加强信息服务的同时，更需要对信息多做解读与引导。"媒体在传播经济政策时关注什么、选择什么、引导什么、强调什么就变得十分重要和敏感。我们不能强求每一个媒体人都是某一方面的专家、都有能看穿重重伪装的火眼金睛，但是多了解实情、多进行调查研究、多进行比较分析，应该成为媒体人的职业要求。"② 因此，在后危机时期，新闻媒体应当保持冷静、客观和理性，通过信息的传播与引导，帮助市场及社会重新恢复必要的信心，"全面、客观地报道金融危机及其影响，不

① 赵士林：《论媒体危机报道的四大功能》，《新闻界》2004年第4期。
② 王虎：《在金融危机下观照媒体的内容与产业》，《新闻实践》2010年第3期。

仅要关注金融危机乃至经济危机的表象，而且更重要的是，要深入分析金融危机的成因、影响程度、治理对策的可能性"① 等议题。

（2）通过对危机的分析和评估，进一步保持和彰显新闻媒体的风险预警功能。

后危机时期的特点之一是危机趋向缓和，但危机并未彻底过去，依然存在许多不确定因素。这就要求新闻媒体在后危机时代，在尊重经济运行规律的前提下，通过对危机的分析和评估，做好后危机时期风险与危机的预警。这种预警表现为新闻媒体对危机可能发生的信息与资料进行发现、收集、报道，并及时向公众、社会及有关管理机构预警，以实现化解危机或使其造成的损失降低到最低程度的功能。

在后危机时期，新闻媒体要依然保持和发挥对危机的预警功能。这要求新闻媒体：一、不能放大危机和风险。在前期金融危机的报道中，不少新闻媒体为了争取资源和吸引眼球，强势报道和夸大金融危机的影响和危害，强化了公众及社会对金融危机的心理恐慌，对此必须引起高度警惕，以避免重蹈覆辙。二、不能忽略对后危机时期危机的警惕和预警。后危机时期诸多不确定因素依然存在，不可盲目乐观，这需要新闻媒体把握一个合适的度，冷静分析、客观报道。三、进一步提高我国新闻媒体的风险预警能力。有研究者认为，当前制约我国媒体风险预警的因素主要有三个，一是风险感知能力，二是及时反应能力，三是制度安排。② 在后危机时期，需要从多个方面提高新闻媒体的预警能力，以期做到敏锐、准确、有效地对危机与风险进行预警，将危机化为转机和机遇。

二　中国立场与国际表达：后危机时代新闻媒体对国际话语权的争取

2010 年 1 月 5 日，《华尔街日报》刊登《金融危机最大赢家：中国》一

---

① 阚敬侠：《新闻媒体的金融危机报道应当有利于市场重拾信心》，www.chinalawedu.com/news/16900/178/2008/10/wy4729524231310180026325-0.htm。

② 张涛甫：《制约媒体风险预警的若干因素》，《青年记者》2008 年第 7 期。

文，将中国列为金融危机最大赢家。文章认为，中国或许是本次金融危机的最
大赢家。就在美国和欧洲的经济先后熄火之际，中国经济一路高歌走过了这场
"大萧条"。预计中国 2010 年的经济增长率将达到 9%。"现在这个国家正在将
手里的资金派上用场。从沃尔沃到悍马，再到上周正式提出收购的 Corriente
Resources（加拿大一家初级矿业公司），中国企业正在世界各地抢购着业务和
资产。"① 这篇文章，虽有夸大、妖惑之嫌，但我们也无须避讳，和过去相比，
近几年伴随着经济改革的深入，我国经济实力日益增强，已成为全球最大的经
济实体之一。然而，在我国经济高速增长的同时，另一个事实也是无法回避
的，即我国综合实力与国际话语权并不相称，甚至处于弱势地位，"西藏 3·
14 事件"以及"新疆 7·5 事件"中，一些西方媒体的歪曲报道对国际舆论的
影响就是例证与体现。法国哲学家福柯关于话语权的研究认为，话语权的本质
不是"权利"（Right），而是"权力"（Power），话语权不是指是否有说话的
权利，而是指通过语言来运用和体现权力。② 因此，国际话语权就是影响和控
制国际舆论的能力。

当前，在全球化的背景与传播语境中，有研究者指出，我国国际话语权的
困局主要表现在以下三个方面：一是综合实力的崛起并没有使中国的国际话语
权得到相应的提升；二是在未来较长时期内，西方的国际话语权强势地位和我
国的弱势地位难以根本改变；三是与世界接轨带来的话语权困局。③ 在后危机
时期，如何提升我国的国际话语权是一个复杂的议题，也是一个系统工程，涉
及意识形态、文化、传播、外交以及价值观念等因素，这其中，新闻媒体承担
着重要的角色，既是我国对外传播与交流的渠道和窗口，也是改善和提升我国
国际话语权的重要路径和平台。

（一）报道世界：后危机时代新闻媒体全球化视野与意识的强化

此次由美国次贷危机引发的金融危机，在经济全球化的背景下迅速成为影
响全球的金融危机，然而不少中国新闻媒体的有关报道，常常是脱离了对这一

---

① 见《中国证券报》，2010 年 1 月 10 日。
② 〔瑞士〕萨拉森：《福柯》，李红艳译，中国人民大学出版社，2010，第 116 页。
③ 张志洲：《中国国际话语权的困局与出路》，《绿叶》2009 年第 5 期。

国际环境的深度认知和解读。"国内一些媒体在报道金融危机时以中国为主要报道对象，出现结构上的失衡，进而容易造成民众对拟态环境认知的结构性缺失。"① 新闻媒体的这种缺乏全球化和国际化视野与意识的报道，极易造成国内与国际的对立与分裂，进而导致公众对金融危机的认知出现结构性缺失，形成风景这边独好的盲目乐观的社会心理，不利于营造健康的预防和化解危机的环境。

在后危机时代，新闻媒体应抓住机遇、强化全球化的意识，将危机报道与传播置放于全球化的语境中，发出中国自己的声音，让世界了解中国。这要求新闻媒体一方面要开阔视野，注重从经济全球化的角度和视角进行报道，"不单纯就眼下问题讲眼下事情，在对金融危机的报道上，中央电视台经济频道和凤凰卫视就采取了信息综合化的报道方式，坚持多渠道采集信息和多元信息报道，邀请各方人士围绕金融危机展开开放性探讨。这样做不但嘉宾愿意说、容易出彩，而且观众愿意收看"②。另一方面，要积极参与到国际新闻资源的开发和挖掘中，坚持全球化语境中的新闻报道话语立场，传播中国的观点和理念等，以提升影响和控制国际舆论的能力。

（二）传播中国：后危机时代新闻媒体对外传播的国际表达

"全球语言监测机构"的工作人员，根据包括博客、社交媒体在内的全球排行前50000家印刷和电子媒体网站在过去十年的引用量，制作出一个新闻排行榜，其中关于中国的新闻报道超过2003年的伊拉克战争、"9·11"恐怖袭击事件、反恐战争、迈克尔·杰克逊突然离世而成为过去十年人们最为关注的新闻。其主席保罗·帕亚克（Paul Payack）说："中国迅速成为新的经济强国已经改变了现有的国际秩序，还将继续发挥影响力。中国发生的这种巨大变化在过去十年超过战争、经济灾难和自然灾害成为世界最为关注的话题并不让人感到意外。"③ 然而，我国被国际广泛关注的背后，有一个不容回避的事实，就是由于话语权的弱势，中国是"被西方媒体建构的中国"，我国的国家表达

① 喻国明、李彪：《媒体如何报道好当前的金融危机》，《新闻与写作》2009年第4期。
② 孙玉双、路国顺：《媒体对金融危机的报道策略》，《新闻战线》2009年第4期。
③ 王庚年：《建设国际一流媒体积极争取国际话语权》，《中国记者》2009年8期。

尚缺乏全球性的认同。

如何改善和提升我国的国际话语权、传播中国，长期关注此议题的纽约市立大学研究生院及皇后学院政治学教授、美籍华人孙雁认为，让中国媒体把中国的声音和话语传播到世界上更多的地方，被更多的人所收听和收看，会增加中国话语和观点被接受的概率，在海外创办"孔子学院"、打造"中国的CNN"都不是根本，重建民族文化的自信心以及中国的核心价值观才是构建中国话语和提升国际话语权的基本前提。① 因此，在后危机时代，我国的新闻媒体应抓住历史性的机遇，着力提升自身的国际话语权，坚持"中国立场，国际表达"，传播我国的核心价值观和民族文化，以对抗西方媒体的话语霸权，进而改善我国的国际话语权。

（三）重视新媒体在提升我国国际话语权中的作用

新媒体是一个相对的概念，是新技术支撑体系下出现的媒体形态，包括网络、手机、移动电视以及以网络技术和卫星技术为支柱的多媒体等。新媒体的交互性、开放性、跨地域性等传播特点，使其成为当前影响巨大的交流与传播工具。

当前，我国已成为新媒体发展的大国，网民数量居全球第一位。在后危机时代，应充分发挥新媒体的新的传播特点，使其在信息传递与交流、引导国际舆论、回击西方媒体歪曲报道等方面发挥重要的作用，进而传播我国的国际形象，改善和提升我国的国际话语权。

（2010 年 4 月初稿，2010 年 6 月定稿；陈刚参与本文撰写）

---

① 孙雁：《如何改善中国的国际话语权》，《领导者》2009 年第 10 期。

第五部分　媒介素养教育与学科建设

大众传媒的社会责任和媒介素养教育

——媒介与未成年人良性互动的一个枢纽

在媒介社会化和社会媒介化时代，对大众传播媒介是天使还是恶魔的争论已经失去意义。报纸、期刊、广播、电影、电视、互联网等媒介都是人类创造出来为人类服务的工具，人类在享受其带来的社会进步、便利和好处的同时，也要承受它们带来的种种麻烦，当然也必须解决和消化它们带来的种种问题。

作为"地球村"时代的主要载体之一的大众传播媒介，在市场化和全球化的轨道上加速行进，给人类的思维、社会的结构、教育的走向等带来了巨大的转变和冲击；在当今爆炸性膨胀的媒介环境之下，人类社会已出现了另一个"世界"——"媒介社会"。在这"媒介社会"里，人们在真实世界和拟态世界之间游走，拓宽了自己的精神生存空间，也压缩了自身在真实世界的居留时间。如果说书籍报刊等为人类拓展的是平面的文化社会，那么电视和互联网给人类带来的则是一个立体的文化社会，几乎没有人能够摆脱它们的影响。

如何实现真实社会与媒介"虚拟"和"再现社会"的对接或平衡，保持社会和人在媒介环境下健康发展，实现媒介对人类的最大福利，减少媒介对人类的伤害，是令人们困惑的问题。大众媒介尤其是最新媒介的最热忱的接受者一般是未成年人，媒介教育是他们成长教育方式中极其重要的一种，是他们社会化发展过程中的"第一课堂"。如何保持大众媒介和未成年人的良性互动，是当前要解决好的重大问题，媒体、社会和家庭必须共同担负起这方面的责任。

一 良性互动的缺失：媒介和未成年人的关系现状分析

大众媒介和未成年人关系的核心问题是：媒介对未成年人应该做些什么和

未成年人需要或应选择什么样的媒介内容，即如何实现健康、良性媒介内容供给与未成年人批判性自主媒介选择和消费的对流关系的建构。

改革开放以来，特别是20世纪90年代以来，我国大众传播媒介的发展势头强劲，不但告别了媒介短缺时代，高度卷入信息社会，媒介实力也在近10年内得到快速的提升。2000年，中国的媒介实力居世界第二位，相当于美国的一半左右。[1] 媒介的覆盖率也达到空前的水平，至2001年初，全国报纸印数达到17913万份，期刊期印数达到21533万份，[2] 广播覆盖率达92%，电视覆盖率达93%，[3] 2003年1月，我国互联网用户人数已达5910万。[4] 大众媒介快速、全方位的发展，为推进我国社会文明和进步，满足社会公众的信息需求，丰富未成年人的精神生活，提高未成年人的素质做出了极大的贡献。但是由于大众媒介的特性和我国大众媒介商业化、市场化程度的加深，也导致不少媒介出现追逐受众、迎合受众的消费主义倾向，媒介专业主义精神迷失和媒介素养教育滞后，尤其是在发挥媒介对未成年人成长的积极作用、减少媒介对未成人的负面作用上还存在不少问题。

首先是不利于未成年人发展的媒介的结构性失调。即媒介爆炸的同时，未成年人媒介相对短缺：误导和伤害未成年人的媒介内容泛滥，而有益于未成年人的媒介内容短缺。其结果，势必造成大众媒介被未成年人边缘化和大众媒介将未成年人边缘化的问题突出：一方面，一些有意识承担对未成年人引导责任的媒介，因引导和运作的思维方式、内容的陈旧和僵化，失去了未成年人的青睐；另一方面，媒介的娱乐化和成人化倾向，热衷于向未成年人提供成人媒介消费，导致未成年人在媒介中缺位和异化。在媒介的包围之中，真正属于未成年人的媒介空间很少，这是当前的严峻问题。

其次，与此相关，是人们对媒介与未成年人的关系的感性化焦虑，这表现为家庭和社会对大众传播媒介与未成年人关系的无所适从症状，从对"电视

① 胡鞍钢、张晓群：《中国传媒迅速崛起的实证分析》，《战略与管理》2004年第3期。
② 中国社会科学院新闻研究所：《中国新闻年鉴2001》，中国新闻年鉴社，2001。
③ 国家广播电视总局：《中国广播电视年鉴2001》，中国广播电视年鉴社，2001。
④ 数据来源：第十一次中国互联网络发展状况调查统计报告。http://www.cnnic.net.cn/hlwzyj/hlwxzbg/200906/P020/20709345366251949。

少年"的担忧到对"网络孩子"的恐惧，从对"影像垃圾"的声讨到对"网络毒品"的控诉，都显示了这种社会心态。社会、学校和家庭在对未成年人使用媒介的理性帮助和疏导上还存在很多误区。

透视这些问题，可以看出大众媒介商业化逻辑和全球化逻辑的重大影响，媒介的盈利倾向和市场竞争压力，特别是具有强力消费主义倾向的境外媒介的渗透和进入，使一些媒介淡化了人类灵魂工程师的角色意识，它们迎合受众，忽视社会责任，娱乐化、煽情化、低俗化的特性被发挥出来，未成年人被赋予成年人的媒介消费地位。也可以看出，在经济、社会和文化转型期，我国大众媒介正处在观念和思维转换的路口，一些试图承担对未成年人教育和引导责任的媒介在新的媒介生态环境下，媒介思维观念还很滞后，寓教于乐的动机很好，但他们忽略了未成年人在立体的媒介社会中的思维特性，忽略了现时期未成年人的个性化、平等化的媒介接受需求，用过时的一套媒介传授方法，用成年人想象的未成年人心态来引导或与未成年人沟通，也就不能获得未成年人的认同和接受。还可以看出，在商业主义的浪潮下，大众媒介从业者专业主义精神迷失，缺乏对社会责任的自觉，消减了对占有我国将近1/4人口、关系整个社会和未来的未成年人的人文关怀。媒介生存压力、盈利需求和社会效益的矛盾，存在于媒介生存和发展的每一个阶段，要调适这些矛盾，需要外部的规约，但更重要的是媒介从业者的职业智慧和理性，从深层次讲，这是媒介从业者的职业素质的问题。

最关键的问题是公众媒介素养的贫弱。在高度信息化社会，我们被信息所淹没，但却渴望知识。[1] 在以媒介为主要载体的知识经济社会，正确把握和运用信息知识是最为紧要的。媒介的接受者必须理性地对待、接受、选择和解读媒介，自主性和创造性地使用媒介，让媒介给自身带来福利而不是灾难。在传播媒介成为人们生活中很重要的一部分的时候，媒介的接受者必须具有良好的媒介素养。早在1994年，我国就有学者提出媒介扫盲问题，认为理想的大众传播需要理想的传播接受者充分开发、利用它，来完善自身，造福社会，[2]

---

① 〔美〕约翰·奈比斯特：《大趋势——改变我们生活的十个新方向》，中国社会科学出版社，1984，第23页。

② 陈力丹：《陈力丹自选集：新闻观念——从传统到现代》，复旦大学出版社，2004，第187页。

当下公众的媒介素养教育不能再等了，而未成年人的媒介素养教育更是当务之急。

二 媒介的社会责任：媒介新思维和
专业主义精神建构

现代社会，人和大众媒介的关系就像鱼和水的关系，人们每天都被来自各种媒介的大量信息所包围，[①] 像提供有营养的没有污染的水一样，媒介理应担当起应负的社会责任，对于未成年人尤其如此。

首先，要大力张扬媒介的专业主义精神。[②] 把公共利益和社会效益作为媒介经营和运作的轴心，向公众特别是未成年人提供良性的媒介服务和消费，这是大众媒介生存的终极价值和生存智慧。未成年人的心智没有完全成熟，是需要社会教育和塑造的未来的社会责任者。17 世纪，约翰·洛克在《人类理解论》一书中就提出"白板理论"，认为新生婴儿就像一块白板，其生活的经历将他在生活中的变化记录在这块白板上。[③] 他们的社会化过程是在不断模仿和教化的过程中实现的，现代传播学对媒介的传播效果研究有多种理论，但都认为媒介无论从长期效果还是即时效果上，对未成年人的影响比对成年人大得多。在成年人尚不能理性地对待大众媒介的情况下，未成年人不可能自动处理好与大众媒介的良性关系。未成年人是最经常接触媒介的一群人，也是媒介争夺的重要目标受众。尤其需注意的是，未成年人接受媒介是没有界限的，而媒介商业主义的惊涛骇浪则把他们推向成人化的媒介世界，甚至把他们拉向损害身心健康的消费，使他们变成媒介的重要消费目标，导致他们被媒介"使用

---

① 张开：《媒体素养教育在信息时代》，《现代传播》2003 年第 1 期。

② 媒介专业主义有多种定义和说法，但其基本理念是媒介应该恪守客观、真实、公正、正义、责任、道德等诸多信念。在我国，大众媒介所遵循的专业主义，是在保证党和人民的利益的前提下进行专业操作的从业原则和理念，其规定性应当是在始终坚持社会效益第一的原则下，涵盖这些方面的内容：以公共利益为中心；专业的操作和行为原则；客观、真实、准确、及时、公正的报道手法；强烈的社会责任感等。参见侯迎忠、赵志明：《媒介专业主义与重商主义孰重孰轻》，《传媒观察》2004 年第 1 期。

③ 转引自苗棣等：《电视文化学》，北京广播学院出版社，1997，第 214 页。

和满足"。未成年人被媒介消费工具化是一种严重的专业主义精神的缺位。当然，国家有着比较严格的法规制约媒介消费主义的恶俗化对未成年人的伤害，但更重要的是媒介的自律，道格拉斯·C.麦克尔认为，自律主体（如媒介）必须既有技术专长又有明确的动机来施行自律。动机是自律成功的关键。[1] 核心问题是媒介在对待未成年人问题上要严格信守专业主义精神，以社会公共利益为中心严格自律，至少要坚持像经济学家西蒙所要求的那样"让世界不要比没有我们时更糟"[2]，这是一种底线。

其次，要有变迁的媒介环境中的媒介新思维，要开启开放性的、平等的、与未成年人的思维特性找到最佳契合点的现代传播观念。现在大众传播媒介的扩张和向市场的渗透已经达到空前的程度，电视以及网络等新的媒介重新构造了媒介空间，也重新塑造了人类的思维结构，这对作为供给媒介内容的传者和接触、消费媒介内容的受众都是如此。未成年人是大众媒介特别是新媒介的重要消费和接触群体，在新媒介环境中出生和生长，他们的媒介接受方式与成年人有很大的不同，他们的思维取向与传统媒介环境下人们的思维方式也有很大的不同。城镇未成年人在网络和电视上，农村未成年人在电视上，形成的是非线性的思维，是立体、个性化的世界"镜像"，娱乐、休闲、减压和放松是他们接触媒介的主要动机和方式。目前针对他们的专业媒介和很多负责任的媒介向他们提供了许多有益的服务，但对于未成年人来说，"使用而不满足"的问题突出存在，究其原因，在于传者和受者的思维方式的不平衡和难对接，在于媒介对未成年人思维特性和媒介接受特性的平面性理解和把握，从教育、解惑、寓教于乐的单一维度来定位与他们的传受关系，多数停留在对未成年人的说教层次，只能满足未成年人的小部分心理需求，这种线形单向度的媒介接受机制是必要的，但跟不上未成年人在新媒介环境下的发散性、个性化、立体多元化的思维趋向，这就留下了很大的空缺。媒介的新思维要构筑同未成年人的心理需求与思维和谐的、多维度的交往关系，在寓教于乐的同时，做到寓乐于乐，健康有益的"游戏"是未成年人社会化成长的良好路径。

---

① 罗以澄：《新闻求索录》，复旦大学出版社，2004，第251页。
② 喻国明：《传媒影响力》，南方日报出版社，2003，第35页。

再次，大众媒体要注入关爱未成年人的人文底蕴。中国的大众媒介面对的是世界上人口最多的未成年人受众。据公布的数据：2004年我国18岁以下的未成年人有3.67亿，占总人口的28%。① 有关数据资料显示，青少年与大众媒介的接触率非常高，他们看电视、使用计算机上网的时间几乎超过在教室上课的时间。有研究表明，目前青少年对于社会的基本认识，对"游戏"规则的把握，甚至人生观、价值观的形成，90%以上的影响是来自传播媒介。② 未成年人需要大众媒体的关爱，这就要求构建关注未成年人、面对未成年人、吸引未成年人的媒介网络。一方面，要加强和扩张专门公益性的未成年人媒介，适应分众化的趋势，供给足量的健康有益的未成年人媒介或节目，减少未成年人在媒介相对"饥渴"中转向成人化媒介的替代性行为，矫正未成年人被媒介边缘化的趋势。中国未成年人应该有自己的"迪士尼"，有自己的媒介空间。另一方面，媒介传播的落点应该有未成年人的位置，这就是在媒介传播中考虑未成年人的健康发展需求，既要传播未成年人认可和需要的产品，又要供应适合他们的充满社会关怀的媒介内容。在最基本层面上，大众媒介以未成年人为目标受众时，必须摒弃把未成年人作为消费机器和消费奴隶的取向，把媒介的健康消费权给予未成年人。

最后，大力提高媒介从业者的职业素质。大众媒介履行社会责任，维护社会公共利益，建构与未成年人的良性互动关系的根本立足点就在于媒介从业者良好的职业素养。这也是媒介专业主义精神的基础和全社会媒介素养提升的起点。它不仅表现在强化媒介从业者对媒介的理性认识，对新的媒介思维方式的熟练把握和运用，更应该落实到以职业道德和职业精神为核心的自律机制上。这一方面要把业已开展的"三项教育"深入有效地开展下去，建构提升媒介从业者素养的良性环境；另一方面，要提升媒介的竞争层次，把媒介从业者的职业操守作为媒介教育、作为社会对媒介评价和监督的重要内容，建立媒介公信力的社会制衡和约束机制。在媒介从业者资格准入考核中，把职业操守和职业素质作为重要条件。

① 转引自《永远的"知心姐姐"对媒体说……》，《中国记者》2004年第8期。
② 喻国明：《传媒影响力》，南方日报出版社，2003，第11页。

三 批判性自主接受媒介：未成年人的媒介素养教育

媒介作为社会的公器，必须从内部和外部多方面对其进行制约，保证其为社会提供良性服务，提供良性的产品消费。对于媒介的消费和使用而言，媒介不过是一种工具，大众传播工具是人类创造的……不管它的价值和功能存在怎么样的悖谬，最终都需要服从人的价值和需要。① 媒介的选择和使用者不是被动的容器，他们必须趋利避害，拥有媒介"内容主权"和"健康消费主权"，把大众媒介还原成对自己和社会有益和有用的工具。

在信息洪水和视觉文化的密集包围中，仅有读、写和说的能力已经远远不能应对信息社会获取知识的需要，对承载信息的新媒介（大众媒介）具有解读和利用能力是信息社会中有"文化"的标准。② 这种解读和利用能力就是媒介素养。对媒介素养的培育则是媒介素养教育。媒介素养教育是人们对大众媒介由欢呼到批判到理性对待的产物，它首先在西方的一些发达国家兴起，期间经历了对媒介的防疫（抵制媒介中扭曲传统价值观的大众文化和暴力色情等负面影响）、释放和赋予（分辨媒介呈现方式的优与劣，对媒介去神化，从媒介的信息中保持批判的自主力）等阶段，③ 现在很多国家和地区（包括我国的台湾和香港）的媒介素养教育已进入大众化阶段，成为未成年人通识教育和公民终身教育的一部分。我国大陆虽然对媒介素养教育有一批研究成果，并开展了新媒介的技术教育，但真正意义上的媒介素养教育还处在研究和探索阶段。

媒介是属于公众的。但是当大众媒介普及的速度超过大众的媒介素养储备的时候，媒介的负面作用就开始显现，至少是与正面作用呈交错抗衡的状态，④ 没有良好媒介素养储备的受众缺乏对媒体负面效应的"免疫力"，媒介

---

① 司马云杰：《文化价值论——关于文化建构价值意识的学说》，陕西人民出版社，2003，第227页。
② 李琨：《媒介素质教育在中国》，《国际新闻界》2003年第5期。
③ 陈启英：《媒介素养教育——E时代之新公民教育》，《中国传媒报告》2004年第1期。
④ 李琨：《媒介素质教育在中国》，《国际新闻界》2003年第5期。

就有可能成为异化和奴役受众的工具。由于媒介的技术和功能特性,媒介的社会作用始终具有两面性;由于媒介对社会时空的全面覆盖,媒介不可能截然分出成年人和未成年人的使用界限;由于媒介产业市场激烈的竞争,为了生存和商业利益,媒介会十分卖力地迎合受众的感官需求,而不是满足受众最重要的精神文化需求;由于境外媒介的渗透和内容进入与扩散,媒介供给的内容纷繁芜杂,需要人们理性地驾驭和利用。媒介素养赋予公众对媒介的理性态度,以及能动地运用媒介的能力,是媒介真正属于公众,公众和媒介之间良性互动和沟通的必要条件。媒介素养的核心在于教育,媒介素养教育就是针对多种媒介对人的影响而提出的一种教育思想和方法,使人具备正确使用媒介和有效利用媒介的能力,建立获得正确媒介信息、独立判断媒介信息产生的意义和信息价值的知识结构,使信息社会的人具有创造和传播信息的能力。① 媒介素养教育是传统的媒介教育的拓展和深化,是针对青少年与媒介的关系问题而起源的一项运动,媒介素养教育实施的关键内容是:①认知教育——正确认识媒介的性质和功能。……利用媒介信息时重要的是要发现信息对自己和社会的意义,而不是盲从;②批判性教育——建立对媒介信息的系统批判意识。科学理性地辨别信息的意义,辨别"媒介真实"和"客观真实"……帮助人们在海量信息面前不至于无所适从,迷失方向;③评价教育——提高对不良媒介信息的免疫力和对不同价值信息的选择性,学会有效地利用媒介为个人成长和社会发展服务。② 从广义上讲,媒介素养教育对象可以包括传者、受者两个方面,特别在新媒介技术导致传者、受者界限模糊的情况下,所有的人都有提升媒介素养的必要;狭义上讲,媒介素养教育对象是作为受众的公众,而首要的则是未成年人。

美国媒介素养学者 W. James Potter 在他的《媒介素养》一书中打了个比方:"媒介传播效果对人的影响就像天气对人的影响一样,它无处不在,无时不有,且存在的形式多种多样……无论气象局如何先进,它也控制不了天气的

---

① 张开:《媒体素养教育在信息时代》,《现代传播》2003 年第 1 期。
② 蒋宏:《传媒素养和教育》,载《新闻·传媒·传媒素养》,上海社会科学院出版社,2004,第13 页。

变化。然而个人却能有效地控制天气对身体的影响。"① 当前我国以网络为代表的新媒介超高速发展，媒介商业化竞争愈演愈烈，国际传媒加速向我国渗透，未成年人处于多元化的媒介影响环境中；而媒介又像天气一样，不可能完全保证适合每个人的"健康"需求，因此，处理媒介同未成年人的关系，必须从根本处做起，尽快推行以未成年人为主体的媒介素养教育。

借鉴别国经验，结合本国国情，我国未成年人的媒介素养教育应该从以下几个方面做起：首先，从根本上讲，媒介素养教育必须进入学校课程，或在有关学科中增加媒介素养教育的内容，成为通识教育的一部分。这在欧美一些国家已经实现，我国要加快这方面的研究和准备工作，尽快创造条件实现，这是信息社会未成年人启蒙的重要途径。其次，近期内让媒介素养教育进入学生的课内外活动，作为未成年人素质教育和世界观、人生观、价值观教育的一个组成部分。学校、媒介和社区组织应该大力合作，通过系统地普及、讲解和讨论关于媒介的知识，通过组织相关普及媒介素养知识的实践活动，引导学生了解媒介的有关知识，对媒介的内容和运作方式进行评价，培养他们对媒介的鉴别力。最后，当前，国家应成立相应的专门机构，鼓励相关的公益性组织和社团对我国未成年人和媒介的关系现状展开调查和研究，引进和借鉴其他国家开展媒介素养教育的经验和成果，开展媒介素养教育的社会宣传活动，使公众了解媒介素养教育的重要性和紧迫性，由此打好基础，着手构建符合中国国情的未成年人媒介素养教育的社会工程。媒介要加大对其对影响未成年人的相关问题的大众讨论的引导，相应开展一些公关活动，如媒介从业人员进社区、进学校对媒介的构成和功能做宣讲，有计划地组织媒介对学生的开放日活动等。

未成年人媒介素养教育，有赖于教师、家长等社会公众媒介素养的提高。对公众进行媒介教育，提高他们使用媒介的理性水平和参与度……使他们对新闻有一种正确的认知，② 不仅培养公众对媒介信息的批判性选择和有效运用媒介的基本素养，而且使他们对媒介有自己的话语权；强化他们监督媒介的意识和能力，有利于构建良性的媒介生态；更重要的是让他们的媒介素养来开发、

① 转引自张开《媒体素养教育在信息时代》，《现代传播》2003 年第 1 期。
② 陈力丹：《陈力丹自选集：新闻观念——从传统到现代》，复旦大学出版社，2004，第 156 页。

带动、提高未成年人的媒介素养，这是未成年人媒介素养教育的最基础环节。这方面，教师要先行一步，开展对媒介素养教育的专任教师的培训，并推动教师媒介素养的普及工作。在总体上，公众的媒介素质教育是公众终身素质教育的一部分，应该在全民普及上从基础工作做起：大众媒介的研究机构要开展大众化的媒介批评活动，推出普及性的媒介素养教育书籍和刊物；各种媒介要开辟一些公众媒介素养问题的公众讨论园地，并发挥自己的特点，开展对成年人的媒介教育：报纸开辟定期专栏，广播电视设立专门的节目，在互联网上设立媒介素养教育的网站，引导受众正确、规范地利用媒介，参与媒介活动；[1] 在此基础上，通过社区和各种公益性组织推动媒介素养教育的落实，建立公众媒介素养教育的社会参与机制，构建信息社会中大众媒介与公众良性互动的基本平台，使公众在心智上能够穿越媒体所建构的迷障，不被媒介所左右，从而拥有选择、解读媒介传播信息的个人自主能力，促进未成年人对大众媒介的批判性的自主接触和消费，实现对媒介的良性使用和满足。

（2004 年 5 月初稿，2004 年 12 月定稿；詹绪武参与本文撰写）

---

[1] 陈力丹：《陈力丹自选集：新闻观念——从传统到现代》，复旦大学出版社，2004，第 191 页。

全面提升大学生群体媒介素养的对策*

一　绪论

大学生是中国社会的一个特殊群体。其特殊性体现在三个方面：第一，他们是优化中国社会阶层结构的生力军。正在发展之中的我国社会中上阶层，主要从在校大学生之中产生、形成。第二，他们是大多数传统大众传媒将来的、潜在的目标受众。第三，他们是新兴网络媒体的核心受众。在今天的"后喻文化"时代，大学生群体的特殊性决定了他们对于大众传播媒介与社会发展的影响未可限量。因此，我们必须研究和分析大学生群体的媒介认知、媒介评价和媒介期待。以了解、把握这一群体媒介素质的现状，从中发现问题，寻求对策。

媒介认知是指受众对于媒介的推测与判断的过程。体现在知识层面，包括对于大众传媒在日常生活中的重要性、媒介角色、媒介组织、受众权利的推测与判断；体现在媒体本质层面，包括对媒介的运作机制、传播功能的认识与了解等。媒介评价，是指受众对于大众传播媒介是否满足自己需要的价值判断，包括对于媒介内容的理解与价值高低的评判。从理解层面看，对于媒介内容（栏目、节目等）的记忆、熟悉程度，是评价的基础；从价值高低的评判层面看，包括大学生受众对于媒介内容的优劣的评判、喜好的选择等是评价的显性表征。媒介期待，是指受众希望媒介满足自己的信息传播需要，以及满足哪些方面的需要的主体要求和期望。大学生受众阶层对于媒介的认识和了解、推测与判断，对于媒介内容的理解和优劣、喜好选择、评价，对于媒介的要求和期望，均属于本研究的调查范围。

---

* 本文系教育部人文社科重大攻关课题《新闻传媒发展与构建和谐社会关系研究》（项目编号：D5JZD0026）阶段性成果之一。

为此，教育部哲学社会科学研究重大课题攻关项目《新闻传媒发展与构建和谐社会关系研究》课题组，在 2007 年 7 月～8 月间，委托四川大学新闻与传播学院、西北大学 MBA 教育培训中心、暨南大学新闻与传播学院、上海大学影视艺术学院、武汉大学新闻与传播学院、中央财经大学新闻传播学院，以及中央电视台等机构的工作人员，选择大众传媒业和高等教育均比较发达的东、中、西部代表性城市——上海市、北京市、广州市、武汉市、成都市、西安市，进行了大学生群体的媒介认知、评价和期待调查，形成了研究发现和结果，并且针对调查中发现的问题，提出了对策和建议。

二 全面提升大学生群体媒介素养的依据

以社会与媒介的双重转型发展为契机，全面提升大学生群体的媒介素养，是我们提出的建议和对策的核心观点。这是由大学生群体在中国社会所处的地位及其媒介接触、媒介评价、媒介期待的特征与我国媒介发展的现实等几个方面的因素决定的。第一，大学生群体在中国社会所处的地位十分特殊。大学生群体成长于今天，却代表着未来。他们是一个在转型社会时代急剧成长的未成熟群体，是一个能够用新的视野观察、思考、批判、创新的群体，这一群体将成长为具有享受权利、承担义务的意识与能力的现代公民。第二，他们的媒介接触行为、媒介认知和媒介期待在总体上呈现出一定的矛盾性特征。他们钟情于网络，但并没有把互联网作为新闻资讯获取的首要途径；他们接触媒介的时间长、途径多，但获取信息的能力不强；他们接触媒介信息面广泛，但信息的分辨、筛选、利用能力不强，对污染性信息的抵抗能力不强；他们反对新闻的娱乐化，但也是娱乐化新闻最大的消费群体；他们渴望媒介公信力的提升，但又不理解媒介的权威性与世俗权力的权威性的区别；他们呼唤传媒的人文关怀，反对传媒歧视，但又不能识别媒介对"四有新人"（有点权、有点钱、有点品位、有点闲）的追逐正是歧视的开始；他们意识到了数字化浪潮将带来传媒的革命性变化，但又对数字媒介对于传统媒介的替代徘徊、观望；他们认识到了数字游戏对于健康成长的不利影响，却又把它当作主要的休闲娱乐工具；他们肯定新闻媒介在构建和谐社会过程中的巨大功能，但又看不见在今天的制度环境中新闻媒介发展的举步维艰；他们有较高程度的媒介依赖，但对媒介社会装置及其运行的了解又浮于表象。第三，媒介的发展需要培养公民型受众。我国的媒介正在建构新型的公民与媒介的关系，促进中国社会整体迈入媒介化社会。新型的媒介与公民型受众关系的形成，将在很大程度上取决于目前大学生群体的媒介素养。第四，从全国来看，针对非新闻传播专业学生的媒介素养教育一直处于学生自发的状态①，这一状况至今没有得到实质性改观，高等学校的媒介素养教育亟待拓展。上述种种因素昭示着，全面提升大学生群体的媒介素养已经时不我待！全面提升大学生的媒介素养，使当代大学生成为自由自觉的阅听人、积极主动的传播者、公共议程构建的参与者、传媒接近权的实现者、媒介监督的接受者、媒介化社会的优质公民，至少需要从以下三个基本方面展开媒介素养教育的探索。

（一）更新大学生群体的媒介观念

在与我国的社会转型互动共生发展的过程中，我国的新闻媒介正在发生数字化转型、市场化转型、民本化转型。这就需要对包括大学生群体在内的公众的媒介观念进行更新，使大学生群体充分认识媒介的三大转型所带来的新趋势、新发展，以形成科学合理的接触、解读与利用媒介的素养基础。

首先是认识媒介的数字化转型。信息技术的创新、传播与扩散，直接而剧烈地引发了新闻信息传播与媒介的发展数字化转型。仅仅从新闻传播的方面来看，数字化时代将呈现七大趋势。② 第一，传播活动网络化。互联网的发展和普及，不仅仅对新闻信息传播的所有环节产生了广泛而深刻的影响，而且为新闻信息传播提供了新的基础平台。这既从宏观上改变了传统的传媒格局和传播生态，又从微观上继续改变新闻信息传播机构的运作方式。第二，传播渠道复合化。不仅各类信息的传播渠道越来越多，而且不同形态的传播渠道相互融

---

① 所谓"媒介素养的自发状态"，是指"大学生不是通过科学的媒介理论指导以及系统的训练获得媒介素养，而是在日常媒介接触经验的基础上，通过个人的直觉感悟来培养自身的媒介素养"。鲍海波等：《象牙塔里看媒介——西安大学生媒介素养现状调查》，《新闻记者》2004年第5期。

② 唐润华：《数字化时代新闻传播的七大趋势》，载范以锦、董天策主编《数字化时代的传媒产业》，暨南大学出版社，2008，第36页。

合。尤其是伴随着电视、通信、网络的"三网合一"工程的推进，媒介的数字化转型和融合，使信息传播渠道日益复合化、整合化。第三，传播主体多元化。除了一般意义上的媒体及媒介集团之外，目前值得关注的传播主体包括各类专业信息机构、民营传媒产品生产企业、电信运营商，以及广大的个体网民。截至2008年底，中国网民规模达到2.98亿人，较2007年增长41.9%，互联网普及率达到22.6%，略高于全球平均水平（21.9%）；中国网民使用宽带接入互联网比例达90.6%，即2.7亿人使用宽带访问互联网，较2007年增长超过一个亿；使用手机上网的网民达到1.176亿人，较2007年增长一倍多；中国网站总数达到287.8万个，较2007年增长91.4%，是2000年以来增长最快的一年。① 网民规模的剧增和新媒体的发达，已经使网络舆论成为影响社会生活的重要力量。第四，受众和市场的碎片化。在这样一个"分众传播"的时代，无限增长的媒介资源正肆意地争夺有限的受众注意力资源，受众裂变为基于不同兴趣与需求的"碎片"。与之相适应，传媒市场也从过去的整体市场细分成各层次的分众市场。第五，产品形态多媒体化。今天的新闻信息的采集、发布和互动，可以通过文字、图表、视频、音频动画等介质进行全方位、多层次、适时互动的多媒体表达。网络媒体、IPTV、手机媒体、楼宇媒体、电子杂志、电子阅读器等新媒体都可以展示多媒体形态的新闻信息。第六，信息流通的全球化。地球已经被各种传播网络层层包裹，新闻信息跨国界传播、受众对国际新闻信息需求量增大、境外新闻传播机构加紧向中国市场渗透等，成为信息流通全球化的重要表征。第七，传播机构形态两极化。在数字技术的作用下，新闻信息传播机构的功能、类型与形态也在发生结构上的变化，一方面部分机构成为面向大众市场的综合性全媒体集团，而另一方面部分机构成为面向分众市场的小型新闻信息传播机构。

其次是认识媒介的市场化转型。改革开放30年以来，我国的新闻媒介在市场化的轨道上发生了很大的变化。一是新闻传媒业的身份变了。在这30年中，我们的传媒业先后经过了三次"身份"改变：第一次是1978年由人民日

---

① 中国互联网络中心：《第23次中国互联网络发展状况调查统计报告》，http://cnnic.net.cn/hlwfzyj/hlwxzbg/hlwtjbg/201206/t20120612_26714.

报等多家首都新闻单位提出要求试行"事业单位，企业化管理"，得到了中央的认可，并在全国传媒业中推广。这次身份改变，就是允许传媒业这种事业单位可以有一块搞企业化管理。第二次是1992年6月，中共中央和国务院发布《关于加快发展第三产业的决定》，正式将报刊经营列入"第三产业"，允许媒体一部分实行商业化运作；2001年8月，中央又颁布了《关于深化新闻出版广播影视业改革的若干意见》，明确将传媒业中的"发行集团"和"电影集团"等一起从"事业性质"中剥离出来，定位为"企业性质"。这第二次身份改变，就是允许传媒业从整体上实行"事业性质"和"企业性质"两种身份共存。第三次是2003年，中央先后出台了两个文化体制改革的试点文件，一个是《文化体制改革试点中支持文化产业发展的规定（试行）》，一个是《文化体制改革试点中经营性文化事业单位转制为企业的规定（试行）》，进一步将党报、党刊这样一些核心媒体的宣传业务和经营业务分离开来，经营部分另外组成企业集团。这第三次身份改变就是允许党报、党刊也实行"事业性质"和"企业性质"两种身份共存。这样，我们现在的传媒业都普遍实行了"一媒两制"，既是事业单位，又是企业单位。二是新闻传播的理念、观念变了。市场化转型给我们新闻传播理念、观念带来的变化最为明显的是，注重媒介的目标消费群体的信息需要的满足；新闻产品的"商品性"显现，传媒的"娱乐"功能开始释放。随着传媒业的市场化转型，新闻信息的接受者已经由原来体制下的受众，演化成市场经济体制下的新闻消费者。由此，新闻产品的"商品性"开始显现，"争夺眼球"成了众多传媒市场竞争的主战场。这突出表现在新闻可读性、可受性增强的同时，也出现了这样几个倾向：（1）重大新闻事件报道的"故事化""戏剧化"；（2）文化娱乐报道的"作秀化"；（3）社会新闻报道的"煽情化"。三是新闻传播实务运作也开始发生了变化。新闻的价值取向上，由"宣传灌输"向既提供事实又提供认知世界的方法论转轨；受众定位上，由无视受众向注重目标受众转轨；媒介的行为方式上，由"宣传政策"向"内容为王"再向"产品为王"转轨。另外，传媒产业的经营方式也变了。由过去国家"包养"，变成自己到市场上去打拼、谋生路。这样，各种各样的市场化经营手段和运作方式在传媒业中得以流行。比如，打价格战，挖人才，组建"集约型"的传媒集团，实施跨媒体、跨区域经营，进入资本市场搞"上市","走出去"与国际市场竞争，等等。总之，传媒业的市场主体角色越来越强化。

再者是认识民本化转型。所谓民本化转型，强调的是媒介角色正从过去的单一的党的喉舌向国民信息传播工具的转型。这一转型表现在：第一，尽管现在我们的传媒依然接受执政党（政府）的新闻宣传思想指导，但同时也强调"以受众为本位"的新闻报道理念；第二，媒介的总体结构由党媒、市场化媒介、公共媒介等不同类型的媒介构成，媒介已经成为一种重要的公共力量；第三，新闻传播的运作注重社会公众的知情权的实现。尤其是近几年来新闻传媒对诸如广州"孙志刚"事件、沈阳黑社会头目"刘涌"事件、重庆"最牛钉子户"事件、江苏太湖的"蓝藻"事件、山西"黑砖窑"事件、陕西的"虎照"事件，以及四川汶川大地震、北京奥运会等新闻事件所做的透明化报道，就是新闻专业主义开始张扬的结果，同时也显示了中国新闻传媒宏观政策的价值重心正在逐步地向满足民众的信息知情权、最大限度地保障民众在社会生活中的意见表达权的方向转移。第四，新闻报道"平民化"倾向彰显，传媒的"亲民"形象日趋鲜明。第五，网络互动新闻的崛起。以网络的论坛、博客、播客、相册、圈子等为媒介的网民个人新闻传播，正日益影响着新闻传播活动和社会舆论的生成与发展。在新闻网站及其网络论坛、博客、播客、相册、圈子等网络媒体所释放的巨大的新闻传播能量，已经成为巨大的媒体力量。传媒的民本化转型，使之逐步回归"社会公器"的本性。

（二）构建大学生媒介素养教育的科学内容体系

所谓科学的大学生媒介素养教育内容体系，可以从如下三个基本点上体现出"科学性"：

首先，能够有效地引导大学生正确面对媒介生活，并有助于他们自主拓展媒介素养。当前媒介已经渗透进我们生活的全过程。"媒介已经完全渗透到我们的日常生活当中，以至我们经常感觉不到它的存在，媒介对我们产生的影响就更不在话下。媒介向我们传递信息，给我们提供娱乐，使我们兴高采烈，让我们烦恼困惑。媒介改变我们的情绪，挑战我们的知识，侮辱我们的理智。我们变为最高中标者的廉价商品。媒介给我们下定义，为我们塑造现实。"① 从一个大学生的视角来看，"早上去上课的路上总是听着 MP3，即便教室离寝室也就 10 来分钟的路程；课上，用 U 盘拷贝笔记或者用录音笔录下老师上课的一字一句；朋友在一起喜欢用手机拍照；为了每天更新网络日志的需要，数码相机成了必备的'武器'；寝室的电脑，不是查阅学习资料就是播放热门的韩剧；到了晚上，完成图文并茂的网络日记，回复评论成了习惯……自己无法想象没有了这些数码产品的生活会是怎样。就好像有时忘了带数码相机出门，就会懊恼不已，觉得丢失了一次记录自己生活和心情的机会。"② 这是一个大学生作为新媒介的使用者的日常媒介生活自述。如何科学地认识媒介、积极地选择和接触媒介、有效地使用媒介，构成了大学生在媒介化社会基本的专门能力之一。

其次，与中小学的媒介素养教育形成整体合力。媒介素养作为公众接触和使用媒介的素质和能力，并不是一朝一夕或者通过某一个阶段的教育能够毕其功于一役的，它需要"从娃娃抓起"，从人的成长阶段的最初环节开始，同时在每个教育阶段完成层次递进的教育目标。针对大学生的媒介素养教育，在内容与目标上，应该与幼儿园和小学阶段（儿童时期）、初中阶段（少年时期）、高中阶段（青年前期）既相互衔接，又各有侧重，循序渐进，形成整体。如果说，幼儿园与小学阶段的重点在于帮助学生了解与识别媒介，区别事实与虚构、广告与新闻，对媒介进行认知启蒙的话，初高中阶段的教育则侧重于"接触媒介""解读媒介"，培养学生"如何看电视（读报纸、听广播、上互联网）"的能力，并能够对媒介信息提出质疑，能够评估并管理自己的媒介接触行为，培养他们分析、判断并批判地接收来自各类媒介信息的能力。而大学时代的媒介素养教育，既需要整合此前各阶段的接触媒介、解读媒介的素养，又需要培养学生的使用媒介、实现自身的媒介权益的能力。

最后，有助于不同类型大学生的层次和专业个性发展。可以参考美国、英国等发达国家的高校媒介素养教育的思路，组织相关专家制定《中国高等教

---

① 〔美〕斯坦利·J. 巴伦著《大众传播概论——媒介认知与文化》（第三版），刘鸿英译，中国人民大学出版社，2005，第 5 页。
② 参见《文汇报》，2006 年 1 月 26 日，第 11 版。

育媒介素养能力标准》，以此为目标形成《高等学校媒介素养教育教学大纲》，作为编写媒介素养教材的基本依据，完成科学的大学生媒介素养教育内容体系的构建。在媒介素养教育的内容确定以后，除了通过开设必修课、选修课，举办讲座等常规教学活动外，还需要进一步探索实施媒介素养教育的方法、手段。

（三）开拓大学生媒介素养教育的媒介实践途径

媒介素养教育并不是一个仅仅依靠学校教育就可以完成的教育，而是一种多边、多因素的教育关系，需要建构学生与家庭、媒介从业人员、教师等的多边关系。其中，家庭媒介素养教育固然重要，但与大学生的媒介环境密切关联的媒介实践的教育具有学校的课堂教育不可替代的功能。拓展大学生媒介素养教育的媒介途径，至少有三个方面的延展走向。

首先，设立以大学生为目标受众群体的大众传媒。大学生受众群体因为购买力较弱难以成为面向市场的大众传媒的目标消费群体，因而除了《大学生》等极少数面向大学生的杂志以及"校内网"等极少数网站外，目前面向大学生群体的大众传媒十分缺乏。国家应该在上海、北京、武汉、广州、成都、西安等高等教育发达地区，设立一定数量的面向大学生群体的公益性报纸、广播、电视和网站，以大学生群体的信息需要作为内容定位的主要根据，以大学生的生活、观点为主要的传播内容，满足大学生现实性、权威性、国际性、娱乐性的信息需求特性。

其次，拓展校园媒介的素养教育途径。校园内的广播、电视、报纸、杂志、计算机网络、网站等小众媒介资源，以其信息贴近学生、目标受众集中、接触频率较高等优势，构成大学生的日常生活媒介环境。拓展这一媒介素养教育渠道，既可以普及媒介知识、营造媒介素养教育的氛围，又可以让大学生成为媒介实践活动的主体，开展各类传播实践活动，还可以为相关媒介方面的学生社团等提供交流沟通平台。

最后，优化公共性大众传媒的内容，增设媒介素养教育的板块。对大学生等成年人开展媒介素养教育，不仅仅是高等学校的职责之一，也是媒介的职责之一。在今天，新的媒体层出不穷，他们创造出新形态的信息，反过来又要求新的获取信息的方式出现。这就需要大众传播媒介优化传播内容结构，培育自己的受众和信息的接触、分析与传播方式。在社会的公共类报纸、电视、广播、网站中，开拓面向全社会的媒介素养教育内容板块，普及媒介知识与技能，介绍驾驭媒介的观念、技能与方法等，都属于培养媒介受众、培育信息接触与传播方式的主要途径。

（2008 年 11 月初稿，2009 年 2 月定稿；黄雅堃参与本文撰写）

强化传媒人职业素养教育琐议[*]

一　引言

中国社会转型带来的媒介市场化、民本化、数字化转型，使传媒人的工作方式和生存环境都发生了巨大的变化。传媒人作为职业传播者和媒介场域的社会行动者，其角色和作用十分特殊。他们既是媒介转型的推动者，又是媒介转型的受动者；既是媒介发展的经历者，又是媒介发展的承担者、建构者。不仅如此，在媒介转型过程中，传媒人的职业角色及其要求，也正在发生着革命性转型。从市场化转型的角度看，传媒人正在从传统的事业单位干部向企业组织、市场主体的员工转型。作为过去的事业单位干部，他们的任务相对单纯一些，并不需要考虑自身及单位的经济利益与效益；但作为企业组织与市场主体的员工，就不能不考虑广告主对于注意力资源的质和量的要求，不能不面临传媒组织经济利益驱动的压力。与此同时，其他产业的市场经济主体、企业组织出于借助媒介进行公关沟通、形象提升和品牌传播的需要，常常会通过一些法外的，甚至非法的手段，收买、干预、影响传媒的新闻传播业务，使新闻传播主业的运行环境与传媒人的新闻信息采集、加工的工作环境异常复杂化。从民本化转型的角度看，传媒人正在从过去的"宣传者"转向今天的职业传播者。作为"宣传者"，他们只需要按照上级口径和媒介自身的想法，以"传者为中心"实施相关的理念与信息传播，进行政策宣传、舆论引导即可；但作为职业传播者，不仅需要遵循媒介宏观管理制度的要求，还必须考虑目标对象及其信息需要，以"受众为中心"实施有效传播。这样，目标受众的知情权、表达权、监督权、参与权的实现，目标受众丰富多样的信息需求的满足，目标受

* 本文系教育部人文社科重大攻关课题《新闻传媒发展与构建和谐社会关系研究》（项目编号：D5JZD0026）阶段性成果之一。

众作为社会生活主体的政治、经济、文化、法律、教育、劳动等基本人权享受与义务承担的引导等，都成为职业传播者不可推卸的责任。从数字化转型的角度看，传媒人正在从传统单媒体时代的报人、电视人、广播人向媒介融合时代的融合型传媒人转型。过去的单媒体新闻传播行为已经开始在数字化浪潮中升级换代为融合新闻、多媒体新闻、互动新闻的复杂性、高技术的传播活动。传媒人这一急剧的职业角色转型，理应要求其强化职业素养教育，全面提升自身的职业素养，从而切实担负起社会"瞭望者""守望者"的应尽职责。

二 传媒人的新闻专业主义理念教育

对传媒人进行新闻专业主义理念教育的目的，在于重构新闻传媒公共（公益）性。通过教育，让传媒人牢固树立新闻工作的职业意识，从而以新闻专业精神建构真实社会镜像，确保信息传递的公开、公正。根据我国的媒介生态和媒介现实，实施新闻专业主义教育，首先要引导传媒人科学认识、重构我国新闻传媒公共（公益）性的价值。我们首先需要科学设定公共（公益）新闻机构与商业新闻机构的身份及其功能，保证公共（公益）新闻机构的纯净性。新闻传播是在特定的社会制度设计下进行的一种制度化传播。从制度设计上来看，一个完善的、高效的制度应该体现传媒经营者的责任和义务相一致的原则。如美国的 VOA，是代表美国政府对外宣传的工具，所以它不承担市场盈利的义务，由美国政府全额拨款；而《纽约时报》《华盛顿邮报》《华尔街日报》等，则是私营报纸，政府不直接干预其新闻传播与经营管理活动，由国家制定的法律、法规具体规范其行为。西方发达国家分类管理媒介的一些成功经验值得我们借鉴。当前，我国新闻传媒体制改革的一大要点，是要明确公共新闻机构与商业新闻机构的不同定位，保留必要的新闻机构承担社会"公共领域"的功能（此处所说的"公共领域"含义不等同于哈贝马斯所说的"公共领域"，而是具有现实性的、真正以公众事务为关注中心、以公众利益为追求宗旨的意见交流园地），由公共财政支撑其经济来源，发挥其社会把关人的作用，即从我国的具体国情出发，以党报党刊为代表的主流新闻传媒理应优先承担公共（公益）新闻机构的职责。进入 21 世纪以来，中央进一步强调了立党为公、执政为民的理念，加速了我国政治生态的良性转化；主流新闻传媒也随之具有了传播信息、反映舆情、引导舆论、凝聚公众意识、表达公众利益，甚至有限度地评判政府政策、制约政治权力的功能，初步具有了"公共领域"的价值。但应该看到，主流传媒的这一公共（公益）性职能担当还有待进一步强化。

其次，要引导传媒人以公共（公益）新闻机构为平台，铸就社会主义新闻专业精神，保障公众知情权和表达权。在美国政党报纸解体之后，新闻业界提出了新闻专业主义理论，并以此制定了西方新闻行业的基本原则，它强调：①新闻工作必须服务于公众利益，而不仅仅限于服务政治或经济利益集团；②新闻从业者是社会的观察者、事实的报道者，而不是某一利益集团的宣传员；③他们是信息流通的"把关人"，采纳的基准是以中产阶级为主体的主流社会的价值观念，而不是政治、经济利益冲突的参与者或鼓动者；④他们以实证科学的理性标准评判事实的真伪，服从于事实这一最高权威，而不是臣服于任何政治权力或经济势力；⑤他们受制于建立在上述原则之上的专业规范，接受专业社区的自律，而不接受在此之外的任何权力或权威的控制。当然，我们不能照搬西方新闻行业的行为规范，但通过对新闻专业主义的本土化改造，其合理的内核可以成为社会主义新闻专业精神的组成部分。事实上，我国近30年来的新闻改革也一直在构建社会主义新闻专业精神，如反对"假、大、空"，强调以事实说话；倡导"三贴近"，提高传媒的服务性；反对"有偿新闻"，提倡新闻业的职业伦理；以及呼唤舆论监督，推行新闻采编与传媒经营分开管理等新闻实践，这些举措都是在试图构建社会主义新闻专业精神。只有用这种全面公正、客观真实、平衡理性的专业精神去从事新闻报道工作，才能真实再现社会镜像，满足公众的知情权，彰显社会公平和正义的声音，保障社会各阶层的信息对称和确保公众有自由意见的公共论坛，达到反映民意、沟通舆情，构建和谐社会的作用。

三　传媒人责任担当教育

这里强调的是要教育传媒人担负起新闻传媒在和谐社会构建中的历史使命

与责任。这一历史责任，至少包括四个方面：

第一，维护社会良序，推进民主法治。民主法治是构建和谐社会的起点、归宿和最终检验标准。传播和维护民主法治精神，维护社会良序，是新闻传媒的主要任务。这一任务包括：其一，提供民主和法治的公共信息保障。法治是政府在一切行动中都受到事前规定并宣布的规则约束。发扬民主、依法治国是构建和谐社会的制度基础。从本质上讲，和谐社会构建更多取决于政府的理性行为，新闻传媒要把监督政府作为基本任务。对政府的决策过程、施政行为的信息，要及时、全面、公开呈现和传播，推动民主决策、依法行政。其二，提供公民参与社会管理的信息保障。一方面，拓宽政府与公民交流的信息传播渠道，传播政府与公民交流和沟通的信息，构建政府与公民的有效交流平台，推进政府与民众之间、社会成员之间的信任和认同；另一方面，要深入民众之中，及时、真实地报道和反馈政府决策过程中所出现的矛盾和问题、民众的要求和愿望，作为政府决策的基本依据，特别是要反映民意、依据民意进行舆论监督。其三，保障公众依法运用新闻传媒的民主权利。新闻权利是一种可以问责的权利，只有将公民权利和公众利益纳入自身，才具有合法性；新闻传媒的最终归属权属于人民，是张扬公民的民主法治意识的基本工具。如果一种对所有人都具有重要性的工具仅仅供少数人使用，且不能提供人们所需要的服务时，新闻传媒就处在危险之中。保障公众民主权利是和谐社会的内在机制，新闻传媒要保障民众平等的话语权。其四，以法治为新闻传媒发展的根本保障。社会良好秩序是由健全的法制和守法的公民共同作用而建构的。新闻传媒一是要大力传播社会公民守法、用法的信息，对违背法治精神、危害公众利益和权利的行为予以监督，促进法治模式下社会矫正机制的健全和完善，形成依法维护公民基本权利的舆论氛围；二是新闻传媒报道和运作必须在法制轨道下，在法律面前人人平等、依法维护社会利益和公众利益的前提下，充分发挥新闻传媒功能和作用；三是推进新闻传媒治理法律和法规的健全和完善，在法律的渠道下保障新闻传媒的良性发展，保障新闻传媒的合法权利，保障和规范新闻传媒的市场行为和社会行为，特别是为公众服务的行为，使新闻传媒成为依法治国的一个基本领地，开掘以民主法治为依托的传媒现代性进路。

第二，坚守社会良心，扩展公平正义。"正义是社会制度的首要价值。"①构建和谐社会，是以公平正义原则来建构社会利益格局。作为社会协调重要渠道的新闻传媒，是社会的良心，是扩展公平正义的制度化资源。其一，承担公众利益理性博弈的载体。社会结构主要是以利益为核心而展开的，构建和谐社会需要在公平正义基础上的利益博弈和社会对话。作为一种理想状况，每一个人的意见都得到表达和尊重。作为一种现实安排，社会成员之间需要利益表达的基本平台，需要为了达成利益协调而安排的正义程序。新闻传媒必须充分满足民众的知情权和表达权，为每个阶层利益的合法表达提供制度性的渠道。在这个基础上，高度关注在利益博弈中处于边缘、处于失语状态的人群——弱势群体和边缘群体的利益表达，作为他们利益的代言人和维护渠道，使公众的利益诉求在新闻传媒上相对均衡。其二，围绕社会公平正义展开传媒运作。作为社会信息和能量交换的公共空间，作为信息和形象的主要群体资源，媒体具有多种功能并为许多人的需要服务。作为服务大众的社会机构，需要贴近人民，全面关照和反映现实问题，真切呈现时代的情绪、公众的诉求、问题的真相。第一步是使新闻传媒的活动平民化，纠正"富人俱乐部"的行为偏向。以老百姓的视角和老百姓的情感和愿望反映他们的生活和问题，而不是浮在表面，俯瞰众生，戏说人生。深入的第二步是使新闻传媒活动亲民化，把情为民所系、利为民所谋，作为服务的根本坐标，满足公众的社会性需求，协助解决生活中紧迫而重要的问题，成为民众的生活助手和顾问。其三，引导有利于公平正义的社会舆论。正义的最重要功能是把所有的社会成员凝聚起来，努力合作，最大限度地合理分配社会资源，使社会结构可以为每个人提供最大限度的公平。新闻传媒首要的任务是，在不回避问题的前提下，传播社会公平和正义进步状况的信息，传播政府以及相关群体推进社会公平的现实努力，形成追求公平和正义的舆论导向。其四，关注和监督社会的正义运作。一个社会在生存的过程中会不断地遇到各种问题，必须采用最好的方法自己加以解决。构建和谐社会，首先要解决的问题是实现公平正义的相对均衡。新闻传媒必须对社会中存在的一些非正义和不公平、侵害广大公众切身利益和合法权利的弊端给予

---

① 〔美〕约翰·罗尔斯：《正义论》，何怀宏等译，中国社会科学出版社，1988，第3页。

全面揭露，引发社会的警觉和防范，特别加强对权力的监督。但是，仅仅陈述世界的种种弊端，刊登负面的东西是不够的，监督和披露的目的，在于帮助社会正常发展、协助政府和民众解决这些问题。同时，对公民个人的困难有责任进行排解，但主要着力点在于协助建立解决社会问题的机制。

第三，传播社会良知，推进启蒙协商。新闻传媒"作为一种不断发展的智力活动与其外围的社会和文化结构是一种互惠的关系"①，是公众社会化学习的重要途径。人们不但需要心灵的调适和抚慰，更需要作为现代公民所必备素质的提升。在这方面，新闻传媒的启蒙和教育功能极为重要。首先，传播和谐的价值观，拓宽社会共识渠道。大众传媒机构是一种教育的工具，而且也许是最强大的，它们必须在阐述本共同体应该为之奋斗的理想中，承担起教育者那样的责任。从表层看，和谐社会是对社会转型中矛盾和问题的制度性矫正，而其实质是一种更深入的社会变革，是向新的社会行为模式、新的社会结构的过渡。在其背后，必定存在着思想观念、价值取向、社会规范等实质性的变化。作为社会变革的启动过程，是从观念和价值入手，引动和优化社会结构的变革。期盼社会安定与和谐是人们的普遍愿望，但是要把这些自发愿望变成自觉实践，需要通过信息的交换、思想的交流，使和谐价值与社会的最终意义联系起来，推动和谐文化的渗透和扩展。其次，推动社会化学习，提高公众的现代素质。通过每日每时传播信息和隐含在信息中的知识和意见，水滴石穿地形塑受众的趣味、喜好、欣赏习惯、文化生活模式乃至深层心理文化结构。② 新闻传媒是人们除了学校教育以外或离开了学校教育之后的一条主要学习途径。随着信息传播新技术的不断更新，个人利益合理性的高度确认，社会文化多元化的扩展，中国社会变革和人的素质提高的主要途径已经从传统的文化传导型向信息传导型转变。新闻传播是在受众素质已经给定的情况下进行的，受众塑造传媒。新闻传媒又是"文化变动、延续的载体，它们所反映的是活动的历

---

① 〔美〕R. K. 默顿：《17 世纪英国的科学技术和社会》，范岱年等译，四川人民出版社，1986，第 37 页。

② 金元浦：《文化研究的视野：大众传播和接受》，载王岳川《媒介哲学》，河南大学出版社，2004，第 203 页。

史"①，新闻传媒在一定程度上可以塑造受众。一是提高新闻传播品位，在适应受众的基础上，信息传播要使公众对社会健康发展以及其中的个人责任有着更高的心智体验。二是输入现代性的知识和观念。为现代人理性生存提供实用的智慧、提供有助于公众形成开放、宽容、进取心态的精神食粮。三是推动媒介素养教育。这是提高民众素质的最直接途径，是现代社会运行的重要保障，新闻传媒首先要负起这个责任。最后，传播社会良知，促进社会的持久协商。从现代社会制度民主化的发展趋势来看，我们所追求的现代性中有一个核心任务，即政治上把政治回归到人与人之间的互动范围，形成制度的民主，使政治成为永远的协商。经过平等的对话、协商，形成共识或找到最大的共同点及共同利益，这是从稳定到和谐的一个基本关节点。新闻传媒在构建和谐社会中的作用是拓宽社会协商的媒介通道，公正、全面、客观地传播信息，减少信息不对称现象，使社会的协商成为可能，促成人们在互相交流和协商中加强自我教育，使社会良知变成习俗化行为。

第四，传导社会"良俗"，倡导诚信友爱。和谐社会是法治条件下公众友好相处和互利合作的社会，需要大力弘扬诚信友爱的社会风尚。新闻传媒首先必须把诚信作为生存的根本。以给予公众更多的信息和精神获益性为基本信用，向社会提供负责任的、全面的、真实的、准确的信息，这是新闻传媒与公众之间最重要的契约。其次是在新闻传媒的市场化运作中，坚持基本道德立场。媒介要在市场竞争中生存，必须受到受众的信任、理解，最终是支持关系的伴随。其底线是企业的诚信责任，产业化运作中的新闻传媒，绝不能向受众提供伪劣信息产品；作为文化产品的产出机构，新闻传媒的合法基础在于依托公众舆论、维护社会主流价值。如果以少数人的利益来遮蔽多数人的意愿，用少数人的声音消解多数公众的声音，甚至以公众代言人之名，行小团体利益之实，就会丧失基本诚信。新闻传媒的公信力来自公众的信任，来自对社会责任的兑现和落实，即一种信守、履行承诺的品质，这是获得社会信任和信赖的主要源头。最后，新闻传媒报道对社会诚信的维护和传播。诚信友好是基本之善，这需要人的理性自觉，更需要社会涵化，新闻传媒是诚信友爱的重要涵化

---

① 陈力丹：《论传媒与和谐社会的构建》，《电视研究》2005 年第 5 期。

渠道。在媒介化社会中，人们不可能都通过直接经验来判断社会，他们形成价值判断和心理感觉的许多材料都来自新闻传媒的报道。传播人与人之间友好相处、互助互利的新风貌，社会诚信的新风尚，是对社会主流价值的最好传播。新闻传媒要运用舆论力量，大力倡导诚实守信的现代精神，发挥新闻舆论的救弊功能，监督和批评损害社会信用和社会信用缺失问题，构建诚信友爱的舆论氛围。

只有在社会责任教育的基础上，传媒人才可能承担好媒介的守望社会、真实传播新闻信息、制约权力、健全新闻舆论监督、弘扬人文智慧提升传播理性、当好信息"管家"构建和谐舆论场的传播责任。

（2009 年 3 月初稿，2009 年 4 月定稿）

漫谈领导干部媒介素养的优化[*]

　　有媒体报道这样描述一位省委书记一天的工作安排："我每天7点开始工作。//第一件事，看早间新闻。一般先看中央电视台（新闻），再看河南电视台（新闻）。我会特别注意两个方面的情况，一是党中央、国务院有什么重大工作部署，二是各地特别是河南省有什么重大事情发生。//然后进入工作状态，处理大量的文件、信息和各种大事。但这时候，我办公室的电视机也是开着的，并始终放在中央台的新闻频道上，这是我多年来养成的工作习惯……//我一般晚上在6点50分下班，用10分钟时间回到家，一边吃晚饭一边看看7点钟中央电视台的新闻联播……//工作间隙我也会了解网上的信息，河南商丘的李学生在浙江温州勇救小孩牺牲的事情，我就是第一时间在网上得到的消息。"①

　　应该说，在今天这个媒介化的时代，作为社会管理核心成员的领导干部的日常信息需要的满足，主要是依赖于大众媒介的传播活动实现的。接触与解读、使用媒介已成为众多领导干部的自觉行为。

　　然而，在当下新的政府与媒介的互动、共生关系的形成过程中，无论是信息依法公开、健全政府公关传播的机制，还是政府定义新闻的能力的形成，都要求领导干部不能像一般受众那样去接触、解读和使用媒介，而要注意着力提升自身的媒介素养，能够科学地认识媒介、准确地解读媒介、有效地利用媒介、公正地评价媒介，从而在实际工作中重视媒体、善待媒体、依靠媒体、借助媒体。领导干部的媒介素养，通常包含三个层面：媒介观念，媒介接触和使用，接受媒介监督和批评。有关媒介观念的素养在笔者其他文章中已谈到，②这里不再赘述。

---

　*　本文系教育部人文社科重大攻关课题《新闻传媒发展与构建和谐社会关系研究》（项目编号：D5JZD0026）阶段性成果之一。
　①　参见《江南时报》，2005年4月26日，第23版。
　②　参见罗以澄、黄雅堃：《大学生媒介素养研究与对策》，《当代传播》2009年第5期。

一　领导干部媒介接触和使用素养的优化

伴随着中国的社会转型，新闻媒介也正在发生着市场化、民本化、数字化的转型。在此背景下，政府与媒介的关系，不再是单纯的"管理与被管理""我指示你照办"的关系，而是形成了一种新型的工作关系，既相互支持又互相监督。为此，领导干部媒介接触和使用素养的优化，关键在于学会如何正确、有效地与媒体打交道。

（一）面向媒介，公开信息

政府信息的公开有主动公开和申请公开两种方式。前者是针对社会公众，后者是针对特定的申请人，包括公民和法人身份的申请人。面向媒介，公开信息，具有很强的信息公开能力，是领导干部媒介接触和使用素养的重要体现。领导干部的信息公开能力，主要是指其针对社会公众的信息公开和发布能力，也就是其接近媒介、接近记者，通过媒体公开信息的能力。具体地说，领导干部依法公开信息涉及三种能力：一是对可公开信息的界定能力。在法律许可的前提下，凡是管理相对人和公众关心的信息，都在可公开范围之列。二是应对记者采访的能力。"记者不是你的学生，不是你的部下，不是你的朋友，更不是你的敌人，而是你的挑战者！"国务院新闻办公室人事局局长汪兴明在 2005 年广州市新闻发言人培训班上这样讲到。其实，记者的角色准确地说，是代表公众了解他们"欲知""需知""能知"的信息，代表公众实现自己的知情权。因而记者与政府机构工作人员的关系是平等的工作关系、共生关系；记者自身在合法地从事职业活动时，拥有采访权和信息编辑发布权。接受他们的合法采访，配合他们实现自己的职业权利是各级领导干部及其他政府机构工作人员的义务。因此，领导干部在接受采访的过程中，要向他们提供真实的工作信息，提供公众关心的实事信息，而不是"防火防盗防记者"，或者简单地使用"无可奉告"等词语将记者拒之门外。三是在部门网站发布信息的能力。部门网站并不是一个信息化时代的装饰物，而是公开信息、与公众进行有效沟通的重要渠道。凡是有利于公众接受政府服务职能的信息，都应该在网站上及时公开、更新。

（二）适应政府公关传播的机制，主动接近和使用媒介

今天的新闻传播的一个重大变化，就是政府机构等社会组织作为新闻源，从过去的新闻宣传转向公关传播。尤其是在汶川大地震和北京奥运会之后，政府的新闻管理体制逐步走向开放，国内的新闻源面向国内外媒体全面开放，政府的公关传播策略的走向彰显，并从 2003 年初开始建立健全对外新闻发布机制，并且要求新闻发布经常化、规范化、制度化。截至 2008 年 6 月，在国务院所有部委新闻发布和发言人制度中，产生了 90 多位新闻发言人；全国除港、澳、台外的 31 个省市自治区都建立了新闻发布制度，设立了 50 多位新闻发言人；全国部分重要城市及大型企事业单位，也设立了相应的新闻发布制度。这一制度的普及，在我国已经建构了公共关系的传媒沟通机制。而在四川汶川大地震的处置过程中，新闻发布制度也爆发出"体制性能量"，为政府和媒体赢得信誉。通过新闻发布和新闻发言人制度而实施的政府公关传播就是变政策为新闻，变宣传为新闻，实施新闻执政的媒体策略。因此，适应政府公关传播的机制，主动接近媒介、主动邀请记者，召开新闻发布会，设置新闻报道议程，影响媒介，推销自身，自觉引导舆论，这是现代领导干部的重要素养之一。新闻发布和新闻发言人制度的精髓在于政府定期或者不定期地主动向媒体提供信息，使政府机构及其工作人员在第一时间成为新闻的第一定义者。来自政府的信息有着天生的权威性，也是公众最想知道的，只要主动出击就能抢占引领舆论的先机。媒体在选择信源的时候，除了重视可信性和权威性两大标准以外，还要在十分有限的版面或时段、频道发布时间内重视及时性与易获得性。易于记者第一时间获得事实信息的新闻发布制度，对新闻信息传播具有很强的铺垫和框架作用。只有政府成为新闻的第一定义者，才能够在第一时间使政府的声音与形象出现在媒体上，才能够成功引导舆论。

（三）培养危机公关传播的能力

我国社会的发展已经进入社会突发性危机事件的高发期。2006 年 1 月 8 日，国务院颁布《国家突发公共事件总体应急预案》；2007 年 11 月 1 日，全国人大常委会发布《突发事件应对法》。应对突发性社会事件，将是我国各级

政府工作人员的基本职能。在社会各阶层利益的实现和协调过程中，社会问题和危机事件的频繁发生，成为社会常态，也对政府的执政能力、执政水平提出了严峻的考验。对此，如果缺乏基本的危机公关传播意识和能力，就会发生执政能力恐慌、媒介恐慌。危机公关传播能力指的是在危机事件发生之前、之中和之后，介于组织和公众之间的传播能力。它是在危机事件的不同阶段，能够进行恰当的公关策略选择，并运用媒介实现公关策略，完成政府与公众的良好沟通，维护并提升负责任的政府形象的能力。这一能力至少包括三个方面的具体内容：首先是危机事件爆发前，具有正确的危机公关传播意识，能够恰当地使用大众传媒进行危机预警传播。应建立危机信息搜集系统，对有关危机风险源和危机征兆等信息进行收集，对搜集来的信息进行快速分析和判断，然后针对各种可能发生的危机事件，建立健全危机监控方法，及时发现危机征兆，准确把握危机的诱因、未来发展趋势和演变规律，尽早采取措施，尽可能将危机消灭在潜伏时期和萌芽状态。同时，对可能发生和可以预警的危机事件应进行预警，利用广播、电视、报纸、电话、手机短信、街区显示屏和互联网等多种形式发布预警信息，确保广大人民群众第一时间掌握预警信息，使他们作好应对危机的心理准备，采取有效防御措施，尽可能地减少人员伤亡和财产损失。其次是在危机事件爆发以后，既要果断采取措施，控制危机蔓延，又要做好信息传播，顺利解决危机。对于危机事件过程中的公关传播和信息沟通，英国危机公关传播专家里杰斯特提出了著名的"三 T"原则，即"You're your own tale"（以我为主提供情况），"Tell it fast"（尽快提供情况），"Tell it all"（提供全部情况）。在此基础上，还需要注意三点：一是尊重媒体，给媒体以平等的采访报道权。既不能把媒体看成是麻烦的制造者，也不能随意地把采访权"施舍"给自己喜欢的媒体，或者一厢情愿地认为是会帮助自己的媒体。二是第一时间告知事实。在第一时间把权威信息告知公众，才能牢牢把住事件全过程中发布权威信息的主动权，把谣言止于事实的公开。媒体对危机事件及政府解决危机的态度和措施的报道，不仅可以满足公众的知情权，让公众及时准确地了解事情的真相，稳定公众情绪，而且可以帮助政府树立认真负责的公众利益代表者的形象，增加公众对政府危机管理措施的信任和支持，有利于危机的顺利解决。三是充分利用新闻发言人制度，及时与公众保持沟通。新闻发言人制度可以确保"传播主体（政府）—传播渠道（媒体）—传播对象（公众）"这一传播链条的畅通无阻，有效地保障政府权威信息的及时流通和公共舆论的正确引导。通过新闻发言人，政府可以与媒体、公众就危机事件的有关情况进行交流，释疑解惑，表明政府的态度立场，介绍政府的应对举措，动员公众与政府积极配合，一起共渡难关。再者是危机事件的后期，重在调查评估、恢复重建，但同时要注意对危机事件的起因、经过、损失、责任追究等信息的传播，使公众获得危机公关修正机制的相关信息，让人们感受到政府正在完善和修正处理公关危机事件的相关制度，使危机传媒教育机公关的制度和程序更加完善与高效。

二　领导干部接受媒介监督素养的优化

媒介对政府及其工作人员的批评和监督，是我国社会主义民主政治的社会监督系统的重要组成部分。在今天这样一个社会公共危机事件的高发期，新闻媒介发挥社会生活的探照灯与监视器的功能，对社会生活进行批评监督，尤为必要。最近接连发生的贵州瓮安"6·28"打砸烧事件、三鹿"问题奶粉"事件、山西襄汾"9·8"特大尾矿库溃坝事故等重大恶性危机事件，如果有新闻媒介及其调查性报道的及时介入，就可以防患于未然而不至于演化成为具有灾难性后果的重大社会问题。因此，强化对于政府机构、企事业单位的舆论监督，建构媒介与政府之间的监督关系，将是今后新闻改革的重要走向。媒介对政府的监督，有着"保健医生"的作用，可以帮助政府发现问题和解决问题。自觉接受媒体的批评和监督，理应是我国各级领导干部媒介素养的重要方面。自觉接受媒介批评监督的素养，至少应该包括：坦诚告知事实真相的态度、承担领导责任的勇气、坦然应对媒介质疑、提供平衡报道的事实与观点、不干涉媒介的正常新闻传播活动、善于追究新闻媒介侵权，等等。

第一是坦诚告知事实真相的态度。这是领导干部应对媒体和记者采访的基本态度。媒体采访的主要目的就是要更加全面地了解事实真相，作为事件的当事人或者关系人，接受采访的时候，要客观陈述自己了解的情况；不能隐瞒事实或者随意增减事实要素，更不能提供虚假信息，误导媒体，愚弄公众。

第二是承担领导责任的勇气。对于引起社会舆论广泛关注的事件不能推卸责任，更不能文过饰非。被批评的事件发生以后，公众最关注的是由谁来承担责任。可能在事发之初，难以确认真正的责任人，或者即使能确认责任人，但由于种种原因，不能迅速做出处理决定。这时就需要相关政府部门的领导人要有承担领导责任的勇气。在 2008 年初南方的冰雪灾害事件中，有媒体对铁道部的工作提出批评。而铁道部某副部长在新闻发布会上回答记者"你给铁道部在本次抗击冰雪灾害中的表现打多少分"这一本来就带有陷阱性的问题时，给自己评功摆好，提出至少打 90 分。这一文过饰非的回答，弄巧成拙，把铁道部的工作失误凸显出来。

第三是坦然应对媒介质疑。在坏消息发生时，无论是新闻发言人，还是接受采访的工作人员，首先要做的不是回避记者的追问，而是要解释事件的原因和政府正在采取的行动。"无可奉告""正在调查中""这不是我们一个部门可以解决的"等拒绝或搪塞性答复不能出现在舆论监督的采访过程中。"周正龙虎照"事件中，陕西省林业厅等机构，先后也开过几次新闻发布会，虽然没直接使用"无可奉告"等词语，但各路记者就同一个问题不断追问时，相关人员总是"顾左右而言他"。这导致政府林业管理机构的公信力大大降低。

第四是提供平衡报道的事实与观点。在媒体上出现了不符合事实的报道或观点时，领导干部当事人或关系人，要充分行使自己的媒介接近权，主动向相关媒体陈述自己所了解的事实信息，或者自己的观点。

第五是不干涉媒介的正常新闻传播活动。这里强调的是领导干部要尊重媒介履行职能而实施的客观报道，不能因媒介批评自己而采取非法的报复行动，更不能辱骂、殴打记者，或者诬陷记者和媒介。

第六是善于追究新闻媒介侵权。领导干部要正确对待新闻报道的失当或失实问题，一经发现要严肃指出、批评。如果因报道失实、失当损害了自身或机构、单位的合法权益，理应依法追究媒介的责任，这也是领导干部自觉接受媒介监督素养的重要组成部分。

（2009 年 10 月初稿，2009 年 12 月定稿）

我国新闻学 10 年发展的哲学思考

1993 年，中国共产党第十四届三中全会通过《中共中央关于建立社会主义市场经济体制若干问题的决定》，引领中国的改革进入一个新的阶段。迄今 10 年过去了，10 年间，中国新闻界从观念到实践都发生了全方位的变革，中国新闻学研究也在这样的大背景下全面铺展开来，进入了一个崭新的发展时期。本文尝试从宏观的角度，用哲学思考的方法，对这 10 年来新闻学研究的发展历程作一简略评述，以把握其脉络，总结其经验，推动其更好地发展。

一　10 年新闻学发展的历史源流

按照辩证唯物主义的观点，任何事物都有一个由低级到高级的发展过程。新闻学研究也不例外，在其发展到新的阶段之前，大体上经历了这样两个阶段：

第一，表层研究阶段。这段时期从延安《解放日报》改版算起，到改革开放初期，总共有近 40 年的时间。这段时期，由于政治、经济、环境等条件的限制，尤其是人为因素造成的思想禁锢，人们对新闻学还缺乏真正的认识。所谓的 "研究" 也大都属于微观性的直接感受和体验，是零星的新闻实践工作经验的归纳和汇集，探讨问题则停留在就事论事的地步，以表面现象的描述代替本质问题的考察，缺乏理论的概括。加之，"左" 的思潮的干扰，政治话语代替了学术话语。因此，这段时期的新闻学研究尽管积累了大量的知识性材料，但由于这些材料还没有得到系统的、本质的、规律性的概括和抽象，因此，还谈不上是科学意义上的研究。当然，需要指出的是，这段时期的后期，随着 "文革" 的结束和 "思想解放运动" 的开展，新闻学研究得以步入正轨。当时，研究的指导思想在于拨乱反正、重新认识新闻学，研究的对象则集中在新闻学的一些基础性的知识问题上，比如，关于报纸是否是"阶级斗争的工具"问题，关于新闻的真实性问题，关于需不需要确立新闻价值标准的问题，关于党性和人民性的问题等。这些研究表面上看来很粗浅，且互不连贯，只是针对实际工作而进行，但实质上，正是这些研究为新闻学确立核心概念、构建学科框架打下了理论基础。[①]

第二，里层研究阶段。这一阶段始于 20 世纪 80 年代初，止于 90 年代初，大约有 10 年左右的时间。在这个时期，我国新闻学研究在科学的轨道上有了较快的发展，这主要表现在，研究开始从直观的朴素的表面认识，逐渐转入对学科内在特性和规律性的探索。比如，我国新闻界历来把新闻媒介当作宣传工具，新闻机构被称为党和政府的"宣传机关"，新闻媒介的主要功能就是宣传；报纸被要求从第一版到第四版每篇文章都必须体现、宣传党的方针政策。针对这种现象，新闻理论工作者开始思考新闻的本质，并就新闻与宣传的关系展开全国性的讨论。尽管讨论的问题至今没有得出最终的结论，但这场讨论是有重要意义的，它解决了一个根本性的问题，即新闻不但要从事宣传，还必须提供信息、传播知识、提供娱乐和服务等。这是一个学科内在规律性的研究。理论上的突破为新闻实践提供了强有力的支持，带来新闻界一系列变化：首先是媒介结构发生了改变，其次是媒介的宣传格局发生了变化，最后是新闻业务有了创新。

总之，这一阶段所取得的成果是丰硕的，从理论与实践的结合上比较系统地阐释了新闻学的基本理论与基础知识，在学科领域内解决新闻学的本质属性的问题，意义是深远重大的。但从整体上看，此时的研究还存在这样两个弊端：一是方法论上尚未取得突破性的进展；二是研究内容还比较单一，基本上是在本学科领域内展开。

二 10 年新闻学发展的现实动因分析

新闻学发展和世界上任何事物的发展一样，其原因有外部力量的推动和内

---

① 姚福申：《新时期中国新闻传播评述》，复旦大学出版社，2002，第 2 页。

部发展的需要两个方面。

外部力量推动方面：第一，社会的进步提供了现实的可能。改革开放以来，特别是 10 年来思想的解放、经济的发展、科学技术的进步，为新闻传媒业的大发展创造了条件，报纸、广播、电视、互联网等媒体成为传播信息的主要渠道，而这一切都为新闻学术研究提供了良好的环境。第二，新闻传媒业的发展需要理论提供支持。10 年来，新闻传媒业的改革发展日新月异。这一方面表现在，新闻观念发生了"革命性"的变革。我国新闻媒介长期以来片面地强调新闻的政治功能，因而让媒介承担着"二政府"的职能。随着思想的不断解放，媒介开始打破清规戒律，注意自身的传播规律，注重受众的重要性，结果是使媒介由过去以传者为中心，即我报道什么你接受什么，变成了以受众为中心，即注重受众的需求，想方设法满足受众的"新闻欲"。另一方面则表现在，媒介市场竞争机制正在形成。为了适应新闻媒介市场激烈竞争的需要，媒介在内部结构上，打破了过去与政府行政部门对口设置的做法，而代之以设置一个反应灵敏、精干合理、与市场经济体制接轨的新闻中心或采编中心，统一协调、管理。与此同时，在竞争平台的建设上，无论纸质媒体还是电子媒体，为了赢得受众，都无一例外地扩版增容，不少媒介还建立了电子版或网站。再一方面表现在，媒介经营方式也发生了显著变化。媒介产业化的趋势越来越明显，众多媒介已从事业型转向产业型，从粗放型转向集约型，成为市场经济中重要的经济力量。所有这些变化，超乎人们想象的迅速和剧烈。当然，这些变化在朝着正确的方向前进的同时，有时也有个别误入歧途、出现杂音的情况。这些都需要理论界提供理论阐释。

内部发展需要方面：近 10 年来，新闻传播学科建设与学术研究的繁荣，有力地助推着学科自身的发展。这主要表现为：一方面学术机构增多、学术力量增强。据统计，到 1999 年，全国共有 200 家左右新闻研究机构和新闻学术社团，40 多家公开发行的新闻专业期刊。[①] 另一方面，大学新闻教育迅速发展，为新闻学研究输送了大量的高素质生力军。1994 年全国新闻传播学专业

---

① 孙正一、柳婷婷：《新中国新闻事业 50 年概述》，《新闻战线》1999 年第 10 期。

点 66 个，2001 年猛增到 232 个。[①] 2003 年，全国设有新闻传播学一级学科博士学位授权点 4 个（人大、复旦、北广、武大），设有新闻学博士学位授予点 6 个，传播学博士学位授予点 5 个，此外，还设立了 60 余个新闻传播硕士授予点。正是外部的推动力和内部的内驱力使得新闻学研究得到快速的发展。

三　10 年新闻学发展的现状描述

10 年来，伴随着中国市场经济体制的逐步建立与完善，新闻传播业这一计划经济体制的最后的保留地也打破了原有的束缚，竞争被引进新闻领域的各个方面，整个新闻传播业显出勃勃生机。在这种背景下，新闻学研究走进了一个全新的阶段——立体研究阶段。这主要表现在学科的研究领域得到全面拓展，传统理论受到挑战，新的研究方法和理论被不断引进。具体来说：

（一）研究的基点发生了变化

一是由静态研究转为动态研究。以往的新闻学研究大多是固化的静态研究，即研究重点聚焦于对新闻工作的性质、内容、方法等进行合乎传统政治理念的诠释，对新闻现象进行简单的、静止的观察、归纳和综合。这种研究的结果是贴上新闻标签的政治观念的翻版，研究来研究去仍然是在传统思维的模式中对旧的观念的重复。现今的研究则呈现出动态的趋向，即站在理性思维的高度，着重对生机勃勃的新闻活动进行动态的考察，力图通过科学的研究找出新闻活动自身所独具的特点，揭示出它的本质规律。同时，研究者不仅注意对以往新闻现象的研究，而且将目光投向还在变化着的社会、经济、科技、文化等对新闻学的影响，并努力从这些影响中预测其未来的发展趋势。以新闻采访理论的研究为例，静态的研究只是对采访活动作政治的图解，强调其调查研究的特性、采访是群众工作的一部分等，但却忽视了其中具有独特品性的内容，诸如主体意识、新闻思维等，而且对不断变化着的新闻现象也不闻不问。而动态的研究将采访行为作为自己研究的核心，通过研究努力建立新闻采访活动应有

---

① 童兵：《比较新闻传播学》，中国人民大学出版社，2002，第 1~2 页。

的行为规范，科学地概括出这一活动规律的知识体系，特别是对新的采访行为，如采访策划、隐性采访、网络采访等不是采取回避的态度而是给予及时的关注，进行及时的、跟进式的研究。这种动态研究的成果就是涌现出一批颇具新意的著作。

二是从空洞的思辨转向关注现实问题。关注实际生活、关注新闻的实践活动，并给予及时的总结、抽象，形成新的理论以指导实践，这是新一代学者从事研究的显著特征。他们不愿待在书斋里作空洞的思辨，不屑于陈腐的清规戒律，他们的目光紧盯着当前新闻改革实践，勇于直面实践中的问题，对新闻界的热点难点问题进行深入的剖析和阐述，取得了许多有价值的成果，如《新闻传播的策划与组织》《中国报业集团发展研究》等。用新闻史学家方汉奇先生的话说，这些成果"在本学科领域内，或填补空白，或立论新颖，都有所发明，有所创造，有所前进。"①

（二）研究方法发生了变化

一是变封闭式研究为开放式研究。以往的研究者习惯于从主观立场出发、从研究对象本身出发，停留在孤立地探讨事物的现象和本质上，缺乏系统的观点、联系的观点。10 年来，众多的研究者注意把自己的研究对象看成是一个活动系统并且认为这个系统是相互联系的统一体。在研究中，他们善于从系统的观点出发，研究系统内部各组成部分之间的关系，以及该系统与其他系统的关系，这就改变了以往的研究处于自我封闭的状态的景况，整个研究框架不再是平面的、单线条的，而是大系统中套小系统，此一系统叠彼一系统，构成多个系统相互关联的学科统一体。这使得研究成果的学术价值得到提升。

开放式研究还表现为大胆借用其他学科的概念、知识和方法来研究新闻学现象。一个学科如果不善于借鉴其他学科的知识，那么这个学科就会止步不前。新闻学大胆吸收其他学科的成果以丰富本学科的研究内容，为本学科开拓了新的研究领域，涌现出了一些交叉学科研究成果，如《新闻信息概

---

① 曹鹏：《中国报业集团发展研究》，新华出版社，1999，第2页。

论》《新闻社会学》《新闻伦理学》《新闻心理学》《新闻统计学》等。虽然这些研究还显得不那么成熟，但无论如何，它们已创造了一片风景诱人的新天地。

二是由观念的图解法向科学研究方法回归。一门科学的构成应该体现自己学科的本质特征，能够反映该学科的真实面貌，形成相对完整的学科体系。然而，遗憾的是，新闻学的研究长期以来缺乏独立的性格，往往停留在观念的图解上，其结果势必导致新闻学变成一个被阉割的支离破碎的残存体。这种现象的产生，除了政治的干预，研究方法的不当也是重要的原因。没有科学方法的运用，很难保证研究成果的全面系统。例如，先前我们看到的中国新闻史，对新闻活动从古代发端到近代都能给予全面地介绍，但进入现当代，就成了中国共产党的新闻史，对国民党的新闻活动完全不予正视，对活跃在中国新闻史上的民营报纸更是忽略不计，对港澳台的新闻活动也不提及；而这些方面，很大程度上恰恰是构成现代史上中国新闻活动的重要组成部分。最近 10 年，这种缺陷得到弥补，研究者打破禁区，质疑既有的学科体系，从完善学科体系入手，运用科学研究方法，使研究建立在客观的观察程序和分析的基础上，使研究结果更趋科学、系统和完善。《中国新闻事业通史》（三卷本）就是这类成果的代表。

（三）研究的角度发生了变化

这表现为微观研究向宏观研究的转变。随着各种学术活动的增加和对外交流的频繁，新闻学研究的学术视野变得开阔起来，研究者不再热心于对一些新闻现象的一个个具体问题进行探讨，由个体来认识整体，而是开始从宏观的角度去对个体进行微观考察，或者从宏观的角度对个体作比较分析，以此努力来尝试构建整个新闻学理论体系。当然，这中间也要研究一些具体的现象，但这种研究不再是对单个现象的一般性的描述，而是将它们作为整个新闻活动链条中的一个环节来进行考察。这种研究角度的改变，使得新闻理论、新闻业务、新闻史学的研究面貌发生了根本的改变，学术思想异常活跃，学术成果收获颇丰。《当代新闻学原理》《理论新闻传播学导论》等著作的问世，就是有力的佐证。

四　对 10 年新闻学发展中存在问题的思考

10 年来，我国新闻学研究取得了令人欢欣鼓舞的成就，这一方面得益于中国新闻传播业突飞猛进的发展，另一方面是研究者的爬梳剔抉、探骊得珠地经营所致。但综观世界新闻学的发展现状，中国新闻学与之比较还有很大差距。随着全球化时代的到来，如何把握机遇，促进中国新闻学向更高层次迈进，是新闻理论界要认真思考的课题。中国新闻学要大发展，有各种因素起作用，但新闻学自身必须解决学术研究的内容和形式问题，也就是研究对象与研究方法的问题，以及相关的学术研究体制问题。因此，应注意：

（一）多研究实际问题

中国新闻传播业目前面临着根本性的变革，在此变革面前，新闻学界究竟应关注什么？是集中精力研究新形势下新闻理论、新闻业务、媒介经营管理等新问题，还是关起门来冥思苦想，企图为旧理念、旧思路寻求"合理"解释？可以说，如果我们不去研究加入 WTO 之后我国新闻界面临的一系列理论和实践问题，不去研究目前新闻为什么还难以满足受众需求，为什么还难以"走向世界"的原因，不想办法改变这种现状，我们将很难摆脱目前的困境，很难参与国际传播的竞争。理论的力量在于为实践开辟道路，新闻学要为新闻改革开辟道路，就必须密切关注现实的新闻实践，革除传统新闻学的课题老、研究面窄、形式与内容上的"新瓶装旧酒"式的怪特点；要用大无畏的勇气和胆识，努力研究新情况、解决新问题，为生机勃勃的新闻改革提供理论支持。

（二）学科研究方法的运用

国内研究人员多习惯以定性研究作为研究方法，不习惯做定量分析，这需要研究者自觉地学习和借鉴科学研究的方法。美国传播学者施拉姆曾提出新闻学研究应由无定量处理转向定量处理，由人文方法转向行为科学方法，由著名人物的研究转向过程和结构的研究，对新闻出版和新闻出版体制以世界性的关注视角进行研究。这一研究方法自 1957 年提出后被西方广泛接受，进而改变了新闻研究的面貌，被认为是新闻学研究进入大众传播研究时代的标志。[①] 这给我们一个启示，对当代学术研究而言，解决路径和方法的问题是非常重要的，古人所说的"工欲善其事，必先利其器"仍然是至理名言。因此，善于自觉地学习和借鉴先进的研究方法，有批判地吸收利用，这是我们将新闻学研究引向更加科学规范的有效途径。

（三）革除研究中的浮躁习气

尽管 10 年来新闻学在各个研究领域都有卓著的成果，但不可否认，当前的研究在许多方面还存在浮躁习气，结果导致科研成果原创性丧失，给人大同小异、似曾相识之感；或者命题不严谨，没有系统的理论支撑；有的甚至急功近利，为了出"成果"，干脆抄袭剽窃。这些现象都是浮躁习气导致的科学精神的缺失的表现，是与科学研究格格不入的。浮躁下产生的东西，内容的深刻性和方法的科学性都会大打折扣。要想理论上出新，学科上进步，非下苦功夫不可，这条路恐怕是没有捷径的。

（四）改革现有学术研究体制

毋庸讳言，现有的学术研究体制还存在诸多弊端，一些貌似合理的制度，实际上阻碍了学术的进步和学科的发展。例如，职称评定、年度考核都以数量为依据，要看发表了多少篇论文，出版了多少篇幅的著作，还要看在哪一级刊物或出版社上发表、出版，等等，这些规定使得研究人员不是把功力用在深入扎实的研究上，而是为了达到相关要求或完成任务而堆砌文字；由于配套政策的不合理，一些学者为了名利，整天奔波于各地做报告、做演讲，推销自己的"研究成果"，以达到报上有名、广播有声、电视有影的效果，整天忙忙碌碌无法潜心钻研，结果自然无法产生有影响的研究成果及能与国际上同行对话、交流的理论。这些现象都是违背科学研究规律的，是学术领域长官意志和急功

---

① 姚福申：《新时期中国新闻传播评述》，复旦大学出版社，2007，第 380 页。

近利思想的体现。因此，要想学科研究有大发展，就必须革故鼎新，改革现有的学术研究体制，改革现有的学术奖惩机制，从制度上保证研究人员能心甘情愿坐冷板凳，坐下来十年磨一剑，拿出高质量的作品来，并让其名实相符，实至名归。

（2003 年 9 月初稿，2003 年 10 月定稿；廖声武参与本文撰写）

当前我国新闻传播学博士生教育
存在的问题与对策

　　博士生教育是当代国际上公认的正规高等教育的最高层次。博士生教育的质量和数量是衡量一个国家高等教育发达程度和文化科学发展水平及其潜力的重要标志之一，博士生教育不仅关涉一个国家人才培养的整体质量，而且影响到一个国家科学创新能力的储备与民族文化的传承，以及与之相关的学术声誉与民族形象。

　　我国新闻传播学科的博士生教育始于 1985 年。该年，中国人民大学、复旦大学开始招收第一批新闻学博士生。直到 20 世纪末，我国先后有人民大学、复旦大学、中国传媒大学、武汉大学 4 所高校和中国社科院拥有新闻传播学科的博士学位授予权，共设置了新闻学博士学位授予点 5 个、传播学博士学位授予点 3 个。在这 15 年间，我国新闻传播学博士生教育一直在稳步发展，培养了一批活跃在新闻传播学术界的出色人才，产生了一批优秀的学术成果，同时也积累了一定的新闻传播顶尖人才的培养经验。进入新世纪后，在全国高校新闻传播教育快速发展，且重点建设研究型新闻传播学教育体系的要求在许多高校日益高涨的形势下，经过国务院学位委员会新闻传播学科评议组的两次评审，又先后有清华大学、华中科技大学、北京大学、四川大学、南京师范大学、暨南大学、浙江大学、上海大学、厦门大学和解放军政治学院 10 所高校获得了新闻传播学科的博士学位授予权，新增设新闻学博士学位授予点 6 个，传播学博士学位授予点 7 个。应该说，经过这两次评审，我国新闻传播学博士生教育有了一次整体规模的推进，打造了一个更宽广的高层次新闻传播人才的培养平台，形成了竞争与合作的整体态势；对于新闻传播学博士生教育来说，这可谓是一次大的"跃进"。

　　然而，毋庸置疑的是，量的增长、规模的扩大并不必然带来新闻传播博士生教育素质的提升。尤其是在今天全国高校新闻传播教育整体规模迅速扩张的背景下，更应该冷静地对其最高阶段博士生教育进行审慎规划、科学布局和系统建构，将其作为一个关系新闻传播学长远发展的大计，进行具有战略性和基于科学发展观的探讨。

一　新闻传播学博士生教育存在的主要问题

我国新闻传播学博士生教育 20 来年的历史与其他学科相比时间并不长，因此，一直是处于摸索和尝试阶段；加之近些年来，随着教育环境的急剧变化以及教育目标及体系的不断调整，新闻传播学博士生教育在发展的同时，不可避免地出现了一些不容忽视的问题：

第一，对博士生教育的目标定位不够明确。如前所述，博士生教育是正规高校教育的最高层次。这一层次的教育是将一个学科的知识体系与学科方法进行综合性地传授和深入地积淀，并培养学生站在学科前沿和尖端，通过具有创新性和开拓性的研究以产生具有学术性和实践性的成果的过程。这一具有普遍意义的指导原则，应用于不同学科，就需要针对本学科发展的要求和现状，对自身的目标定位做出准确而清晰的界定。众所周知，相对于其他人文社会科学，新闻传播学科有着自身的"独特性"；它深深植根于人类对新闻传播业的需要和理解之中；[①] 它既融合其他学科的知识和理论，又与实践有着十分紧密的联系。也正因为这一"独特性"，新闻传播学博士生教育开创时，还曾一度被认为没有必要，也被质疑到底要培养什么样的人才。这正说明了中国新闻传播学博士生教育面临的定位问题。传统上认为，博士学位是精英性、研究性学位，是为从事学术工作或一些领域的应用研究工作做准备的。然而多年来，有为数不少的新闻传播学博士实际上主要从事一般的教学工作和新闻传播实务工作，而在自己的专业方面做的研究工作并不多。特别是近些年来，随着众多业界人士纷纷攻读博士生，博士学位的传统目的（为研究进行训练）和实际用途日渐分离，这已是不争的事实。新闻传播学博士生教育究竟应该培养什么样

---

① 单波：《反思新闻教育》，《新闻与传播研究》1998 年第 4 期。

的人才？新闻传播学博士生教育的专业化究竟如何体现？新闻传播学博士生的社会美誉度怎样？如何将博士生教育与新闻传播界的整体发展相联系？对这些问题，新闻传播学博士生教育理应做出系统的、建制化的回答。

第二，博士生教育模式尚不够清晰和稳定。与博士生培养目标定位的不确定相应的是，新闻传播学的博士生的培养模式还缺乏科学和深入的界定。目前一些新闻传播院校的博士生培养方案基本上沿袭其他学科的模式，缺少对新闻传播学科特点以及学科需要掌握的知识及方法的全面探讨，因此难以制订出针对自己学科特点的、科学的人才培养方案。如博士生的入学门槛应该如何设定，是重在考察其学识和科研能力，还是重在考察其一般专业知识和外语水平？博士生学习期间应该掌握什么样的知识体系和方法论，应该开设哪些必需的课程？博士生的课程学习与学位论文怎样衔接？博士生教育应该采取欧洲式的教授与学生一对一式的传授方式，还是采取像美国博士生培养中的集体培养方式，或者采取其他科学有效的方式？博士生要不要实行淘汰制，如何淘汰？在明晰新闻传播学博士生教育模式时，对这些问题必须做出科学的回应。但遗憾的是，由于经验的不足，认识上的错位，加之我国教育制度安排上的原因，致使一些高校的新闻传播学博士生教育模式存在着比较严重的随意性和不规范的现象。例如，一些很有科研素养和潜质的考生，仅仅因为"英语差分"便被拒之于博士候选人门外。又如，有的院校对博士生教育规定课程的学习重视不够，课程如何设置、教师如何教、学生如何学，都无"一定之规"，结果课程学习往往未能达到帮助学生获得从事研究工作、准备学位论文所必需的宽广深厚的学科知识基础的效果。还有，博士学位论文开题之前的资格考试或综合性考试应该如何"把好关"，有的院校也无明确的要求和规则，结果造成在培养过程中对博士生的学习效果和质量缺乏"刚性"的制约和监督机制，博士生只要进了"门"一般都能拿到博士学位。

第三，一定程度的浮躁之风对博士生教育造成冲击。这一方面表现在近些年随着招生规模急剧扩张，师生比例失调，师少生多，导师投入到每个学生身上的时间和精力减少，学术互动和交流受到影响，博士生教育的质量呈现出下滑之趋势。另一方面表现在培养目标上，不是注重鼓励博士生培养扎实深厚的理论功底、宽广的学术视野和熟练到位的研究方法，而是以发表论文数量等硬指标为指针，使得学生在学习期间将凑足文章的发表数当作主要学习内容。再一方面还表现在博士学位论文的把关不严：由于每年毕业生数量增加，在开题、答辩等环节，对博士学位论文的要求有所下降；加之学风不正，道德失范，致使弄虚作假、剽窃等现象在博士学位论文中也时有发生。

第四，博士生教育缺乏学术创新性和创造性。博士生教育的价值在于培养具有创造性的人才，产生具有创造性的智力成果。因此，检验博士生教育成效的主要标准，应该体现在博士论文的水平上。论文是博士生教育计划的核心要素，必须是进行创造性的研究，以对学科的建设与发展做出独特的贡献。然而，实事求是地说，目前有些高校对此还缺乏足够的认识和高度的重视。其具体表现是：一些博士论文的选题或过于陈旧，或过于空泛，或流于琐碎，或流于炒作，不能把握当前学术前沿，参与学术对话；一些博士论文的前期资料积累不够扎实，因此不能针对最具价值的切入点进行广泛而深入地探讨，论述流于粗放；一些博士生对所需了解的相关领域的知识涉猎不广，基础不牢，因此在论文撰写过程中常常捉襟见肘，理论和方法运用不能做到娴熟有序；一些博士生在批判性、创造性等方面的训练不够，造成思想的力度和对相关问题的挖掘和解决不力。这些都造成了一些论文成为资料的简单梳理，即使有的选题具有新意，但由于研究功力不足，无法创造出具有创新性和学术价值的研究成果。

二　新闻传播博士生教育的几点建议

以上新闻传播学博士生教育存在的问题，有的是由于新闻传播学科发展历史较短，对学科规律和博士生教育规律相结合的一些根本性问题缺乏系统深入地全面整合和思考所致，有的是教育制度设计上的欠缺造成的，也有的是由于社会和教育所面临的大环境的冲击所致。因此，笔者认为，要解决这些问题，要使我国新闻传播学博士生教育得到持续发展，为社会输送真正优秀的高层次人才，新闻传播学教育自身应积极借鉴国内外博士生教育的经验，针对新闻传播学的学科特点和中国新闻传播学教育的特殊规律，结合人才需求与社会实际，整合教育资源，走出一条真正合乎科学的新闻传播学博士生教育之路。

第一，科学界定新闻传播学博士生教育的内涵。大学的"教育理念是人们对大学精神、性质、功能和使命的基本认识，是对大学与外部世界诸元素之间关系的规定；它是大学内容管理及运转的理性认识基础"①。大学的新闻传播教育作为一项专业性的教育，理应如台湾著名新闻传播教育家郑贞铭所言："在技术学习之外，更要探讨理论、从事研究，以期建立一套严谨的理论体系，才能在高等学术殿堂中树立起应有的地位"②。为此，对于新闻传播学科高层次人才的培养，既要注重对其学术视野宽广度的拓展，又要使其具有较强的专业性；既要使其具有较深厚的学养造诣，又要让其关注学科前沿和现实的新闻传播实践，注意研究解决理论与实践问题，使其具有很强的科学研究能力。这种人才应是其他学科培养不出来的，在学术素养和科研上有自己的特色和专长。新闻传播学博士生教育的目标与方向，理应锁定在培养这样的专业人才上，着力为高校和科研机构造就优秀学者。

为了提高新闻传播学博士生的学术素养与科研能力，新闻传播学博士生教育必须科学规划博士生的课程学习，并加强对其在阅读、读书笔记、专题讨论、研究方法等方面的训练和提高。近些年来，武汉大学新闻与传播学院在博士生教育上，十分注重专业基础课程的学习。该院的博士生课程一般分为两类，即知识类课程与研究类课程。前者以专业知识的系统掌握和融会贯通为目的，既有广度，又有深度，并有相关研究成果的最新信息；课上还提供详细的阅读书目，要求博士生写读书报告，培养其欣赏和批判专业学术著作的能力。后者的目的是通过边学边做（研究），以培养和训练博士生从事研究和写作的综合能力；在课上，博士生们围绕一个专题进行思考、讨论、研究。这样，不仅训练、提高博士生的研究和写作能力，更重要的是营造了一个现实的专业研究者的工作环境，教会博士生如何进行批判性的思考，如何遵循学术规范，如何使用各种研究资源，如何设计研究题目，如何解读原始资料，如何回应他人的批评和建议。这种训练实际上是一个铸造学术文化或学术习性的过程。

此外，为了提高新闻传播学博士生的学术素养与科研能力，还应制订相应

---

① 韩炼：《面向全球化的中国新闻教育改革》，《现代传播》2004 年第 2 期。
② 程道才：《论新闻传播教育的基本特点》，《广州大学学报（社会科学版）》2003 年第 3 期。

的培养模式，对思想道德教育，对课程设置、综合考试内容和方式、论文开题时间和形式、博士论文的学术规范等，制订出切实可行的、符合自身特点的方案，并严格实施。

第二，控制规模，严进严出，打造新闻传播学博士生教育的品牌效应。新闻传播学博士生教育的平台随着多家高校新闻传播院系的加入而变得更加宽广了，这同时也意味着博士生的数量和规模必将比以前有较大的增加。在这种情况下，更应该注重维护新闻传播学博士生教育的质量，共同为提高教育成效、培养顶尖人才而努力。目前社会上对新闻传播学博士生还缺乏广泛的认可和美誉，新闻传播学博士生的整体效应发挥尚未达到理想程度，对此，武汉大学新闻与传播学院在博士生的招生、培养、资格考核、学位论文答辩以及学位授予上，比较注意通过制度建设，严把质量关。一是控制招生规模。武汉大学新闻与传播学院现有博士生导师15人，每年报考博士生人数达到三四百人之多，但招生人数一直控制在30人左右，平均每位博导招收2人。二是提高博士候选人门槛。这主要是借助资格考核（综合考试）和学位论文的开题报告两个环节，进行筛选、淘汰，以保证德才兼备的合格人才进入到博士候选人行列。三是严格规范学位论文的答辩和学位授予。这主要通过学位论文双盲评审、校内外专家的集体评审以及学位公示等举措，保证每个博士学位获得者都是符合标准的优秀人才。近些年来，武汉大学新闻与传播学院每年只有不到10位博士生获得博士学位，占当年招生人数的三分之一左右。

第三，重视博士生导师及指导团队的综合素质要求和能力考核，确保博士生教育师资队伍的素质及其指导教育真正发挥应有的作用。博士生导师及其指导团队在招生、培养学生及博士论文答辩等方面较其他层次的教育具有更大的权限，因此要重视博士生导师人选的遴选，重视其"人格"塑造和"师德垂范"；同时要引导、促进博士生导师在博士生课程教学、科学研究、论文把关等方面加大指导力度，鼓励导师与学生经常交流、沟通。武汉大学新闻与传播学院对博士生导师所进行的遴选和考核，就包括学术水平、道德素养、敬业态度、组织能力以及待人处事等方面的内容。与此同时，还十分注重将学生的成才与导师的责任感、信誉、综合素养联系起来，注重维护导师职责的神圣性和荣誉感。

　　第四，实行差异化竞争与合作，实现博士生教育的多元化。在博大精深且具备批判精神、创新能力和实践能力的整体素质要求下，各院校新闻传播学博士学位授权点应彰显自己的特色，根据自己的学科优势和研究侧重培养博士生，使其成为该领域和方向的顶尖人才，从而促进人才与学科前沿接轨。这不仅要体现在博士学位论文的选题和创新性上，而且应系统地体现在博士生培养的各个环节上。目前与其他人文社会学科相比，新闻传播学的整体发展水平并不高，高质量学术研究成果、学养深厚的优秀人才并不充裕，因此博士生教育更应成为促进新闻传播学科发展和高层次专业化人才辈出的舞台。

　　第五，确保博士生教育的经费投入，开拓多元化经费筹措渠道。要发展就要有投入，博士生教育要加大经费投入，尤其是在学术研究上以及优秀人才与成果的奖励上，更应有足够的经费支撑。随着高等教育大众化的实现，高等教育的资助渠道必将越来越多样化，对此，我们要注意积极争取，大力开拓、吸纳。近年来，武汉大学新闻与传播学院除了通过课题申报争取政府和学校拨款外，还十分注意与相关传媒、产业合作，拓展经费来源。目前，全院博导的科研经费年均人平在 8 万元以上。

　　总之，在今天新的人文社会科学革命和大众化高等教育的时代，为了使新闻传播学博士生教育发展成为一种培养有创造力的优秀学者的有效途径，应着力注重完善其基本结构，扩展其必需的学科知识，力求教学质量优秀和研究设施、成果先进，从而使其在规模增加的基础上尽快建立并完善有自身特色的多样化、高质量的学术体系。

（2007 年 11 月初稿，2007 年 12 月定稿）

制度安排失当：当前我国高校新闻学与传播学学科建设亟待解决的一大障碍

20世纪80年代以来，我国高校新闻学与传播学学科建设取得了长足进步，不仅学科规模不断壮大，学科群体不断丰富与完善，而且学术底蕴日渐增厚，学术水平日渐提升，高素质的学术人才也开始涌现。然而，毋庸置疑的是，其间存在的问题也还不少，尤其是真正具有国际竞争力和影响力的学术团队、学术平台至今还未形成，真正具有国际一流水准的、原创性的研究成果也十分鲜见。究其原因，自然是多方面的，但笔者认为制度安排的失当是其关键症结所在，也是当前我国高校新闻学和传播学学科建设持续发展的一大障碍所在。

一 过强的功利性目的，导致大学精神的缺失

众所周知，高校是专门从事科学研究，追求普遍学问和价值，培养社会精英的场所。这个职责和使命，规定着高校必须是"去功利性"的。与此同时，高校之所以能够经受得住漫长的时间考验、能够超越任何形式的社会变迁和政府更迭，一直存在至今，其关键也在于其"去功利性"满足了人类社会的永恒需要。因此，作为高校的根基的学科建设理应是"去功利"的。遗憾的是，当下高校教育科研的制度安排却带有过强的功利性目的，从而导致了大学精神的缺失。

制度安排过强的功利性目的，主要表现在以下几个方面：

一是在学科评价上，呈现出明显的"有形制度约束"和"绩效管理至上"的倾向。根据现有的制度安排，无论是对学术工作的评价，还是对学术人员的评价，都是以由一堆数据形成的"有形"标准作为依据，借助量

化的"绩效"进行管理。在这一制度安排下，学者的晋级、升职或加薪等由"数字"说话，学术工作的优劣乃至学科"重点"与"非重点"的划分也得由"数字"说话。其结果，无疑让神圣的科学殿堂，成了所谓"学术成果"的制造厂家，学者则成天忙于撰写论文、跑项目、拉经费，这势必滋生浮躁的学术风气和不端的学术行为，难以产生真正的学术精品和学术大师。

二是在学术研究的导向上，呈现出明显的"实用研究为尊"的倾向。据笔者对近10年国家社科基金、教育部人文社科基金以及部分省市社科基金立项的新闻传播类项目的不完全统计，其中属应用性、对策性的实用研究项目占了90%以上，而属基础性、学术学理性研究的项目则不到10%；尤其是有关舆论引导的对策研究、网络安全的对策研究、公共危机的应对研究和新媒体的应对研究等课题，更是反复被立项。应该说，注重应用性、对策性的"实用研究"，以适应社会需要，积极为社会服务，这原本是高校学科建设中学术研究的题中应有之义，无可非议。然而，高校作为"人类社会理性的堡垒和思考的灯塔"，其学科建设中学术研究为社会服务绝不能简单地停留在适应社会的现时要求、满足社会发展的"实然"需要上，而必须理智地、负责任地引领社会发展，必须在社会发展进程中永远保持清醒的头脑、科学的精神和态度，以深沉、冷静的智慧去回应社会，指导社会，形塑社会，从而满足社会发展的"应然"需要。而要做到这一点，作为学术研究根基和命脉的基础性、学术学理性研究便不可偏废。尤其是当前，我国新闻学与传播学学科的学术研究，尚未建构起真正既具中国特色又具普适价值的理论体系，已有的理论支点乃至理论话语还时常遭受科学的质疑，基础性、学术学理性研究更显重要。否则，势必造成当下不少"实用"研究难以建立在科学依据的基础之上，从而难以发现真问题，揭示真问题，甚至还会错误地表达一些经不起推敲的"高谈阔论"。这也是当下新闻学与传播学学科的学术研究存在"应景式、经验式的成果多，学理性成果少；雷同性、舶来品的成果多，有真知灼见的成果少；炒现饭式的成果多，原创性成果少"的主要原因。

三是在人才培养的举措上，呈现出明显的"重才轻人"的倾向。"大学之道，在明明德，在亲民，在止于至善。"新闻学与传播学学科的人才培养，理应植根于人类社会对新闻与传播的需要和理解之中，要合乎人类社会的实践理性而存在。为此，在新闻与传播领域造就一批通识博学，具有高度社会责任感和创新精神与创新能力，"德、才、能"全面发展的社会精英，自然是新闻学与传播学学科人才培养的根本宗旨。然而，综观目前各高校新闻学与传播学学科的人才培养，从学科基础阶段的本科生教育到硕士、博士学位阶段的研究生教育，其培养方案却无不强调教育与职业对接，强调"为新闻与传播业培养高级专门人才"；其课程设置、教学内容，乃至培养结果的评价也无一不把专业知识、专业才能的培养与训练放在首要位置，而鲜见关涉人的道德、心理、情操等学科素养的知识传授与训练。这种注重教育与职业对接，强化实用功利的人才培养价值观，无疑有损于高校学科建设应具有的人才培养品位，而且也不利于学者后备队伍高尚的思想境界、道德修养和健全人格的形成。

二 对现代迷信的推崇导致学科自觉的迷失

学科自觉是学科赖以存在的基础，它不仅要求对学科自身有"自知之明"，能清醒地、全面地、深入地了解并把握本学科的内涵、规律、走向及其优势与劣势，同时还要求对国内国际同类学科或相关学科的特色与长处，有充分、清晰的了解与把握，能够"兼容并蓄"，"各美其美，美人之美，美美与共，天下大同"（费孝通语）。因此，视野开阔，胸襟豁达，敢为人先，勇于创新，理应是学科自觉的先导。然而，不可忽视的是，当下高校教育科研制度安排上存在着较为普遍的推崇现代迷信的现象，这已在不同程度上影响和束缚了学科建设的顺利发展，也导致了学科自觉的迷失。

制度安排中对现代迷信的推崇，主要有以下表现：

一是迷信"传统规制"。这一方面表现在，我国高校新闻学与传播学学科建设中长期奉行的"政治本位"的传统规制，一直沿袭至今。在人才培养方面，教学计划和课程设置，都是由政府指导制订的；尤其是政治、外语等公共课程的规定，更是强制性的，作为学校、学者、学生都没有选择的权利。在学术研究方面，各级各类的科研课题的设立、学术成果的质量判定等，也都是由政府决定和监控，学者没有自主权，更没有主导话语权。另一方面也表现在，我国高校学科管理体制上长期沿袭的"行政首长本位"的传统规制，至今没有改变。高校校级管理实行的是"党委领导下的校长负责制"，院级管理实行的是"党政联席会共同负责制"，而学者、教授则处于被管理的地位，教学科研活动自然得听命于"行政首长"的管理与监督。实事求是地说，学科建设这一制度安排上的"传统规制"，是建立在我国传统的国家体制基础之上的，有其合理性的一面，也曾在我国新闻学与传播学学科建设的历史中发挥过一定的积极作用。但是，随着社会的变革和进步、国家民主政治的不断推进，继续坚守这一"传统规制"，无疑违背了"现代大学制度"的精神。"大学自治，学术自由"，是现代大学制度的核心内涵，也是建构现代大学制度的基础和理想状态。对"传统规制"的迷失，不敢越雷池一步，势必有碍于现代大学制度的建设，也碍于学术精品和学术大师的涌现。

二是迷信"洋人"。近些年来，一些高校教育科研制度安排上出现了一个新的景象，即把学科建设的"国际化"程度，作为衡量学科学术实力和办学水平的一个重要标志。这当然有着十分重要的积极意义。高水平的学科建设理应面向国际，活跃在国际科研领域，参与国际学术竞争，具有很高的国际知名度和影响力。全球视野的办学理念，培养具有全球竞争力和开放视野的国际化人才，拥有紧跟学科前沿的科研平台和国际一流水平的科研机构，有着广泛的国际交流与合作，学术论文和原创成果在国际学术界有很强的影响力和美誉度等，这些便是学科"国际化"的具体体现。然而，目前不少高校的教育科研制度安排，却把学科"国际化"囿于"洋人"的参与和认可，而不管"洋人"的真正水平和实力，也不管"国际化"的实际效用。这具体体现在：第一，引进人才，要看是否喝过"洋墨水"。只要是国外或境外培养的"洋博士"就是优质人才，就要想方设法用高薪引进。有的高校甚至做出"非洋博士不引进"的刚性规定。第二，举办学术会议要看是否有"洋人"参加，只要有"洋面孔"出现便是高水平国际学术会议，"洋面孔"越多，学术会议便越"高端"。第三，发表论文要看是否在国外、境外发表，不管什么样的论文，只要在国外、境外发表，便是权威论文、高水平论文。凡此种种"以洋为尊"的举措，不仅是对学科"国际化"的误读与曲解，而且也彰显着学科

建设上的浮躁和虚荣心，其结果势必挫伤本土学者的自尊和自信，让学科自觉
迷失。

　　总之，学科建设既有赖于学者自身的自强、自立，也有赖于高校教育科研
制度安排的改革与创新。唯此，我国高校新闻学和传播学学科建设的腾飞便指
日可待。

　　　　　　　　　　　　　　　　　　　（2012 年 6 月初稿，2012 年 6 月定稿）

附：中国新闻教育要走规范化、特色化的发展之路[*]

——访武汉大学新闻与传播学院院长罗以澄

邓　涛[**]

新闻传播教育要合乎人类实践理性而存在，即不仅要符合新闻传播业发展的理性，而且要合乎社会文化发展的理性，维护新闻传播教育本应具有的人文品质。

——罗以澄

罗以澄院长很忙，几次相约，终于盼到他有空。阳春三月，武昌珞珈山上，樱花绽放。在书香味十足的院长办公室，睿智、健谈的罗教授侃侃而谈，不知不觉间，墙上的时钟从 9 点指向了 12 点。以下是记者同罗老师的"对话"实录。

教材不宜太多太滥

记者：武汉大学的新闻传播学教育始于改革开放之初，1983 年就有了新闻系，屈指一算，已经 24 年了。请您介绍一下新闻学院在教材、师资方面的建设情况。

罗以澄：先说师资。我院现有专职教师 50 余人，其中教授 15 人，副教授

---

[*] 本文原载《中华新闻报》2005 年 6 月 15 日，转载于《新闻写作》2007 年第 6 期。转载时，改题为《本刊专访：63 岁院长和 24 岁学院——访武汉大学新闻与传播学院院长罗以澄》。

[**] 邓涛，中华新闻报记者、新闻与写作杂志社特约记者。

413

16 人，博士生指导教师 14 人。新闻系创办的时候，只有一个新闻学专业，教师仅 10 多人，主要由武大中文系的老师组成，同时也从新闻业界引进一些资深记者、编辑加盟。1985 年开设"广播电视新闻学"专业，又有几位广电系统的从业人员加入教师队伍。20 世纪 90 年代开办广告学专业，其主要师资来源于校内调剂，原来学文学、学经济等的老师转行从事广告学的教学科研工作。新世纪我们新增了"网络传播"和"播音与主持艺术"专业，又从媒体和兄弟院校引进了一批教师。目前我们正在物色新人，筹备开设媒介经营管理和动漫艺术两个新专业。

教师是办好学校的关键所在。这些年来，我们一直非常重视对老师的培养、提高工作。一是抓好"师德"教育，帮助老师牢固树立职业的使命感、责任感。二是抓好"师才"教育，创造条件帮助老师提高教学科研能力。现在我院 50 岁以下的中青年教师大多拥有博士学位、有出国访问或留学的经历。

关于教材建设，我院老师编写过一些教材，也取得了比较好的成效，颇受业界的认可和学界的欢迎。但是有些课程，我们就没有自编教科书，而是使用兄弟院校编写的教材。教材并非专著，专著强调个人的思想和创造，教材主要讲授通用规则、规律。中国人民大学和复旦大学，还有清华大学等兄弟院校的教材编得很好，我们就没有必要再搞"重复建设"了。现在好多学校都在编教材，仿佛人家有我没有就是落后。为了"集大成"，著名高校联合起来一起编撰才是上策。否则，各个学校各自为政，对新闻教育资源是一种浪费。新时期的精品教材，应该是既能正确提示学科自身规律，又能够适合社会转型及面向经济全球化的要求；既有中国特色，又被国际学术界业界认可。

办学要有自己的特色

记者：2000 年 8 月，武汉大学与武汉水利电力大学、武汉测绘科技大学、湖北医科大学合并后，重组成新武大，由您担任新闻与传播学院院长。目前全国新闻院校越办越多，竞争也越来越激烈，您带领的团队打算怎么办？

罗以澄：在各方的支持、关爱下，武大新闻的发展之路已步入"快车道"。1999 年，我院获得了新闻学博士学位授予权，2003 年又获得新闻传播学一级学科博士学位授予权，成为继复旦大学、中国人民大学、中国传媒大学之后，全国第四所获得此项资格的学校。2005 年，武大各个学院的领导班子换届，比我年纪小的数位院长纷纷离职，但本人作为"特例"连任，任期至 2008 年底。这是组织还有同事"双向决定"的结果，我除了"遵命"，别无选择。作为一个六旬老人，尽管管理和教学科研任务相当繁重，工作十分忙碌，但本人却没有精力不济、力不从心的感觉，因为在我身后，站着一支特优秀、实力强的团队。这支团队是我精神的支柱，是我有勇气承接院长重担的力量所在。

当下我国新闻学类专业点已达 661 个，在校生有 12～13 万人。面对如此激烈的新闻教育市场竞争，我认为一方面要在制度安排上，对新闻教育进行规划，以避免无序竞争；另一方面，各个高校之间一定要实行差异化竞争，就是要实行正确的市场定位，走特色化的发展之路。我们武汉大学作为重点大学，定位应该和一般地方院校不一样，武大新闻主打的是高端市场。也就是说，我院办学不是以本科教育为主，而以研究生教育为主，辅以本科生教育。有段时间，因种种原因，本院的成人教育呈萎缩之势，部分老师有些担心，我却挥了挥手，让它去吧，因为这并非我们打品牌的拳头产品。

培养有思想的传媒人

记者：作为院长，您治院的核心思想是什么？要培养什么样的传媒人？

罗以澄：一言以蔽之，武大新闻出的"产品"当为"有思想的传媒人"。至于治院思想，本人以为，新闻传播教育要合乎人类实践理性而存在，即不仅要符合新闻传播业发展的理性，而且要合乎社会文化发展的理性，维护新闻传播教育本应具有的人文品质。这一抽象的道理，蕴含着我们的具体实践，即承续现代大学精神，以培养通识博学、具有高度社会责任感和创造精神、全面发展的复合型人才为目标。

新闻院校担负着为媒体培养记者的重任。能够应付一般报道的"跑街记者"，媒体当然需要。但本院的定位是：培养传媒需要的高端新闻人才，即能做精品新闻、能斩获新闻奖的记者编辑，他们应该是今日媒介的骨干、顶梁柱，是明天主流媒体的领军人物。这些年来，我们一直坚持不仅给学生传授一般的专业知识技能，更为重要的是锤炼他们的专业思想、专业道德、专业能力，激活学子们的创新力以增长才干。实事求是地讲，我们的目标基本实现了。据不完全统计，这些年来我院已有60多名毕业生获得过"中国新闻奖""全国百佳新闻工作者"、广播电视"金话筒奖"等国内新闻从业人员的最高奖项。另有近百位毕业生担任各类媒体的老总、部主任或首席等职务。一年前，清华大学的范敬宜老先生在武大吟诗赞曰："春风桃李廿三年，辛苦赢得喜满园，试看神州舆坛上，几多出自珞珈山。"

实习单位要精挑细选

记者：武大新闻的学生实习，不少被安排进了北京的中央级媒体。学院是如何开辟、建立和巩固实习基地的呢？

罗以澄：实习单位是学生走向新闻工作的第一站，对学生今后的成长影响很大。为此，院里在确定学生的实习单位时，总是挑了又挑，选了又选，非常精心细致。因此，这些年来我们学生实习的地方，一般均为在社会上口碑较好、公信力较高的新闻媒体。为了巩固实习基地，我们每年于专业实习前，都要指定专人到实习基地去联络，在派出学生之前，给每个实习单位发出一份"致实习生单位的函"。实习中后期，院里的老师会到各大实习基地，看望、慰问实习的同学。高起点、高规格的实践教学，使一些特别勤奋、富有天分的学生脱颖而出。

好新闻的标准有三个

记者：罗老师在一线从事过10多年的新闻采编工作，在从记者到学者转型之后，出版过《新闻采访》等专著并发表了数十篇新闻写作学方面的论文，还曾担任各级各类新闻奖的评委，请问好新闻的评判标准有哪些？

罗以澄：我眼中的好新闻，起码包含三大要素：一曰报道不仅要写好，更主要的是新闻事件的选择须到位，题材的社会关注度越大越好；二曰记者对新闻事实的解读，有独到见解，新鲜深刻，这样才能震撼人心、发人深思和令人回味；三曰要合乎新闻报道的规范，坚持客观公正，"用事实说话"，语言简洁明了。

有的记者缺少专业理念和专业技能，也就是缺乏辩证法的思想，做报道不懂得"平衡"，导致受众获悉的信息不均衡，以至误导受众。平衡缺失，容易犯片面、跟风和一边倒的毛病。

博士生质量要提高

记者：从1988年开始，您先后指导过16届68名新闻学专业的硕士生和6届18位新闻传播实务研究方向的博士生。我接触的一些博士生，有的青出于蓝，但也有部分人理论上无创见，同时于新闻实践无益。您怎么看待当今新闻传播学博士生的培养状况？

罗以澄：我们的新闻传播学博士生教育，总体上是好的，但也存在诸多问题。尤其是近年来博士生"扩招"，导师大增，其培养质量有"下滑"倾向。具体说来，问题主要出自以下三个环节：（1）招生环节。指标增加后门槛降低，质量难以保证。我挑弟子，一看科研能力和潜质；二看"出身"，即本科阶段学习的基础。基础如果太薄弱了，做出成绩的可能性就不大。另外招生环节中考试方法也存在矛盾，考试中外语分数占重要比例，这一块是国家划线。有的人专业平平，但就是外语棒，结果榜上有名；而有的人科研能力超群，但就是外语多年都过不了关，所以被挡在门外。（2）培养环节。问题出在导师身上，少数导师自身缺乏学术规范化的训练，仓促上阵。还有，部分知名教授所带博士生过多，超过了极限，学生连跟导师见一面都不容易，谈何"传帮带"！（3）问题出在博士生身上。一些人报考博士生，动机不纯，或为了光宗耀祖，或为了升官发财，或为了镀金而来。须知博士阶段的学习纯粹是以学术为本，做学问是准博士们毕生的追求，否则就不应进此门。

后　记

　　光阴似箭，武汉大学新闻与传播学院从创办专业、系至今，已走过了整整30年的艰辛又光辉的历程，而我为她工作、服务也有了30年。这30年，让我从一个青春尚未褪去的中年人，渐渐地迈入了年届古稀的老人行列；然而，这也是我所经历的人生中最快乐、最兴奋、最有作为的30年。

　　10年前，应复旦大学资深教授童兵之邀，我编纂出版了第一部自选集《新闻求索录》；该自选集收录的是我在武大任教的前20年所发表的部分作品。这次应武大新闻与传播学院现任领导的要求，我又将在武大任教的近10年所发表的部分作品汇集成册，作为我的第二部自选集。在武大新闻与传播学院建院30周年之际，我仅以这两部自选集向我热爱的学院献上一份薄礼。

　　这部自选集收录的39篇作品，主要涉及媒介与社会、媒介角色与传播运作、媒介市场运营与发展战略、国际传播与媒介话语权、媒介素养教育与学科建设等五个方面内容；它记录着我对当下社会转型期中媒介生存、前行的所思、所虑、所索，故取名曰《媒介思辨录》。编纂出版时，根据本书责任编辑的意见，为便于读者阅读，文稿按不同内容进行组织编排。为了忠实于历史，这些文稿基本上保持了发表时的本来面目（仅个别内容和文字做了些技术性纠正）。

　　借这部自选集的出版，我首先要谢谢吕尚彬教授为该自选集所做的序言。在这10年中，尚彬教授先是在我的名下攻读博士学位，之后又加入我的学术团队一道从事科研工作。尚彬教授好学善思，且为人率真、敢于直言，给我留下了很深、很好的印象。同他交流、同他争辩，既丰富、拓宽了我的"思辨"空间，也让我思、我虑、我索为他所熟知。他的这篇序言，不但实事求是地记载下了我这10年的学术探索历程，而且也真诚地鞭策我在学术追求上不断前行。

　　其次，我要衷心感谢这 10 年我所指导过的所有博士生和硕士生们。在"教学相长"的过程中，是他们让我"思想"涌出，也让我"青春"永在。收集在这部自选集中的不少作品，就是我与他们之中的一些人（2001 级的廖声武、司景新，2002 级的吕尚彬、叶晓华，2003 级的詹绪武、胡亚平，2004 级的吴玉兰、侯迎忠、刘兢，2005 级的陈刚、张春朗，2006 级的黄雅堃、张昌旭，2007 级的陈亚旭，2010 级的姚劲松，2011 级的赵平喜等）共同合作完成的。他们有的替我收集了相关资料，有的为我整理、撰写了初稿，有的还帮我做了十分出色的加工、润色工作。对他们所付出的辛劳，我表示由衷的谢意。

　　最后，我还要对武大新闻与传播学院的各位领导和同事们说声谢谢。是他们的关爱和支持，让我有了一个良好的学术寻觅与创造的空间，也有了这部自选集的面世。同时，也要对这部自选集的责任编辑同志说声谢谢，没有他的辛勤付出，这部自选集也难以有如今的"光彩"。

罗以澄

2013 年 10 月 21 日

于珞珈山

图书在版编目（CIP）数据

媒介思辨录/罗以澄著.—北京：社会科学文献出版社，
2014.11
（珞珈问道文丛）
ISBN 978 - 7 - 5097 - 6588 - 3

Ⅰ.①媒… Ⅱ.①罗… Ⅲ.①传播媒介 - 中国 - 文集
Ⅳ.①G219.2 - 53

中国版本图书馆 CIP 数据核字（2014）第 230085 号

· 珞珈问道文丛 ·

媒介思辨录

著　　者 / 罗以澄

出 版 人 / 谢寿光
项目统筹 / 祝得彬
责任编辑 / 刘　娟　杨　潇

出　　版 / 社会科学文献出版社 · 全球与地区问题出版中心（010）59367004
　　　　　　地址：北京市北三环中路甲 29 号院华龙大厦　邮编：100029
　　　　　　网址：www. ssap. com. cn
发　　行 / 市场营销中心（010）59367081　59367090
　　　　　　读者服务中心（010）59367028
印　　装 / 三河市尚艺印装有限公司

规　　格 / 开　本：787mm × 1092mm　1/16
　　　　　　印　张：27.5　字　数：437 千字
版　　次 / 2014 年 11 月第 1 版　2014 年 11 月第 1 次印刷
书　　号 / ISBN 978 - 7 - 5097 - 6588 - 3
定　　价 / 99.00 元